Ludwig Haesler

Psychoanalyse

– therapeutische Methode
und
Wissenschaft vom Menschen

Verlag W. Kohlhammer
Stuttgart Berlin Köln

Die Deutsche Bibliothek – CIP-Einheitsaufnahme

Haesler, Ludwig:
Psychoanalyse – therapeutische Methode und Wissenschaft vom Menschen / Ludwig Haesler. - Stuttgart ; Berlin ; Köln : Kohlhammer, 1994
ISBN 3-17-012960-0

Stuttgart Berlin Köln
Verlagsort: Stuttgart
Umschlag: Studio 23
Typoskript: Sebastian Haesler
Gesamtherstellung:
W. Kohlhammer Druckerei GmbH + Co. Stuttgart
Printed in Germany

Vorwort

Der vorliegende Band ist im wesentlichen aus einer Vorlesungsreihe hervorgegangen, die im Studienjahr 1990/91 an der Friedrich-Schiller-Universität in Jena in der Klinik für Psychiatrie und Neurologie "Hans Berger" im Rahmen des studium generale gehalten wurde. Das Rahmenthema dieser ganzjährigen Vorlesungsreihe "Psychoanalyse und menschliche Verständigung" schien mir in besonderer Weise geeignet, die Essenz psychoanalytischen Denkens, das heißt, die Bedingungen, Elemente, Strukturen und Anwendungsfelder der Psychoanalyse zu erschließen, die besondere Stellung der Psychoanalyse im Spektrum der anderen Wissenschaftsbereiche und ihre Verschränkungen mit ihnen aufzuzeigen, sowie Ansätze und Möglichkeiten einer Verständigung zwischen unterschiedlichen wissenschaftlichen Perspektiven auszuloten. Die Chronologie der Vorlesungsreihe wurde in der hier vorliegenden Niederschrift weitgehend beibehalten, mit Ausnahme des 10. Kapitels, das aus einem am 7.5.1990 in Jena gehaltenen öffentlichen Vortrag hervorgegangen ist. Die Inhalte der Vorlesungen wurden allerdings (das nur unwesentlich veränderte 10. Kapitel ausgenommen) mit dem Ziel einer umfassenderen kritischen Bestandsaufnahme zum Teil wesentlich erweitert und ergänzt.

An dieser Stelle möchte ich zunächst danken, allen voran dem seinerzeitigen Direktor der Klinik für Psychiatrie und Neurologie "Hans Berger", Herrn Prof. Dr. Kühne, für sein offenes, unverstelltes Interesse und das besondere Engagement, mit dem er dieses Vorlesungsprojekt in jeder Hinsicht aktiv gefördert hat, der Friedrich-Schiller-Universität Jena und deren medizinischer Fakultät für ihre Aufgeschlossenheit und Bereitschaft, in schwierigen Zeiten des Umbruchs nach der soeben erfolgten Wiedervereinigung das Projekt zu unterstützen, dem Land Hessen und dem Deutschen Akademischen Austauschdienst (DAAD) für finanzielle Hilfestellungen, meiner Frau und meinen beiden Kindern für die Bereitschaft, die besondere Inanspruchnahme durch das Projekt mitzutragen, Angelika Frank für aufmerksames Korrekturlesen, meinem Sohn Sebastian für die Erstellung einer druckfähigen Vorlage, schließlich allen engagierten Mitarbeitern der Klinik "Hans Berger" und vor allem den Studenten, deren andauerndes, kritisch begeistertes Interesse mich nachhaltig angeregt hat.

Es ist zu wünschen, daß der vorliegende Band ebenso wie bei den Hörern in Jena ein kritisches Interesse für psychoanalytische Perspektiven, für psychoanalytisches Denken und für die Psychoanalyse zu wecken vermag.

Hofheim, im März 1994 — Ludwig Haesler

Inhaltsverzeichnis

1. Einführung: Psychoanalyse und zwischenmenschliche Verständigung

Das vorliegende Werk über Bedingungen, Elemente, Strukturen und Anwendungsfelder des psychoanalytischen Diskurses möchte sowohl grundsätzliche Positionen der Psychoanalyse darstellen als auch, mit der Entfaltung psychoanalytischer Konzepte, Perspektiven zur Erhellung der komplexen Problematik zwischenmenschlicher Verständigung erschließen. Hierbei ergibt sich eine besondere Möglichkeit und Chance, Verbindendes und Trennendes zwischen unterschiedlichen wissenschaftlichen Ansätzen zu diskutieren und damit verschiedene wissenschaftliche Perspektiven miteinander zu verknüpfen. Die Psychoanalyse ist dazu ihrem Wesen nach in besonderer Weise geeignet. Denn Psychoanalyse ist nicht bloß Psychotherapie, d.h. eine Wissenschaft, die sich mit der klinischen Behandlung psychoneurotischer Störungen befaßt. Vielmehr ist sie, als eine Wissenschaft vom Menschen, in einer besonderen Weise darum bemüht, über den therapeutischen Umgang mit dem leidenden Menschen hinaus grundsätzlichere Erkenntnisse über den Menschen zu gewinnen und diese Erkenntnisse allgemein nutzbar zu machen.

Für Freud, den Begründer der wissenschaftlichen Psychoanalyse, war diese fundierte, anthropologische Dimension der Psychoanalyse mehr als selbstverständlich. Deshalb seine Forderung an eine mögliche psychoanalytische Hochschule, daß der psychoanalytische Unterricht auch Fächer zu umfassen habe, "die dem Arzt ferneliegen und mit denen er in seiner Tätigkeit nicht zusammenkommt: Kulturgeschichte, Mythologie, Religionspsychologie und Literaturwissenschaft. Ohne eine gute Orientierung auf diesen Gebieten steht der Analytiker einem großen Teil seines Materials verständnislos gegenüber" (Freud, 1926e, S. 281). Und umgekehrt möchte man oftmals meinen, daß manche Wissenschaft, die sich mit dem Menschen und seinen wissenschaftlichen, künstlerischen, religiösen und gesellschaftlichen Äußerungsformen befaßt, ohne eine ausreichende Orientierung an der Struktur und Dynamik des bewußten, vorbewußten und unbewußten Seelenlebens des Menschen zumindest einem Teil ihres Materials verständnislos gegenübersteht.

Die Psychoanalyse ist keine Mystik, kein Religionsersatz, keine Ideologie, sondern eine kritische Theorie und Methode, die nicht nur auf die Rationalität und auf das rational Bewußtseinsfähige abzielt, sondern in einer besonderen Weise das Irrationale fokussiert. Es geht allerdings gewiß nicht darum, mit der Psychoanalyse das Irrationale in die Wissenschaft zu tragen, sondern umgekehrt, die Wissenschaft in die Bereiche des Irrationalen. Zwar mag es in der Psychoanalyse psychologisch zugehen, dies aber deshalb nicht minder logisch. Als Wissenschaft vom Menschen ist die Psychoanalyse kompromißlos kritisch der *Wahrheit* verpflichtet, auch sich selbst, ihren eigenen Annahmen, ihrem eigenen Denken gegenüber. Sie ist kompromißlos rational, das heißt *vernunftgeleitet*, gerade bei der Erforschung des Irrationalen, ihrem Ziel. Sie ist *deterministisch* in ihrer philosophischen Ausrichtung. Und schließlich ist sie auf das *Individuum*, auf den Respekt vor dem Einzelnen und seinen Rechten ausgerichtet. Dies wird im folgenden immer wieder zu bedenken sein, vor allem im Zusammenhang mit mancherlei Aspekten einer unkritischen Anwendung psychoanalytischer Ansätze, aber auch umgekehrt, im Zusammenhang mit mancher unsachlichen Kritik, die an der Psychoanalyse, meist aus grober Unkenntnis, immer wieder geübt wurde und wird.

Der wissenschaftstheoretische Standort der Psychoanalyse liegt zwischen jenen beiden großen wissenschaftlichen Bereichen, die im vorigen Jahrhundert, vor allem durch W. Dilthey, inhaltlich und methodisch voneinander abgegrenzt wurden: den *Naturwissenschaften* und den *Geisteswissenschaften*. Wie weite Bereiche der Geisteswissenschaften ist die Psychoanalyse dort verstehende, interpretierende, hermeneutische Wissenschaft, wo sie sich mit der Interpretation von Texten und der Rede des Patienten mit ihren unterschiedlichsten Dimensionen und so auch mit der Struktur und Dynamik zwischenmenschlicher Verständigung befaßt, d.h. mit der Struktur, der Dynamik und den "Inhalten" des Psychischen i. e. S. Und die Psychoanalyse ist zugleich in der Naturwissenschaft verankert aufgrund ihrer essentiellen biologischen Orientierung, aufgrund ihrer generellen Annahme, daß letztlich alles Psychische sich unter biologisch bestimmten und bestimmbaren Bedingungen entwickelt, entfaltet und differenziert. Es ist daher zutreffend, wenn Frank Sulloway von Freud als einem "Biologen der Seele" spricht. In diesem Sinne schrieb auch im Jahre 1917 der Nicht-Psychoanalytiker William M. Wheeler, Biologe in Harvard, daß die Psychoanalytiker den Mut gehabt hätten, "das Unterbewußte zutage zu fördern, diese Brutstätte von Egoismus, Habsucht, Begierde, Kampfbereitschaft, Feigheit, Trägheit und Neid, das jeder einzelne von uns als seine Hinterlassenschaft aus der Tierwelt mit sich herumträgt" (zit. n. Sulloway, S. 30).

Psychoanalyse ist daher eine *Psycho-Biologie* des "human animal". Sie basiert somit auf der Dialektik der biologischen, im Körperlichen begründeten (ahistorischen) Momente und der in der spezifischen Persönlichkeitsentwicklung und Lebensgeschichte des Individuums begründeten (historischen) Momente und auf der aus dieser komplexen Entwicklung erwachsenden "geistig"-seelischen Dynamik. Aus dieser "psycho-biologischen" Orientierung ist die hypothetische und theoretische Axiomatik abgeleitet, von der her psychische Entwicklung, psychische Vorgänge und damit auch die Prozesse zwischenmenschlicher Verständigung zu konzeptualisieren und zu interpretieren sind.

In der Erkenntnistheorie Karl Poppers (1979) mit ihrer Theorie der "Drei Welten" steht die Psychoanalyse in der zweiten Welt, in der Welt der Bewußtseinszustände *zwischen* der ersten, der physikalischen Welt und der dritten, der Welt der Ideen, der Theorien und ihrer logischen Beziehungen (vgl. Popper, 1979, S. 174). Dieser "zweiten Welt", der Welt der subjektiven oder persönlichen Erfahrungen und Bewußtseinszustände, hat die Psychoanalyse die Dimension des Unbewußten hinzugefügt, einen bedeutsamen, mächtigen und einflußstarken Bereich, ohne den die Welt des Psychischen zu eng und zu kurz gedacht wäre.

Psychobiologische Orientierung heißt aber auch, daß die Entwicklung und die

Konstituierung des Psychischen in der Wechselwirkung zwischen Anlage und ihrer Beziehung zur Umwelt, und das heißt naturgemäß auch in Dimensionen zwischenmenschlicher Verständigung zu denken ist. Das Feld, in dem sich Psychisches konstituiert, ist bei der Geburt keine *tabula rasa.* Vielmehr dürfte es eine systemimmanente Eigenschaft des Zentralnervensystems sein, in zunehmend komplexer werdenden Wechselwirkungen mit der Umwelt, anfänglich vor allem eingebettet in die Mutter-Kind-/Eltern-Kind-Interaktionen, "geistig"-seelische Phänomene hervorzubringen. Genetische Faktoren und akzidentielle Faktoren, d.h. Biologie und Kultur wirken miteinander und aufeinander ein und bestimmen in wechselseitiger Verschränkung und Bedingtheit, d.h. von Anfang an in der angesprochenen Dialektik, in welcher Weise sich genetische Disposition schließlich phänotypisch realisiert. So ist aus der Zwillingsforschung bekannt, daß bei eineiigen Zwillingen eine etwa 50%ige Wahrscheinlichkeit besteht, daß einer der beiden an einer Schizophrenie erkrankt, wenn eine entsprechende genetische Disposition von seiten der leiblichen Eltern besteht. Von daher erhebt sich die Frage, welche Beziehungsaspekte in welcher Weise dafür verantwortlich sind, daß sich bei genetisch identischen Zwillingen die genetische Anlage zur schizophrenen Erkrankung bei dem einen durchsetzt, bei dem anderen aber nicht (vgl. Emde, 1988, S. 26).

Die Psychoanalyse ist aus dem Denken des ausgehenden 19. Jahrhunderts und aus dem kritischen Überdenken dieses Denkens hervorgegangen. Sigmund Freud, der Begründer der Psychoanalyse, stand zunächst ganz unter dem Einfluß des naturwissenschaftlich positivistischen Denkens seiner Zeit, das alle Phänomene der Welt auf die seinerzeit bekannten physikalischen Naturgesetze zurückführen zu können meinte, so daß es für nichtmaterielle, seelische Phänomene keinen Platz mehr zu geben schien. In diesem Sinne soll z.B. Rudolf Virchow geäußert haben, daß er Tausende von menschlichen Gehirnen seziert, aber nirgendwo eine Seele gefunden habe. Und in der auch noch aus heutiger Sicht interessanten Schrift "Die Welträthsel" des in Jena wirkenden Ernst Haeckel berichtet dieser von Überlegungen einiger "Gebildeter" seiner Zeit, die meinten, daß man die Seele als eine unsichtbare materiale Substanz, etwa wie die Gase, anzusehen habe. Deshalb sei folgendes zu überlegen:

"Wenn nun die Seelen-Substanz wirklich, wie viele "Gebildete" noch heute glauben, gasförmig wäre, so müßte man auch im Stande sein, sie durch Anwendung von hohem Druck und sehr niederer Temperatur in den flüssigen Zustand überzuführen. Man könnte dann die Seele, welche im Momente des Todes "ausgehaucht" wird, auffangen, unter sehr hohem Druck bei niederer Temperatur kondensiren und in einer Glasflasche als *"unsterbliche Flüssigkeit"* aufbewahren (fluidum animae immortale). Durch weitere Abkühlung und Kondensation müßte es dann auch gelingen, die flüssige Seele in den festen Zustand überzuführen ("Seelen-Schnee")." Und er fügte trocken hinzu: "Bis jetzt ist das Experiment noch nicht gelungen" (Haeckel, 1899, S. 82).

Solcherart von Haeckel ironisch kommentierte Verstiegenheiten sich natur-"wissenschaftlich" ausgebenden positivistischen Denkens waren dem jungen Freud und seinem Denken, wie wir wissen, absolut fremd. Als junger Mediziner betrieb er zunächst Biologie, Neuropathologie und Neurobiologie. So untersuchte er z.B. die Spinalganglienzellen von *Ammocoetes* (*Petromyzon planeri*), einer niederen Fischart, an deren Strukturen er evolutionsbiologische Phänomene nachweisen konnte. Er stand seinerzeit ganz unter dem Einfluß des von Charles Darwin, aber auch von Jean-Baptiste Lamarck und eben Ernst Haeckel, dessen heute nur noch sehr eingeschränkt gültiges *biogenetisches Grundgesetz* (von der Wiederholung der Phylogenese in der Ontogenese) er in sein späteres psychoanalytisches Theoriegebäude integrierte.

Zu einem besonderen Einbruch in das positivistische Denken des ausgehenden 19. Jahrhunderts über die materiale Begründung aller, auch der seelischen Phänomene gerieten die Hypnose-Experimente des Neurologen Charcot, die dieser an der Pariser Klinik der Salpêtrière vor allem im Zusammenhang mit den seinerzeit rätselhaften Phänomenen der Hysterie, der hysterischen Lähmungen durchführte, denen man, getreu den positivistischen Erwartungen dieser Zeit, ein gestörtes organ-neurologisches Substrat zwingend glaubte zuordnen zu müssen, ohne daß man hierfür eine Bestätigung finden konnte. Charcot konnte mit seinen Hypnose-Experimenten zeigen, daß solche hysterischen Lähmungen mit den Mitteln der Hypnose, d.h. mit nicht-materiellen Mitteln, und sei es auch nur vorübergehend, aufzuheben waren. Freud begann sich in besonderer Weise für dieses Phänomen zu interessieren. Er reiste zu Charcot und war von ihm sogleich so fasziniert, daß er durch diese Begegnung sowie durch seine intensive Beschäftigung mit den Phänomenen der Hysterie und des Hypnotismus sein wissenschaftliches Interesse an der Struktur und Pathomorphologie des Zentralnervensystems verlor und statt dessen auf Fragen der Psychopathologie und schließlich, grundsätzlicher, auf Fragen der psychischen Prozesse überhaupt richtete. So entdeckte Freud schließlich die unbewußte Dimension des Psychischen. Er entwarf Hypothesen und Modelle, wissenschaftliche Modelle wie in jeder deduktiven Wissenschaft, die noch ganz in den naturwissenschaftlichen Konzepten seiner Zeit von der Natur und vom Seelischen verankert waren. So entwickelte er z.B. an hydraulischen Vorstellungen orientierte Modelle, in denen "psychische Energie" psychische Inhalte besetzen oder den psychischen Inhalten entzogen und auf andere Inhalte verschoben wurde: ein Modell des Seelischen, das, wie in jeder Wissenschaft, entsprechend der weiteren Entwicklung der psychoanalytischen Theorie fortgesetzt verändert und modifiziert wurde. So entstanden die bekannten Modelle des psychischen "Apparates", des ersten topischen Modells, das das Seelische nach der Art der Bewußtseinsfähigkeit in einen bewußten, vorbewußten und (dynamisch) unbewußten Bereich aufteilte, sowie die später entstandene zweite Topik, nämlich das Strukturmodell der Dreigliederung des Seelischen in die funktionalen Bereiche von *Ich*, *Über-Ich* und *Es*. Hierbei handelt es sich jeweils um *wissenschaftliche Modelle* zur Erfassung funktionaler Phänomene und Strukturen, nicht etwa um konkret auffindbare Bereiche im menschlichen Gehirn, in der konkreten Wirklichkeit. Insofern ist die oft geäußerte Kritik an der Psychoanalyse, das Zentralnervensystem sei doch weitaus komplizierter gegliedert als bloß in die Bereiche von *Ich*, *Über-Ich* und *Es*, reifizierender Unsinn und etwa von gleichem Rang wie die Rudolf Virchow zugeschriebene Bemerkung über die Unauffindbarkeit einer Seele in seinen Hirnscheiben.

Die psychoanalytischen Modellvorstellungen versuchen die Komplexität von psychischen Phänomenen in einem funktionalen Sinne zu ordnen und zu fassen, die mit der psychoanalytischen Methode erschlossen werden und zu konzeptualisieren sind. So ist die Psychoanalyse als humanistische Wissenschaft, als kritische Wissenschaft vom Menschen, aus der psychoanalytischen Methode, d.h. aus der Entfaltung von zwischenmenschlichen Prozessen, von Prozessen zwischenmenschlicher Verständigung, von Übertragung und Gegenübertragung in der psychoanalytischen Begegnung hervorgegangen. Sie ist dabei kompromißlos der Wahrheit, der Wahrhaftigkeit verpflichtet. So sagte etwa Bion (1970): "Per Definition und entsprechend der Tradition jeglicher Wissenschaft ist die psychoanalytische Bewegung der Wahrheit als ihrem zentralen Ziel verpflichtet" (Bion, 1970, S. 99).

Die Psychoanalyse stellt - mit dem Ziel, Täuschung, Selbsttäuschung und Lüge aufzudecken - jegliche seelische Erscheinung und Äußerung kritisch in Frage, eine *skeptizistische Position*, die das Menschenbild der Aufklärung vom freien, selbstbestimmten und von jedermann in seiner Individualität zu achtenden Individuum zur Referenz ihres Betrachtens hat. Von dieser Referenzposition her sind die Kräfte des Unbewußten, sind Selbsttäuschung und Lüge und die diese motivierenden unbewußten triebhaften Kräfte aus jener "Brutstätte von Egoismus, Habsucht, Begierde, Kampfbereitschaft, Feigheit, Trägheit und Neid, die jeder einzelne von uns als seine Hinterlassenschaft aus der Tierwelt mit sich herumträgt", um in diesem Zusammenhang noch einmal William M. Wheeler (a.a.O.) zu zitieren, kritisch zu erschließen und zu reflektieren. Der Ursprung dieser Referenz vom freien, gleichen und selbstbestimmten, in seiner Individualität von jedermann zu achtenden Individuum ist letztlich in jenem Menschenbild begründet, das uns die hebräische Bibel, die alttestamentarisch-jüdische Überlieferung von der Gottesebenbildlichkeit des Menschen mit ihrer daraus abzuleitenden Forderung nach unabdingbarer, kompromißloser Gleichheit des Menschen als Mensch unter anderen Menschen gegeben hat, eine Überlieferung, in der Freud als Jude, obwohl nicht religiös, mit seinem Denken zutiefst verankert war.

Die Psychoanalyse ist als Therapie entstanden in der Erforschung pathologischer seelischer Prozesse von Individuen innerhalb der therapeutisch intendierten psychoanalytischen Begegnung. Indem sie ihr Augenmerk aber grundsätzlicher auf allgemeine menschliche Phänomene richtete, ist sie allerdings weit über die Therapie hinausgewachsen. Im Zuge dieser Entwicklung stand schließlich nicht mehr nur das psychoneurotisch kranke Individuum und seine unbewußt bestimmten Formen der zwischenmenschlichen Verständigung im Mittelpunkt sondern - grundsätzlicher - psychische Prozesse überhaupt sowie die vielfältigen Formen menschlicher Äußerung und Verständigung, wie dies im folgenden näher dargestellt wird.

Zunächst werden unterschiedliche *Formen des Gesprächs* (Kapitel 2) und von daher das Besondere der psychoanalytischen Verständigung als eines deutenden, herrschaftsfreien Diskurses diskutiert und herausgearbeitet. Anschließend werden die *Motivation zur zwischenmenschlichen Verständigung* (Kapitel 3) und in diesem Zusammenhang der psychoanalytische Triebbegriff und seine Weiterungen näher untersucht. Danach werden die *Beteiligten an der zwischenmenschlichen Verständigung* (Kapitel 4) näher betrachtet, wobei zwischen den psychoanalytischen Begriffen *Selbst* und *Objekt* zu differenzieren sein wird und der psychoanalytische Begriff der Objektbeziehung und dessen Entwicklung erschlossen werden soll. Darauf folgend wird die *sexuelle Dimension der zwischenmenschlichen Verständigung* (Kapitel 5) diskutiert, der intimsten Form zwischenmenschlicher Beziehung überhaupt, deren besondere Bedeutung, über die Dimension des sexuell Triebhaften hinaus, vor allem aus der Tatsache, daß sie die intimste Form zwischenmenschlicher Beziehung darstellt. Daran wird sich eine Diskussion der komplexen *Entwicklung zwischenmenschlicher Verständigung aus der Matrix der frühen Mutter-Kind-Beziehung* (Kapitel 6) anschließen und, aus dieser folgend, eine Untersuchung der *Modi zwischenmenschlicher Verständigung* (Kapitel 7), deren nichtsprachlicher und sprachlicher Dimensionen. Wenn von der sprachlichen Dimension der zwischenmenschlichen Verständigung zu sprechen ist, sind auch deren *Elemente* zu diskutieren, d.h. das Wort, der Satz, die Kombination von Sätzen, die komplexen, mehrschichtige Bedeutung vermittelnden Strukturen und Kontexte der Rede (Kapitel 8). Von der Dimension der Bedeutung her sollen anschließend *Inhalte zwischenmenschlicher Verständigung*, der Bewußtseinsbegriff und die Frage bewußter und unbewußter seelischer Strukturen untersucht werden (Kapitel 9). Daran wird sich eine Untersuchung der zwischenmenschlichen Verständigung über Vergangenheit und Gegenwart, die Problematik von Konstruktion und Rekonstruktion in der psychoanalytischen Therapie anschließen (Kapitel 10), der eine Untersuchung der *Formen des Diskurses* (Kapitel 11) folgt, die die bis dahin diskutierten Gesichtspunkte zur zwischenmenschlichen Verständigung im Begriff des *Diskurses* und seiner verschiedenen Formen zusammenführen wird, um von daher das Spezifische des psychoanalytischen Diskurses herauszuarbeiten.

In dem darauf folgenden Abschnitt werden unterschiedliche Formen von *Störungen der zwischenmenschlichen Verständigung* dargestellt, das Phänomen des *psychischen Traumas* (Kapitel 12) sowie der *psychische Konflikt* (Kapitel 13). Dies wird anschließend an einem Beispiel psychoanalytisch orientierter Biographik anschaulich, an der Lebensentwicklung und Persönlichkeit des Dichters *Friedrich Hölderlin* (Kapitel 14) und an Aspekten seines monumentalen dichterischen Werkes, das, wie wir von ihm selbst wissen, ausgeprägte autobiographische Züge trägt.

Diese Untersuchung zeigt aber zugleich die *Möglichkeiten* und *Grenzen* der psychoanalytischen Betrachtung des Künstlers und seines Werkes auf, womit sie den Übergang zu den daran anschließenden vier Kapiteln bildet, die sich mit *psychoanalytischen Perspektiven ästhetischer Diskur*se befassen werden, zunächst mit allgemeinen Fragen *psychoanalytischer Perspektiven der künstlerischen Kreativität* (Kapitel 15) und darauf folgend mit dem Verhältnis zwischen *Psy-*

choanalyse und Literatur (Kapitel 16), *Psychoanalyse und bildender Kunst* (Kapitel 17) und *Psychoanalyse und Musik* (Kapitel 18).

Daran anschließend werden "Diskurse des Unbewußten", wie diese hier genannt werden sollen, betrachtet, an denen die unbewußte Dimension menschlichen Erlebens und menschlicher Phantasietätigkeit in einer besonderen Weise beteiligt ist. Zunächst werden psychoanalytische Perspektiven des *Märchens* (Kapitel 19) als einer besonders strukturierten, phantastischen literarischen Form dargestellt. Daran schließt sich die Erörterung des *Mythos* als einer essentiellen, eigenständigen Form der Weltsicht (Kapitel 20), was am Beispiel des *Orpheus-Mythos* (Kapitel 21) anschaulich gemacht werden soll. Hierauf folgt eine Erörterung von *psychoanalytischen Perspektiven der Religion* (Kapitel 22), einer offensichtlich unverzichtbaren Möglichkeit der Rückbindung, der Sicherheit und Halt in der Welt vermittelnden Orientierung, die allerdings, wie die Geschichte der Religionen und vor allem auch des Christentums zeigt, oftmals in ihrer Orientierungsfunktion gegenüber der innerseelischen Wirklichkeit des Menschen und deren Macht versagt und dann eher zum Instrument der Rechtfertigung destruktiver Wirklichkeitsverzerrung werden kann, wie dies die Untersuchung über den *christlichen Antisemitismus* (Kapitel 23) beispielhaft zeigen soll.

Dies leitet zum letzten Abschnitt dieser Untersuchung über, der sich mit psychoanalytischen Perspektiven *gesellschaftlicher Diskurse* befaßt. Zunächst werden in einem Überblick *Sigmund Freuds kulturtheoretische Schriften*, seine seinerzeit bahnbrechenden und bis heute aktuell gebliebenen kulturtheoretischen und kulturkritischen Auffassungen dargestellt und diskutiert (Kapitel 24). Daran anschließend werden - innerhalb des hier möglichen Rahmens - Fragen des *Verhältnisses von Subjekt und Gesellschaft* (Kapitel 25) aufgenommen, um dann psychoanalytische Perspektiven der *destruktiven Gruppen-, Großgruppen- und Massenphänomene des Faschismus* und seiner Sonderform, des *Nationalsozialismus,* zu diskutieren (Kapitel 26). Dies leitet zur Thematik des darauf folgenden Kapitels über, das sich, in Anwendung psychoanalytischer Sichtweisen auf aktuelle sozialpsychologische Fragestellungen, mit Fragen des *Umgangs mit der Schuld* nach dem Zusammenbruch des totalitären Regimes, mit der *Auseinandersetzung mit dem Nationalsozialismus im Nachkriegsdeutschland* (Kapitel 27) befassen und diese Untersuchungen über psychoanalytische Perspektiven zwischenmenschlicher Verständigung abschließen wird.

2. Formen der Verständigung, des Gespräches und seiner dynamischen Struktur

Wenn von unterschiedlichen Formen des Gespräches die Rede ist, dann ist zunächst die Zahl und Art der Beteiligten zu bedenken. Man kann mit sich allein im Sinne des *Selbstgespräches* reden, oder aber mehrere Beteiligte können auf unterschiedliche Weise miteinander sprechen. Bei dem Selbstgespräch kommt es zu einer Art inneren Dialogs im Gefolge einer inneren Aufteilung in verschiedene Positionen, aus denen ein innerer Diskurs bzw. Disput mit sich selbst entsteht, wie etwa beim Gewissenskonflikt, bei dem es zu einer innerern Auseinandersetzung um Wünsche kommt, die mit der innerlich vorherrschenden Gewissensposition nicht vereinbar sind. Oder aber es kommt in Situationen eines Dilemmas zu einer inneren "Verhandlung" alternativer Möglichkeiten, die schließlich und oft in einer grüblerischen Weise in eine konflikthafte Entscheidung einmünden.

Eine besondere Form des "Gesprächs" unter mehreren Beteiligten ist der sogenannte *kollektive Monolog*, bei dem mehrere Beteiligte zueinander sprechen, ohne daß der eine auf den anderen wirklich eingeht. Gemeinsam spielende Kinder, vor allem im Alter zwischen drei und fünf Jahren, zeigen häufig diese Form des Miteinander-Sprechens. Man kann den kollektiven Monolog allerdings in den unterschiedlichsten Variationen und Mischformen auch häufig bei Gesprächen Erwachsener antreffen, in besonders krasser Weise in polemisch geführten Debatten und Diskussionen der Politiker. Wenn mehrere Beteiligte miteinander sprechen wollen, bedarf es einer von allen Beteiligten akzeptierten Ordnung des Miteinander- und Nacheinander Sprechens. Nur in der Musik ist es möglich, daß sich mehrere Stimmen gleichzeitig artikulieren können, ohne daß dadurch ein völliges Durcheinander entsteht.

Hinsichtlich der Gesprächs*formen* ist zunächst die einfachste, gleichsam "neutralste" zu nennen, das *Sachgespräch*, dem auch der referentielle wissenschaftliche Diskurs zugeordnet werden kann. Im Sachgespräch wird berichtet, dargestellt, gegensätzliche Positionen werden vorgetragen, argumentativ verhandelt und diskutiert. Allerdings weiß jeder, der Diskussionen mit gegensätzlichen Positionen kennengelernt hat, und dies gilt auch für den Wissenschaftsbetrieb, wie schnell andere, sachfremde Faktoren in Sachgespräche eindringen und eine Sachdiskussion in den Sog einer höchst persönlichen, meist wunschbestimmten Dynamik hineinziehen und dann entsachlichen können.

Das *Streitgespräch* ist dem Sachgespräch verwandt. Hier steht allerdings das argumentative Moment stärker im Vordergrund, wobei nicht allein das Inhaltliche, die Argumente, den Ausgang eines Streitgespräches zu entscheiden vermögen, sondern auch die spezifische Form des Argumentierens, der spezifischen *Rhetorik*, vermittels derer Argumente vorgetragen werden und zwar weniger mit dem Ziel zu klären als zu überzeugen. Die *Vorlesung* und der *Vortrag* sind Gesprächsformen, in der nur einer redet, erzählt, beschreibt, argumentiert, zu fesseln, Informationen zu vermitteln und zu überzeugen sucht. Auch hier spielen naturgemäß über die sachbezogenen Elemente hinaus rhetorische Momente eine teils gewichtige Rolle, wobei die Rhetorik hier in erster Linie in den Dienst der Vermittlung der Sache tritt und weniger von sachfremden, persönlichen Zielen, etwa einer Lust an der Selbstdarstellung, abhängig ist. Das Gelingen einer Vorlesung, ein gelingender Vortrag wird aber nicht allein vom redenden Partner bestimmt. Denn auch die Zuhörer wirken auf vielfältige Weise unausgesprochen - man spricht in diesem Zusammenhang auch vom *Fluidum* - auf den Vortragenden ein. So entsteht eine Wechselbeziehung zwischen dem Vortragenden und seinen Hörern, die sowohl dazu führen kann, daß der Vortragende sein Publikum inspiriert und von ihm inspiriert wird, als auch dazu, daß er es lähmt und einschläfert und dadurch wiederum selbst gelähmt und dann noch langweiliger und einschläfernder werden kann.

Die *Exploration* ist durch eine Art Gefälle gekennzeichnet. Es ist eine Gesprächsform, bei der einer der Beteiligten einen anderen ausfragt, um etwas zu erkunden und herauszuforschen. Dabei fordert er den anderen zum Erzählen auf und ordnet das Erzählte und Erfragte nach seinen Vorstellungen und Konzepten, nach dem System seiner vorgegebenen Kategorien der Ordnung von Phänomenen, etwa in der klinischen Exploration solche der klinischen Pathologie, ein. Sein vorgegebenes System bestimmt und leitet in dem fortschreitenden Gespräch auch sein weiteres Zuhören und das Erfragen weiterer Inhalte. Die Exploration ist die klassische Form des Miteinander-Sprechens zwischen Arzt und Patient, vor allem in der Psychiatrie. Hier erfragt der Psychiater lebensgeschichtliche Daten, Stimmungen und psychopathologische Symptome, um das, was er sieht und hört, innerhalb des Ordnungsystems seiner Symptomatologie, seiner Syndromatologie und schließlich seiner Nosologie einzuordnen und auf diese Weise zu einer Diagnosestellung zu gelangen.

Die extremste Form einer Befragung nach festem Schema mit direktem Erfragen von Fakten, Sachverhalten und Tatbeständen im Sinne einer "harten", "strukturierten" oder "geschlossenen" Befragung findet sich etwa bei wissenschaftlichen Fragebögen, vor allem aber auch bei forensisch psychiatrischen Einvernahmen. Dem steht, als Sonderform der Exploration, das *Verhör* nahe. Aber auch eine zu direkt, "gezielt" und fordernd durchgeführte Exploration kann, zumindest im subjektiven Erleben eines Patienten, schnell zum Verhör geraten, vor allem, wenn die Exploration auf die direkte Freilegung von subjektiv peinlichen oder schmerzlichen Inhalten abzielt.

Das Verhör wird in besonderer Weise vom Gefälle zwischen Verhörendem und Verhörtem bestimmt. Der eine will "herausfinden", "herauskriegen", enthüllen und entlarven, während der andere mehr oder weniger verohnmächtigt gegenübersitzt und oftmals, in extremem Mißtrauen, alle Register der Gegenkontrolle zieht, um sich nicht brechen und entlarven zu lassen, aus der Angst, daß, "alles, was gesagt wird, gegen Sie gewendet werden kann ...", wie es oft in stereotyper Formulierung etwa im englischen Kriminalroman heißt. Eine Art Verhörsituation kann sich aber auch in anderen Gesprächssituationen, etwa auch in einem an sich offen geführten, spontanen Gespräch einstellen, z.B. in einem psychotherapeutischen Dialog, wenn einer der Beteiligten unter dem Druck einer besonderen

Schärfe seines Gewissens, massiver Gewissenskonflikte steht und seinen Gesprächspartner mehr oder weniger unbewußt zur verurteilenden Autorität erhebt, so daß er Angst hat, sich, mit vernichtenden Folgen, zu verraten. Hier sind unbewußte Übertragungen am Werk, die es in der Gesprächssituation zu erkennen, zu benennen und zu deuten gilt, um deren das Gespräch beherrschende Macht zu relativieren und schließlich zu überwinden. Als eine Sonderform des Verhörs, das zu besonderem Mißtrauen und zu Ängsten vor dem sich Verraten führen muß, möchte ich hier ergänzend das *Abhören* nennen, bei dem das Subjekt sich einer Situation ausgeliefert sieht, über die es entweder überhaupt keine Kenntnis oder nur unbestimmte Ahnungen hat und in seiner Angst vor Überwachung, Entdekkung, Bloßstellung und Verfolgung nur noch mit besonderer Anstrengung gegen den oder die Verfolger Schutz und Kontrolle über sich wahren kann. Aber nicht nur in der äußeren Realität, sondern auch durch die partielle Externalisierung einer inneren, einer psychischen Realität, zum Beispiel einer scharfen Gewissensposition, d.h. durch komplexe Mechanismen der Projektion und deren weitere psychische Bearbeitung, wie etwa bei paranoiden Mechanismen, kann ein anderer zum Verfolger werden und im subjektiven Erleben Phantasien des Abgehört- und Verfolgtwerdens herbeiführen. In ausgeprägter Gestalt läßt sich dies vor allem bei paranoiden Psychosen beobachten. Exploration, "harte" Befragung, Verhör und Abhören haben das *Gefälle zwischen den Gesprächspartnern* gemeinsam, das sich um so destruktiver auswirkt, je größer in der Gefälleposition das Macht-/Ohnmachtgefälle wird. Und es ist offensichtlich, daß dann eine tragfähige zwischenmenschliche Verständigung zunehmend unmöglich werden kann.

Bei den Hilfestellung vermittelnden Gesprächsformen sind das *seelsorgerische Gespräch*, das *Beratungsgespräch* und das *therapeutische Gespräch* voneinander zu unterscheiden, denen schließlich der *psychoanalytische Dialog* Sensu strictori gegenüberzustellen ist. Dem seelsorgerischen, dem Beratungs- und dem therapeutischen Gespräch sind gemeinsam, daß hier derjenige, der Hilfe vermittelt, das Gespräch aus der Position eines Menschen führt, der meint zu wissen, was für seinen Gesprächspartner gut sei und ihm helfen zu können. So ist der theologisch geschulte, gottgläubige Seelsorger daran interessiert, von den Positionen seiner Religion ausgehend über das zu sprechen und von dem zu überzeugen, was seinem Gefühl nach einem Hilfesuchenden Seelenheil und Hilfe bringen könne. Der ein Beratungsgespräch Führende vermittelt aus der Position seiner theoretisch begründeten Kenntnis eines Sachverhaltes oder einer Problemstellung Rat in Hinblick auf die Wege einer möglichen Überwindung von aktuellen Problemen und Schwierigkeiten desjenigen, den er berät. Und auch der Therapeut, der Arzt oder der Psychotherapeut werden im "therapeutischen" Gespräch mit Ermutigung, Ratschlägen, Lösungsvorschlägen und Angeboten - etwa mit dem Angebot, eine problematische Situation doch mal anders zu sehen, dieses zu tun oder jenes zu lassen - eigene Vorstellungen, Kenntnisse, Überzeugungen und Rat an denjenigen vermitteln, der als ein Schwacher, Hilfesuchender, in Unsicherheit Gefangener einem aus überlegener Position Hilfe Gebenden gegenübersteht. Das heißt aber, daß auch hier eine Gefällesituation entsteht, ein benignes Gefälle zwar, nichtsdestotrotz ein Gefälle, das die Verständigung zwischen den beteiligten Personen in charakteristischer Weise bestimmt und prägt, und nicht selten auch zum Ausgangspunkt destruktiver Entwicklungen in einer Gesprächssituation werden kann.

Dem steht als genuine Gesprächsform der *psychoanalytische Dialog*, das deutende Gespräch gegenüber. Der psychoanalytische Dialog ist dadurch gekennzeichnet, daß zwei gleichwertige, gleichberechtigte Partner zusammentreffen und die Möglichkeit haben, einen herrschaftsfreien, deutenden Diskurs zu entwickeln. Bei diesem geht es folglich weder darum, explorativ, verhörend oder mit heimlichem Herrschaftswissen (etwa über unbewußte Prozesse) zu erfragen und auszuholen, Sachgespräche oder Streitgespräche zu führen oder aber Vorträge zu halten, noch aus der Position eines überlegen Wissenden Heil, guten Rat und Hilfe zu vermitteln. Vielmehr ist der psychoanalytische Dialog durch Offenheit, Freiheit von Gefälle und damit durch *Tendenzlosigkeit,* durch *Herrschaftsfreiheit* charakterisiert. Auf der Seite des Psychoanalytikers steht die Deutung im Mittelpunkt, des weiteren seine Interventionen, die auf diese Deutungen hinwirken und im Nachhinein eine Verständigung über ihre Wirkung ermöglichen. Der andere Partner dieses deutenden Gespräches, der Patient, d.h. der *Leidende*, sucht den Psychoanalytiker, auf, weil er sich in seinem Leben nicht mehr ausreichend zurechtfindet und neue Orientierung, eine andere Perspektive, gleichsam eine andere Deutung seines Lebens sucht, weil er sich in seiner gegenwärtigen Welt nicht mehr ausreichend heimisch fühlen kann. Indem sich in der *psychoanalytischen Situation* durch deren spezifische Rahmenbedingungen und durch die spezifischen Haltungen des Analytikers eine offene, gefällelose, herrschaftsfreie Beziehung entwickelt, können sich die unbewußten, zu Konflikt, Widerspruch und Lebensschwierigkeiten führenden Phantasien und Strebungen des Patienten im freien Spiel von Übertragung und Gegenübertragung in der psychoanalytischen Situation, in den spezifischen, sich spontan entwickelnden Formen und Strukturen des psychoanalytischen Diskurses entfalten, und sich durch das deutende Stellungnehmen, durch die Deutung des Analytikers erkennen, benennen, aufheben und schließlich überwinden lassen.

Allerdings hat es in der inzwischen bald hundertjährigen Geschichte der Psychoanalyse, in deren ersten Jahrzehnten nicht zuletzt auch durch manchen Psychoanalytiker, später vor allem auch im Gefolge einer mißverständlichen Rezeption der Psychoanalyse und ihrer Positionen in der allgemeinen Psychotherapie, gravierende Fehlentwicklungen gegeben, z.T. im Sinne der "Wilden Psychoanalyse" (Freud, 1910k), die den psychoanalytisch-psychotherapeutischen Diskurs nicht selten zu einer Art kombiniertem psychotherapeutisch-seelsorgerischem Sachgespräch haben degenerieren lassen. Ein aus einem solchen Verständnis geführtes Gespräch versucht mehr explizit den Patienten über sich und sein so verstandenes "Unbewußtes" aufzuklären, zur Veränderung seiner Lebenssituation und zu seiner Besserung Erklärungen, Aufforderung und Anweisung bereitzustellen oder gar zu überreden. Hierzu wird dann oftmals eine Deutungstechnik verwendet, bei der die Deutungen des Therapeuten in einer pseudo-objektivierenden Weise im Range von *Pseudoerklärungen* vorgebracht werden (vgl. in diesem Zusammenhang Donald Spence, 1987, 1989), die den Patienten von einer so verstandenen "verzerrten" oder "pathologischen" Sichtweise abbringen oder aus einer theoriegeleiteten Perspektive oder "Einsicht" her überzeugen sollen. Solche Deutungen sind darauf gerichtet, z.B. "das Unbewußte" des Patienten, die angeblich "eigentliche" symbolische Bedeutung von seelischen Inhalten oder angenommene Zusammenhänge mit der infantilen Erfahrung ("Es liegt an der Kindheit") oder mit Mängeln und Fehlern der Eltern ("Es liegt an Ihrer Mutter") "aufzudekken" und am Ende den Patienten, nicht selten in einschlägigem "psychoanalytischem" Jargon, nach dem eigenen Theorie- und Therapieverständnis zurechtzubiegen. In diesem Zusammenhang spricht Heimito von Doderer (durch seine Romanfigur René in der "Strudlhofstiege", S. 685) verächtlich vom "Seelenschlosser-Jargon" und nimmt, das Diktum von Karl Kraus über die Psychoanalyse als jener Krankheit, für deren Therapie sie sich selbst halte, aufgreifend, in seinem Roman "Die Dämonen" diese Form von "psychoanalytischer" Praxis, wie ich denke, zu Recht aufs Korn, indem er eine Pianistin beschrieb, "die einmal einem Psychoanalytiker in die Hände geraten war, noch dazu als Halbwüchsige, und obendrein: der Mann war imstande gewesen, ihr wirklich zu helfen. Hierdurch also war sie unheilbar geworden, denn sie erhielt nun für alles in der Welt, was immer ihr am Mitmenschen auffiel, einen gutpasssenden Schlüssel, erschloß damit alsbald den Sachverhalt und fand richtig drinnen eine Benennung irgendwelcher Art sozusagen schon vorbereitet liegen ... Man kann sagen, sie war, statt aller früheren Übel, nunmehr endgültig und für immer an der Psychoanalyse selbst erkrankt; für eine Heilswissenschaft jedenfalls ein beachtenswertes Resultat" (1956, S. 432, zit. n. Dettmering, 1974, S. 24).

Dies ist natürlich ein gelegentlich noch immer zu beobachtendes Zerrbild eines als "psychoanalytisch" mißverstandenen miteinander Sprechens, eine Art nicht offenen, nicht herrschaftsfreien, im Grunde destruktiven therapeutischen Diskurses, der die Empfehlungen Freuds aus seiner Arbeit "Ratschläge für den Arzt bei der psychoanalytischen Behandlung" (1912e) gründlich mißachtet, in denen er davor warnt, beim Hören der Mitteilungen des Patienten seinen eigenen Erwartungen oder Neigungen zu folgen: "Gerade dies darf man aber nicht; folgt man bei der Auswahl seinen Erwartungen, so ist man in Gefahr, niemals etwas anderes zu finden, als was man bereits weiß; folgt man seinen Neigungen, so wird man sicherlich die mögliche Wahrnehmung fälschen. *Man darf nicht darauf vergessen, daß man ja zumeist Dinge zu hören bekommt, deren Bedeutung erst nachträglich erkannt wird.*" (Freud, 1912e, S. 377, Hervorhebung L.H.).

Insofern ist das Interesse im offenen psychoanalytischen Diskurs nicht auf das Überzeugen und Überreden, sondern *auf die Entfaltung des (noch) nicht Gewußten* gerichtet, dessen Bedeutung im psychoanalytischen Dialog vor allem durch die Deutung und die daraus erwachsende Verständigung darüber erst noch zu erschließen ist, nicht schon a priori gewußt sein kann. Insofern verhält sich der Psychoanalytiker, um einen Vergleich zu gebrauchen, wie der Leiter einer Expedition in unbekanntes Terrain. Er verfügt über Kompetenz und Erfahrung im Umgang mit zu erwartendem Unbekannten ohne dieses aber schon kennen zu können. Würde er ihm schon Bekanntes seinem Patienten vorführen, dann wäre er kein Expeditionsleiter, sondern lediglich ein Touristenführer, der schon vorab weiß, was seine Patienten zu sehen bekommen, zu erfahren und kennenzulernen haben.

Im psychoanalytischen Dialog stellt sich das bei jeder Deutung gegebene, grundsätzliche theoretische Problem, daß nämlich die deutende Zuordnung von Erleben, Phantasien und Handeln das Ergebnis von Überlegungen nur des Deutenden sei, womit sich die Gefahr der Beliebigkeit oder gar der Willkür ergibt, grundsätzlich nicht. Dies gilt vor allem deshalb, weil die Deutung nicht als Schlußpunkt, sondern als Ausgangspunkt eines auf die Deutung folgenden Verständigungsdiskurses zu begreifen ist. Selbst wenn die Deutung im Mittelpunkt des psychoanalytischen Diskurses steht, ist diese doch nicht dessen letzter Zweck. Vielmehr besteht die Funktion der Deutung im wesentlichen darin, den, der die Deutung aufgreift, seinerseits zu einer Stellungnahme zu dieser Deutung aufzufordern (und hier ist sie vergleichbar mit der Deutung des Künstlers, die dieser durch sein Kunstwerk im ästhetischen Diskurs formuliert). Indem der "Empfänger" der Deutung die ihm neuen, anderen Sichtweisen des Analytikers, die Sichtweisen dessen, der als anderer anders erkennt, sieht und weiß, aufnimmt, sich in freier Interaktion zwischen diesen und den eigenen Sichtweisen auseinandersetzt, und auf diese Weise Möglichkeiten zu einer, kritischen, polyperspektivischen Reflexion der eigenen Positionen, Überzeugungen und Gewißheiten finden kann, vermag er allmählich aus seinen stereotypisierten Sichtweisen herauszufinden. Anstelle eines "richtig" und "falsch", eines "Entweder - Oder" kann so die Freiheit der Alternative im Sinne des "So-und-vielleicht-auch-Anders" treten, ganz im Sinne des Gedankens von Freud, daß die Analyse "dem Ich des Kranken die *Freiheit* schaffen soll, sich so oder anders zu entscheiden." (Freud, 1923b, S. 280, Hervorhebung im Original).

In diesem Sinn wird im Rahmen des herrschaftsfreien, deutenden psychoanalytischen Diskurses aus einem durch Deutungen vermittelten Gewahrwerden reflexives Gewahrsein, so daß sich Freiheitsräume zu autonomer Entscheidung erschließen, ganz im Sinne des emanzipatorischen Menschenbildes, dem sich die Psychoanalyse verpflichtet weiß. So ist die Deutung im psychoanalytischen Dialog nicht statischer Natur, vermittelt keine Kenntnisse, die man dann gleichsam schwarz auf weiß fixieren und nach Hause tragen kann, sondern sie ist offen und ihrem Wesen nach dynamischer Natur. Deshalb geht es im analytischen Diskurs sehr viel weniger in einem statischen Sinne um *Verstehen*, um ein Konsens-*Haben*, als in einem dynamischen Sinne um *Verständigung*, um eine Konsens-*Findung*, die im Sinne eines fortschreitenden kommunikativen und reflexiven Prozesses zwischen den beiden Verständigungspartnern zu entfalten ist. Wie dies im einzelnen geschieht, wird im 11. Kapitel, im Zusammenhang mit der Diskussion der Diskursformen, noch ausführlicher diskutiert.

Die Formen des Gespräches werden von den jeweiligen Intentionen der Beteiligten bestimmt. Bei diesen sind aber immer auch unbewußte Anteile beteiligt, denen allerdings bisher noch nicht genügend Beachtung geschenkt worden ist. Insofern ist hier auch von den unbewußten Intentionen in Gesprächssituationen zu sprechen, die auf die Form und Gestaltung des Gespräches Einfluß nehmen. Diese können sich in Gesprächssituationen nicht zuletzt auch durch jene "Diskursfehler" erkennbar machen, die Freud in seiner "Psychopathologie des Alltagslebens" (1901b) als Fehlleistungen bezeichnet hat, z.B. als Versprecher, wie etwa: "Dann aber sind Tatsachen zum Vorschwein gekommen"(a.a.O., S. 65). Die Psychoanalyse behauptet nun, daß solche Versprecher, daß auch das Verlesen, Vertun und Vergessen usw., wie alle *Fehlleistungen* irgendwie immer Sinn ergeben und auf hintergründige unbewußte Mitbedeutungen und Aktivitäten schließen lassen, die entgegen der vordergründigen bewußten Intention zum Vorschein kommen. Wenn in diesem Sinne jemand einen Brief unbeabsichtigt mit der ehrerbietenden Floskel "Mit vorzüglicher Nichtachtung" abschließt, so mag das nicht gerade für die ausgesprochene Hochschätzung des Briefschreibers sprechen, da sich seine Nichtachtung gegen die intendierte formale Ehrerbietungsfloskel unbemerkt durchzusetzen vermag. Insofern sind Fehlleistungen Zeichen einer wirksamen anderen Ebene des Gesagten, einer oder mehrerer *anderer* Dimensionen oder mehrerer, meist *kontroverser Mitbedeutungen* des Gesagten, die auf die Existenz unbewußt gestaltender Kräfte im Seelischen rückschließen lassen. Dabei handelt es sich nicht nur um Kräfte, die bloß in einem *deskriptiven* Sinne unbewußt sind, sondern um Kräfte, die *dynamisch* unbewußt sind.

Diese unbewußten Intentionen sind in jeder zwischenmenschlichen Verständigung wirksam und tragen zu deren Färbung, Strukturierung, oftmals auch bei sachlich intendierten Gesprächen zu deren Entsachlichung bei. Von ihrem Inhalt her tragen sie persönlichkeitsspezifische Züge. Sie haben eine Geschichte, die aus der Entwicklung des Subjekts begründet ist und die sich in jeglicher zwischenmenschlichen Begegnung in der Auseinandersetzung mit dem anderen auf höchst unterschiedliche Weise, unter anderem eben auch durch Fehlleistungen, aber auch durch unbewußte Übertragungen durchzusetzen tendiert.

Dies war zum Beispiel bei einem Patienten der Fall, der bereits an mehreren Arbeitsstellen immer wieder nach dem gleichen Muster an seinem unmittelbaren Vorgesetzten gescheitert war. Erst kam es zu einer überschwenglichen Idealisierung des neuen Vorgesetzten, dann allmählich zu Ängsten, sich allzu intensiv fügen und unterwerfen zu müssen, dann zur Kritik am Vorgesetzten, zu Reibungen, zu trotziger Verweigerung, schließlich zum offenen Krach und dann zur fristlosen Kündigung. In den ersten Stunden seiner Analyse mit mir suchte der Patient mir in schwärmerischer Idealisierung zu versichern, daß ich doch ein großartiger Analytiker sei. Sehr früh sich einstellende Fehlleistungen dieses Patienten machten aber auch schnell den aus unbewußten Motiven bestimmten, außerordentlich widerspruchsvollen Charakter seiner schwärmerischen Idealisierung, seiner tiefen, unerfüllten Anlehnungswünsche an einen, bei seinen Vorgesetzten und jetzt bei mir gesuchten "guten" Vaters, und zugleich seine erheblichen Ängste vor einer destruktiv vergewaltigenden Verstrickung mit ihm offenkundig, die den Auftakt bilden mochten zum Versuch, seine Geschichte des Scheiterns am Vater nun mit einer neuerlichen Variante in der Begegnung mit mir zu strukturieren. Durch die Problematisierung und Deutung dieses Umganges mit mir, durch die Analyse des Diskurses, der Dynamik von Übertragung und Gegenübertragung, konnte es dem Patienten im Laufe der weiteren Psychoanalyse gelingen, seine im Sinne eines unbewußten Wiederholungszwanges rigide stereotypisierte Tendenz zu durchschauen, auf diese Weise zu relativieren und schließlich aufzuheben, so daß er, wie ich heute weiß, nun schon seit einigen Jahren an derselben Arbeitsstelle relativ konfliktfrei tätig ist.

Bei der Diskussion der Formen zwischenmenschlicher Verständigung und ihren Intentionen wurde bereits deutlich, daß es nicht nur bewußt intendierte, in der spezifischen, primären Struktur des Gespräches implizit enthaltene Formen des Gefälles von unten nach oben, von oben nach unten, nebeneinander her oder auch, wie im psychoanalytischen Diskurs als dessen Voraussetzung, von gleich zu gleich gibt, sondern daß gerade im gefällelosen, herrschaftsfreien psychoanalytischen Diskurs durch die spezifischen Rahmenbedingungen und die besondere Haltung des Analytikers der *Neutralität* und der *Abstinenz* für den Patienten die Möglichkeit erwächst, in seiner Lebensgeschichte erworbene Formen des Dialogs, seine persönliche Gleichung, wie bei dem zuletzt genannten klinischen Beispiel, einzubringen, im Spiel von Übertragung und Gegenübertragung zu beleben und unter deutender Verständigung reflexiv zu erkennen und zu verändern. In diesem Sinne gebraucht das Subjekt (Patient) das Objekt wie mein Patient mit seiner Geschichte um den autoritären Vater mich, in einer vergleichbaren Weise, wie er dies ursprünglich in seiner Lebensgeschichte als unbewußt bestimmtes Muster entwickelt hatte. Bei diesem *Gebrauchen* des Analytikers in der analytischen Situation hat er bei seinem Analytiker damit zu rechnen, daß dieser die ihm angetragenen Positionen nicht annimmt, sondern sich ihnen deutend widersetzt. Dies hat gerade auch dann Geltung, wenn die Entfaltung dieser unbewußten Beziehungsmuster des Patienten, seiner persönlichen Gleichung, die wir Übertragung genannt haben, zugleich im Analytiker im Sinne der *Beziehungsfigur* oder *Beziehungsgestalt* spezifische Reaktionen, gleichsam Resonanzphänomene evoziert, etwa im Sinne einer Verführung, die schwärmerische Idealisierung anzunehmen und zu genießen. Derartige Resonanzphänomene nennen wir Gegenübertragung, die man, wenn man sich ihrer gewahr werden und diese in analytischer *Abstinenz* und *Neutralität* auszuhalten und für sich zu behalten vermag, therapeutisch für das Erkennen der unbewußten Beziehungsstrukturen, die der Patient in der psychoanalytischen Situation zu konstellieren tendiert, nutzbar d.h. bewußt machen kann. So können schließlich Wege aus unbewußt motivierten Stereotypien des Verhaltens und Erlebens, aus Wiederholungszwängen, wie sie an dem eben geschilderten Patienten sichtbar wurden, gefunden und im Laufe dieses Prozesses schließlich auch die psychoneurotischen Symptome mit dem sie begründenden unbewußten Konflikthintergrund überwunden werden.

Die Beseitigung von psychoneurotischen Symptomen, die der psychoanalytische Prozeß mit sich bringt, ist aber sicher nur ein Aspekt der Ziele und Möglichkeiten psychoanalytischer Therapie, der deutenden psychoanalytischen Verständigung und wenn auch sicher wichtig, dennoch vielleicht nicht einmal ihr wesentlichster. Denn die psychoneurotischen Symptome sind letztlich nur ein Zeichen unter anderen des frustranen Versuchs, dem anders nicht Vermittelbaren, nicht Sagbaren irgendwie Ausdruck zu verleihen. Auf diese Weise versuchen sie, und der durch phantastische Verbots- und Vergeltungsphantasien herbeigeführten, von der zwischenmenschlichen Verständigung abschneidenden Einmauerung, etwa durch eine konversionsneurotische Lähmung oder durch eine phobische Symptomatologie, durch den Appell vermittels einer Angstsymptomatik oder durch Zwangssymtome, d.h. mit Hilfe einer Art Versuchs der Mitteilung und Verständigung durch das Symptom zu entkommen. Das bloße Wegtrainieren des Symptoms, so erfolgreich dies auch, etwa in einer Verhaltenstherapie, sein mag, ändert an dessen Hintergrund, an der Geschichte, aus dem es hervorgegangen ist, nichts Wesentliches, selbst wenn die Symptombeseitigung auch eine spürbare allgemeine Entlastung bringen kann. Nicht selten ist aber auch eine quälende, selbstquälerische, aus Kränkung, Mißverständnis und Verletzung, aus Haß und Verbitterung erwachsene Einmauerung, ist die seelische Abschottung gegenüber der Mitwelt das einzige erkennbare und eigentliche Symptom, im Sinne dessen, was Goethe in seiner *Harzreise im Winter* (GW, 1981, Bd.1, S.50/52) in klassischer Weise beschrieben hat:

Ach, wer heilet die Schmerzen
Des, dem Balsam zu Gift ward?
Der sich Menschenhaß
Aus der Fülle der Liebe trank.
Erst verachtet, nun ein Verächter,
Zehrt er heimlich auf
Seinen eigenen Wert
In ungenügender Selbstsucht.

Es ist das Ziel des deutenden Diskurses, in die Öde solcher verletzten Vereinsamung menschliche Beziehungsmöglichkeiten zu tragen und die von Mißtrauen, Gram, Verachtung und Verbitterung bestimmte narzißtische Grandiosität in lebendiger, herrschaftsfreier Verständigung zu überwinden und damit den umwölkten Blick über die tausend Quellen möglicher zwischenmenschlicher Verständigung um den so Vereinsamten herum zu öffnen, wie es die nachfolgende Strophe des Gedichtes bewegend erbittet:

Ist auf deinem Psalter,
Vater der Liebe, ein Ton
Seinem Ohre vernehmlich,
So erquicke sein Herz!
Öffne den umwölkten Blick
Über die tausend Quellen
Neben dem Durstenden
In der Wüste!

3. Die Motivation zu zwischenmenschlicher Verständigung

Im letzten Kapitel standen unterschiedliche Formen des Gespräches und deren Dynamik sowie Phänomene im Mittelpunkt, die auf dynamisch relevante Bedeutungsebenen jenseits des bewußt Erkennbaren schließen lassen, auf Phänomene wie die *Fehlleistung* und in der psychoanalytischen Behandlungssituation die *Übertragung*. Diese verweisen auf dynamisch wirkende unbewußte Mitbedeutungen und Verweisungszusammenhänge, auf eine Dimension des dynamisch *Unbewußten* (im Gegensatz zum bloß deskriptiv Unbewußten) verweisen, das als motivierende Kraft in die bewußten Denkvollzüge, in das kognitive Denken, in die Phantasien und Träume, wie auch in die Handlungsvollzüge hineinwirkt.

Im diesem Kapitel werden diese motivierenden Kräfte, vor allem das, was Freud mit dem Begriff *Trieb* bezeichnet hat, näher untersucht. Diese dynamisch wirkenden Kräfte haben eine Entwicklungsgeschichte im Individuum. Deshalb spricht man auch von *Triebschicksalen*. Dies bezeichnet die *historische*, die lebensgeschichtliche Dimension. Zugleich haben diese dynamisch wirkende Kräfte aber auch eine *ahistorische* Begründung in der körperlichen Matrix, eine biologische Begründung. Man bewegt sich also, wenn man von den Trieben spricht, im Grenzgebiet von Biologie und Psychologie, im Grunde im Bereich beider, d.h. im Bereich von im Körperlichen begründeten Wünschen und Bedürfnissen, von körperlich begründetem Verlangen und Begehren, von Erwartungen, Hoffnungen, Phantasien, und Ängsten. Diese haben eine psychische Qualität, die zugleich auf das Tiefste im Körperlichen, auf die Verankerung im biologischen Substrat weist.

Menschliches Sein ist folglich nicht nur bestimmt von dem, was man bewußt und unbewußt erlebt und denkt, sinnlich erfährt und fühlt, sondern grundlegender auch von der organischen Wirklichkeit des Körpers, als der Matrix, in der Denken, Erleben und sinnliches Fühlen eingebettet sind, aus der sie hervorgehen, aus der der Mensch existiert. Diese Wirklichkeit des Körperlichen ist mit ihren Bedingungen und Möglichkeiten auf die Beziehung zur Außenwelt, auf die Beziehung zum anderen, d.h. auf Austausch und damit auch auf "Verständigung" angelegt. Und diese Beziehung zur Außenwelt, zum anderen, wird von jenen Kräften bestimmt und reguliert, die wir mit Freud unter dem Begriff des "Triebes" zusammenfassen.

Dieser von Freud formulierte Grundgedanke, über den sich seine Zeitgenossen so entsetzlich entrüsten konnten, daß nämlich Seelisches im animalisch Körperhaften, und das heißt im Bezug zur Frage der Motivation, auch in nach Lust und Befriedigung strebenden körperlichen Bedürfnissen und Motiven, in triebhaftem Verlangen verankert sei, steht eigentlich in der Reihe einer uralten abendländischen philosophischen Tradition, die weit in die griechische Antike zurückreicht. Die meisten Vorsokratiker in der griechischen Philosophie faßten "Seele" im Gegensatz zur materiellen Wirklichkeit des Körpers als eine Art metaphysische Substanz auf, der zunächst die Eigenschaft eines feinen Stoffes zugeschrieben wurde. Mit Platon wurde die Seele immateriell und präexistierend, die seelisch geistige

Wirklichkeit des Menschen und seine leiblich organische Wirklichkeit wurden dualistisch gedacht, ein Menschenbild, das das menschliche Denken, insbesondere des christlichen Abendlandes, bis heute nachhaltig bestimmt hat. Diese Dualität von Leib und Seele hat immer wieder die Frage nach der Beziehung, nach dem Umgang beider miteinander herausgefordert; eine Frage, wie sie etwa auch die Psychosomatik als Frage des "rätselhaften Sprungs vom Seelischen ins Körperliche" beschäftigt hat.

Aristoteles hat diese Beziehung vom Leiblich-Organischen und Psychisch-Geistigen als eine Einheit gedacht. Seele war für ihn die Entelechie des Leibes, das aktive Prinzip, das sich in der Gestaltung und Entwicklung des Körpers und seiner Tätigkeiten verwirklicht und die in ihm gegebenen Möglichkeiten in der Wirklichkeit entfaltet und zum Dasein bringt. In diesem Sinne existiert Seele als Wirklichkeit des Leibes, der mit seinen verschiedenen Teilen und Organen in Beziehung zur Außenwelt tritt und durch diese die Beziehung zu dieser erfährt. Diese Beziehung ist von vielfältigem Verlangen und Streben bestimmt, zu dem in besonderer Weise *Eros* gehört. Eros, bei den alten Griechen der Gott der Geschlechtsliebe, ständiger Begleiter der Aphrodite, wird bei Platon im *Gastmahl* zur Verkörperung sowohl der männlichen Zeugungskraft als auch der Liebe zum Guten und zur Weisheit, d.h. zur Verkörperung sowohl der körperlichen als auch der geistigen Liebe. Der Eros als großer Dämon zwischen dem Sterblichen und Unsterblichen ist der Antrieb zum Streben nach Selbstvollendung und Unsterblichkeit, die nur sowohl durch leibliche als auch durch geistige Zeugung, gleichsam mit leiblichen *und* geistigen Kindern zu erreichen sind:

> "Und auf diese Weise wird alles Sterbliche erhalten, nicht so, daß es durchaus immer dasselbe wäre, wie das Göttliche, sondern indem das Abgehende und Veraltende ein anderes Neues solches zurückläßt, wie es selbst war. Durch diese Veranstaltung ... hat alles Sterbliche teil an der Unsterblichkeit, der Leib sowohl als alles übrige; ... Denn der Unsterblichkeit wegen begleitet jeden dies Bestreben und diese Liebe" (Platon, Symposion 26, 208a/b).

Diese im antiken Denken angelegten Gedanken von der leiblich-seelischen Einheit und von der alles Leben existentiell bestimmenden Kraft des Eros bilden ideengeschichtlich den Hintergrund des Freudschen Denkens ebenso wie spätere Denkansätze in der neuzeitlichen Philosophie, etwa die Vorstellungen Spinozas von der "natura naturans", der alles hervorbringenden Kraft der Natur, Ideen, die in Deutschland insbesondere Lessing und vor allem Goethe nachhaltig beeinflußt haben (und wohl auch Sigmund Freud, nicht zuletzt auch indirekt über den Einfluß Goethes). Auch die spekulative Philosophie Schopenhauers mit ihrer Vorstellung vom Leib als Objektivation des Willens und vom Willen als An-Sich des Leibes sowie vom Trieb als Stufe in der Entwicklung des Willens, schließlich auch viele gedankliche Ansätze in der Philosopie Nietzsches gehören in diesen Zusammenhang. Diese kurzen Hinweise auf den ideengeschichtlichen Hintergrund des Freudschen Denkens, der Psychoanalyse, in dem der seinerzeit als so anstößig empfundene Triebbegriff eine so zentrale Rolle spielt, sollen genügen, um die Einbettung des Freudschen Denkens in den Strom der abendländischen

Denktraditionen aufzuzeigen, aus der sie dann als neues wissenschaftliches Paradigma im Sinne dessen, wie es Thomas Kuhn (1962) in seiner bahnbrechenden wissenschafts-historischen Untersuchung über die Struktur wissenschaftlicher Revolutionen formuliert hat, hervorgegangen ist.

Der psychoanalytische Triebbegriff, wie die Psychoanalyse diesen seit Freud versteht, hat für das psychoanalytische Denken nach wie vor eine grundlegende Bedeutung. Die Psychoanalyse sieht im Trieb eine der *causae ultimae* des Psychischen überhaupt. Zur begrifflichen Klärung: Man unterscheidet mit Freud hinsichtlich des Triebes:

1. den Ursprung des Triebes, die *Triebquelle* im Somatischen, in den somatischen Vorgängen, die im Psychischen als Aktivität, mit dranghaftem Charakter, und zwar in Gestalt von *Vorstellungs*- und *Affektrepräsentanzen* erscheinen: "Würde der Trieb sich nicht an eine Vorstellung heften oder nicht als ein Affektzustand zum Vorschein kommen, so könnten wir nichts von ihm wissen", sagt Freud in diesem Sinne (1915e, S.276).

2. Der Trieb hat ein Ziel. Dieses *Triebziel* ist die Befriedigung des Triebes, daß heißt die "Aufhebung des Reizzustandes an der Triebquelle" (Freud 1915c, S. 215).

3. Und er trifft dazu auf ein "Objekt", das *Triebobjekt*. Das Objekt ist jenes "andere", *an* welchem und *durch* welches der Trieb sein *Ziel*, nämlich die Befriedigung, die Aufhebung des Spannungszustandes erreicht. Dieses Objekt ist "das Variabelste am Triebe" (Freud, 1915c, S. 215). Es ist, anders als bei den Instinkten, ursprünglich nicht mit ihm verknüpft, sondern es wird ihm erst im Laufe des weiteren Reifungs- und Entwicklungsprozesses infolge seiner Eignung und Zweckmäßigkeit zur Ermöglichung der Befriedigung zugeordnet. Dies kann nicht nur ein anderer Mensch oder ein anderer Gegenstand sein, sondern auch der eigene Körper, oder ein Teil des eigenen Körpers wie dies beim Daumenlutschen der Fall ist. Man spricht in diesem Zusammenhang des Sich-selbst-zum-Objekt-Nehmens auch vom *autoerotischen Modus* der Befriedigung. Der Gedanke, daß der Trieb und sein Objekt ursprünglich nicht miteinander verknüpft sind, ist bedeutsam insofern, als damit deutlich gemacht ist, daß die Beziehung zwischen Trieb und Objekt nicht, wie bei den Instinkten, eine angeborene ist, was erhebliche Konsequenz zum Beispiel im Hinblick auf die Frage hat, wie die spezifischen Formen und Motive etwa der homosexuellen und heterosexuellen Objektwahl zu verstehen sind.

Vom psychoanalytischen Begriff des Triebes Sensu strictori sind, wie das bereits deutlich geworden ist, die *Instinkte* zu unterscheiden. Diese sind in ihrem Modus und Ablauf genetisch festgelegte, über angegeborene Schlüsselreize und Auslösemechanismen zwingend ablaufende Reaktionsformen, wie z.B. die instinktmäßig festgelegten Handlungsschemata bei den Insekten, etwa in ihren hochkomplex organisierten Insektenstaaten, beim Nestbau und den Balzspielen der Vögel oder die nach instinktmäßig festgelegten Freund-/Feindmustern ablaufenden Verhaltensreaktionen im gesamten Tierreich, z.B. bei dem gerade eben ausgeschlüpften Küken, das auf einen strukturierten optischen, den kreisenden Habicht repräsentierenden Reiz hin mit Flucht-/Zufluchtsreaktionen antwortet. Das bekannteste Beispiel ist vielleicht die komplexe Instinktregulation bei der Spinnenart der "Schwarzen Witwe", bei der das gegen Ende des Paarungsaktes erfolgende Erlöschen der Unterdrückung des Beuteschemas dazu führt, daß der Gatte zur Beute und damit die Gattin zur Witwe wird. Auch kollektive Instinktbindungen gehören in diesen Zusammenhang, wie z.B. das "social cue processing" über Instinkte in Tiergesellschaften und -gruppierungen, in Tierstaaten (mit komplexer, instinktgeregelter Arbeitsteilung) und in individualisierten Verbänden (wie Rudel und Horden) mit ihren instinktmäßig festgelegten, hierarchischen Ordnungen und Regeln. Beim Menschen finden wir noch eine ganze Reihe solcher Instinktfragmente, etwa beim "Kindchenschema", bei dem es sich um spezifische Reaktionen des Erwachsenen auf als "kindlich" bewertete Gesichtsproportionen handelt. Es sind diese Reize, die kulturinvariant offensichtlich genetisch fixierte Reaktionen auslösen, wie sie für die Stabilisierung der frühen Mutter-Kind-Interaktion und damit für das Überleben der Art von hoher Relevanz sind. Hierher gehören darüber hinaus auch die sogenannten kategorialen Affekte, über die noch im Zusammenhang mit der affektiven Dimension zwischenmenschlicher Verständigung und ihrer Entwicklung zu sprechen sein wird.

Solche Instinktfragmente des Menschen gewinnen wie der Trieb ihren eigentlichen psychischen Stellenwert erst dadurch, daß ihnen eine *psychische Repräsentanz* in Affekt und Vorstellung zuteil wird, als Repräsentanz dessen, was dem Ererbten und dem im Körperlichen sich Vermittelnden entstammt, das erst auf diese Weise, durch die psychische Repräsentierung, auf der Ebene des Psychischen verhandelbar werden kann und verhandelt wird. Trieb ist für Freud somit als ein "Grenzbegriff zwischen Seelischem und Somatischem" der psychische "Repräsentant der aus dem Körperinneren (zum Unterschied von aus der Außenwelt, L.H.) stammenden, in die Seele gelangenden Reize, als ein Maß an Arbeitsanforderung, die dem Seelischen, infolge seines Zusammenhangs mit dem Körperlichen, auferlegt ist" (Freud 1915c, S. 214). Trieb ist also in Freuds Definition und für die Psychoanalyse ein *psychologischer Begriff.*

Die Triebtheorie war so, wie wir sie heute kennen, nicht von Anfang an ausformuliert. Freud hat sie seinen Beobachtungen und Erkenntnissen entsprechend im Laufe der Entwicklung seines wissenschaftlichen Gebäudes wiederholt verändert. Vereinfachend läßt sich sagen, daß er bis etwa 1920 explizit Sexualtriebe von den Ich- und Selbsterhaltungstrieben unterschied, um nach 1920 mit seiner Arbeit *Jenseits des Lustprinzips* mit der Einführung der Todestriebhypothese eine Polarität von Eros und Thanatos, von *Libido* und *Destrudo* zu konzeptualisieren. Die Differenzierung von Sexualtrieben gegenüber Ich- und Selbsterhaltungstrieben ist außerordentlich relevant. Freud verstand die Sexualität als Trieb, der dem Selbsterhaltungstrieb und den damit verbundenen vitalen Funktionen gleichsam *angelehnt* sei. Diese Beziehung wird vor allem bei der oralen Aktivität des Säuglings erkennbar: Das Saugen an der Brust gilt nicht nur dem Stillen des Hungers, sondern es ist zugleich auch eine lustvolle Erfahrung, bei der "... wohl die Befriedigung der erogenen Zone mit der Befriedigung des Nahrungsbedürfnisses vergesellschaftet" ist (Freud 1905d, S. 82). Die vitale Körperfunktion der Stillung des Hungers allein kann die beim Stillvorgang entstehende Lust nicht erschöpfend erklären. Hier kommt es zusätzlich zu einer Art "Lustprämie", die sich allmählich im Laufe der weiteren Entwicklung mit dem Bedürfnis nach Wiederholung der Lusterfahrung von der Nahrungsaufnahme trennt und verselbständigt, was zunächst noch in autoerotischen Aktivitäten (etwa im Daumenlutschen) seinen Niederschlag findet. Erst später wird die Erfahrung des Sich-Lust-Verschaffens in der eigentlichen genitalen Sexualität wieder am Objekt gesucht, das dann als Objekt der Lust, nun auf einer anderen, integrativen Ebene des Erlebens und der Beziehung gleichsam *wiedergefunden* wird.

Die sinnliche Befriedigung des sexuellen Triebs erfolgt also - und das ist eine weitere wichtige, aus Beobachtungen abgeleitete Überlegung Freuds - nicht nur sinnlich genital, sondern, in Anlehnung an eine der lebenswichtigen Körperfunktionen, auch sinnlich prägenital. Daß heißt aber auch, daß der Trieb eine Entwicklung durchläuft, mit aufeinanderfolgenden Abschnitten oder *Phasen*, in denen bestimmte Körperzonen und die damit verbundenen vitalen Funktionen entwicklungsbedingt in besonderer Weise in den Mittelpunkt rücken. In diesem Sinne ergeben sich die *orale* Phase, die *anale* Phase, die *phallisch-uretrale* und *genitale* Phase der infantilen Sexualentwicklung. Diese Triebentwicklung erfolgt in der Begegnung, in der Verschränkung und Auseinandersetzung mit den Objekten, Auseinandersetzungen, die in den jeweiligen Entwicklungsphasen ein je spezifisches Gepräge erhalten. Dieser in der Entwicklung zunehmend komplex werdende Umgang mit dem Triebhaften in der Begegnung mit den Objekten erfährt seine Strukturierung vor allem durch die sogenannten *Abwehrmechanismen* des Ich, wie z.B. der Projektion und Introjektion, der Verleugnung, Verschiebung, Verdrängung usw. Auf diese Weise erfährt der im Körperlichen, in den somatischen Vorgängen und in der somatischen Anlage begründete Trieb als ein dynamisches psychisches Phänomen im Laufe seiner Entwicklung in der Begegnung mit den Objekten und durch die Auseinandersetzung mit ihnen seine jeweils spezifische Geschichte. In diesem Sinne spricht Freud von *Triebschicksalen*, das heißt, daß es im Verlauf der Entwicklung unter dem Einfluß der Objekte und ihrer gewährenden und versagenden, fördernden und hemmenden Tendenzen mit Hilfe des Einsatzes von Abwehrmechanismen zur Transformation, zur Integration und mehr oder weniger zur Sublimierung von Trieben, zu einer Art "*Zähmung der Triebe*" kommt, die auf komplexe Weise und mit unterschiedlicher Intensität von seiten der aus der Entwicklung verbleibenden Residuen infantil triebhafter Strebungen im Seelenleben des Erwachsenen eine bestimmende Wirkung ausüben.

Ein weiterer wichtiger Gesichtspunkt ist aus der Beobachtung hervorgegangen, daß der Sexualtrieb zunächst in unterschiedlichen Erscheinungsformen, in Gestalt von Teil- oder sogenannten *Partialtrieben* in Erscheinung tritt, im Hinblick auf die Quelle etwa als oraler oder analer Partialtrieb, im Hinblick auf das Ziel etwa als Schautrieb, Zeigetrieb, als triebhafte Aspekte der Einverleibung oder als Bemächtigungstrieb. Die Partialtriebe funktionieren zunächst noch unabhängig voneinander und werden erst im Laufe der Entwicklung unter dem Primat der Genitalität vereinigt. Sie sind aber, wenn man die sexuelle Beziehung und die von Menschen dabei geübten Praktiken genauer betrachtet, noch in Gestalt der von Freud so genannten *Vorlust* in der sexuellen Begegnung wirksam und erkennbar. Freud konnte nun zeigen, daß die *Perversionen* als Abweichungen in bezug auf den "normalen" Sexualakt als klinische Manifestationen von infantilen Partialtrieben zu verstehen sind, die sich gleichsam verselbständigt haben, und zwar nicht nur in einem deskriptiv-phänomenologischen, sondern auch in einem kausalgenetischen Sinne. Das heißt, es handelt sich bei ihnen um *Entwicklungsstörungen*, um Infantilismen, die in Erscheinung treten als der infantilen Sexualorganisation entstammende, dynamisch essentielle Ersatzformen sexueller Befriedigung. Die *Psychoneurose* unterscheidet sich demgegenüber dadurch, daß partialtriebhafte, der infantilen Sexualentwicklung entstammende Strebungen nicht wie bei den Perversionen zur konkreten Manifestation gelangen, sondern als nichtmanifeste, als *unbewußte* Phantasien dynamisch wirksam werden. Deshalb bezeichnete Freud *die Neurose als das Negativ der Perversion* (Freud, 1905, S. 65).

Ein großes triebtheoretisches Problem bereitete immer wieder die Frage der Aggression, d.h. jener menschlichen Tendenzen, die darauf gerichtet sind, den anderen als Objekt anzugreifen, zu beherrschen und zu zwingen, zu demütigen und zu schädigen oder gar zu vernichten - oder aber diese Tendenzen gegen sich selbst oder gegen Teile von sich selbst, als "Objekt" genommen, zu wenden, sich selbst zu beschädigen, anzugreifen oder angreifen zu lassen bis hin zur völligen Selbstzerstörung im Suizid. Besondere Probleme der theoretischen Konzeptualisierung entstehen vor allem dort, wo Aggression und Destruktivität in Verbindung mit Lust, mit sexueller Lust auftaucht, wie im Sadismus und im Masochismus. "Beide, Sadismus wie Masochismus, sind für die Libidotheorie recht rätselhafte Phänomene, der Masochismus ganz besonders ...", wie Sigmund Freud in der Neuen Folge der Vorlesung zur Einführung in die Psychoanalyse zutreffend feststellte (Freud, 1933a, S. 111). Den Sadismus konnte man theoretisch noch im Rahmen der analsadistischen Trieborganisation als analsadistischen Partialtrieb fassen. Auf welche Weise kann aber, wie dies die masochistische Phänomenologie zweifelsohne erkennen läßt, etwas, das Unlust bereitet, gerade dadurch Lust bereiten? Hier hat es komplizierte theoretische Überlegungen gegeben mit dem Ziel, auch den Masochismus rein triebtheoretisch abzuleiten. Diese haben allerdings das Problem nur begrenzt zu lösen vermocht. Außerdem gibt es eine Fülle anderer, über den Sadismus und den Masochismus hinausgehende Möglichkeiten menschlicher Destruktivität, die weit außerhalb dessen zu liegen scheinen, was phänomenologisch und mit den engeren psychoanalytischen Konzepten zum Sadismus und zum Masochismus theoretisch gefaßt werden könnte. Die menschliche Gewalttätigkeit und Destruktivität, die sich etwa in Kriegen entfaltet, die Destruktivität, um etwa ein literarisches Beispiel zu nennen, von *Othello* und dem kaltblütig Zerstörung und Vernichtung planenden und organisierenden *Jago* (vgl. Haesler, 1990) oder aber, als erschreckendstes Beispiel aus unserer jüngsten deutschen Geschichte, die alle bisher bekannten Dimensionen menschlicher Destruktivität sprengenden nationalsozialistischen Verbrechen, sie sind gewiß nicht nach den theoretischen Schemata von Sadismus und Masochismus zu fassen, selbst wenn die genannten Geschehnisse auch sadistische Exzesse in Fülle aufweisen mögen. Solche menschliche Destruktivität ist auch nicht ohne weiteres mit Konzepten zu begreifen, die etwa den Ursprung der menschlichen Aggressivität in der Triebversagung und in einem nicht ableitbaren "Triebstau" sehen möchten, obgleich wiederum eine solche Versagung zu einem gewichtigen Motiv der Aggressivität werden kann. Um die menschliche Aggressivität besser verstehen zu können, ist eine komplexere Integration aller dieser Überlegungen, besonders aber eine Berücksichtigung auch der Dimension des Narzißmus und seiner destruktiven Weiterungen erforderlich, die im Gefolge einer Störung der narzißtischen Regulation eintreten können.

Alfred Adler formulierte 1908 das Konzept eines *Aggressionstriebes*, das allerdings theoretisch nicht zu halten war und schon von Freud kritisiert und zurückgewiesen wurde. Aggression läßt sich nicht als Trieb wie die Sexualtriebe und die Selbsterhaltungstriebe konzeptualisieren, denn vieles, was den Triebbegriff charakterisiert, läßt sich auf die Aggression nicht übertragen. So fehlt die Dimension der autonomen Triebquelle wie auch des Triebziels, denn Spannungszustände menschlicher Aggressivität lassen sich nicht, wie etwa der Sexualtrieb, durch Abfuhr und Befriedigung aufheben. In diesem Sinne dürften psychohygienische Empfehlungen, an einem hierfür tauglichen Ersatzobjekt täglich den Aggressiontrieb zu befriedigen, wie etwa eine Blechdose gegen die Wand zu treten (ein solcher Gedanke tauchte seinerzeit im Zusammenhang mit der Diskussion des Buches "Das Sogenannte Böse" von Konrad Lorenz auf) ebenso in die Irre gehen, wie jener völlig abwegige, von den Medien ernsthaft diskutierte und auch zum Teil sogar über längere Zeit im Fernsehen praktizierte Gedanke, durch das Zeigen von Gewaltszenen bei dem Zuschauer Aggressivität abreagieren und damit zur allgemeinen Befriedung der Bevölkerung beitragen zu können. Die Dynamik der menschlichen Aggressivität, des Hasses und der Destruktivität ist offensichtlich sehr viel komplexer und in ihrer Verschränkung mit dem übrigen Triebleben, mit der Sexualität und mit den Selbsterhaltungstrieben, sowie mit dem Narzißmus nicht auf derart einfache Weise zu fassen. Freud schlug zunächst die Aggressivität im wesentlichen den Selbsterhaltungstrieben zu und meinte, daß "... die richtigen Vorbilder für die Haßrelation nicht aus dem Sexualleben, sondern aus dem Ringen des Ichs um seine Erhaltung und Behauptung stammen" (Freud, 1915c, S. 230). Zu den Selbsterhaltungstrieben rechnete er zugleich den Bemächtigungstrieb, einen nicht-sexuellen Trieb, der sich aber sekundär, vor allem im Zusammenhang mit der analsadistischen Entwicklung und Organisation im Zusammenhang mit Kontrolle, Beherrschung und Bemächtigung, d.h. mit der analen Modalität der Sexualität vereinigt.

Im Jahre 1920 formulierte Freud in seiner großen Arbeit "Jenseits des Lustprinzips" alle seine bisherigen Erkenntnisse und Konzeptualisierungen über die menschliche Aggressivität radikal um. Aus bestimmten klinischen Beobachtungen, etwa aus der Hartnäckigkeit unbewußter Schuldgefühle, aus Tendenzen zur Wendung der Aggression gegen sich selbst sowie aus dem unbewußten Wiederholungszwang meinte er, einen nicht mehr reduzierbaren Anteil an Destruktivität ableiten zu können, den er nun dem Wirken einer Tendenz zuschrieb, alles Lebende in den anorganischen Zustand zu überführen, damit zu zerstören und aufzulösen, eine Tendenz, die er den *Todestrieb* nannte. Diesen stellte er dem Eros, den *Lebenstrieben* gegenüber. Es handelt sich bei diesen Überlegungen um den Versuch einer Reduktion der Buntheit aller Lebenserscheinungen auf wenige Grundtendenzen und Grundprinzipien, letztlich um eine biologische Spekulation, die über das Klinische weit hinausgreift. Insofern ist die Todestriebhypothese nicht zu einer allgemein in der klinischen Praxis zum Tragen kommenden Theorie geworden. Als solche blieb sie seit Freud immer umstritten. Vor allem die psychoanalytische Schule von Melanie Klein hat aber bis heute daran festgehalten. Allerdings lassen sich die klinischen Beispiele, die die Existenz eines Todestriebes belegen sollen, auch auf andere Weise und ohne eine solche spekulative Annahme konzeptualisieren.

Die Grundannahme, daß der Todestrieb alles Lebendige in Anorganisches überführe, entspricht im wesentlichen den Aussagen des zweiten Hauptsatzes der Thermodynamik, dem *Entropiegesetz*, dessen Reflexion im Psychischen sie ist, als eine Annahme einer fortwährend wirkenden Tendenz zur Entdifferenzierung. Im Sinne des Entropiegesetzes heißt dies, daß alles, was zerstört wird, größere Unordnung, eine Minderung von Differenzierung und Ordnung, und das heißt einen Zuwachs an Entropie mit sich bringt. Ins Psychische gewendet bedeutet dies, daß auch die Zerstörung von Sinn und Sinnhaftem, von sinnhafter Ordnung die Entropie zunehmen läßt. Im Gegensatz dazu sind die Lebenstriebe ganz im Sinne des Platonschen Erosbegriffs darauf gerichtet, immer größere Ordnungen herzustellen; sie führen gleichsam zu einem Zuwachs an negativer Entropie. Solche Annahmen stellen eine umfassende biologische Spekulation der Vereinfachung und Vereinheitlichung dar, die dem Denken Freuds, wie überhaupt dem Denken seiner Zeit, zutiefst eigen war. Vergleichbares ließe sich auch für viele Überlegungen Freuds zur Evolutionsbiologie sagen, wie er sie im Rahmen seiner Grundüberlegungen vom menschlichen Seelenleben als eines psychobiologischen Geschehens entwickelt hat, in der integrativ das Psychisch-Biologische und das Psychisch-Kulturelle miteinander verbunden werden sollten.

Freud betrachtete die menschliche Aggressivität als eine Manifestation des Todestriebes, die immer in mehr oder weniger ausgeprägter Verbindung und Legierung mit der Sexualität in Erscheinung tritt. "Wir meinen also, daß wir im Sadismus und im Masochismus zwei ausgezeichnete Beispiele von der Vermischung beider Triebarten, des Eros mit der Aggression, vor uns haben, und machen nun die Annahme, daß dies Verhältnis vorbildlich ist, daß alle Triebregungen, die wir studieren können, aus solchen Mischungen oder Legierungen der beiden Triebarten bestehen" (Freud, 1933a, S. 111).

So sehen wir auch heute die Aggressivität und ihre Manifestationen als dynamische Phänomene, die sich mit den sexuellen Triebmanifestationen vermischen, so daß man die Aggressivität ausschließlich in ihrer Mischung mit der Sexualität erfassen kann: sei dies im Kontext der oralen Entwicklung und ihrer späteren Abkömmlinge wie Gier, Fressen und Neid; sei dies im Kontext der analen Entwicklung und ihrer späteren Abkömmlinge, vor allem in der Konstituierung des Selbst, seiner oft außerordentlich konflikthaften Abgrenzung und Selbstbehauptung gegen bedrohliche Phantasien und Ängste - um die Fusion oder die Refusion mit dem Objekt im Gefolge intensiver Anlehnungs-, Befriedigungs- und Abhängigkeitswünsche, um die Kontrolle, Bemächtigung und Beherrschung dieser Situation - triebhafte und narzißtische Tendenzen, die in besonderer Weise von der anal-sadistischen Trieblust mitbestimmt und eingefärbt sind; sei dies schließlich im Kontext der phallischen Entwicklung und ihrer Abkömmlinge, z.B. im Sinne destruktiver Rivalität und Eifersucht mit einem der Objekte des ödipalen Dreiecks. Im Laufe der psychischen Entwicklung kommt es nun zu einer zunehmenden Integration dieser aggressiven und libidinösen, triebhaften Aspekte, zu einer, wie Freud dies formulierte, zunehmenden *Triebmischung* (1915c, S. 222 f, 1920, S. 59 f). Umgekehrt führt eine Regression, d. h. eine Aktivierung früherer Erlebnis- und Funktionsebenen und -modi zu einer Umkehrung dieser integrativen Entwicklung, zu einer *Triebentmischung*, die, etwa bei dem Aufbrechen einer psychoneurotischen Reaktion, zu einer nicht selten erheblichen Mobilisierung destruktiver Potentiale führen kann.

Abschließend möchte ich noch einmal auf den Dualismus von Libido und Destrudo, von Eros und Thanatos, zurückkommen als einem Gedanken Freuds, der die praktische, klinisch-psychotherapeutische Dimension bei weitem übersteigt und zur kulturtheoretischen Dimension der Psychoanalyse führt. Von dem Dualismus zwischen Libido und Destrudo her verstand Freud die menschliche Kulturentwicklung als ein fortgesetztes Ringen von Eros und Thanatos, als ein Ringen in menschlichen Gesellschaften zwischen konstruktiven, die Vielfalt von Leben und Kultur stiftenden und erhaltenden Tendenzen und die Kultur zerstörenden, destruktiven Kräften. In der Folge dieses Gedankens braucht man sich nur an die ungezählten Kriege zu erinnern, die die menschliche Kulturentwicklung begleitet haben, um zu verstehen, was hier gemeint ist. Wuketits (1984) bemerkt hierzu: "Was sich aus der 'Raubtier-Vergangenheit' des Menschen herübergerettet hat in die schriftlich dokumentierte, historische Zeit, zeigen konkret die nicht weniger als 14.000 kriegerischen Auseinandersetzungen zwischen verschiedensten Völkern, die in einem Zeitraum von nicht mehr als 5.600 Jahren einen Tribut an 3,5 Milliarden Menschenleben gefordert haben und den im buchstäblichen Wortsinn roten Faden menschlicher Blutrünstigkeit in allen Epochen der Kulturgeschichte mit erschreckender Deutlichkeit hervortreten lassen..." (S. 134).

Man braucht sich nur an die unvorstellbar vielartigen Manifestationen von Aggressivität und Destruktivität zu erinnern, mit denen Menschen einander das Leben unerträglich gemacht haben und unerträglich machen und zerstören können, um sich das angesichts der menschlichen Lebensinteressen eigentlich nur schwer faßbare Maß menschlicher Zerstörungsbereitschaft zu vergegenwärtigen. Man braucht sich nur an die drohende Zerstörung aller Lebensgrundlagen zu erinnern, die dem Menschen durch den eigentlich ihm dienen sollenden technischen Fortschritt droht. Und man braucht sich nur daran zu erinnern, daß sich die Destrudo auch mit den scheinbar konstruktiven Kräften verbünden und mörderisch werden kann, wofür die Tragik von *Philemon und Baucis* in Goethes *Faust* ein anschauliches literarisches Beispiel geben kann. Schließlich braucht man sich nur daran zu erinnern, daß Thanatos sogar als Verbündeter des Eros mit einer Übervölkerung der Erde, mit einem faktisch fast hyperbolisch verlaufenden Bevölkerungszuwachs (was heißt, eine unendliche Zahl von Menschen in endlicher Zeit) das Überleben der Menschheit zu zerstören droht. Die menschliche Destruktivität hat offensichtlich viele Gesichter, und die menschliche Zivilisation hat sie, so offenkundig der menschliche Fortschritt bei der Naturbeherrschung auch sein mag, nirgendwo wirklich binden, mildern und eingrenzen können, eher im Gegenteil. Ganz in diesem Sinne schrieb Thomas Mann in seiner Schiller-Rede im Jahre 1955:

"Das letzte Halbjahrhundert sah eine Regression des Menschlichen, einen Kulturschwund der unheimlichsten Art, einen Verlust an Bildung, Anstand, Rechtsgefühl, Treu und Glauben, jeder einfachsten Zuverlässigkeit, der beängstigt. Zwei Weltkriege haben, Roheit und Raffgier züchtend, das intellektuelle und moralische Niveau (die beiden gehören zusammen) tief gesenkt und eine Zerrüttung gefördert, die schlechte Gewähr bietet gegen den Sturz in einen dritten, der alles beenden würde. Wut und Angst, abergläubischer Haß, panischer Schrecken und wilde Verfolgungssucht beherrschen eine Menschheit, welcher der kosmische Raum gerade recht ist, strategische Basen darin anzulegen, und die die Sonnenkraft äfft, um Vernichtungswaffen frevlerisch daraus herzustellen." (Thomas Mann, 1955, S. 373/74)

Es ist die erschütternd präzise Benennung des Kulturschwundes und Kulturverfalls, der in unserem Jahrhundert im Gewande des Fortschritts die destruktivsten Kräfte freigesetzt hat, die Menschen sich bisher vorzustellen vermochten - eine Erkenntnis, die die Annahme einer immanenten destruktiven Tendenz im Menschen im Sinne eines "Todestriebes" durchaus gerechtfertigt erscheinen lassen könnte. Allerdings bedarf eine solche spekulative Annahme, wie sie Freud formuliert hat, unbedingt der weiterführenden Kenntnis und angemessenen Berücksichtigung jener Erkenntnisse, die uns die moderne Evolutionsbiologie und Soziobiologie gebracht haben, um den offensichtlich alles beherrschenden Gegensatz von Erhalten und Zerstören, von Überleben und Destruktion, von Kultur und alles vernichtendem Krieg durchschauen und auf diese Weise das menschliche Überleben besser sichern zu können. "Alles, was die Kulturentwicklung fördert, arbeitet auch gegen den Krieg" sagte Freud in diesem Zusammenhang in seinem Brief an Albert Einstein ("Warum Krieg?", 1933b, S. 27), in dem er den Ursprüngen menschlicher Destruktivität nachzugehen suchte. Diese Kulturentwicklung muß die Anerkennung und konstruktive Kanalisierung menschlicher Destruktivität einschließen, soll sie die vielfältigen Tendenzen zur Selbstzerstörung des Menschen wirklich wirksam aufhalten und binden.

Wir bewegen uns hier auf der Ebene von Fragestellungen, mit denen sich die psychoanalytische Diskussion der Kultur seit Freud immer wieder auseinanderzusetzen versucht hat. Allerdings bewegen wir uns zugleich immer auch auf dem Boden von Fragen, die zur Biologie, zur Biologie der Evolution und ihrer ehernen Gesetze zurückführen, Gesetze, denen der Mensch auch und gerade dort unterworfen geblieben ist, wo er mit ihnen vielleicht am wenigsten rechnet. So mag man glauben, daß der Mensch sich die Erde tatsächlich untertan gemacht habe, ohne seine biologische Natur und Bedingtheit, vor allem vor dem Hintergrund der langen Geschichte seiner Evolution mit deren zwingenden Bedingungen und Konsequenzen, ausreichend zu bedenken, die über das weitere Überleben des Menschen auf dieser Erde entscheidend bestimmen werden. Insofern haben die kritische Stimme Freuds, die uns nachdrücklich an unsere biologische Natur erinnert hat, und die Psychoanalyse zu diesen Fragen Gewichtiges beizutragen.

4. Die Beteiligten an der zwischenmenschlichen Verständigung

Nachdem im letzten Kapitel Fragen der Motivation zur zwischenmenschlichen Verständigung und hier vor allem Freuds Triebbegriff und seine Weiterungen diskutiert wurden, sollen nun die Beteiligten an den zwischenmenschlichen Verständigungsprozessen und die Bedingungen ihrer Beteiligung in den Mittelpunkt rücken. Bei der Diskussion des Triebbegriffs Freuds wurde deutlich, daß es im Laufe der Entwicklung zu einer zunehmenden Integration und Mischung sexueller triebhafter Tendenzen und aggressiver Tendenzen unter dem zunehmenden Primat des Libidinösen kommt, während die Regression - im Rückgriff auf, entwicklungsgeschichtlich gesehen, frühere Funktionsmodi, Konfliktlösungen und Konfliktverarbeitungsformen - mit einer "Triebentmischung" einhergeht. "Triebmischung", "Triebentmischung", "Stauung" und "Abfuhr", "Ökonomie der Triebenergie" und "Triebbesetzung", "Überbesetzung" und "Gegenbesetzung" sind Begriffe, die aus einer Art Denken in Kategorien der Hydraulik abgeleitet sind, von einer Art hydraulischem Modell des Seelischen, das zwar von erheblichem heuristischen Wert sein mag, das aber auch Grenzen hat. Insofern stellt sich die Frage nach der Verbindung dessen, was wir, im Sinne eines Konstruktes, "Trieb" nennen mit dem, was im erlebnishaften Bereich als Affekt und Vorstellung tatsächlich erlebt und wahrgenommen wird. Dies führt zur Differenzierung des Begriffes *Wunsch* im Gegensatz zum *Trieb*.

Wünsche sind die eigentlichen *psychischen* Repräsentanten des Triebs (vgl. Loch, 1971, S. 25). Die Herausbildung von Wünschen erfolgt vor allem in frühesten und frühen Entwicklungsstadien über die vom Objekt vermittelten Befriedigungs- und Versagungserfahrungen, in Verbindung mit der Fähigkeit der sich entwickelnden psychischen Struktur, Erinnerungsniederschläge von den erlebten Lust- und Unlusterfahrungen und deren Verarbeitungen zu bilden: "Die Herausbildung von Wünschen ist demgemäß ein seelisches Fundamentalereignis, das in enger Nachbarschaft steht zur Imagination und Phantasietätigkeit, zur Wahrnehmung und Entstehung von psychischen Symbolen und Repräsentanzen" (Loch, a.a.O.), und damit zugleich zur gefühlten, erlebten Reflexion des Erlebnishaften und schließlich *zum Denken* überhaupt.

Wünsche sind somit, als erlebnishafte Repräsentanzen des Triebhaften, verinnerlichte erlebte Erfahrungen aus dem Umgang mit den beteiligten Objekten. Das heißt, Wünsche sind gleichsam geronnene Erfahrungen, geronnene Schemata (vgl. Loch, a.a.O.), die gefühlshafte, triebhafte und kognitive Komponenten aus den erfahrenen Beziehungen mit dem Objekt und nicht zuletzt auch spezifische erlebnishafte, auf den eigenen Körper und seine Funktionen in der Beziehung mit dem Objekt enthaltende Komponenten aufweisen. Der Wunsch wird so zu einer Art Grundstruktur, die die Erlebens- und Verhaltensinformationen aus der Beziehung mit dem Objekt enthält. Der "Wunsch" stellt somit auch eine Art geronnene Beziehung dar (vgl. Sandler, 1982). Um dies an einem Beispiel zu erläutern: Der Wunsch, sich jemandem gegenüber zu entblößen, etwa wie beim Exhibitionismus, enthält nicht nur das (partial-)triebhafte, vom Subjekt auf den anderen gerichtete Moment, den Wunsch, gesehen zu werden, sondern auch eine Phantasie, die von der Erwartung einer möglichen Reaktion des Objekts bestimmt ist (etwa, wie für den Exhibitionismus charakteristisch, daß das Objekt sich beeindrucken lassen, z.B., sich erschrecken solle). Insofern enthält der Wunsch als Struktur sowohl die seelische Repräsentanz einer Handlung, die zur Abfuhr drängt, und darüber hinaus alles weitere, was damit verbunden ist. Soweit in diesem Wunsch als einem Handlungs- und Erlebniskonzept einer Beziehung zwischen Subjekt und Objekt ein Wunsch nach sexueller Befriedigung enthalten ist, handelt es sich um das, was wir einen Triebwunsch nennen.

Es gibt aber sicher auch Wünsche, die nicht unbedingt aus einem direkten Triebverlangen abzuleiten sind, etwa Wünsche, Schmerz zu vermeiden oder Selbstachtung zu gewinnen oder zu wahren oder Sicherheit zu erhalten und zu wahren. So ist auch das von J. Sandler (1961) formulierte Konzept des "sense of well-being" ein gewichtiges, nicht unbedingt triebhaftes motivationelles Moment. Die Diskussion, die über diese Fragen in der Psychoanalyse geführt wurde und noch immer geführt wird, macht deutlich, wie dringlich die Formulierung einer umfassenderen psychoanalytischen Theorie der Motivation ist, einer Theorie, die sich nicht allein auf hydraulische Modelle stützt, sondern die die aus derartigen modellhaften Konzepten gewonnenen Erkenntnisse mit allgemeineren theoretischen Konzepten über die Regulation von Affekten, Gefühlszuständen und Phantasien sowie ihrer motivationellen intrapsychischen und interpersonellen Bedingungen miteinander vereint.

Diese Überlegungen führen zur Frage nach den Beteiligten an der zwischenmenschlichen Verständigung, zu den Begriffen Selbst, Subjekt und Objekt, zum psychoanalytischen Begriff der Objektbeziehung. Zunächst ist eine begriffliche Klärung erforderlich. Subjekt und Objekt sind erkenntnistheoretische Begriffe, die die Positionen im Erkenntnisprozeß zu fassen suchen. Der Begriff Objekt geht auf das griechische *Antikeimenon* d.h. das Gegenüberliegende, das sich in den Weg Stellende zurück auf den Gegenstand des Wahrnehmens und Denkens, das dem Subjekt, dem Zugrundeliegenden, griechisch *Hypokeimenon* das Gegenüberstehende, wie es im Verhältnis des Erkennenden zu seinen Zuständen und Akten des Denkens, Fühlens, Wünschens und Wollens gegeben ist. Subjekt und Objekt sind in ihrer Entgegensetzung dennoch einander sich ergänzende Begriffe, die erkenntnistheoretisch die Beziehung zwischen einem erkennenden Subjekt und einem erkannten Objekt beschreiben. Beim Akt der Erkenntnis stehen sich Subjekt ("Ich") und Objekt ("Nicht-Ich") gegenüber, wobei das Objekt zum "Objekt" des Erkennens wird, auf das sich das Denken und Handeln des Subjekts richtet. Im Laufe des vorigen Jahrhunderts wurde nun das erkenntnistheoretische Subjekt zunehmend vom psychologischen Subjekt geschieden. Der psychoanalytische Begriff von Subjekt und Objekt bezieht sich auf diese psychologische Dimension.

Begriffsgeschichtlich hat sich aber auch eine zum Teil unterschiedliche Verwendung der Begriffe ergeben, so daß etwa im Englischen vom "subject" (of a discussion), im Französischen gleichsinnig vom "sujet" gesprochen wird, das (im Deutschen) Gegen-stand (also eigentlich "Objekt" im Sinne des Antikeimenon) einer Diskussion genannt wird, während "the object" oder "objective" (of a discussion) die als Aussage formulierte Absicht einer Diskussion bezeichnet. Solche Unterschiede in der Bedeutung und im Gebrauch eines Begriffs und ihre Geschichte sind ja nicht nur in einem lexikalischen Sinne von Gewicht. Sie stellen vielmehr sehr viel grundsätzlicher Unterschiede und Eigenheiten der Art der sprachlichen Repräsentation und Organisierung der Welt und der Beziehungen zu ihr und damit des Denkens überhaupt dar. Dies wird uns im Zusammenhang mit der Untersuchung der Sprache und ihrer Elemente (vgl. Kapitel 8) noch näher beschäftigen.

Die Bedeutung des Wortes "object" geht im Englischen in zweierlei Richtungen des ursprünglichen griechischen Begriffs "Antikeimenon", zum einen im Sinne von "to object" und "objection" (im Französischen in gleichem Sinne "objection") in der Bedeutung des Widersprechens, des Einwendens, des sich gegen etwas Stellens, zum anderen im Sinne von "objective" als das Ziel eines Strebens, das "Gegenüberliegende", auf das das Streben gerichtet ist. Die zweite Bedeutung, die auch die erkenntnistheoretische Linie 'erkennendes Subjekt - erkanntes Objekt/Objekt des Erkennens' in sich birgt, wurde zur Grundlage des psychoanalytischen Begriffs vom Objekt als das, worauf "Trieb" sich richtet. Insofern Wünsche beteiligt sind, wird das Subjekt psychologisch Träger von intentionalen Akten mit Zielen (englisch: "objectives"), die an das Objekt, an das Gegenüberliegende gerichtet sind.

Psychoanalytisch gesehen lassen sich zwei Bedeutungsfelder von "Objekt" unterscheiden. Die eine Bedeutung ist bereits mit der Diskussion des psychoanalytischen Triebbegriffs mit dem Begriff des *Triebobjekt*s deutlich geworden. Das Triebobjekt dient als ein Sexualobjekt dem Triebziel, nämlich der Befriedigung, wobei es sich um eine Person oder auch um ein Partialobjekt handeln kann, um ein reales oder um ein phantasiertes Objekt. Im Sinne des Begriffes Triebobjekt ist seine wichtigste Voraussetzung, daß dieses Objekt dem drängenden Trieb Befriedigung zu verschaffen vermag. Im Begriff Triebobjekt steht somit die Befriedigung im Vordergrund. Der spezifische Charakter des Objekts, seine besonderen, persönlichen Eigenheiten, tritt demgegenüber zurück. Insofern ist das Objekt in diesem Verständnis des Begriffs vor allem dahingehend wichtig, daß es dazu dienen kann, das Triebziel zu erreichen, ganz so, wie dies etwa bei extrem promiskuösen Homosexuellen der Fall ist, für die die konkrete Persönlichkeit des Sexualpartners völlig irrelevant werden kann, und der Sexualpartner, das Triebobjekt, lediglich durch seine Fähigkeit, sexuelle Befriedigung zu verschaffen, Bedeutung hat. Dies kann so weit gehen, daß, wie ich dies von einem meiner Patienten erfuhr, lediglich der durch ein Loch in der Trennwand einer öffentlichen Toilette gesteckte Penis des ansonsten anonymen anderen, und zwingend nichts sonst, zum Objekt der Triebbefriedigung wird.

Dagegen wird in einem umfassenderen Sinne im Begriff des *Liebesobjektes* der Objektbegriff nicht so sehr auf das Triebziel, auf die Befriedigung gelegt, sondern das Objekt wird als ganze, umrissene Person in ihrer persönlichen Eigenheit wesentlich, zum "Objekt" von Liebe, aber auch von Haß, wie z.B. in der sich entwickelnden Mutter-Kind-Beziehung, in der das Objekt "Mutter" durch seine personale Spezifität zu einem solchen "Objekt" in einem umfassenden Sinne wird. Dieser zweite psychoanalytische Objektbegriff steht in der *psychoanalytischen Objektbeziehungstheorie*, die die Beziehung des Subjekts zu seiner Objektwelt mit ihren komplexen Bedingungen zu erfassen sucht, im Mittelpunkt. In diesem Sinne nähert sich dieser zweite Objektbegriff jenem der philosophischen Erkenntnistheorie, die ja die Beziehung des erkennenden Subjekts zur zu erkennenden Welt beschreibt. Und es hat in der Geschichte der Psychoanalyse an Versuchen nicht gefehlt, die philosophische Erkenntnistheorie und die psychoanalytische Theorie der Beziehung von Subjekt und Objekt im Sinne einer umfassenderen "psychoanalytischen Erkenntnistheorie" zu vereinigen, in Deutschland vor allem durch Wolfgang Loch (vgl. z.B. 1976, 1988, 1989).

"*Triebobjekt*" und "*Liebesobjekt*" sind aber keine Gegensätze, sondern letztlich begrifflich und entwicklungspsychologisch aufeinander bezogen und miteinander verschränkt. Die Subjekt- und Objekterfahrung baut sich an Trieberfahrungen auf, wobei die weitere Entwicklung eine progressive Integration von partialtriebhaften Erfahrungen mit Triebobjekten und Erfahrungen an einem zunehmend in seiner Ganzheit, Verschiedenheit und Unabhängigkeit erkennbaren und anerkennbaren Objekt bringt. In dieser Entwicklung, in der somit die reiche Skala affektiver Beziehungserfahrungen, Phantasien und im Sinne komplexerer erlebnishafter Strukturen auch Wünsche im Mittelpunkt stehen, entstehen dann zunehmend komplexe Beziehungsmuster, -strukturen oder -gestalten, die zunehmend als solche verinnerlicht werden. Aus äußeren "Objektbeziehungen" werden so durch Internalisierungsvorgänge "innere" Objektbeziehungen, innere Repräsentanzen vom Objekt und der mit diesen erlebten "Handlungen" und Beziehungen. Diese inneren Objektrepräsentanzen stellen komplexe Beziehungserfahrungen des Selbst mit dem Objekt dar, in denen Wünsche, gefühlshafte, triebhafte und kognitive Elemente miteinander verschränkt sind und das Verhalten des Subjekts in seiner weiteren Beziehung zur Welt, zur Welt der Objekte, das heißt aber auch in Prozessen zwischenmenschlicher Verständigung motivieren.

Diese verinnerlichten Objektbeziehungen, die die erfahrene Objektbeziehung als eine Art Erinnerungsstruktur repräsentieren, haben folglich eine Geschichte. Sie sind das Resultat von Entwicklung, eines Prozesses, in dem es seinem Wesen nach um die Konstituierung von Subjekt und Objekt als zwei voneinander unabhängigen Wesen geht. In diesem Sinne sprechen wir auch vom Prozeß der *Selbst- und Objektdifferenzierung*. An dessen Ende steht die eindeutige Gewißheit von der Eigenständigkeit und Getrenntheit des Subjekts, eine Gewißheit, die auch das Gefühl von der Unveränderbarkeit der Erfahrung seiner selbst durch alle weitere Veränderung und Entwicklung, durch Trauma und Konflikt hindurch mit einschließt. Wir sprechen in diesem Zusammenhang von *Selbstkonstanz* und, komplementär dazu, von *Objektkonstanz*, eine Entwicklungsstufe, die normalerweise etwa im dritten Lebensjahr erreicht wird. Die Grenze zwischen Selbst und Objekt bleibt aber immer mehr oder weniger, und in unterschiedlichsten Lebenssituationen stärker als in anderen, umstritten. Und viele Schwierigkeiten und Störungen zwischenmenschlicher Begegnung und Verständigung haben mit solchen Konflikten um Distanz und Nähe, die die Selbst- und Objektkonstanz, die Selbst- und Objektdifferenzierung in Frage zu stellen drohen, zu tun. Verständlicherweise werden solche Konflikte am deutlichsten dort hervorbrechen, wo es zur intensivsten, intimsten Form der zwischenmenschlichen Begegnung kommt, nämlich in der sexuellen Begegnung. Aber auch die psychoanalytische Begegnung zwischen Patient und Analytiker ist, wenn auch von Neutralität und Abstinenz des Analytikers bestimmt, eine ähnlich dichte, persönliche, intensive Begegnung, die in besonderer Weise Konflikte um Distanz und Nähe, um eine mangelnde Selbst- und Objektdifferenzierung, um die Selbst- und Objektkonstanz in einer therapeutisch intendierten Weise zum Vorschein bringen kann. Deren analytische Klärung und Durcharbeitung kann dann bessere Möglichkeiten der Abgrenzung erschließen, die Voraussetzung dafür sind, daß eine vertrautere Nähe und Intimität in ausreichender Sicherheit und Stabilität des Selbsterlebens möglich wird.

Die Entwicklung des Selbst aus der Matrix der frühen Mutter-Kind-Beziehung, ein Prozeß, in dem zunächst averbale, körperliche und körperbezogene Verständigungsmodi eine zentrale Rolle spielen, getragen und gesteuert vor allem durch einen komplexen affektiven Austausch, ist ein äußerst verwickelter Vorgang, der in den letzten Jahren zunehmend exakt empirisch erforscht wurde. Aus der Erfahrung mit schwerer gestörten, sogenannten narzißtischen und Borderline-Patienten konnte man den Eindruck gewinnen, daß es im Laufe der frühen Entwicklung im Kontext von wiederholten und eingreifenden Diskontinuitäten des Erlebens, der Erfahrung am Objekt, aus welchen äußeren oder inneren Gründen diese auch entstanden sein mögen, zu Störungen der Selbst-Integration kommt, die im Zuge der weiteren Entwicklung nicht mehr zu kompensieren und zu integrieren sind und klinisch als Spaltungs- und Abspaltungsprozesse in Erscheinung treten. Der Annahme folgend, daß sich aus der Beobachtung solcher und anderer pathologischer Zustände und ihrer Entwicklung Rückschlüsse grundsätzlicherer Art über die allgemeine Natur menschlicher Entwicklung ziehen ließen, wurde von der aus Deutschland stammenden, später in London wirkenden Psychoanalytikerin Melanie Klein eine entwicklungspsychologische Theorie formuliert, die sich auf die Grundannahme einer Diskontinuität und Spaltung des Erlebens am Anfang der menschlichen Entwicklung stützt. Aufgabe der Entwicklung sei es dann, diese ursprünglichen Spaltungen vom Selbst und von den Objekten in "Gut" und "Böse" zu überwinden, zu ganzheitlichen Vorstellungen vom Selbst und vom Objekt zu kommen, innerhalb derer Ambivalenz und Widerspruch im Erleben des Selbst und des Objekts ertragen und konstruktiv integriert werden könne. Auch wenn die moderne empirische Säuglingsforschung mit ihren Ergebnissen erhebliche Zweifel an der Stimmigkeit dieser theoretischen Vorstellungen, vor allem was deren zeitliche Zuordnung im Entwicklungsprozeß anbetrifft, hervorrufen, formulieren die Theorien Melanie Kleins jedoch eine empirisch vielleicht in anderen zeitlichen Konstellationen zu ortende, dennoch aber als gegeben anzusehende

Struktur menschlicher Entwicklung und Erfahrung, so daß sie nicht zuletzt auch klinisch von erheblichem heuristischem Wert sind. Ich werde darauf noch einmal ausführlicher im Zusammenhang mit der Diskussion der Entwicklung (vgl. Kapitel 6) zurückkommen.

An dieser Stelle möchte ich aber dennoch versuchen, etwas von der Idee zu vermitteln, die diesen psychoanalytischen Annahmen von der menschlichen Entwicklung zugrunde liegt. Ich möchte dies an einem Gedicht von Goethe darstellen, in dem er, geleitet von der konkreten Erfahrung des Wiedersehens nach einer schmerzlichen Trennung (von Marianne von Willemer, die er in Darmstadt, aus Heidelberg zurückkommend, wiedertraf) die überwältigende Erfahrung der vorangegangenen Trennung und des Wiedersehens in Bildern des Kosmischen, in Bildern der Weltschöpfung gefaßt hat. Es handelt sich um das Gedicht "Wiederfinden" aus dem Buch "Suleika" des "West-Östlichen Divans" (GW, Bd.2., S. 82-84) in dem sich die psychoanalytischen Konzeptualisierungen, wie sie Melanie Klein formuliert hat, in geradezu isomorpher Gestalt darstellen lassen. Nachdem in der ersten Strophe die tiefe Bewegung und Erschütterung der Wiederbegegnung und die Vergegenwärtigung der durchlittenen Trennung vorgestellt ist,

"Ist es möglich! Stern der Sterne,
Drück' ich wieder dich ans Herz!
Ach, was ist die Nacht der Ferne
Für ein Abgrund, für ein Schmerz!
Ja, du bist es! Meiner Freuden
Süßer, lieber Widerpart;
Eingedenk vergangner Leiden,
Schaudr' ich vor der Gegenwart."

kommt es mit der zweiten Strophe zum Sprung ins Kosmische, zur Formulierung einer kosmogonischen Theorie, in der der Bruch der ursprünglichen Einheit von Gott und Welt, der nachfolgende Zerfall in polare Welten und deren Wiederzusammenfinden geschildert werden - psychoanalytisch gewendet, in der sich der Bruch mit der Mutter-Kind-Einheit, das Zerfallen in eine Welt voller Spaltungen und der nachfolgende Prozeß der Re-Integration zu lebendigen kreativen Objektbeziehungen widerspiegelt.

"Als die Welt im tiefsten Grunde
Lag an Gottes ew'ger Brust,
Ordnet' er die erste Stunde
Mit erhabner Schöpfungslust,
Und er sprach das Wort: "Es werde!"
Da erklang ein schmerzlich Ach!
Als das All mit Machtgebärde
In die Wirklichkeiten brach."

Weltentstehung, das Realisieren der Wirklichkeit und damit der Getrenntheit, ist ein schmerzlicher Prozeß der Trennung, der nicht ertragen werden kann und deshalb zur polaren Aufspaltung zwingt:

"Auf tat sich das Licht! So trennte
Scheu sich Finsternis von ihm,
Und sogleich die Elemente
Scheidend auseinander fliehn.
Rasch, in wilden, wüsten Träumen
Jedes nach der Weite rang,
Starr, in ungemeßnen Räumen,
Ohne Sehnsucht, ohne Klang."

Für die polare Aufspaltung werden hier exemplarisch Licht und Finsternis genannt, die noch in jeglichem polaren Weltbild, ganz besonders im christlichen, für die Polarität von "Gut" und "Böse" stehen. Diese Spaltung vertieft sich im Sinne eines "Auseinanderfliehens", das rasch, mit "wilden wüsten Träumen", mit "wilden, wüsten" Phantasmen erfolgt, wie wir dies klinisch im Kontext destruktiver Spaltungsprozesse immer wieder beobachten können. Ist die Spaltung erst einmal vollzogen, wird alles unbelebt, starr, "ohne Sehnsucht", "ohne Klang". Die Starrheit der Spaltung, die als defensiv-protektiver Schritt gegen die Bedrohlichkeit der Wahrnehmung der Getrenntheit erfolgt, muß jegliches Bedürfnis, jegliche Sehnsucht nach dem Objekt, jeden Austausch vernichten.

"Stumm war alles, still und öde,
Einsam Gott zum erstenmal!
Da erschuf er Morgenröte,
Die erbarmte sich der Qual;
Sie entwickelte dem Trüben
Ein erklingend Farbenspiel,
Was erst auseinander fiel."

Die Spaltung, die Sprachlosigkeit, die Zerstörung aller Sehnsucht, allen Austauschs, aller Beziehung macht einsam. Und nun erschafft Gott die Liebe, die das Getrennte vereinigen soll. Goethe wählt hier aus seiner Farbenlehre das Bild der Morgenröte, des Lichts, das in ein trübendes Medium eindringt und, in einem synästhetischen Bild formuliert, ein "erklingend Farbenspiel" hervorbringt. Es ist die Liebe (nach der Vorstellung Melanie Kleins die *Wiedergutmachung*), die allein die Spaltung überwinden und zu lebendigem Leben integrieren kann, und zwar in Gestalt des Lichts, die erlaubt, daß nun wieder lieben kann, "was erst auseinander fiel".

"Und mit eiligem Bestreben
Sucht sich, was sich angehört;

Und zu ungemeßnem Leben
Ist Gefühl und Blick gekehrt.
Sei's Ergreifen, sei es Raffen,
Wenn es nur sich faßt und hält!
Allah braucht nicht mehr zu schaffen
Wir erschaffen seine Welt."

Die Liebe, die Wiedergutmachung führt das Getrennte wieder zusammen, die Spaltung der Welt, die auch als Spaltung in männlich und weiblich gedacht ist, wird aufgehoben, Gefühl und Blick wird auf ungemessenes Leben eröffnet und schöpferisches Zusammenfinden möglich.

"So, mit morgenroten Flügeln,
Riß es mich an deinen Mund,
Und die Nacht mit tausend Siegeln
Kräftigt sternenhell den Bund.
Beide sind wir auf der Erde
Musterhaft in Freud' und Qual,
Und ein zweites Wort: Es werde!
Trennt uns nicht zum zweitenmal."

Mit dem Wort "So" kehrt Goethe von dem Bild der Kosmogonie zur persönlichen Erfahrung des Dichters zurück. Die Möglichkeit zu irdischer Einswerdung erfolgt, nachdem der Prozeß der Trennung aus ursprünglicher Einheit, der Spaltung und deren nachfolgender Überwindung durch Liebe/Wiedergutmachung durchgestanden ist, ein Prozeß hin zum "*Beide* sind wir auf der Erde", zu einer Vereinigung, die zwei voneinander verschiedene, getrennte, zur Gemeinsamkeit auf dieser Basis zusammenkommende Wesen umfaßt, die aufgrund der Möglichkeit, ihre Spaltung zu überwinden, zum "Wiederfinden", zur liebenden Vereinigung kommen können, zu einem "musterhaften", das heißt beispielhaften Miteinander integrativ in "Freud und Qual", das ein Leben in der "Freundschaft der Liebe" (E. Bloch, 1959) zu leben erlaubt.

Sicher ist diese Interpretation aus einer psychoanalytischen Perspektive, die das Gedicht zum Demonstrationsobjekt psychoanalytischer Theorie macht, es gleichsam dafür ausbeutet, unvollständig und problematisch, wenn man sich dieses methodischen, die poetische Perspektive einengenden Ansatzes nicht bewußt bleibt. Allerdings geht es mir hier in erster Linie um das Vorstellen einer *Struktur der Bewältigung* des Erlebens trennender "Wirklichkeit" und des Wiederfindens als einer Möglichkeit der Überwindung einer Realität schmerzlicher Getrenntheit, wie sie Goethe in seinem meisterhaften Gedicht, kosmogonisch transponiert, *poetisch* und Melanie Klein in ihrer Theorie *psychoanalytisch* gefaßt hat.

Im Prozeß der Selbst- und Objektdifferenzierung ist die strukturelle Position des "Vaters" als Drittem, der die Trennung und Getrenntheit fördern und integrieren helfen kann, von zentraler Bedeutung. In diesem Entwicklungsschritt aus der dualen Beziehung von Mutter und Kind zur triangulären Konstellation als Vorläufer des späteren Ödipuskonflikts wird erst Reflexion (d.h.: *Ich, der Andere und Ich als Reflektierender der Beziehung von mir mit dem Anderen*), Symbolisierung (i.S. einer triangulären Struktur, die das Symbolische konstituiert (*Ich, das Objekt und das Zeichen*) und damit überhaupt erst Denken möglich. Darüber hinaus vermag das Kind im Zuge dieser Entwicklungen das Elternpaar auch zunehmend in deren Beziehung zueinander, die Mutter als Frau des Vaters, den Vater als Mann der Mutter, und wiederum jeden der beiden Eltern in deren Beziehung zu sich selbst konstruktiv zu internalisieren. Mißlingt dieser Prozeß, dann entstehen Spaltungen, Abspaltungen und Ausgrenzungen, die die Integration einer dritten Position erschweren, erschüttern oder gar unmöglich machen. Die Abspaltung des Dritten, auch in Gestalt einer Ausgrenzung als Dritter (im Falle des Kindes dem vereinten Elternpaar gegenüber) führt dann zu massiven, zutiefst haßerfüllten Konflikten um die unintegrierbaren Loyalitäten zu den so erlebt verratenden oder verratenen Elternobjekten, um die von Haß und Zerstörung bedrohte Beziehung zu ihnen und um die damit verbundene, oftmals unintegrierbare Destruktivität, die die Struktur zu sprengen droht und Spaltungen erzwingt. Diese sind imstande, die weitere Integration und Entwicklung, im Sinne entwicklungspsychologischer Vorstufen späterer schwerer Psychopathologie, empfindlich zu stören und zu hemmen, wenn es nicht zur Möglichkeit einer die Spaltung integrierenden und überwindenden Wiedergutmachung kommt.

Wenn der Prozeß der Selbst- und Objektdifferenzierung ausreichend gelungen ist, wird das Kind schließlich im eigentlichen Ödipuskonflikt das ödipale Dreieck als getrenntes Subjekt dem als getrennte Objekte miteinander verbundenen generativen Elternpaar gegenüber erleben und innerlich integrieren. Dabei müssen, wie wir durch direkte Beobachtung aus Kinderanalysen wissen, oftmals expansive, von altersspezifischem infantilem Phantasieren getragene Erlebnisbereiche um Rivalität, um angstvolle, in besonderer Weise von infantilem Phantasieren um die sexuellen Realitäten der Eltern bestimmte Wünsche sowie Phantasien um Vergeltung wegen solchen expansiven Phantasierens in der Auseinandersetzung mit der ödipalen Konstellation integriert und überwunden werden. Die sich so in den infantilen Beziehungen formierenden Strukturen der Beziehung zu den Elternobjekten werden schließlich verinnerlicht, dann aber mit der Pubertät und der dann real und konkret körperlich in das Erleben einbrechenden Sexualität neu belebt und überarbeitet und schließlich im Laufe der weiteren Adoleszenz in einer Weise integriert, daß sie als in der Persönlichkeit bestimmende Strukturen die weiteren zwischenmenschlichen Beziehungen des erwachsenen Menschen persönlichkeitsspezifisch strukturieren werden. Die aus diesen komplexen Entwicklungsprozessen erwachsenden Möglichkeiten zur konstruktiven Integration von Konflikten um Distanz und Nähe sind aber für die intimste Form zwischenmenschlicher Beziehung und Verständigung, für die sexuelle Begegnung und ihre Determinanten, von entscheidender Bedeutung. Hier finden die im Entwicklungsprozeß verinnerlichten Objektbeziehungen, deren vielfältige Formen und Störungen, am direktesten und deutlichsten ihren Ausdruck und Niederschlag.

5. Die sexuelle Dimension zwischenmenschlicher Verständigung

Die grundsätzliche Bedeutung der Sexualität, des Sexualtriebes für die zwischenmenschliche Begegnung und Verständigung muß hier, denke ich, nicht besonders herausgestellt werden. Sie ist weder eine Erfindung der Psychoanalyse noch etwa ihr Dogma. Dennoch ist der Psychoanalyse wiederholt eine Art dogmatischer "Pansexualismus" vorgeworfen worden, als wolle sie alles und jedes allein und ausschließlich aus der Dimension des Sexuellen erklären, wobei solche Vorhaltungen meist einen sehr eingeengten Begriff von Sexualität im Auge haben. Solches führte einmal, noch zu Lebzeiten Freuds, dazu, daß man von psychiatrischer Seite meinte, die Psychoanalyse sei keine Wissenschaft, sondern eher eine Angelegenheit für die Sittenpolizei. Wir haben bereits in der Beschäftigung mit dem Freudschen Triebbegriff gesehen, daß eine solche Kritik, wenn man sie überhaupt ernst nehmen kann, ihren Gegenstand verfehlt. Denn nach der psychoanalytischen Erfahrung und in deren theoretischer Konzeptualisierung ist Sexualität so, wie die Psychoanalyse sie versteht, nicht allein auf die Aktivitäten und die Lust beschränkt, die mit den mechanischen Funktionen des ausgereiften Genitalapparates verbunden sind.

Entwicklungspsychologisch gesehen gehören zur Sexualität aus der Sicht der Psychoanalyse eine Reihe von elementaren Erregungen und Aktivitäten hinzu, die im Sinne des Konzepts einer *infantilen Sexualität* bereits in frühester Kindheit zu beobachten sind und aus infantilen Körperwahrnehmungen und körperbezogenem Phantasieren um diese körperlichen Wahrnehmungen und Realitäten hervorgehen. Aus diesen, dem Körperlichen entstammenden Erregungen und Aktivitäten gehen Lust- und Befriedigungserfahrungen sowie Phantasien um diese Befriedigungserfahrungen hervor, die auf die Befriedigung der physiologischen Bedürfnisse allein (wie etwa des Hungers und der Ausscheidungsfunktionen) nicht zu reduzieren sind, sondern als eigenständige, eben "sexuelle" Lust- und Befriedigungserfahrungen verstanden werden müssen. In der Diskussion des Freudschen Triebbegriffs hatten wir diesen dahingehend verstanden, daß "Trieb" Psychisches umreißt, das aus Körperlichem hervorgeht und sich in psychischen Phänomenen repräsentiert. Wenn nun die Psychoanalyse von der Sexualität spricht, dann meint sie eben diese Verbindung vom Körperlichen, vom biologisch begründeten Trieb im eigentlichen Sinne und seinen Repräsentanzen im Psychischen. Als psycho-biologische Wissenschaft spricht die Psychoanalyse auf diese Weise mit der Sexualität vor allem jene Verbindungsstelle an, die körperlich Begründetes und Seelisches zusammenführt. Sie sieht somit in der *Sexualität* einen *Knotenpunkt der Leib-Seele-Verbindung*, der Leib-Seele-Einheit.

Wenn wir aus psychoanalytischer Perspektive von Sexualität sprechen, verstehen wir diese nicht bloß aus der anatomischen Perspektive, gleichsam als anatomische Sexualmechanik. Es war in diesem Sinne ein fundamentales Mißverständnis der sogenannten "sexuellen Befreiung" in der zweiten Hälfte der sechziger Jahre zu glauben, daß die bloße Beförderung der sexualmechanischen Funktionsfähigkeit und die Ermöglichung sexueller Freizügigkeit dauerhaft psychohygienische Wirkungen nach sich ziehen könne. Vielmehr wurde die zunehmend kommerziell vermarktete und ausgebeutete sexuelle "Befreiung" zu einer beeindrukkenden Möglichkeit, Sexualität, wie die Psychoanalyse sie versteht, mit Hilfe des Sexuellen abzuwehren. Allerdings versteht die Psychoanalyse die Sexualität auch nicht als eine vom Körperlichen abgelöste "platonische" Eroswelt/Erotik (eine solche Vorstellung von einer asexuell gedachten "platonischen Erotik" würde auch Platons Idee vom Eros verfehlen), sondern sie versteht Sexualität im Sinne ihres psycho-biologischen Denkens als sinnlich-körperliche Einheit, die im lusterfüllten körperlich-sexuellen Erleben das Körperhafte und das auf dieses gründende Psychische zusammenführt, eine sinnlich-körperliche Einheit, wie diese sich in einer erfüllten sexuellen Begegnung als ein wechselseitiges Erfahren und *Erkennen* realisiert, wobei *Erkennen* hier in der Lutherschen Übersetzung des alttestamentarischen Begriffes Erkennen im "*Er erkannte sie*" die sexuelle Begegnung meint.

Der Sexualtrieb hat sich in der biologischen Evolution beim Menschen, anders als bei allen anderen Lebewesen, aufgrund der Entkopplung von der Instinktwelt weitgehend aus den generativen biologischen Zwängen abgelöst. Sexualität wurde somit zu einer Dimension der zwischenmenschlichen Beziehung, die nicht zwingend nur noch der Fortpflanzung dienen muß. Damit hat sich zwangsläufig eine Dimension der "Psychisierung" der Sexualität eröffnet, wie sie im Übergang vom Biologisch- Instinktgebundenen zum Psychisch-"Triebhaften" manifest geworden ist. Die sexuelle Begegnung realisiert die intimste Form zwischenmenschlicher Begegnung, die überhaupt möglich ist, mit Ausnahme nur der Intimität der Mutter-Kind-Beziehung, deren Elemente in ihren psychischen Niederschlägen ja auch und gerade in der sexuellen Begegnung intensiv erlebnishaft wiederbelebt werden. Von daher ergibt sich die besondere Aufmerksamkeit, die die Psychoanalyse der Sexualität schenkt. Denn es ist offenkundig und unmittelbare, klinische psychoanalytische Erfahrung, daß Störungen der allgemeinen menschlichen Beziehungsmöglichkeiten immer auch mit entsprechenden Störungen des Erlebens in der sexuellen Beziehungsdimension und umgekehrt manifeste sexuelle Schwierigkeiten und Störungen immer auch mit entsprechenden Störungen der allgemeinen menschlichen Beziehungsmöglichkeiten einhergehen:

So kam ein junger Mann im Alter von Mitte zwanzig wegen erheblicher zwischenmenschlicher Kontakt- und Beziehungsstörungen sowie erheblichen Störungen seiner Arbeitsfähigkeit zur Analyse. Mit seiner Zwanghaftigkeit, kontrollierenden Pedanterie und seiner zum Teil explosiven Impulsivität war es ihm immer wieder geschehen, daß sich anbahnende Freundschaften zu Gleichaltrigen scheiterten. Er lebte noch im Elternhaus, das ihn streng kontrollierte. Noch nie hatte er in seinem Leben sexuelle Beziehungen gehabt, obwohl er sich zutiefst danach sehnte und diese Sehnsucht sich ausschließlich in seinen Phantasien auszuleben gestattete, die seine extensive Selbstbefriedigung begleiteten. In diesen Phantasien nahm er immer eine Position des Überlegenen, Kontrollierenden und Beherrschenden ein, der im Triumph die sich ihm widersetzenden Frauen unterwarf. Mit Hilfe der Analyse konnte sich der Patient allmählich aufschließen, die erheblichen neurotischen Hemmungen seines Denkens, die sein Studium zum Scheitern zu bringen drohten, überwinden und anfänglich noch oberflächliche, dann zunehmend verbindliche Freundschaften schließen. Als er dann zum ersten Mal in seinem Leben eine Partnerschaft mit einer Frau beginnen und zum ersten Mal sexuelle Beziehungen erleben konnte, war ihm dies zunächst nur mit der protektiven Phantasie im Augenblick des nahenden Orgasmus möglich, daß er mit Hitlers Armeen in Rußland einfalle - eine grandiose, destruktiv-narzißtische Phantasie, die seine eigenen, massiven Ängste vor der destruktiven Intrusion, Besetzung und Vernichtung in einer für ihn nicht mehr kontrollierbaren Nähe mit dem Objekt im sexuellen Akt in Schach zu halten hatte.

In einem anderen Fall suchte mich ein zweiundzwanzigjähriger Mann in großer Verzweiflung auf, weil er sich in der ersten, lang ersehnten sexuellen Begegnung seines Lebens mit seiner Freundin, die er liebte, als völlig impotent erwiesen hatte. Irgend etwas in ihm hatte sich dagegen gesperrt, sich jetzt, wie er es erlebte, "endlich wirklich" seinem Selbstverständnis als erwachsen gewordenen Mann entsprechend zu erleben und zu leben. Die Analyse konnte ihm im Hinblick auf das Symptom sehr bald grundsätzlich helfen. Es bedurfte allerdings einer längeren Zeit des analytischen Arbeitens, bevor die in der Persönlichkeit des Patienten bestimmende Tendenz relativiert und überwunden werden konnte, sich Autoritäten gegenüber zu hemmen und zu blockieren, um einer befürchteten, aber unterschwellig immer so erlebten Rivalität - sei dies gegenüber dem Vater oder gegenüber Lehrern und Universitätsprofessoren, in deren Gegenwart der außerordentlich intelligente junge Mann "wie blöd blockiert" sein konnte - aus dem Wege zu gehen. In der praktischen Prüfung zum Führerschein war er mit dieser, infolge dieser Tendenz im ersten Anlauf gescheitert. Indem die Analyse die unbewußten, zur Symptombildung führenden Konflikte entfalten konnte, wurde deutlich, daß das Symptom der Impotenz, der "gehemmten Männlichkeit", seinem Wesen gemäß als ein "*Anzeichen*" tatsächlich eine in der Persönlichkeitsstruktur des Patienten bestimmende und seine zwischenmenschliche Beziehungen durchgehend gestaltende Tendenz zum Vorschein gebracht und realisiert hatte. Dies war in eben jener Situation geschehen, in der durch die Intensität und Intimität der sexuellen Begegnung die Tauglichkeit seines sonst in zwischenmenschlichen Beziehungen wirksam eingesetzten defensiven Taktierens mit Hilfe eines kontrollierenden Wahrens von Distanz zu versagen drohte, und zur Vermeidung überwältigender Ängste vor einer phantasierten Vergeltung seiner autonomen männlichen Aktivitäten schließlich nur noch der Ausweg einer Hemmung und Blockierung der männlichen Sexualfunktion zur Verfügung gestanden hatte.

Die Tatsache, daß die *Conditio humana* im Biologischen, in der biologischen Evolution begründet und von dieser her bestimmt ist, konfrontiert den Menschen zwingend mit drei Grundtatsachen seiner Existenz, die im Laufe seiner Lebensentwicklung wahrzunehmen und als für ihn verbindlich anzuerkennen und zu integrieren sind. Hierzu gehören:

1. die Realisierung von *Abhängigkeit* und *Getrenntheit,* d.h. die Realisierung des

Verlustes der Mutter-Kind-Einheit und die Anerkennung der Tatsache, daß jeder Mensch als Individuum für sich allein unter anderen Individuen lebt, im Sinne dessen, was Hermann Hesse in den letzten beiden Strophen seines Gedichtes "Im Nebel" sagt (zit. n. Reiners, 1955, S.656):

"Wahrlich, keiner ist weise,
der nicht das Dunkel kennt,
das unentrinnbar und leise
von allen ihn trennt.

Seltsam, im Nebel zu wandern!
Leben ist Einsamsein.
Kein Mensch kennt den andern,
jeder ist allein."

Diese Wahrnehmung von Getrenntheit impliziert zugleich das Realisieren-Müssen von Zeitlichkeit, zeitlicher Begrenzung und des Todes als einer existenziellen Grundbedingung unseres Lebens.

2. die Realisierung des *anatomischen Geschlechtsunterschiedes*. Es gibt "zwei Arten Mensch", die sich allein durch die Anatomie ihrer Geschlechtsorgane und sekundären Geschlechtsmerkmale voneinander unterscheiden. Die biologische Evolution hat den Menschen zweihäusig angelegt, anders als etwa die Regenwürmer und Schnecken, die in ihrem Körper sowohl weibliche als auch männliche Geschlechtsorgane aufweisen, oder wie die meisten höheren Pflanzen, die einhäusig in ihrer Blüte männliche und weibliche Geschlechtsorgane vereinen.

3. die Realisierung des *Generationsunterschiedes*, d.h. die Erkenntnis, daß es Eltern gibt und Kinder, die sich in einem Entwicklungsprozeß selbst zu Eltern entwickeln werden; eine Realisierung, die das Bewußtsein von Zeitlichkeit entscheidend bekräftigt, vor allem aber, daß die Eltern sich im Akt der Zeugung miteinander vereinen und dabei jeglichen Dritten, auch das ihnen vertraute und von ihnen geliebte Kind, ausschließen. Dies führt dazu, daß das vom elterlichen Zeugungsakt ausgeschlossene, vom zeugenden Elternpaar allmählich etwas ahnende, schließlich wissende und um das Zeugen der Eltern phantasierende Kind allmählich gewahrzuwerden und anzuerkennen hat, daß es Zeugung und Geburt und damit genitale Sexualität gibt, von der es aufgrund der Generationsschranke und des Inzesttabus ausgeschlossen bleibt.

Diese Grundtatsachen menschlicher Existenz begründen in jedem Menschen und in jeder menschlichen Kultur spezifische Auseinandersetzungen mit und um die Anerkennung dieser vom Kind in der Regel anfänglich als außerordentlich verwirrend und konflikthaft erlebten Realitäten, die in typischen Phantasien konvergieren, die Freud *Urphantasien* genannt hat. Hierbei handelt es sich um spezifische Phantasiestrukturen, die sich um das intrauterine Leben, um die sog. *Ur-*

szene (d.h die Vorstellung vom elterlichen Zeugungsakt), um die Kastration sowie um sexuelle Verführung und um das Durchbrechen des Inzesttabus ranken. Aufgrund ihrer Begründung in der Auseinandersetzung um die Grundtatsachen menschlicher Existenz strukturieren und prägen diese Urphantasien jenseits aller individuellen persönlichen Erfahrungen in spezifischer Weise das Phantasieleben eines jeden. Als Grundstrukturen und Motive des Denkens werden sie deshalb auch in jeder Kultur immer und immer wieder bearbeitet, etwa in der Mythologie, in der Religion, im Märchen, in der bildenden Kunst und in der Literatur. Auch in den Ordnungen gesellschaftlicher Beziehungen finden sie Eingang. Für Money-Kyrle stehen diese Urphantasien in Verbindung mit den existentiellen Grunderfahrungen

1. "das Erkennen der Brust als dem im höchsten Grade guten Objekt."
2. "das Erkennen des elterlichen Verkehrs als in höchstem Grade schöpferischer Akt."
3. "das Erkennen der Unausweichlichkeit von Zeit und Tod." (zit. b. Loch, 1976, S. 873).

Diese Urphantasien oder auch Primärphantasien über die Grundtatsachen menschlicher Existenz, die grundsätzliche Strukturen existentiellen menschlichen Erlebens und Vorstellens repräsentieren, sind, wie man sehen kann, in der sexuellen Existenz des Menschen begründet, sie sind letztlich sexueller Natur. Auch dies ist ein gewichtiger Grund dafür, daß die Psychoanalyse der sexuellen Dimension des menschlichen Erlebens einen zentralen Stellenwert im menschlichen Seelenleben einräumen muß.

Im Rahmen dieser Darstellung lassen sich hier nur einzelne relevante Gesichtspunkte aufzeigen, die in einer gesonderten Abhandlungen ausführlicher zu diskutieren wären. Hier wäre zunächst vor allem den relevanten kulturellen Aspekten der Sexualität nachzugehen und zu untersuchen, wie die Auseinandersetzung des Menschen um die Beziehung der Geschlechter zueinander sich mythologisch und historisch niedergeschlagen und in den gesellschaftlichen Ordnungen prägend Eingang gefunden hat. In diesem Kontext wäre dem Ursprung und der Geschichte der "heiligen Hochzeit" in der Antike nachzugehen sowie der Auseinandersetzung zwischen mutterrechtlichen und vaterrechtlichen Prinzipien in der griechischen Antike, die schließlich zur Durchsetzung des Vaterrechts gegenüber dem Mutterrecht führte und von daher in Verbindung mit jüdisch-christlicher Tradition das gesellschaftlich festgelegte Geschlechterverhältnis des nachantiken christlichen Abendlandes in seinen Auswirkungen bis in unsere Tage bestimmt und reguliert hat: "Das Weib liegt unten, es wird seit langem dazu abgerichtet, ist immer greifbar, immer gebrauchsfähig, ist die Schwächere ..." , meinte Ernst Bloch (1959, S. 678) im Zusammenhang dieses in der westlichen Kultur auch heute noch nicht zu Ende ausgetragenen Ringens um wirkliche Gleichwertigkeit und Gleichberechtigung der Geschlechter in der Gesellschaft.

In diesem Zusammenhang wäre dann auch der Ursprung der religiös motivierten, vor allem in christlichen Gesellschaften beherrschenden Sexual- und Leibfeindlichkeit zu untersuchen, die das menschliche Leben und Zusammenleben in der abendländischen Kultur über Jahrhunderte und in seinen Auswirkungen noch bis in unsere Zeit geprägt hat, eine Sexual- und Leibfeindlichkeit der christlich-abendländischen Kultur, die etwa in absolutem Kontrast zur Bedeutung des Sexuellen und zum gesellschaftlichen Umgang mit diesem in anderen Kulturen, etwa im indisch-hinduistischen Kulturraum, steht, wo Tempel öffentlich mit einer Fülle geradezu ornamental verwendeter Darstellungen der Vielfalt möglicher sexueller Akte ausgekleidet sind, wie etwa bei den zahlreichen hinduistischen Tempelpagoden in Katmandu in Nepal, die einem puritanisch-christlich geprägten Europäer möglicherweise als obszön oder als pornographisch erscheinen könnten, weil er aus seiner Perspektive die fremde, "heidnische", religiös-kulturelle Bedeutung des Sexuellen nicht verstehen kann.

Im weiteren wäre auch ausführlicher über die Entwicklung der Sexualität aus entwicklungspsychologischer Perspektive zu diskutieren, über die Wahrnehmung des anatomischen Geschlechtsunterschiedes und die Auseinandersetzung mit diesem, wie auch über die Entwicklung zur Begründung einer stabilen sexuellen Identität, beim Mädchen und beim Jungen. Hierüber gibt es eine breite psychoanalytische Literatur mit ausgreifenden theoretischen Kontroversen. Hier wäre vor allem die Bedeutung der infantilen Sexualität und des Phantasierens darum zu untersuchen, wie dies Freud in seinen 1905 erschienen "Drei Abhandlungen zur Sexualtheorie" in bahnbrechender Weise dargestellt hat. Es wäre zu untersuchen, wie etwa das kleine Mädchen sich gegenüber der ihm anatomisch gleichen Mutter abzugrenzen und seinen eigenen Körper in eigenen Grenzen und in eigenem Erleben autonom als lustvoll besetzen und annehmen lernt; wie es von seinen ihm verborgenen, nicht sichtbaren Geschlechtsorganen, dem "inneren Raum", Kenntnis nimmt und Phantasien darüber entwickelt; wie es in seinem Bemühen um Erklärung des ihm rätselhaften Sachverhalts des Geschlechtsunterschiedes in einer phasenspezifischen Überbetonung der optischen Dimension sein *Verschieden*sein gegenüber dem Jungen phantasierend zu einer Art *Mangel* erhebt und nicht selten weitgespannte Phantasien darum entwickelt; wie es den Vater als Mann der Mutter erleben und seine eigene Beziehung zu ihm integrieren lernt und eine Beziehung zur eigenen Generativität, zur Vorstellung von der Kreativität seines "inneren Raumes" findet und was es da alles für Störungsmöglichkeiten gibt. Es wäre zu untersuchen, wie der kleine Junge als Träger des *Phallus* - ein Begriff, der nicht nur das bloße Körperorgan, sondern sehr viel weiter gespannt, dessen psychische Repräsentanz mit allen Implikationen darum umreißt - sich gegenüber der Mutter abgrenzen und sich ihr aus dieser mehr oder weniger gelungenen Abgegrenztheit wieder zuwenden, zugleich die Mutter als Frau des Vaters erleben lernt und in dieser Auseinandersetzung in der Dreieckskonstellation zwischen Mutter und Vater, im ödipalen Konfliktgeschehen seine männliche Identität entwickelt und festigt. Es wäre weiterhin zu untersuchen, wie in diese intrapsychischen Auseinandersetzungen des Jungen, in vergleichbarer Weise wie in der Entwicklung des Mädchens, gesellschaftliche, über die Familie als Agentur der Gesellschaft vermittelte geschlechtsspezifische Rollenerwartungen und Rollenzuweisungen eingehen, die sich mit dem infantilen Phantasieren verbinden und von daher in spezifischer Weise die Entwicklung der geschlechtlichen Identität formen und prägen. Und es wäre schließlich zu untersuchen, wie die Pubertät mit der realen Macht des Faktischen, d.h. mit der körperlichen Entwicklung zur Geschlechtsreife die bisher gefundenen Integrationen der eigenen sexuellen Identität aufgrund der Macht und Intensität der eingetretenen Veränderungen, mit der nun drängend gegenwärtigen sexuellen Erregbarkeit und Erregung erschüttert und wie die nachfolgende Adoleszenz den mit der Pubertät zur körperlichen Realität gewordenen, triebhaft bestimmten und bestimmenden "sexuellen Körper" in die Gesamtpersönlichkeit zu integrieren und eine stabile persönliche Identität zu begründen hat (vgl. M. und E. Laufer, 1984), die auch eine stabile Integration der Geschlechtsrolle in die Persönlichkeit zu einer stabilen sexuellen Identität umfaßt, so daß schließlich eine konstruktive, "fruchtbare" sexuelle Partnerschaft möglich wird - und was es auch hier alles für Störungsmöglichkeiten gibt.

Zu einer konstruktiven, tragfähigen sexuellen Partnerschaft können zwei Menschen nur dann finden, wenn die verinnerlichten Objektbeziehungsstrukturen beider in einer ausreichenden Weise miteinander korrespondieren und zueinander passen, damit eine befriedigende, erfüllte sexuelle Partnerschaft entstehen kann, in der mehr geschieht als nur "der wechselseitige Gebrauch, den ein Mensch von eines anderen Geschlechtsorganen und Vermögen macht ...", wie Kant in seiner "Metaphysik der Sitten" die Ehe als eine Geschlechtsgemeinschaft beschrieben hat. Und befriedigende, erfüllte sexuelle Partnerschaft bedeutet im Sinne der psychoanalytischen Triebtheorie zuallererst, Möglichkeiten zu finden, die triebhaften, d.h. die libidinösen und aggressiven Strebungen vereint und gebunden unter dem Primat der Genitalität zu realisieren. Darüber hinaus ist aber auch eine ausreichend entwickelte, unumstrittene Abgegrenztheit der beteiligten Partner erforderlich, ohne die sexuelle Begegnung als Grundlage der Partnerschaft, ohne die eine wechselseitige intime Hingabe von Gleich zu Gleich mißlingen muß, indem in der Beziehung angstvolle Macht-Ohnmacht-Konflikte um mehr oder weniger zerstörerische Bemächtigungswünsche und Vergeltungsängste die Oberhand gewinnen. In solchen Fällen wird dann jenes von dem alten Seebären Captain Cat in lustvoller Erinnerung an seine verblichene Rosie Probert gerichtete Verlangen "let me shipwreck in your thighs" (laß mich in deinen Lenden scheitern", in Under Milk Wood von Dylan Thomas, 1954, S. 73) tatsächlich und kronkret zum Schiffbruch der beiden Partner in der sexuellen Begegnung. Wie oft dies geschieht, zeigt die große Zahl von sexuellen Funktionsstörungen bei Mann und Frau wie auch die große Zahl von scheiternden Partnerschaften, von Ehescheidungen und von sadomasochistischen Partnergemeinschaften.

Oftmals kommt es zu einer Art Stabilisierung der Partnerschaft nur mit Hilfe der Entwicklung auch manifest perverser Tendenzen oder einer Art der sadomasochistischen Partnergemeinschaft, bei der man nicht glücklich sein kann, es sei denn, man mache einander unglücklich, wie dies etwa beispielhaft in dem Theaterstück "Wer hat Angst vor Virginia Wolf" von Edward Albee vorgestellt wird. Diese Fragestellungen - wie auch die komplexe Frage der Psychoanalyse männlicher und weiblicher Homosexualität, der Psychologie der "Schwulen" und "Lesben" sowie die spezifischen Probleme und Schwierigkeiten, die besonders bei homosexuellen Partnerschaften erwachsen - können hier nicht weiter vertieft werden. Aus den hier angerissenen Überlegungen wird aber bereits die Komplexität der Sexualentwicklung wie auch die Vielfalt sexueller Variation und Möglichkeiten deutlich, aber auch, wie kompliziert ein gelingendes, befriedigendes und erfülltes sexuelles Lieben eigentlich ist.

Glückendes sexuelles Lieben setzt eine komplexe emotionale Disposition voraus, welche eine stabile Selbst- und Objektdifferenzierung mit einer stabilen geschlechtlich-genitalen Identifizierung im Sinne einer sicheren Geschlechtsidentität, d.h. sexuelle Erregung und Fähigkeit zu phantasiegetragener spielerischer Zärtlichkeit in der Begegnung mit einem Anderen als Anderem in dessen anerkannter Andersheit, eine das eigene Selbstverständnis nicht infragestellende Form der Idealisierung des Partners sowie eine ausreichende Fähigkeit zu verbindlicher Bindung miteinander integriert. Auf diese Weise wird es möglich, Schamschranken zu relativieren und schließlich zu überwinden und Grenzen aufzulassen und auf diese Weise sich in dem biblischen Sinne des Wortes vom Partner *erkennen* zu lassen und zugleich den Partner und sich selbst zu erkennen. Im Orgasmuserleben, dem Höhepunkt biologisch-psychischen sinnlichen Erfahrens, kommt es zu einer vorübergehenden Aufhebung der Grenzen zwischen Selbst und Objekt, in einer Art Augenblick des *nunc stans*, in einem Gefühlszustand absoluten Seins, in dem das kritische Wahrnehmen in vollständiger Hingabe vorübergehend aufgehoben ist, ein Gefühlszustand, der einem phantasierten Ich-Gefühl einer Einheit mit dem Objekt vor jeder Differenzierung in Subjekt und Objekt entspricht.

Diese Aufhebung von Grenzen in der sexuellen Begegnung, das Sich-dem-anderen-völlig-Überlassen, kann ein Subjekt nur zulassen, wenn es sich der eigenen Grenzen im Sinne des "*Beide* sind wir auf der Erde", wenn es sich des Bewußtseins "feiner brennender Andersheit" (Ernst Bloch, 1959, S. 380) sicher ist, wenn Grenzaufhebung nicht in die Gefahr führt, als Subjekt in einer Art destruktiver Fusion mit dem anderen unterzugehen. Deshalb kann es ohne stabile Grenzen keine Leidenschaft, keinen grenzüberschreitenden Augenblick geben, in dem Subjekt und Objekt grenzaufhebend zueinanderfinden und in wechselseitiger Offenheit, in gemeinsamem sinnlich-lustvollem, ekstatischem Erleben gleichsam vorübergehend zusammenschmelzen. Und diese Realisierung des Sexuellen kann dann das Biologisch- Körperliche ganz im Sinne des Platonschen Erosbegriffs transzendieren. Vielleicht nirgendwo sonst ist dies in so wenigen poetischen Zeilen verdichtet worden wie in Goethes Gedicht "Selige Sehnsucht" aus dem "West-Östlichen Divan" (GW, Bd. 2, S. 18/19):

> Sagt es niemand, nur den Weisen,
> Weil die Menge gleich verhöhnet,
> Das Lebend'ge will ich preisen,
> Das nach Flammentod sich sehnet.

In der Liebesnächte Kühlung,
Die Dich zeugte, wo Du zeugtest,
Überfällt Dich fremde Fühlung,
Wenn die stille Kerze leuchtet.

Nicht mehr bleibest Du umfangen,
In der Finsternis Beschattung,
Und Dich reißet neu Verlangen
Auf zu höherer Begattung.

Keine Ferne macht Dich schwierig,
Kommst geflogen und gebannt,
Und zuletzt, des Lichts begierig,
Bist Du, Schmetterling, verbrannt.

Und so lang Du das nicht hast,
Dieses: Stirb und werde!
Bist Du nur ein trüber Gast
Auf der dunklen Erde.

Es ist ein Gedicht, das sowohl das tiefste Motiv des *Divan*, das Motiv der Liebe, mit dem Motiv des Strebens nach Transzendenz verbindet, ganz im Sinne von Platons Erosbegriff, der in letzter Konsequenz am Grunde auch von Freuds Libidobegriff steht. Es ist das Streben vom Dunkel zum Licht, nach dem sich der Mensch in *seliger Sehnsucht* sehnt, wobei das Wort *selig* aus dem Verständnis des Wortes der Goethezeit mehr noch als heute nicht zuletzt auch das Religiöse meint. Auch in diesem Gedicht findet sich ein Hinweis auf Goethes von ihm für so besonders bedeutsam gehaltene Farbenlehre, wenn in der letzten Strophe festgestellt wird, daß man ein *trüber* Gast auf der *dunklen* Erde bleibe, wenn man diese selige Sehnsucht, dieses "Stirb und Werde", dieses Grenzen aufhebende Untergehen und kreative Wiedererstehen nicht hat und damit zu keiner Teilhabe am Licht, am "erquickend Farbenspiel", am Erschaffen von etwas Neuem im Akt der Vereinigung und damit in Platons Sinne zur Teilhabe an der Unsterblichkeit gelangen kann. Einem solchen trüben Gast bleibt dann die Möglichkeit verschlossen, die fundamentale existentielle Tatsache des "Jeder ist allein" auf dieser dunklen Erde dadurch zu überwinden, daß er sich auf die in Wechselseitigkeit, in "feiner brennender Andersheit" gegründete "Freundschaft der Liebe", auf die Intimität der sexuellen Dimension zwischenmenschlicher Verständigung stützen und verlassen kann. Von diesem Gedanken her konnte Sigmund Freud auch die Liebesfähigkeit *vor* der Arbeitsfähigkeit als eine der beiden grundlegenden Voraussetzungen seelischer Gesundheit verstehen. Eine befriedigende sexuelle Beziehung kann aber um so eher gelingen, je mehr die Integration der Persönlichkeitsentwicklung aus der Matrix der frühen Mutter-Kind-Beziehung zu abgegrenzter Eigenständigkeit gelungen ist. Mit dieser befaßt sich das folgende Kapitel.

6. Die Entwicklung zwischenmenschlicher Verständigung

Im letzten Kapitel über die sexuelle Dimension der zwischenmenschlichen Verständigung war deutlich geworden, daß die von der Psychoanalyse erkannte, herausragende Bedeutung der Sexualität im menschlichen Leben in ihrem besonderen Charakter als intimste und damit auch intensivste Form menschlicher Begegnung überhaupt begründet ist, die im Fusionserleben des Orgasmus eine Art "ozeanische" Erfahrung (vgl. Freud, 1930a, S. 422) möglich werden läßt, die einen Augenblick lang jene Urerfahrung von Glück und Geborgenheit zu vermitteln vermag, die der Phantasie von der paradiesischen Situation vor der Trennung, wie sie einmal in der Mutter-Kind-Einheit realisiert war, entsprechen mag. Dies führt zum Thema dieses Kapitels, das sich mit der Entwicklung zwischenmenschlicher Verständigungsmöglichkeiten aus der Matrix der frühen Mutter-Kind-Beziehung befaßt.

Die Fähigkeit des Menschen zur Verständigung mit anderen Menschen entwikkelt sich in einem komplexen Prozeß, der schon vor der Geburt beginnt, indem der wachsende Fötus mit seinem zwar noch äußerst unreifen Gehirn, aber dennoch schon mit ersten Formen der Verarbeitung von Informationen beginnt, die ihn in seinem intrauterinen Milieu erreichen (im wesentlichen akustischer und taktil-rhythmischer Art). In diesem Entwicklungsprozeß wirken biologisch begründete, in der Phylogenese, in der biologischen Evolution entstandene Faktoren der hereditären Anlage mit Faktoren der Umwelt zusammen. Der Säugling kommt mit einer Fülle angelegter Fähigkeiten und Reaktionsbereitschaften zur Welt, die in den Genen niedergelegt sind und die sich *im Zusammenwirken* mit der reagierenden Umwelt, anfänglich vor allem im Felde der Dyade Säugling - versorgende Person (meist die Mutter) *ausprägen*. Dabei gibt es Gene, die sich nicht sogleich durchsetzen, solche, die von der Umwelt und deren Reaktionsformen und Reaktionsbereitschaften angeschaltet oder auch wieder abgeschaltet werden, solche, die erst später in der Entwicklung zum Tragen kommen usw.

Der Säugling zeichnet sich, das wissen wir heute ziemlich sicher, durch ein hohes Maß an Aktivität *von Anfang an* aus, mit der er die Beziehung zu der ihn versorgenden Person, zu seiner Umwelt, aufnimmt. Aus dieser Perspektive ist Donald Winnicott nur zuzustimmen, wenn er meint, daß es so etwas wie ein Baby nicht gebe, sondern nur Mutter und Kind als eine wechselseitig aufeinander bezogene Einheit. Aktivität auf die Welt hin ist eines der fundamentalen Charakteristika der Säuglingsentwicklung, die die schrittweise Entwicklung zu größerer Komplexität der psychischen Organisation in Gang bringt und in Gang hält. So haben zum Beispiel Haith und seine Kollegen in ausführlichen Untersuchungen der Wahrnehmung des neugeborenen Kindes (u.a. mit Infrarotkameras) herausgefunden, daß Neugeborene auch im Dunklen ihre Augen weit öffnen und diese in koordinierten Augenbewegungen offensichtlich auf visuelle Ziele zu richten suchen. Darüber hinaus konnte Haith zeigen, daß Neugeborene im Licht auf die optisch fokussierten Ziele mit organisierten Reaktionsweisen antworten, etwa indem sie Grenzlinien und Kanten, Hell- und Dunkeldifferenzen wiederholt optisch abtasten und abrastern. Solche Aktivität erfolgt auf dem Boden einer biologisch begründeten Präadaptiertheit zu dieser Entwicklung, die dazu befähigt, sich in der Dyade der Versorgung zunehmend zu verschränken und die Organisierung und Strukturierung von Aktivitäten von höherer Komplexität und höherer Variabilität in Gang zu bringen. Winnicott hat eben recht, daß der Säugling keine Monade ist, sondern daß Mutter und Kind sich gleichsam zu einem komplexen System des Informationsaustausches entwickeln, in dem der Säugling für die Entwicklung höherer Komplexität darauf angewiesen ist, daß auf seine Aktivität entsprechend geantwortet wird, daß seine genetisch begründeten Aktivitäten immer wieder von außen, durch äußere Erfahrung bestätigt und bekräftigt werden. Bleibt diese Bestätigung und Bekräftigung aus, gehen die entsprechenden Systeme unter, in gleicher Weise, wie bei der angeborenen Linsentrübung eine zu spät erfolgende operative Korrektur die Sehfähigkeit trotz dann optimaler optischer Verhältnisse nicht mehr herstellen kann. Das "Einschleifen" der neuromuskulären Apparate zur Sprachlautgestaltung, das Einschleifen der Sprachartikulation, das dem Erwachsenen nicht mehr erlaubt, eine Fremdsprache "akzentfrei" zu sprechen, weil die neuromuskulären Apparate fixiert und endgültig verschaltet sind, ist ein weiteres relevantes Beispiel dieser neuronalen Selektion, die nicht nur eine funktionale ist, sondern bei weiterer Verfestigung in der Entwicklung schließlich auch zu einer materialen, anatomischen wird. So wissen wir heute, daß das Gehirn des Neugeborenen mehr Ganglienzellen enthält als das Gehirn des älteren Kindes, daß erst im komplexen funktionalen Zusammenwirken zwischen genetischer Anlage und Umwelt-Reaktion genetische Anlagen sich angemessen realisieren und der *Genotyp* zum *Phänotyp* werden kann.

Bei diesen Prozessen spielen dennoch die hereditären, genetischen Dispositionen eine erheblich größere Rolle, als man bisher annehmen konnte. In diesem Sinne schrieb ja schon Georg Christoph Lichtenberg in seinen Gedankenbüchern (1789-93): "Ein Meisterstück der Schöpfung ist der Mensch auch schon deswegen, daß er bei allem Determinismus glaubt, er agiere als freies Wesen" (S. 201). Gene schalten sich im Laufe der Entwicklung an und ab, setzen sich durch, wirken auf die psychische Differenzierung und Organisation ein, und zwar unter Umständen in späteren Lebensabschnitten stärker als in früheren. So können etwa hereditäre Einflüsse erst in späteren Entwicklungsabschnitten wirksam werden, sich gleichsam erst später im Entwicklungsprozeß "anschalten", wie dies etwa Intelligenzuntersuchungen von Plomin (1986) gezeigt haben, die an einer großen Stichprobe quer durch die Bevölkerung durchgeführt wurden (sog. "cross populational studies"). Dabei zeigte sich, daß die Differenz von definierten Intelligenzparametern in der Stichprobe des Kleinkindalters weitaus geringer war als in der Stichprobe des späteren Kindesalters, was darauf schließen läßt, daß hier Gene wirksam sind, die spezifische Momente der Intelligenzentwicklung und -differenzierung erst in höherem Alter stimulieren und in Gang bringen, gleichsam erst in späteren Abschnitten der Entwicklung "anschalten" (vgl. Emde, 1988, S. 26).

Gene können aber auch in ihrer Durchsetzung von Umwelteinflüssen gesteuert oder reguliert werden, was Phänomene hervorbringt, die man früher, lamarckistischen Vorstellungen folgend, eher der Umwelt zuzurechnen geneigt war. Dies ist für die Einschätzung der genetischen Disposition, etwa bei psychiatrischen Störungen und Krankheiten, von erheblicher Bedeutung. So muß man heute davon ausgehen, daß nicht nur die "großen" psychiatrischen Krankheiten, sondern auch andere Störungen wie Alkoholismus, Angsterkrankungen und dissoziales Verhalten von hereditären Faktoren mitbestimmt werden. Gleiches gilt für eine Untergruppe der Lese- und Aufmerksamkeitsschwäche (Plomin, 1986, Pennigton et al., 1986). Allerdings fällt auf, daß bei aller erkennbaren Wirksamkeit der hereditären Disposition diese sich nicht unbedingt zwingend durchsetzen muß. So haben mehr als 90 % der Schizophrenen keinen schizophrenen Verwandten ersten Grades. Und die Untersuchungen an eineiigen Zwillingen, bei denen eine schizophrene Erkrankung auftrat, zeigen, daß bei identischer genetischer Anlage die Morbiditätskonkordanz geringer als 50 % ist, das heißt, daß in der Regel immer nur einer der beiden eineiigen Zwillinge an Schizophrenie erkrankt (vgl. Emde, a.a.O.). Dies erhebt die Frage nach den spezifischen pathogenen Beziehungskonstellationen, die etwa aus der Familienumwelt und daraus wie diese erlebt wird, hervorgehen und die die klinische Manifestation von psychiatrischen Krankheiten fördern können. Hier ist in der Tat ein psychodynamischer Ansatz dringend gefragt!

Aber zurück zur Matrix der frühen Mutter-Kind-Beziehung und der Verständigungprozesse, die in dieser erwachsen. Zentrales Movens und Medium der Verständigungsprozesse, die die Entwicklung in der Mutter-Kind-Interaktion zu grösserer Komplexität in Gang bringen und in Gang halten, sind die *Affekte*, die gleichsam daran gebunden sind, in einer Beziehung "stattzufinden". Affekte sind mit körperlichen Reaktionen (z.B. Herzschlag, Gefäßreaktionen wie Erröten etc.) einhergehende, sensomotorische Äußerungen, die eine hohe kommunikative Funktion haben und die Beziehung zwischen dem sich entwickelnden Selbst und dem Objekt, aber auch zwischen den erwachsenen Menschen regulieren. Auch die Affekte haben eine ausgeprägte biologische Basis; manche lassen sich auch bei höheren Tieren als komplexe soziobiologische Regulatoren beobachten. Es handelt sich gleichsam um paradigmatische Grundbedingungen der Objektbeziehung, die, evolutionsbiologisch gesehen, offensichtlich einen hohen Überlebenswert haben. In diesem Sinne gibt es auch psychoanalytische Theoretiker, die in den Affektdispositionen und in den konkret erlebten affektiven Zuständen den Ursprung dessen sehen, was wir psychoanalytisch "Trieb" heißen (vgl. Kernberg, 1990, 1991).

Die Erforschung der Affekte hat gezeigt, daß es zwei grundsätzlich verschiedene Formen des Affekts gibt, die voneinander zu differenzieren sind. Die einen sind die sogenannten *kategorialen Affekte*, wie sie Daniel Stern (1985) genannt hat, die in angeborenen Bedingungen der menschlichen Natur begründet sind, denn sie sind bei Menschen in allen Kulturen in vergleichbarer Weise zu finden. Menschen sogar der entferntesten Kulturen sind in der Lage, auf ihnen vorgelegten Bildern menschlicher Gesichter den jeweiligen Affekt anhand des mimischen

Ausdrucks recht eindeutig zu erkennen und zu identifizieren (vgl. Ekman, 1988). Diesen kategorialen Affekten lassen sich *Freude, Traurigkeit, Wut, Angst, Neugier und Interesse, Überraschung und Schreck* sowie *Ekel* zuordnen; möglicherweise ist auch die *Scham* zu den kategorialen Affekten hinzuzurechnen, auch wenn sie komplexer geschichtet erscheint. Diese kategorialen Affekte lassen sich in spezifischer Abfolge ihres Erscheinens schon im ersten Lebensjahr als Regulatoren und kommunikative Modi der interpersonalen Kommunikation zwischen der Mutter und dem Säugling finden. Die Komplexität der Organisation und Strukturierung des affektiven Ausdrucks bleibt in der weiteren Entwicklung kontinuierlich erhalten und bildet zunehmend das, was Daniel Stern den "*affective core of oneself*", den affektiven Kern des eigenen Selbst, genannt hat, der wesentlich für die Kontinuität des Selbsterlebens durch alle weitere Entwicklung und Veränderung hindurch verantwortlich ist und garantieren kann, daß man sich selbst identisch bleiben und sich überhaupt über eigene Gefühle und über die der anderen miteinander verständigen kann, auch, daß das in der frühen Mutter-Kind-Beziehung so bedeutsame, wechselseitige gefühlsmäßige Signalisieren zum Medium der Vermittlung von Bedürfnissen und Intentionen wie auch der Erfahrung von Befriedigung werden kann. Insofern liefert die affektive Organisation in der wachsenden Komplexität der Entwicklung zunehmend verläßliche Modi der Kommunikation.

Den kategorialen Affekten stehen die sogenannten *Vitalitätsaffekte*, wie sie Daniel Stern genannt hat, gegenüber, die weit weniger umrissen und präzise zu fassen sind. Es handelt sich um dynamisch-kinetische Vorgänge einer besonderen Natur, die Form, Bewegung, Intensität und Kontur sowie expressive und gestische Muster umfassen, wie z.B. aufwallend-nachlassend, Klang und Wechsel des Klangs, den Dialog mit wechselndem Klang und wechselnder Färbung des Klangs, Explosivbewegungen, Crescendo, Decrescendo etc. Solche körperlich verhandelte und repräsentierte dynamische Prozesse, die gleichsam den affektiven Hintergrund, die affektive Grundierung der personalen Ausdrücklichkeit bestimmen, werden in der Regel miteinander verbunden und aufeinander bezogen in Modi des kurz - lang, auf - ab, rhythmisch diskontinuierlich - kontinuierlich fließend, verlangsamend - beschleunigend usw. Als affektive Prozesse und Funktionen sind sie naturgemäß auf das innigste mit den Körpervorgängen verschränkt. Sie *präsentieren* und *re-präsentieren* diese innerhalb jeglichen kommunikativen Austauschs. In der wechselseitigen Beziehung mit der Mutter, in komplexen Prozessen des *affective attunement*, wie Stern dies nennt, kommt es zu einem fortgesetzten wechselseitigen Aufeinander-Abstimmen durch und innerhalb der Kommunikation solcher affektiven Prozesse, und zwar gemäß Kriterien wie absolute Intensität, Intensitätskontur, Rhythmus, Dauer, Differenz, Gradient und Form usw. Im Gefolge solcher fortgesetzten wechselseitigen kommunikativen Prozesse erlangen sie Schritt für Schritt spezifischen Sinn und "Bedeutung", d.h. eine sich entwickelnde semantische Qualität in der nicht-sprachlichen interpersonalen Kommunikation. In diese wird zugleich der ursprünglich überwiegend angeborene Signalcharakter der angeborenen kategorialen Affekte einbezogen, überformt und integriert. Insofern konstituiert sich zunehmend ein vor allem von komplexen Affekten in verschiedenen Modi (taktil, akustisch, visuell, motorisch etc.) auch transmodal vermitteltes System von Bedeutung nicht-sprachlicher Art, das den Aufbau immer komplexerer Verständigungsstrukturen und damit die innere Konstitution von Selbst- und Objektrepräsentanzen von wachsender Komplexität vermittelt. Nebenbei sei angemerkt, daß mit der Beschreibung dieser Strukturen der affektiven Kommunikation zugleich auch musikalische Aspekte, die Struktur der musikalischen Kommunikation angesprochen ist, daß beide, affektive und musikalische Kommunikation analog, isomorph oder, wie ich meine, im Grunde genommen identisch sind. Hierüber wird in dem Kapitel über *Psychoanalyse und Musik* noch mehr zu reden sein.

Die Affekte sind demzufolge zentrale Modi der Kommunikation und der Regulierung der Verständigung in der Mutter-Kind-Dyade. Die Transmodalität dieser affektiven Kommunikation begründet das bis ins Erwachsenenalter vorhandene Phänomen der *Synaesthesie*, was heißt, daß man etwa beim Hören von Musik Farben sieht, daß es einem dabei "eiskalt über den Rücken läuft", daß man von "hellen" Tönen in der Musik und von "schreienden" Farben in der bildenden Kunst sprechen kann. Und zu dieser Transmodalität ist, wie Meltzoff und Borton (1979) gezeigt haben, schon der jüngste Säugling bald nach der Geburt fähig. In ihrem Experiment wurde drei Wochen alten Säuglingen mit verbundenen Augen ein Sauger mit Noppen angeboten. Nachdem man die Augenbinde abgenommen hatte, bot man dem Säugling in seinem Blickfeld zwei Sauger zur Auswahl an, den einen ohne Noppen und jenen anderen mit Noppen, den der Säugling bereits mit seiner Mundschleimhaut taktil erfahren hatte. Und es zeigte sich, daß die Säuglinge sich optisch immer dem Sauger zuwendeten, den sie zuvor mit verbundenen Augen im Mund gehabt, den sie demzufolge nicht optisch, sondern taktil erfahren hatten. Dieses Experiment macht deutlich, daß es ein synthetisierendes Etwas im Säugling gibt, das das Objekt in einer nicht-modalen Konzeptualisierung innerlich zu organisieren erlaubt, ohne daß es, entgegen der von Piaget formulierten Theorie, eines komplizierten Prozesses der Assimilation von zwei getrennten sinnlichen Konzepten in der jeweiligen Modalität und deren anschließender Zusammenführung - im Sinne der Akkomodation zu einem übergeordneten Konzept vom Gegenstand - bedarf.

Der Säugling muß den optisch erfahrenen Sauger also nicht erst neuerlich taktil erproben, bevor er die taktile Erfahrung mit der optischen zum amodalen Konzept zusammenführen kann. Es kommt demzufolge zu einem *haptisch-visuellen Transfer modal unterschiedlich organisierter Information* (vgl. Stern 1985, S. 47 ff). Dies kann, wie Stern treffend bemerkt, das von Aristoteles formulierte Postulat von der Einheit der Sinne empirisch-experimentell bekräftigen. Das heißt aber auch, daß es offensichtlich im Gehirn eine organisierende, integrierende Funktion gibt, die im Sinne eines "*Gestalt-processing*" Konzepte in übergeordneter Weise verarbeitet und integriert. Eine nicht in der Gesamtgestalt stimmige Information wird in diesem Sinne vom Gehirn korrigiert. So wird nach nur kurzer Zeit ein auf dem Kopf stehendes Bild der Umwelt, das man bei einem Probanden durch eine entsprechende Brille erzeugen kann, vom Gehirn entsprechend den übrigen zentral zusammengeführten Informationen "richtiggestellt", weil es mit diesen anderen Informationen nicht in Einklang zu bringen ist. Nimmt man die Brille wieder ab, dauert es eine Weile, bis das dann wiederum auf dem Kopf stehende optische Bild vom Gehirn wiederum korrigiert ist. Diese neurophysiologischen und neuropsychologischen Befunde vor allem zur Transmodalität der Wahrnehmung und zum "Gestalt-processing" sind von enormer Bedeutung für unser Konzeptualisieren und Denken der Wirklichkeit, für die Fähigkeit des menschlichen Denkens, etwa Kategorien von Ähnlichkeit und Unterschieden zu konzeptualisieren, Vergleiche, Analogien und Metaphern zu bilden und zu formulieren.

Neben den Affekten lassen sich, wie Robert Emde (a.a.O.) in seiner umfassenden Arbeit über Bedingungen der menschlichen Entwicklung herausgearbeitet hat, vier grundsätzliche motivationelle Prinzipien differenzieren, die in zunehmender Komplexität die Entwicklung bis ins Erwachsenenalter hinein bestimmen. Hierzu gehören

1. *Aktivität*, die bereits angesprochen wurde. Diese Aktivität ist darauf gerichtet, die Außenwelt visuell, akustisch, taktil, osmisch usw. zu erfassen, zu gestalten und zu organisieren. Der Säugling scheint, wie alle Beobachtungen nahelegen, von sich aus, d.h. von der genetischen Disposition her motiviert, Erfahrungen zu machen, Regularitäten und Strukturen zu entdecken und darauf gegründete Erwartungen zu formieren. Es scheint auch, daß diese Aktivität einem hereditär vermittelten Grundbedürfnis entspricht, die angelegten sensomotorischen Apparate zu üben und Beantwortung zu suchen.

2. das Prinzip der *Selbst-Regulation*. Die Selbst-Regulation ist ein grundsätzliches Prinzip, das in der gesamten Biologie Geltung hat. Sogar in der unbelebten Natur lassen sich selbstregulierende Tendenzen nachweisen, die in einem diffusen Medium chemischer Reagenzien zur Bildung von Arealen mit größerer Aktivität gegenüber anderen mit geringerer Aktivität unter selbstregulatorischer Verstärkung dieser Herausbildung von Struktur führen. Manfred Eigen (z.B. 1975) hat in diesem Sinne eine Theorie zur Entstehung des Lebens auf dem Boden der Entwicklung solcher selbstregulierender Systeme entwickelt. Selbst-Regulation gilt aber nicht nur in biologischen und physikochemischen Systemen, sondern auch in Verhaltenssystemen. Dies ist von besonderem Gewicht im Hinblick auf Tendenzen der sich entwickelnden psychischen Struktur, im Falle einer traumatischen, desintegrativ sich auswirkenden Störung über selbstregulatorische Tendenzen zum normalen Strom der Entwicklung zurückzufinden, i. S. einer "tendency to get back on the developmental pathway after deficit or challenge" (Emde, a.a.O., S.30).

3. *Social fittedness*. Social fittedness umreißt die Tatsache, daß der Säugling *präadaptiert* zur Welt kommt, ausgestattet mit spezifischen Apparaten, Fähigkeiten und Reaktionsweisen zur spezifischen Interaktion mit seiner Umwelt, um die-

se Interaktionen zu initiieren, zu erhalten oder auch zu beenden. Bowlby (1969) spricht von der angeborenen Neigung zum *attachment*, zur Anlehnung und Anbindung an ein Objekt. Diese stimuliert wiederum im Objekt ein spezifisches Elternverhalten, etwa die sogenannte Kindchenreaktion, eine offensichtlich genetisch angelegte Reaktion des Erwachsenen auf kindliche Schemata, etwa spezifische kindliche Gesichtsproportionen, und auf Kinderverhalten. Dabei spielt das Moment der *Verhaltens-Synchronizität* in der Mutter-/Eltern-Kind-Interaktion eine zentrale Rolle. Deren Störung wirkt sich fatal auf die weitere Entwicklung aus. Die *attachment* und *behavioural synchrony* wird, wie wir von verschiedenen Untersuchern wissen, über affektive, mimische und gestische Reaktionen reguliert. Dabei ist das sich entwickelnde Kind in seiner Motivation und seinem Verhalten auf ein fortgesetztes *social referencing* angewiesen, was heißt, daß alles, was das Kind erlebt, fühlt und tut, fortgesetzt auf die Referenz der Reaktion und des Verhaltens jener bezogen wird, die für das Kind zuständig sind, an die es angelehnt/angebunden ist.

In diesem Sinne lernt das Kind, sich selbst zu erfahren und daran zu denken, wie es von der versorgenden Person erfahren und gedacht wird. Social referencing ist ein motivationelles Prinzip, das bis ins Erwachsenenalter fortbestehen und in ausgeprägter Form zu einem erheblichen Problem werden kann, wenn damit eine fortbestehende Abhängigkeit von der Meinung und den Überzeugungen anderer verbunden ist. Dies ist für die Theorie der Massenpsychologie von besonderer Bedeutung. Milgram (1966) konnte mit seinen Experimenten zeigen, wie eine solche Abhängigkeit von der als autoritativ erlebten Meinung des Experimentators dazu führen kann, daß die Versuchsperson bereit ist, alle ihre moralischen Kategorien zu relativieren (die Versuchsperson wurde in einem Experiment angewiesen, eine im Nachbarraum angeblich sitzende Versuchsperson in einem Lernexperiment mit Stromstößen zu traktieren und bei ungenügendem Lernerfolg die Stromstärke ansteigen zu lassen, was aus dem Nebenraum mit vom Tonband abgespielten Schmerzäußerungen beantwortet wurde. Viele Probanden waren bereit, die Stromstärke selbst noch bei Schmerzäußerungen vom Tonband zu erhöhen, die eigentlich signalisierten, daß die Grausamkeitsgrenze in diesem Experiment schon längst überschritten war).

4. *Affectives Monitoring*. Hierunter ist eine Tendenz zur Regulierung der Interaktion vermittels der Kommunikation von Affekten zu verstehen, wie wir sie bereits im Zusammenhang mit den Affekten, dem "affective attunement" diskutiert haben.

Die in den Anfängen der psychoanalytischen Theorieentwicklung formulierten Annahmen über den Ablauf der frühen Entwicklung, die im wesentlichen aus Rückschlüssen aus klinisch-pathologischen Zuständen gewonnen wurden, sind in weiten Teilen revisionsbedürftig. So ist nach den Ergebnissen der empirischen psychoanalytischen Säuglingsforschung die Annahme, daß früheste Stadien der Entwicklung identisch mit den pathologischen Zuständen autistischer Kinder oder schwerster schizophrener Störungen seien, daß diese Störungen gleichsam arretierten Entwicklungszuständen entsprächen, nicht zu halten. In gleicher Weise ist es wohl auch nicht zulässig, von den extremen Abhängigkeitswünschen und Verschmelzungsphantasien depressiver Patienten einfach auf eine symbiotische oder depressive Säuglingsphase rückzuschließen. Von daher ist auch die Annahme berechtigt, daß spätere Psychopathologie nicht so sehr aus einer bloßen Störung der Entwicklung und deren Fixierung erfolgt, die dann auf die weitere Entwicklung direkt gestaltend Einfluß nimmt und die dann im Falle eines Krankheitsausbruches gleichsam "regressiv" wieder aufgesucht wird, sondern daß jene Störungsmechanismen, die wir als "primitiv" zu bezeichnen pflegen, aus einer möglicherweise erst sehr viel später erfolgenden Desintegration, aus einem spezifisch strukturierten Versagen der "normalen" Regulation erfolgt. Dies bedeutet zum Beispiel für die oft in gravierenderen pathologischen Zuständen des Erwachsenen und in anderen daraus hervorgehenden Brüchen in der Persönlichkeit zu beobachtenden Prozesse der Spaltung, daß diese sich möglicherweise eher auf ein Versagen der intrapsychischen Regulation gründen als auf die Fixierung "normaler" Entwicklungsstufen, wobei dieses Versagen der Regulation nicht am Anfang der Entwicklung, sondern erst etwa zur Zeit des Übergangs von der nichtsprachlichen zur sprachlichen Kommunikation in der Entwicklung erfolgt, in der Zeit, in der die volle Realisierung der Getrenntheit und die Auseinandersetzung mit dieser Realität in den Mittelpunkt rückt, (vgl. Lichtenberg, 1987, S. 318 f). Sie tritt somit vermutlich erst zur Zeit des Spracherwerbs, des Beginns einer umfassenderen Konzeptualisierung von Selbst und Nicht-Selbst und deren Repräsentation im Sprechen und Denken als eine spezifische Form des Umgangs mit widersprüchlichen Selbst- und Objekterfahrungen in Erscheinung, als eine Möglichkeit, in zunehmender, auch kognitiv reflektierbarer Wahrnehmung der Getrenntheit und Angewiesenheit gegenüber den Objekten mit gegensätzlichen, vor allem aggressiv aufgeladenen Selbst- und Objektkonzepten umzugehen. Dabei dürften spezifische kognitive Dispositionen und Prozesse eine fördernde Rolle spielen (wie z.B. eine Tendenz zur *Generalisierung* in Verbindung mit einer Tendenz zur rigiden *Kategorisierung*, so daß die Welt zum einen in Totalitäten von "Gut" und Böse" aufgespalten wird, zum anderen die Resultate dieser Spaltung auf alle Erfahrung von Welt und Selbst übertragen werden, so daß die Welt nur noch quasi apokalyptisch erlebt und "Gut" und "Böse" nicht oder nur noch ungenügend miteinander verbunden werden können (vgl. Lichtenberg, 1983, 1987). Diese Überlegungen würden etwa hinsichtlich der Theorien der psychoanalytischen Schule Melanie Kleins bedeuten, daß ihre Beschreibung der Prozesse, die zu den sogenannten "frühen", von Spaltungsprozessen bestimmten Störungen führen, der Struktur nach durchaus zutreffend sind, die Annahmen über den zeitlichen Ablauf der von ihr beschriebenen Prozesse und deren zeitliche Lokalisation im Entwicklungsprozeß allerdings zu verwerfen sind, was dem heuristischen Wert dieser theoretischen Annahmen für die Konzeptualisierung und den therapeutischen Umgang mit solchen Störungen allerdings keinerlei Abbruch tun würde.

Aus der Beobachtung und theoretischen Konzeptualisierung der Selbstwahrnehmung und der Entwicklung des Selbstgefühls hat Daniel Stern vier Abschnitte differenziert, die er *emergent self* (0-2 Monate), *core self* (2-6 Monate), *subjective self* (7-15 Monate) und *verbal self* (ab 15 Monate) nannte. Das *emergent self* in dem ersten Abschnitt formiert sich aus optischem, visuellem und taktilem Austausch, in dem das Kind an der pflegenden Person erste Ansätze eines Erlebens seiner selbst entwickelt, Gefühle von Zeit, Prozeß, und Erwartung. In der Entwicklung des *core self* entstehen Möglichkeiten der Abgrenzung und der Gemeinsamkeit im Sinne eines Aspektes vom "self *versus* others" und eines "self *with* others". Das *subjective self* entwickelt sich in der bedeutsamen Interaktion mit dem anderen im Sinne eines "*intersubjective self*" mit dem Ziel, im Erfahren des anderen Erfahrungen zu wiederholen, einzuüben, zu erproben und auf diese Weise eine Gewißheit seiner selbst und damit auch Grenzen seiner selbst in eigenen Rechten zu entwickeln und Andersheit in der Begegnung mit dem anderen zu erfahren und auszuhalten. Das *verbal self* wird von der Einführung der Sprache in die kindlichen Kommunikationsmöglichkeiten bestimmt, wodurch sich der Prozeß der Entwicklung in einer grundsätzlichen Weise verändert. Allerdings bleiben in der weiteren Entwicklung Funktionsmodi des *emergent self*, des *core self* und des *subjective self* erhalten, als eine nichtsprachliche Dimension des Erfahrens, die der Dimension der Sprache beigeordnet bleibt, da die Sprache viele Aspekte dieses nichtsprachlichen Bereiches nicht ausreichend erfassen und kommunikativ vermitteln kann. Hierüber wird im folgenden Kapitel weiter zu diskutieren sein, das sich mit den *Modi zwischenmenschlicher Verständigung* beschäftigen wird.

7. Modi zwischenmenschlicher Verständigung

Die Entwicklung sprachlicher, in sprachlicher Symbolisierung faßbarer Konzepte der Organisierung und Kommunikation von Erfahrung stellt einen äußerst relevanten, qualitativen Entwicklungsschritt dar, in dessen Gefolge die Sprache schließlich zum wesentlichsten, wenn auch nicht zum ausschließlichen Mittel der menschlichen Kommunikation wird. Denn wie aus entsprechenden Untersuchungen menschlicher Kommunikationsprozesse zwischen einzelnen Erwachsenen und innerhalb von Gruppen bekannt ist (vgl. Krause 1990), behalten auch nicht direkt und bewußt wahrgenommene visuelle, akustische und gestische Momente ein erhebliches Gewicht bei der Steuerung Färbung und Gewichtung des kommunikativen Austauschs. Diese nichtsprachlichen Momente werden über unterschiedliche Kanäle vermittelt, als eine nichtsprachliche Dimension der zwischenmenschlichen Verständigung, die für unser Denken, Fühlen und Erleben, für unser Selbstgefühl und dessen Erhaltung in intakten, kohärenten Strukturen von essentieller Bedeutung ist. Die Sprache kommt somit in der Entwicklung zu der Vielfalt bereits vorhandener Kommunikationsstrukturen und zu den vorhandenen Strukturen der Konzeptualisierung dieser Kommunikation hinzu. Zugleich hebt sie die Kommunikation auf eine neue, kategorial andere Ebene, die eine neue, andere Weise des Mitteilens, des Miteinander-Teilhabens, des Teilens der eigenen Welterfahrung in der Verständigung erlaubt. Indem die eigene Selbst- und Welterfahrung, aber auch das Miteinander-Teilhaben und das Mitteilen dieser Welterfahrung in etwas Drittem, in der Sprache *repräsentiert* werden kann, kann Sprache zunehmend auch die unmittelbar gelebte Erfahrung transzendieren und deren Reflexion außerhalb der unmittelbaren Erfahrung, und das heißt Denken, möglich machen, auch wenn Sprache und Denken nicht unbedingt und in jeder Hinsicht identisch sind.

Diese neue Qualität der Verständigung ist im Wesen der Sprache selbst begründet. Sprache *be*-deutet, sie kann Bedeutungen, auch solche aus der averbalen Kommunikation Erwachsener, benennen, Konzepte und Kategorien und schließlich auch Kategorien von Kategorien bilden, zugleich Relationen dieser Kategorien, Relationen dieser Relationen usw., so daß schließlich mit einer endlichen Zahl von Mitteln der Sprache, mit einer endlichen Zahl von Worten eine unendliche Zahl von Sachverhalten und deren Beziehungen zueinander vermittelt werden können und man sich darüber auch präzise verständigen kann. So kann ein Wort, ein Satz mit seiner Bezeichnung von Relationen eine Situation benennen, für die eine bildliche Darstellung vielleicht eine ganze Serie von Bildern notwendig machen würde, wenn überhaupt das Bildliche die Aussage des Satzes, etwa, wenn es sich um die Formulierung von Kausalitätsverhältnissen handelt, wirklich darzustellen vermag. Die Sprache wird so zunehmend zu dem Mittel menschlicher Kommunikation *par excellence*, was mit dafür verantwortlich ist, daß menschliche Kommunikation und Sprache miteinander gleichgesetzt wurden und die Bedeutung der nichtsprachlichen Anteile an der menschlichen Kommunikation oft genug unterschätzt wurde und wird. Sprache ist eine essentielle Bedingung menschlicher Existenz. Sprachlosigkeit, sprachlos werden, ist in der Regel Ausdruck einer existentiellen Überwältigung, die nicht mehr teilbar, d.h. mitteilbar ist und das Subjekt mit seiner privaten, überwältigenden Vorstellungswelt gegenüber den Mitmenschen ausgrenzt und ausschließt, wie man dies so oft bei Sprachlosigkeit im Zusammenhang mit schwerer psychischer Traumatisierung oder schwerer Psychopathologie beobachten kann.

Die Sprachentwicklung und die Formierung des *verbal self*, die im allgemeinen etwa zwischen dem 12. und 15. Monat einsetzt, führt zu einer erheblichen Beschleunigung der allgemeinen Entwicklung, vor allem der kognitiven. Aber auch die affektive Entwicklung, die weitere Entwicklung von affektivem Erleben, Phantasietätigkeit und Wünschen geht nach dem Spracherwerb weiter. Die kognitive Entwicklung, die vor allem von Jean Piaget in seinem umfassenden Werk gleichsam komplementär zur affektiven erforscht und konzeptuell gefaßt wurde, und die affektive Entwicklung mit ihren vielschichtigen, auch unbewußten Determinanten gehen dabei in der Regel Hand in Hand. Dies erfolgt allerdings, wie man immer wieder beobachten kann, nicht immer zeitgleich, was den Prozeß der Entwicklung zunehmender Komplexität und Differenzierung der Persönlichkeit und der Möglichkeiten zwischenmenschlicher Verständigung, der Sprache und des Denkens in spezifischer Weise prägen und beeinflussen kann. Diese jeweils spezifischen Beziehungs- und Bedingungsverhältnisse affektiver und kognitiver Entwicklung können unter Umständen zur Disposition späterer psychoneurotischer Störungen werden. So wird z.B. die Störung der Synchronie von kognitiver und affektiver Entwicklung für die Zwangsneurose als ein ätiologisch relevanter Faktor unter anderen diskutiert, im Sinne eines Vorauseilens der kognitiven zu Lasten der affektiven Tendenzen in der Entwicklung, was eine spezifische "Verstandes-Einseitigkeit" der Zwangsstruktur begründet, die sich auch in spezifischen Strukturierungen der Sprache und des Denkens niederschlägt. Aber auch Traumatisierungen in der Entwicklung und massive Konflikte können in das komplexe Ineinandergreifen von affektiver und kognitiver Entwicklung und damit auch in die Formung sprachlicher Verständigungsstrukturen störend einwirken.

So sehr in der Entwicklung das Hinzutreten der Sprache als zentraler Modus der zwischenmenschlichen Verständigung die Verständigungsmöglichkeiten erweitert, so sehr schafft sie aber auch Probleme, indem sie einen Keil zwischen zwei simultane Formen der interpersonalen Erfahrung treibt, und zwar zum einen, wie diese Erfahrung *erlebt* und zum anderen, wie diese Erfahrung *sprachlich repräsentiert* wird (vgl. Stern, 1985, S. 174 f). Das Erleben des *emergent*, des *core* und des *subjective self* und die ihm zugeordneten interpersonalen Modalitäten sind in den sprachlichen Kategorien nur sehr begrenzt faßbar, so daß sie auch kaum oder nur begrenzt Gegenstand sprachlicher Mitteilung werden können. Dies gelingt um so weniger, je abstrakter die Sprache ist, die man miteinander spricht. In der Sprache etwa der Mathematik oder in der Sprache logischer Kalküle der philosophischen Logistik wird die Gefühlswelt und damit jegliche Unschärfe der verhandelten Bedeutungen gezielt ausgeschlossen, während in der Poesie gerade umgekehrt der Versuch unternommen wird, mit spezifischen formalen Mitteln der Sprache Kontexte und konnotative Erfahrungsfelder assoziativ zu mobilisieren, um auf diese Weise das in Sprache nicht oder nur ungenügend Faßbare dennoch auf irgendeine Weise in die Sprache zu holen. Allerdings stößt dies immer wieder an Grenzen. Das Lächeln der Mona Lisa oder die Ausdrücklichkeit in der Porträtmalerei etwa von Rembrandt oder Goya und die Faszination, die diese auf uns ausüben, lassen sich wohl kaum jemals erschöpfend in Sprache fassen. Sprache kann somit auch zur Entfremdung führen, ja sie kann selbst zu einem Mittel der Entfremdung, der Abgrenzung und der Verstellung werden. Vor allem hat die Sprache Grenzen in der Kommunikation der Intimität intersubjektiven Erlebens, was vor allem für jene affektiv so wesentlichen, entwicklungsgeschichtlich gesehen frühen, aber in der weiteren Entwicklung persistierenden Modi des fühlenden, körpernahen Erlebens zwischenmenschlicher Verständigung gilt. Mit den Problemen einer solchen Begrenzung und Entfremdung durch die Sprache haben wir es ja gerade in der psychoanalytischen Verständigung, in besonderer Weise aber vor allem im Umgang mit psychosomatischen Phänomenen zu tun, bei denen sich psychische Spannung in körperlicher Störung niederschlägt und manifestiert, die in den unterschiedlichen Modi der Sprache kaum, und wenn, dann nur unzulänglich repräsentiert und verhandelt werden kann. Hier ist es das Ziel des psychoanalytischen Prozesses, für jene nicht sagbaren Bereiche des Erlebens und Fühlens angemessene Metaphern zu entwickeln, die es erlauben, im Schutze der psychoanalytischen Situation die in Sprachlosigkeit eingemauerten, bedrohlichen und überwältigenden Bereiche des Erlebens in die gemeinsame Verständigung zu holen.

Alle Sprachkunst, alle Kunst überhaupt, hat mit dem Einfangen der in Sprache nicht ausreichend sagbaren Erlebnis- und Vorstellungswelten zu tun. Für die deutsche Romantik war es bekanntlich eines ihrer Hauptanliegen, dieses Problem zu überwinden. Sie meinte, eine besondere, spezifische Affinität vor allem zur *Musik* entwickeln zu müssen, weil sie die Sprache als Möglichkeit der Verständigung über das Wesen tiefster menschlicher Erfahrung für unzulänglich hielt und deshalb eher in der Musik (in deren Verankerung im frühen *affective attunement* der Vitalitätsaffekte, wie man von hier und heute aus sagen könnte) das eigentliche Medium sah, in dem das nicht mehr Sagbare, Wortlose, geheimnisvoll Vieldeutige, unbestimmt Tiefe ausgesprochen werden könne. Jede Poesie sucht auf ihre Weise im Medium der Sprache diese Welt des fühlenden (vor-sprachlichen, nicht-sprachlichen) Erlebens einzufangen. In diesem Sinne sagte, Eichendorff, 1967, S. 123):

"Schläft ein Lied in allen Dingen,
Die da Träumen fort und fort,
Und die Welt hebt an zu singen,
Triffst Du nur das Zauberwort."

Aber auch die Prosa sucht auf ihre Weise diese Dimension zu vermitteln. So sagte Thomas Mann im "Tod in Venedig": "Glück des Schriftstellers ist der Gedanke, der ganz Gefühl, Gefühl, das ganz Gedanke zu werden vermag." (S. 391). Und gleiches, möchte ich hinzufügen, ist auch das Glück der Psychoanalyse, in einem glückenden psychoanalytischen Diskurs Gedanke und Gefühl als Modi der Verständigung in der gemeinsamen Begegnung zusammenzuführen.

Der psychoanalytische Verständigungsprozeß ist, wie schon früher deutlich geworden ist, ein Prozeß eher der *dynamischen Verständigung* als der eines *statischen Verstehens*. Es ist kein Prozeß, in dem bereits vorliegende Bedeutung bei einem der Partner durch den anderen deutend gleichsam "hervorgeholt" wird, nicht einer eines, wie auch immer gearteten "empathischen" Gedankenlesens und Gedankenratens. Vielmehr treffen zwei Subjekte mit ihrer jeweils eigenen Sprache aufeinander, mit einem jeweils eigenen Sprachhintergrund - und das heißt, mit einem jeweils eigenen Erfahrungs- und Bedeutungshintergrund und einer jeweils eigenen Art und Weise, Erfahrung und Bedeutung sprachlich zu organisieren. Es treffen somit zwei unterschiedliche "Sprachen" aufeinander, die in der psychoanalytischen Situation, im psychoanalytischen Diskurs zum lebendigen Austausch zu bringen sind, nicht etwa in dem Sinne, daß eine in neurotischen Auseinandersetzungen "zerstörte" Sprache in der psychoanalytischen Begegnung gleichsam wie ein beschädigtes Gebäude originalgetreu wiederhergestellt wird, als gebe es so etwas wie die Möglichkeit einer "Rekonstruktion" einer einmal unzerstörten Sprache (vgl. Lorenzer, 1970), als gebe es überhaupt so etwas wie eine originäre Sprache vor ihrer neurotischen Zerstörung, aber auch nicht in dem Sinne, daß einer der Beteiligten am Diskurs die Sprache des anderen übernehme, einer den anderen zur Sprachregelung nach den eigenen Bedingungen verführt oder zwingt, weder der Analytiker den Patienten noch umgekehrt, der Patient den Analytiker.

Vielmehr ist der sprachliche Austausch im psychoanalytischen Diskurs ganz im Sinne Wilhelm von Humboldts darauf angelegt, *daß jeder die Sprache des anderen erfahre und lerne*, ein Prozeß des Erlernens der Sprachen des anderen, bei dem die eigene Sprache gerade nicht verloren gehen muß. Humboldt (1820-22, Bd. 2) hatte in diesem Sinne unter Verweis auf die Babylonische Sprachverwirrung deutlich gemacht, daß es ein Irrweg sei, in der Verständigung zwischen Menschen verschiedener Sprache eine Sprache gleichsam aus der Zeit vor Babel, eine allen Menschen gemeinsame Ursprache zu suchen, was die irrige Auffassung implizieren würde, daß es diese Ursprache einmal gegeben habe und daß diese später, nach dem biblischen Gleichnis mit dem Turmbau zu Babel, verlorengegangen sei. Vielmehr sei eine *ursprüngliche Verschiedenheit der Sprachen,* und das heißt, eine komplexe Reichhaltigkeit unterschiedlicher menschlicher Erfahrung und des Organisierens und Repräsentierens dieser Erfahrung in den unterschiedlichsten Sprachen anzunehmen und anzuerkennen und in der Auseinandersetzung mit dieser Vielfalt der Sprachen ein "Pfingstwunder" zu vollziehen, das sich ja bekanntlich dadurch ausgezeichnete, daß die Apostel die Sprachen der anderen zu sprechen lernten - und damit auch die Konzepte, Kategorien und die Organisation der Kategorien der Welt, das heißt mit der Sprache der anderen auch deren Weltsicht, deren Denkstrukturen, deren Denken überhaupt (vgl. Trabant, 1990, S. 47 f).

In diesem Sinne kann es gelingen, mit dem Erlernen der Sprache des anderen vom Sagen, von der Bedeutung, vom Denken des einen zum Sagen, zur Bedeutung, zum Denken des anderen zu gelangen, in einer Beziehung des Austauschs, in der der eine aufgefordert ist, den anderen zu vernehmen und diesen als vernehmenden anderen sich vorzustellen, auf diese Weise den anderen als anderen und von sich selbst her zu verstehen. Dies gilt, wie ich denke, für die Beziehung zwischen verschiedenen Sprachen, Kulturen und Völkern untereinander ebenso, wie für die Verständigung einzelner Individuen und hier in besonderer Weise gerade auch für die psychoanalytische Verständigung.

In diesem Zusammenhang sind noch einige Grundbedingungen der sprachlichen Entwicklung des menschlichen Kindes zu nennen. Diese wird offensichtlich von zwei grundsätzlichen Faktoren bestimmt. Einerseits ergibt sich eine artspezifische, offensichtlich biologisch begründete Disposition, die nur dem Menschen zueigen ist, nämlich eine der vielen menschlichen Sprachen erlernen zu können. Dabei gibt es grundsätzliche, allen menschlichen Sprachen eigene sprachliche Gesetzlichkeiten, die sich auf universelle Gemeinsamkeiten des Menschen als Spezies gründen, Gemeinsamkeiten die, wie Humboldt (a.a.O.) meinte, durch die *Einheit der menschlichen Natur* begründet seien. Insofern kann jedes Menschenkind jede menschliche Sprache lernen. Welche dieser Sprachen es lernt, welche jeweiligen sprachspezifischen Artikulationsmöglichkeiten einer gegebenen Sprache es sich einübt, (so daß es im späteren Leben ihm fremde andere Sprachartikulationen erschwert, nur noch mit "Akzent" oder gar nicht mehr ausführen kann, wie etwa der Konsonant "r" bei Japanern), ist andererseits ausschließlich eine Frage akzidentieller Faktoren, abhängig von der spezifischen Sprachumwelt, in der ein Kind aufwächst.

Diese universelle Gemeinsamkeit des Menschen, diese von Humboldt so genannte Einheit der menschlichen Natur findet sich, wie Noam Chomsky (1970) gezeigt hat, unmittelbar in der Organisation und Struktur menschlicher Sprachen im Sinne dessen wieder, was Chomsky *generative Grammatik* genannt hat, in der syntaktische, phonologische und semantische Komponenten auf jeweils spezifische Weise die Sprache bestimmen. Dabei bestimmt die *phonologische* Komponente, d.h. der Wort-*Laut* die phonetische Form des Satzes und die *semantische* Komponente, d.h. die Komponente der *Bedeutung*, die semantische Bedeutung des Satzes. Die syntaktische Komponente der Grammatik determiniert für jeden Satz eine *Tiefenstruktur*, die die *semantische Bedeutung* bestimmt, und eine *Oberflächenstruktur*, welche die *phonetische Bedeutung* bestimmt. Die Grammatik einer Sprache enthält ein System von Regeln, das die Tiefen- und Oberflächenstrukturen sowie die transformationellen Beziehungen zwischen ihnen charakterisiert, so daß es möglich ist, von der Sprache als einem Instrument mit endlichen Mitteln unendlichen Gebrauch zu machen.

In der syntaktischen Struktur der Sprache, in der Beziehung vom *Subjekt* und *Objekt*, die durch das *Prädikativum* bezeichnet wird, spiegeln sich Subjekt-

Objekt-Relationen menschlicher Beziehung wider. Der Satz ist somit seinem Wesen nach eine Aussage über Subjekt-Objekt-Relationen, über die Beziehung vom Subjekt/Selbst mit dem Objekt, d.h. darüber, was zwischen Selbst und Objekt geschieht, verhandelt und gehandelt wird, was diese Beziehung motiviert. Insofern sind letztlich Sprache und Denken, Affekt, aber auch der sich zwischen Subjekt und Objekt vermittelnde und entfaltende "Wunsch" und "Trieb" auf das engste miteinander verwoben. Dies wird im nächsten Kapitel über die Elemente zwischenmenschlicher Verständigung, über die Sprache, weiter vertieft werden.

8. Elemente sprachlicher Verständigung

Da die Sprache das wesentliche Medium der psychoanalytischen Verständigung ist, hat die Psychoanalyse naturgemäß ein besonderes Interesse an der Theorie der Sprache und des Sprechens. Die Sprache hat mit ihren begrenzten Mitteln unbegrenzte Möglichkeiten des Repräsentierens. Andererseits stößt sie aber immer wieder auch an Grenzen ihrer Möglichkeiten, so ist es Aufgabe der Sprechenden (besser: der miteinander Sprechenden, d.h. der Sprachgemeinschaft) mit der immer fortschreitenden Veränderung der Selbst- und Weltsicht die gegebenen, immer begrenzt bleibenden sprachlichen Verständigungsmöglichkeiten immer wieder zu revidieren und immer neue Formen sprachlicher Repräsentation zu erfinden, die der Veränderung der Verhältnisse gerecht werden können. Insofern lebt jede Sprache dadurch, daß sie sich fortwährend verändert. Nur in den toten Sprachen ist alles endgültig festgeschrieben. Diese Lebendigkeit der Sprachen, ihre fortgesetzte Veränderung und Wandlung, läßt sich unschwer etwa an dem Bedeutungswandel ablesen, den Worte im Laufe der Zeit erfahren können.

Grenzen in der Vermittlung dessen zu haben, was man dem anderen sagen möchte und sagen kann, heißt aber nicht nur, neue Möglichkeiten sprachlicher Repräsentation finden zu müssen, was im Konsens der Sprachgemeinschaft insgesamt geschehen muß, sondern auch i. S. der Sprachkunst und *Beredsamkeit* die Möglichkeit der vorhandenen Sprache bis an ihre Grenzen auszuschreiten und zu nutzen. In diesem Sinne entwickelte sich in der griechischen Antike die *Rhetorik*, die Redekunst, die mit einer durch besondere Bildung vermittelte Fähigkeit zur kunstgemäßen Rede - etwa in den gesellschaftlichen Diskursen, in der Politik, in der Philosophie und auch in der Kunst - spezifische Wirkungen im Hörer hervorzurufen, d.h. zu überzeugen, eine Gesinnungsänderung herbeizuführen oder auch ein spezifisches Handeln zu veranlassen hatte. Insofern man Redekunst und insbesondere ihre Verwendung in der Kunst, das "*gut und schön sagen*" als eine bloß ornamentale Fertigkeit oder als Mittel entwickelte, nicht so sehr Wahrheit zu vermitteln, sondern eher umgekehrt, mit Hilfe manipulativer Formen der Rede kritische Stellungnahme im Sinne einer rhetorischen Bestätigung, Umschreibung oder Verschleierung der herrschenden Verhältnisse zu verhindern, geriet sie bald in den Geruch, entweder bloß förmliche, künstliche Wortspielerei, Pseudokunst, falsche Münze zu sein, oder aber der Persuasion oder gar der Lüge zu dienen. Deshalb stand z.B. Platon der Rhetorik sehr kritisch distanziert gegenüber (etwa im Phaidros, 267 a-b, vor allem aber im Gorgias, 449a-458c). In der Tradition einer solchen Kritik kam es deshalb in der abendländischen Geschichte, besonders seit dem Mittelalter und der Renaissance, zu einem zunehmenden Verfall der so verstandenen Rhetorik und ihrer Mittel.

Allerdings ist es gerade das Wesen der Sprache, daß sie nicht bloß dem Austausch von Informationen vom einen zum anderen als dessen Medium vermittelt, sondern daß diese sprachlichen Informationen auch Konsequenzen im Empfänger haben sollen, d.h. eben immer auch komplexe *Wirkungen* erzeugen soll. Dieses essentielle Moment der Sprachwirkung, das in der klassischen Auffassung von der Rhetorik eher nur als ein rhetorisch kunstvoll umzusetzender Nebeneffekt der Sprache verstanden wurde, ist aber letztlich für die Sprache konstitutiv. "How to do things with words" lautet so auch jene klassisch gewordene Untersuchung J. Austins (1962), mit der die Theorie der Sprechakte begründet wurde. Von daher sind aber auch alle "rhetorischen" Ausdrucksfiguren, vor allen anderen die Metapher und die Metonymie, die später noch näher zu untersuchen sein wird, konstitutive Elemente der Sprache, ihr allgegenwärtiges Prinzip.

Im weiteren ist zunächst zu untersuchen, in wieweit und auf welche Weise Sprache die äußere und innere Welt repräsentieren kann. Dies erhebt die Frage, ob die Sprache eine Art "Abbildcharakter" hat, als "Abbild" für ein Urbild fungiert, so daß der, der spricht, mit dem Instrument der Sprache einen Sinn formuliert, der unabhängig von der Formulierung gleichsam im voraus fertig gegeben ist und dann bloß sprachlich umgesetzt, in der Sprache "abgebildet" wird. Nach dieser Vorstellung ist Bedeutung unabhängig von der Sprache gegeben, als etwas, das außerhalb ihrer liegt und nur nachträglich an die Sprache geheftet wird. Diese Auffassung von der Sprache ist unhaltbar, wie dies bereits Wilhelm von Humboldt, etwa in seinem Aufsatz "Über den Einfluß des verschiedenen Charakters der Sprachen auf Literatur und Geistesbildung" (1820-22) deutlich gemacht hat.

Die menschliche Sprache arbeitet mit Zeichen, die bezeichnen, aber nicht in der Weise wie etwa die genetisch festgelegten, instinktgebundenen Zeichen z.B. der "Sprache" der Bienen. Diese haben als instinktgebundene Signale zu gelten, die zwingend Handlungen auslösen, nicht aber eigentlich eine kommunikative Situation herstellen. Denn die informierte Biene fliegt auf das relevante Instinktsignal hin nach instinktmäßig festgelegtem Schema weg und antwortet dem Signalgeber nicht. In der menschlichen Sprache ist dies natürlich völlig anders. Ihre Zeichenrelationen sind nicht etwa biologisch festgelegt, sondern diese haben sich erst im Laufe der geschichtlichen Entwicklung durch deren jeweiligen kommunikativen Gebrauch herausentwickelt. Die Bedeutung der Zeichen wurde dabei an die Struktur der Worte, an den Wortklang, an die Sprachstruktur gebunden. Bedeutung erwächst somit aus dem sinnvollem Gebrauch der sprachlichen Zeichen, der sinnvollen, von einer Sprachgemeinschaft geteilten Zuordnung der Bedeutung zu entsprechend geformten Lautbildungen, deren charakteristische Struktur Sprache erst als solche konstituiert, so daß sprachliche Bedeutung ohne diese strukturelle Verbindung zur Lautstruktur nicht zu denken ist.

Das sprachliche Zeichen besteht, wie Ferdinand de Saussure (1916) herausgearbeitet hat, aus zwei Anteilen, einem *Lautbild* und der ihr zugeordneten *Begriffsvorstellung*, aus dem *Signifikanten* (*"signifiant"*, Lautbild), der *bezeichnet*, und einem *Signifikat*, (*"signifié"*), das vom Lautbild *bezeichnet* wird. Beide Anteile funktionieren unabhängig voneinander, beide müssen sich von ihrem Umfeld erst unterscheiden, um überhaupt eine sprachliche Funktion übernehmen zu können. Das heißt, ein Laut muß sich, um die Funktion eines Signifikanten übernehmen zu können, von anderen Lauten ausreichend unterscheiden, und diese Unterscheidung muß eindeutig vernehmbar sein, um sprachliche Verständigung und sprachliches Verstehen überhaupt möglich zu machen. Dies gilt natürlich ebenso für die

Unterscheidung des von einem Phonem oder einer Phonemkombination bezeichneten Gedankens gegenüber anderen Gedanken. Dabei ist die Beziehung zwischen Signifikanten und Signifikat, zwischen Bezeichnendem und Bezeichneten, zwischen Wortlaut und Bedeutung keine natürliche, selbstverständliche. Hiervon sind lediglich die onomatopoetischen, die lautmalerischen Wörter ausgenommen, wie sie vor allem in der Dichtung poetisch genutzt werden, etwa, um ein bekanntes Beispiel zu nennen, von Ovid in seinen "Metamorphosen" bei seiner lautmalerischen Beschreibung von Fröschen, die sogar noch unter Wasser Böses zu reden versuchen: *Quamquam sunt sub aqua sub aqua maledicere temptant.*

Die Bedeutung der Lautbilder als Vermittler von Bedeutung erwächst aus der Tatsache, daß jede Sprache ein jeweils eigenes System der Bedeutungsdifferenzierung von Lauten hat. So sind etwa im Deutschen die Laute "l" und "r" sprachlich verschieden. Sie vermögen durch ihre Verschiedenheit des Klangs und damit der Möglichkeit, sie als verschieden einander gegenüberzustellen, eine unterschiedliche Signifikation, wie zum Beispiel bei "*l*aufen" gegenüber "*r*aufen", "*l*eiten" gegenüber "*r*eiten", zu vermitteln. Eine vergleichbare Opposition besteht etwa für "*f*" und "*b*" in "rei*f*en" und "rei*b*en". An sich sind die Phoneme *f, b, r, l* bedeutungslose akustische Einheiten, die erst durch die wechselseitige Relation der Phoneme zueinander und untereinander eine für die Sprache signifikante Lautstruktur und Bezeichnungsfähigkeit erhalten. Die Differenzierung der Phoneme und mit ihr deren Funktion muß in einer Sprache immer erst geschaffen oder erworben werden, und diese ist in jeder Sprache mehr oder weniger verschieden. Wo die Artikulierungsdifferenz fehlt, wie etwa im Japanischen die von "r" und "l", kann selbstverständlich auch keine Bedeutungsdifferenz im Signifikanten durch phonetische Opposition aufgebaut werden. Darauf stützt sich die Pointe des Witzes von dem Amerikaner, der einen Japaner nach der Demokratie in dessen Lande fragt: "*Do you have elections?*" und zur Antwort erhält: "*Yes, evely molning*". Für das Kind, das eine Sprache lernt, ist eine solche phonetische Differenz, zum Beispiel in *R*eben und *L*eben, in ihrer Signifikationsfunktion erst zu erlernen.

Das Gewicht, das diese Überlegungen zur Phonematik für die sprachliche Verständigung haben, kann vielleicht am besten der folgende thüringische Witz: "Fragt ein Thüringer seinen Landsmann nach dem Namen seines neugeborenen Sohnes, worauf dieser auf gut thüringisch mit "Dankwardt" antwortet. Darauf muß er sich sagen lassen: "Aber Dankwardt ist doch kein Name, das ist doch ein Beruf!" Dem mit dem thüringischen Dialekt Unvertrauten sei hier gesagt, daß die sächsisch-thüringischen Dialekte die Opposition von "*d*" und "*t*", wie auch die von "*b*" und "*p*" verschleifen, auflösen oder aber gar in ihr Gegenteil verkehren. Der Dankward/Tankwart-Witz erwächst aus dieser Tatsache. So wird etwa aus "Sol*d*a*t*en" in gleicher Weise wie bei der Verwandlung von *D*ankwardt zu *T*ankwart "Sol*t*a*d*en". Und um Mißverständnissen zu entgehen, buchstabiert der Thüringer dann deshalb "t" und "d" sowie "p" und "b" mit "hart-d", "weich-t", "hart-b" und "weich-p".

Bei phonematischer Ähnlichkeit wie bei dem Dankwardt/Tankwart-Witz kann eine exakte Aussprache die Bedeutungsdifferenz noch deutlicher hervortreten lassen, was allerdings bei starker Dialekteinfärbung des Sprechenden schwierig werden kann. Bei phonematischer Gleicheit dagegen kann keine noch so exakte Aussprache die Bedeutungsdifferenz zum Vorschein bringen. Hier können dann nur die weitere Satzaussage und der *Satzkontext* darüber entscheiden, was gemeint ist, etwa wenn es "*er ma(h)lt*" heißt, ob das Ma(h)len von Kaffee oder von Bildern gemeint ist. Besonders die Traumarbeit kann sich bei der Entwicklung eines Traumtextes einer solchen Sinnverschiebung bei phonematischer Gleichheit bedienen. Hierauf beruht auch die Technik des Witzes von jener Dame, die mit einem dringenden menschlichen Bedürfnis an die verschlossene Tür des Örtchens mit den Worten: "*Ist hier jemand*" klopft und von drinnen zur Antwort erhält: "*Nein, ganz im Gegenteil, meine Liebe*".

Die Skala der freien Kombinationsmöglichkeiten einzelner Phoneme zu Wortgebilden und von Worten und Wortkombinationen zu Sätzen von immer größerer Komplexität wächst, je größer die Sprachgebilde, die Spracheinheiten werden, so daß man mit Roman Jakobson von einer fortschreitenden Skala der freien Kombinationsmöglichkeiten sprechen kann (vgl. Holenstein, 1975). Dagegen ist die Freiheit des Sprechers, Phoneme auf der untersten Stufe des Kombinierens, nämlich zu Worten, zu kombinieren, praktisch gleich Null. Sie bleibt auf die seltenen Fälle von *Wortneubildungen* beschränkt, die aber immer erst von der Sprachgemeinschaft durch sinnvollen Gebrauch bestätigt werden müssen, soll nicht das entstehen, was wir etwa bei schizophrenen Psychosen als *Neologismen* und als *Wortsalat* beobachten können, wo die kommunikative Funktion des Sprechens im Gefolge von destruktiven, desorganisierenden psychischen Prozessen ausgehöhlt oder, wie bei ausgeprägter Zerfahrenheit, mehr oder weniger vollständig aufgehoben sein kann. Andererseits ist die Freiheit des individuellen Sprechers mit immer größeren Satzeinheiten und Satzkombinationen neue Kontexte zu schaffen, erheblich, auch und trotz der syntaktischen Regeln und der damit verbundenen Begrenzung der sprecherischen Freiheit.

Diese Überlegungen, die hier nur kursorisch skizziert werden können, haben natürlich eminente Bedeutung für die psychoanalytische Konzeptualisierung der Sprache, vor allem für das Verständnis der Beziehungen der Sprache zum Unbewußten und wie sich diese in der Rede des Patienten niederschlagen. Viele Witze sind, wie wir an den wenigen Beispielen bereits gesehen haben, vor allem auf phonematischen Verwechslungen oder Gleichsetzungen aufgebaut. Auch die Wortzerteilungswitze funktionieren über das Spiel mit den Phonemen, und zwar durch Zerlegung der Worte in ihre phonematischen Einzelanteile, die dann über die einzelnen Lautpartikel und deren Signifizierung einen neuen, überraschenden, "witzigen" Sinn ergeben, wie etwa bei dem Witz von jenem, von seinem Arzt wegen der Selbstbefriedigung befragten Jugendlichen, der stotternd und errötend mit einem "*Oh, na nie*" antwortet (vgl. Freud, 1905c, S. 31). Daß Witze eine spezifische Beziehung zum Unbewußten haben, wie dies Freud in seinem Buch über den "Witz und seine Beziehung zum Unbewußten" (1905c) zeigen konnte, braucht hier nicht weiter diskutiert zu werden. Aber auch Fehlleistungen können sich der phonematischen Verwechslung oder Vertauschung bedienen, um eine verborgene, im Bewußten nicht zugelassene Intention zum Ausdruck zu bringen, wie etwa in dem Beispiel Freuds in seiner "Psychopathologie des Alltagslebens" (1901b): "Er hat mir durch die *Bluse* gesagt, daß er mir Einzelunterricht erteilen möchte" (S. 89), wobei eigentlich *Blume* gemeint war und "*Bluse*" die erotische Irritation und die verdeckten Intentionen zwischen beiden sehr genau anspricht.

Die aufgeführten Beispiele zeigen, daß die Sprach-*Artikulation* eine entscheidende Funktion bei der Konstituierung der Sprache, des Verhältnisses von *signifiant* und *signifié* im Wort hat und entsprechend im Psychischen dynamische Bedeutung und Funktionen auch von seiten der unbewußten Dimension mit ihrer intrinsischen Intentionalität gewinnen kann, indem sich das Unbewußte mit eigener Rhetorik der Sprachfunktion bemächtigt und auf diese Weise in die gesprochene Rede und ihre rhetorische Struktur eindringt. Dies können wir auch in besonderer Weise in der Traumarbeit, im Umgang mit den sprachlichen Elementen, mit Phonemen, Phonemkombinationen, mit Worten und Sätzen nach Art eines Rebus-Rätsels im Traum verfolgen (vgl. Freud, 1900a, S. 284).

Aber nicht nur über die Struktur der Phoneme kann sich Unbewußtes in der Sprache eines Redenden und wie diese vernommen wird, durchsetzen, sondern auch in Gestalt einer spezifischen Strukturierung der übergeordneten Elemente des Gesagten, der Phonemkombination zu Worten, der Worte und wie diese verwendet und schließlich zu Sätzen kombiniert werden. Diese Bearbeitungen des gesprochenen Sprachtextes, der *parole*, im Gegensatz zur vorgegebenen, dem Sprecher als lexikalisch festgelegter sprachlicher Code zur Verfügung stehenden *langue*, (vgl. de Saussure, 1916) kann grundsätzlich in zwei Richtungen erfolgen. Die eine ist charakterisiert von einer Tendenz der Orientierung am Konkreten, an der formalen Verkettung der Elemente des Satzes und der Sätze, am Leitfaden der Abfolge und Verknüpfung der Gedanken. Die andere ist dagegen eher auf offenen, phantasiegeleiteten, spielerischen Umgang mit der Sprache und ihren Elementen gerichtet, auf offenen Austausch und Interaktion ähnlicher oder analoger Sprachelemente, auf freies assoziatives Spiel der Gedanken. Diese beiden Richtungen erweisen sich bei näherer Betrachtung als Grundprinzipien menschlichen Sprechens und Denkens, die zum erstenmal von Roman Jakobson (1956) erkannt und als *Zwei-Achsen-Theorie der Sprache* formuliert wurden, eine Theorie, die als konstitutiv für jede Sprachstruktur gelten kann.

Wenn wir sprechen, vollziehen wir zwei Handlungen: Wir wählen aus einem vorgegebenen Arsenal von linguistischen Einheiten aus (*Selektion*) und verbinden sie zu komplexeren Einheiten (*Kombination*). Zu jedem Satz, den wir sprechen, wählen wir aus einem Arsenal ähnlicher Begriffe, die aufgrund ihrer Ähnlichkeit miteinander *substituiert* werden können, ohne daß der Satz falsch oder sinnlos wird, aus und *kombinieren* diese Worte gemäß den syntaktischen Regeln mit anderen Worten, die miteinander einen sprachlichen *Kontext* bilden. Wir kombinieren dann mehrere Sätze/Gedanken miteinander entsprechend ihres inhaltlichen und logischen Zusammenhangs (*Kontiguität*) oder aber eher sprunghaft assoziativ, gemäß ihrer Ähnlichkeit (*Similarität*). Diese zwei Handlungen lassen sich demzufolge auf zwei Achsen anordnen. Die eine, wird von den Kriterien der Kombination, des Kontextes und der Kontiguität, die andere von Selektion, Substitution und Ähnlichkeit bestimmt.

Diese auf den beiden Sprachachsen angeordneten Funktionen stellen nicht nur fundamentale Prinzipien des Sprechens dar, sondern sie finden sich auch bei verschiedenartigen Hirnschädigungen als gegeneinander abgrenzbare Formen aphasischer Störungen wieder (man spricht von "Ähnlichkeitsstörungen" und "Kontiguitätsstörungen"), was auf eine zerebrale Funktionsteilung des Sprechaktes schließen läßt. Strukturell ähnliche Verhältnisse finden wir auch bei den formalen Denkstörungen Schizophrener. Hier erscheint die Kontiguitätsstörung im Gefolge von *attacks on linking*, von "Angriffen auf das Verknüpfen", wie Bion (z.B. 1962, S. 20 f) eine solche Form des destruktiven Umgangs mit dem Denken genannt hat, als Zerfall der Kontiguität der Sprache, als Zerfahrenheit des Denkens, während die Substitutionsstörung als Störung des offenen begrifflichen Austauschs sich in Gestalt eines ausgeprägten konkretistischen Denkens manifestiert, das an der Kontiguität förmlich kleben kann. Beide Störungen können natürlich auch miteinander kombiniert vorkommen, und meist ist dies bei den schizophrenen Denkstörungen in den unterschiedlichsten Mischungsformen auch der Fall. Ein Beispiel von Zerfahrenheit: "Ich bin der liebe Gott und rufe an aus Samarkand, um telefonisch und auch sonst Rücksprache zu nehmen, ob wir das Geld versilbern, vergolden oder vernickeln sollen, irgendwie müssen wir mit Geld auf einen grünen Zweig kommen ..."

Als Beispiel für psychotischen Konkretismus die Antwort auf die Frage nach dem Sinn des Sprichwortes *Der Apfel fällt nicht weit vom Stamm*: "Ja, da fällt der Apfel eben vom Baum runter, wo er gewachsen ist, zum Stamm, wo der Ast dran sitzt, da kann der ja nicht weit wegfallen, und wenn die lange liegen, faulen die, dann schmecken die nicht mehr, aber wenn sie frisch sind, dann doch, eßt Obst, und ihr bleibt gesund, heißt es ja ..."

Auch bei psychoneurotischen Störungen kann man spezifische habitualisierte Haltungen und einen entsprechenden Umgang mit der Sprache beobachten, die entweder der syntagmatischen oder der paradigmatischen Achse näher stehen. So ist die Zwangsstruktur mit ihrer Tendenz zur Pedanterie, ihrer Tendenz, "vom Hölzchen aufs Stöckchen zu kommen", der syntagmatischen Achsenfunktion wesentlich näher als die expansive, auf Darstellung und Analogien anspielende Tendenz der Hysterie (vgl. Rosolato, 1978).

Interessanterweise lassen sich die beiden in der Zwei-Achsen-Theorie formulierten organisierenden Prinzipien der Sprache noch in sehr viel weiterem Sinne als organisierendes, strukturelles Grundprinzip menschlicher Äußerung und des menschlichen Denkens überhaupt wiederfinden, so auch in der Kunst. So ist der klassische historische Roman - etwa Thomas Manns "Buddenbrooks" oder die Romane von Leo Tolstoi - in der Poesie auch die Form der Ballade nach dem Prinzip der Kontiguität aufgebaut, die die Struktur der Erzählung von Ereignis zu Ereignis, vom Ganzen auf Teile und von Teilen wieder aufs Ganze usw. bestimmt. Das ist im übrigen auch ein grundlegendes Prinzip der Erzählstruktur des

Films. Die Lyrik dagegen kann als die Domäne des Substitutionsprinzips gelten, bei der aus der Vielfalt möglicher lexikalisch zur Verfügung stehender ähnlicher, analoger und auch symbolisch stellvertretender Begriffe diejenigen ausgewählt und eingesetzt, aber auch, poetisch spielerisch ohne unbedingte Beachtung der Kontiguitätsdimension, ausgetauscht und ersetzt werden können, denen die größtmögliche Kraft des poetischen Ausdrucks zukommt (vgl. Holenstein, 1975, S. 142 f).

Dies führt aber auch zurück zur *Metonymie* und zur *Metapher*, zu den beiden grundlegenden Stilfiguren der Poetik, die bereits als grundlegende Figuren der Rhetorik angesprochen wurden und von denen wir gesehen hatten, daß es sich bei ihnen nicht um bloße Umschreibung, Ornament, Verhüllung oder gar um falsche Münze handele (obwohl sie auch dazu Verwendung finden können), sondern um konstitutive Elemente der menschlichen Sprache - deren allgegenwärtiges Prinzip überhaupt. Denn die Metonymie und die Metapher lassen sich unschwer jeweils einer der beiden Achsen der Sprachen zuordnen (Jakobson, 1956).

Eine *Metonymie* liegt vor, wenn ein Teilaspekt aus einer Beziehungsrelation, etwa Ursache - Wirkung, Teil - Ganzes, Enthaltendes - Enthaltenes, Autor - Werk, Raum - und Zeitzusammenhänge, als Ausdruck für das Ganze genommen wird (z.B. "Bonn spricht mit Moskau", "Ich lese Goethe", "dahinter steckt immer ein kluger Kopf"). Bei der *Metapher* dagegen wird die Bezeichnung eines Gegenstandes auf einen anderen Gegenstand übertragen, den mit dem ersten irgendeine Art Ähnlichkeit oder Analogie verbindet ("Er ist ein hohes Tier", "Hans kämpft wie ein Löwe"). Die Metonymie *verbindet* nach dem Prinzip von *Kontext* und *Kontiguität* einen Signifikanten mit einem anderen. Dagegen wird bei der Metapher nach dem Prinzip der *Substitution* und *Ähnlichkeit* ein Signifikant durch einen anderen *ersetzt* ("*Er*" durch "*hohes Tier*"), verbunden durch die doppelbödige Prädikation "*ist*", bei der im Falle metaphorischer Rede immer ein "*ist auch wiederum nicht*" mitgedacht ist, wodurch die metaphorische Aussage *'ihn'* mit einem Feld von Eigenschaften des "*hohen Tieres*" verbindet und damit *'seine'* herausragende Position näher charakterisieren soll. Dabei bleibt allerdings die Bedeutung von "*er*" erhalten. Beide Bedeutungsfelder, "*er*" und *"hohes Tier"*, geraten miteinander in Interaktion. Metaphorische Bedeutungserzeugung ist folglich nicht bloß Ersetzung, sondern eigentlich Interaktion, Austausch. Diese Interaktionstheorie der Metapher hat die noch aus der aristotelischen Zeit stammende Substitutionstherorie der Metapher, die sich auf ein nicht haltbares Verständnis von der Semantik der Worte im Sinne festgeschriebener, lexikalisch fixierter "eigentlicher" Wortbedeutungen stützte, ersetzt.

Diese metonymischen und metaphorischen Modi der Sprache finden sich auch, wie nicht anders zu erwarten, als strukturierende Modi seelischer Prozesse wieder, vor allem als Modi im Umgang *mit* Unbewußtem und als Modi *des* Unbewußten. So lassen sich die vor allem in der Untersuchung der Träume als spezifisch für unbewußte Vorgänge erkannten Prozesse der *Verschiebung* und *Verdichtung* (unbewußter Inhalte) als metonymisch und die *Identifizierung* (Gleichsetzung meiner selbst mit einem anderen und/oder Aspekten von ihm) und symbolischer Ersatz, die *Symbolbildung* überhaupt (auch, um ein Beispiel aus der klinischen Praxis zu nennen, die Entwicklung körperlich symbolischer Ausdruckssymptome der Konversion) als metaphorisch verstehen.

Allerdings hat das metaphorische Prinzip aufgrund seines spezifischen Charakters und seiner spezifischen Struktur eine ganz besondere Stellung und Bedeutung in der Sprache und, grundsätzlicher, in allen Bereichen menschlicher Äußerung und Verständigung. Denn aufgrund der der Metapher inhärenten Eigenschaft, eine in ihrer Bezeichnungsfunktion unzulänglich gewordenen Bezeichnung, dadurch zulänglicher zu machen, daß durch metaphorischen "Ersatz" und metaphorische Interaktion ein Gegenstand "besser", d.h. umfassender bezeichnet wird, vermag die metaphorische Funktion die konnotativen Bedeutungsfelder der Bezeichnung, die Bedeutung des Wortes zu verändern und zu erweitern. Durch eine solche Bedeutungserweiterung über die Möglichkeit, das Unvertraute mit Hilfe des Vertrauten zu sagen, können auch gegebene Bezeichnungen zur metaphorischen Bezeichnung für Gegenstände und Begriffe dienen, für die es bisher noch keine Bezeichnung gibt, zum Beispiel die metaphorische Wortneuschöpfung *Motorhaube* für die Motorabdeckung beim Auto, oder *Menu* für angebotene Funktionsprogramme im Computer. Insofern ist die metaphorische Funktion von fundamentaler Bedeutung nicht nur für die Bedeutungserweiterung einzelner Worte, sondern des Wortschatzes und der Sprache überhaupt, und insofern ist die Metapher tatsächlich das allgegenwärtige Prinzip der Sprache (vgl. Richards, 1936). Als organisierende Struktur ist sie aber auch im psychoanalytischen Prozeß bestimmend, bei dem in das aktuelle Beziehungsfeld der psychoanalytischen Situation "alte" Bedeutung des Patienten metaphorisch "über-tragen" wird (griechisch: "*meta-phora*"), was durch die spezifischen Bedingungen des psychoanalytischen Prozesses zur Interaktion gebracht und schließlich zur Generierung von "neuer Bedeutung" führen kann (vgl. Haesler 1987, 1991 und die dort gegebene ausführliche Darstellung und aufgeführte Literatur).

Letztlich ist alle Sprache aus solcher Art metaphorischer Bedeutungserzeugung und Bedeutungserweiterung hervorgegangen. Der Ursprung der metaphorischen Bedeutungserzeugung in der Entwicklung einer Sprache liegt in körperbezogenen Vorstellungen. Diese werden auch immer wieder im Zuge der Erweiterung des Wortschatzes zur metaphorischen Bedeutungserzeugung herangezogen: "Das Ich ist zunächst ein körperliches", hat Freud (1923b, S. 253) in seiner Arbeit "Das Ich und das Es" gesagt; und dem ist sinngemäß hinzufügen: *Auch die Sprache ist zuerst eine Körperliche*, sie ist in Körperhaftem, in den Wahrnehmungen, Vorstellungen, Gefühlen und Funktionen körperbezogenen sinnlichen Wahrnehmens, des Greifens und des Machens begründet. In diesem Sinne konnte Nietzsche sagen, daß die "Illusion der künstlerischen Übertragung eines Nervenreizes in Bilder, wenn nicht die Mutter, so doch die Großmutter eines jeden Begriffs ist (1873, S. 315). Selbst die so abstrakten Begriffe der Physik wie auch die abstrahierenden Begriffe fast jeder Wissenschaft, vor allem aber auch die der Psychoanalyse, sind letztlich metaphorischen Ursprungs und als *metaphorische Symbole* überwiegend von den körperlichen Vorgängen des Greifens, Sehens und Machens abgeleitet, wie etwa *Kraft*, *Energie*, etwa auch Strom-*Stärke* usw. "Problem" heißt zum Beispiel "etwas vor die Füße bekommen", "Phantasie" ursprünglich "visuelles Bild", wobei erst später, in der aristotelischen Philosophie, *Phantasie* zur *Vorstellung* wurde, wobei auch *Vor-Stellung* metaphorisch ist; ja, sogar die Bezeichnung *meta-phora* selbst, *über-tragen*, ist metaphorischer Natur.

Da die Metapher eine derart zentrale, unverzichtbare Stellung und Funktion in der Sprache (und im Denken) hat, ist es auch nicht möglich, die Sprache gleichsam von Metaphern zu reinigen, eine "reine" Sprache zu schaffen, die die Wirklichkeit unabhängig von der uns als Menschen gegebenen Möglichkeit der spezifischen bildhaften Art ihrer sprachlichen und begrifflichen Erfassung repräsentieren könnte. Dies läßt sich besonders schön an einem kurzen Text von Karl Valentin zeigen, den Kurz (1982, S. 12) zur Erhellung dieses Problems vorgestellt hat:

"... ich hab nämlich früher ... in der Sendlinger Straße gewohnt, nicht in der Sendlinger Straße, das wäre ja lächerbar, in der Sendlinger Straße könnte man ja gar nicht wohnen, weil immer die Straßenbahn durchfährt, in den Häusern hab ich gewohnt in der Sendlinger Straße. Nicht in allen Häusern, in einem davon, in dem, was zwischen den anderen so drin steckt. Und da wohn ich, aber nicht im ganzen Haus, sondern nur im ersten Stock, der ist unterm zweiten Stock und ober dem Parterre, so zwischen drin, und da geht in den zweiten Stock eine Stiege nauf, die geht schon wieder runter auch, die Stiege geht nicht nauf, wir gehen die Stiege nauf, man sagt halt so."

Eine wichtige Abgrenzung der Metapher ist gegenüber dem *Symbol* und der *Allegorie* zu treffen. Die Metapher bezeichnet den spezifischen Prozeß der Ausdehnung und Erweiterung der Referenz des Wortes durch Überschreitung des bloßen Vergleiches (das eine ist *wie* das andere), indem sie in spezifischer metaphorischer Prädikation von "ist" und "ist nicht" sagt: Das eine *ist* das andere, im Sinne der metaphorischen Interaktion, die beide Bedeutungen miteinander verbindet: Das eine *und* das andere. Dagegen stützt sich das Symbol auf eine umrissene, von der Sprache als festgeschrieben und fixiert anerkannte oder auch im Falle der "psychoanalytischen" Symbole unbewußt "gewußte" Bedeutung, die sich, anders als die Metapher, bei Gebrauch des Symbols nicht verändert, als Bezeichnung *für* etwas anderes: Das eine *für* das andere. Schließlich formuliert die Allegorie, eine allegorische Darstellung, einen ursprünglichen "eigentlichen" Sachverhalt *vermittels* eines anderen, der den "eigentlichen" Sachverhalt allegorisch darstellt: Das eine *durch* das andere. Es ergeben sich bei der Allegorie auf diese Weise zwei unabhängig voneinander bleibende Bedeutungen, die in einem allegorischen Verhältnis zueinander stehen, das es von dem, zu dem allegorisch geredet wird, zu übersetzen, auszulegen gilt (*Allegorese*). Die *Übertragung* des psychoanalytischen Prozesses zum Beispiel ist somit keine allegorische (die Vergangenheit durch die und in der Gegenwart), sondern eine metaphorische (Vergangenheit und Gegenwart in ihrer interaktiven Bezogenheit aufeinander, vgl. Haesler, 1991).

Die Erzeugung und Vermittlung von neuer Bedeutung vermittels des metaphorischen Modus kann selbstverständlich nur in einem *Kontext* erfolgen. Erst der Kontext entscheidet darüber, wie weit eine Aussage etwa als direkte Rede, oder aber ob sie metaphorisch zu verstehen ist. "Der Baum steht schwarz und schweiget" dürfte in einem entsprechenden Märchenkontext wörtlich zu verstehen sein, in der poetischen Verwendung von Matthias Claudius und in allgemeinsprachlicher Verwendung sicher aber metaphorisch. Und wenn man "Er hat einen Vogel" sagt, kann erst der Kontext darüber Aufschluß geben, ob gemeint ist, daß er einen Wellensittich hat oder daß er spinnt (wobei spinnen wiederum eine Metapher ist). Und wenn man "Hans ist ein ehrlicher Makler" sagt, kann erst der Kontext darüber Auskunft geben, ob dieser Satz wörtlich gemeint ist (wenn er etwa ein ehrlicher Immobilienhändler ist) oder metaphorisch oder aber, wenn er als Immobilienhändler auch in einem metaphorischen Sinne also ein Makler auftritt, in beiderlei Sinn. In einem solchen Fall spricht mann auch von *Syllepse*. Die metaphorische Bedeutung bedarf daher wie jede Bedeutung innerhalb der *parole* einer Begründung und Absicherung durch einen Kontext, innerhalb derer sie erscheint. Und dies gilt für das einzelne Wort ebenso wie für die metaphorische Aussage ganzer Sätze, für die Bestimmung von Eindeutigkeit und Mehrdeutigkeit, für das Verstehen von Anspielungen und "Zweideutigkeiten". Das Wort *geladen* zum Beispiel hat mehrere Bedeutungen, zum Beispiel ein Gewehr oder eine Kanone laden, ein Schiff laden, vor Gericht laden, zu einem Empfang oder zum Festessen geladen sein usw. Nur aus dem jeweiligen Kontext ist zu entscheiden, welche der bekannten Bedeutungen in der Rede gemeint ist oder gar, ob eine neue, metaphorisch erweiterte Bedeutung ins Spiel gebracht wird. Die Technik einer Form des Witzes arbeitet mit dieser Möglichkeit, wenn sie bewußt die Mehrdeutigkeit ins Spiel bringt: Aktenvermerk in der Gerichtsakte über eine Angeklagte, die gerade ihr Kind zur Welt gebracht hat: "Die Angeklagte hat entbunden, sie kann erneut geladen werden."

Die Bestimmung durch den Kontext gilt in besonderer Weise auch für die ironische Rede: "Ich freue mich, daß du sie magst" kann als direkte Rede besagen, daß der Sprecher sich in der Tat freut, daß man sie mag. Im Kontext einer vorher von ihm formulierten Kritik, daß sie ein unmöglicher Mensch sei oder unmögliche Positionen vertrete, kann die Bemerkung "Ich freue mich, daß du sie magst" aber nur als eine *Ironie* aufgefaßt werden. Das heißt, bei der ironischen Rede gehen Sagen und Meinen auseinander, und das Sagen meint etwas Entgegengesetztes zu dem, was es direkt sagt. Und nur der Kontext vermag dies so ausreichend eindeutig zu machen, daß man die als ironisch intendierte Rede auch versteht. Unterschiedliche Sprachen und Sprachkulturen haben ein unterschiedliches Maß an Flexibilität und Möglichkeit des spielerischen Umgangs mit der Aussage, der ironischen Brechung, der Spielformen des Ironischen, etwa das Englische weitaus mehr als das Deutsche und dies wiederum anders als das Französische. Und weil es darüber hinaus unmöglich ist, aus einer Sprache die ganze Breite der Konnotation der Worte - deren spezifische, an die jeweilige Sprache und ihre Möglichkeiten gebundenen kontextuellen Formationen, die spezifische Art der sprachlichen Distanz zum sprachlich formulierten Gegenstand und vieles mehr - in einer anderen Sprache in gleichem Sinne zu formulieren, ist das *Übersetzen* von Texten so schwierig, das Übersetzen literarischer Texte oftmals nahezu unmöglich, weil das Übersetzen zwangsläufig mit einem semantischen Verlust verbunden ist.

In diesem Zusammenhang sei deshalb noch einmal an Humboldts Babylon-Pfingstwunder-Vergleich erinnert: Sprachbarrieren lassen sich nicht anders überwinden, als daß man die Sprache der anderen lernt, wie die anderen mit ihr die Welt repräsentieren und durch diese die Welt sehen, ihr Sehen sprachlich repräsentieren, organisieren und denken und dies schließlich auch in ihrer Rede vermitteln. Aber dics gilt nicht nur für Fremdsprachen. Im Grunde entwickelt jeder Mensch aus der ihm verfügbaren *langue* seine ihm eigene Art der *parole*, die von den vielartigen Determinanten seiner Lebensgeschichte, von den bewußten und unbewußten Bedingungen der Entwicklung seiner Persönlichkeit geformt und geprägt wird, wie auch umgekehrt die Struktur der Sprache formend und prägend wirkt. Deshalb kann die Art der Rede eines Menschen und wie dieser das Miteinander-Sprechen gestaltet sehr viel über ihn erzählen. Nicht zuletzt aus diesem Grunde hat die Psychoanalyse ein eminentes Interesse an der Sprache, an ihren Strukturen und Elementen und daran, wie diese in die Dynamik seelischer Prozesse eingehen, diese gestalten und strukturieren und im menschlichen Erleben als Elemente zwischenmenschlicher Verständigung wirksam werden.

9. Inhalte zwischenmenschlicher Verständigung

Wenn wir von "Inhalten" zwischenmenschlicher Verständigung sprechen, dann bewegen wir uns bereits im Bereich von Metaphorik, einer räumlichen Metaphorik, im Bild von *Gefäß* und *Inhalt*, mit Hilfe dessen gefaßt werden soll, wie das vor sich geht, daß "Inhalte" zwischenmenschlicher Verständigung - Wahrnehmungen, Gedanken, Phantasien, Träume, Tagträume, Vorstellungen und deren Verknüpfung -, Inhalte des Denkens und das Denken gefaßt, "aufbewahrt" und vermittelt werden können, wie wir uns den *Ort* vorzustellen haben, wo und wie das stattfindet. Wir befinden uns hier im Bereich grundsätzlicher Fragestellungen um Denken, Wahrnehmen, Erkenntnis, Bewußtsein und Seele, die wir gleichsam von zwei Seiten her angehen können: "von unten" her, *induktiv*, von der neurobiologischen, neuropsychologischen Seite her, die mit empirischer Forschung in den letzten Jahrzehnten enorme Erkenntnisfortschritte gebracht hat, und von der anderen Seite, "von oben" her, *deduktiv*, mit Hilfe von Modellen, Konstrukten und theoretischen Konzepten, wie etwa denen der Philosophie, der Psychologie und der Psychoanalyse und ihren Modellen, mit Hilfe derer wir uns die Komplexität menschlichen seelischen Lebens und seiner inneren Funktionszusammenhänge anschaulich und logisch begreiflich zu machen suchen. Beide Wege führen zu unterschiedlichen, in sich stimmigen Beschreibungssystemen, die *komplementäre* Möglichkeiten des Zugangs zu den beobachteten und erlebbaren Phänomenen liefern, eine Komplementarität der Beschreibung, wie sie uns etwa auch in der Physik mit der Beschreibung des Lichts in der korpuskulären Theorie der Quantenmechanik und der elektromagnetischen Wellentheorie inzwischen selbstverständlich geworden ist. Wenn wir also von "Inhalten" zwischenmenschlicher Verständigung sprechen, von "Orten", "Räumen" und "Feldern", in denen diese Inhalte gleichsam zu "lokalisieren" seien, dann bedienen wir uns der Modelle und der von diesen abgeleiteten Metaphern zur Beschreibung und Erfassung von Phänomenen über einen (deduktiven) Zugang "von oben".

Der eigentliche Ort der Inhalte ist das *Bewußtsein*, ein Begriff, der zum erstenmal von Christian Wolff in seinem aus dem Jahre 1720 stammenden Buch "Vernünftige Gedanken von Gott, der Welt und der Seele des Menschen, auch allen Dingen überhaupt" verwendet wurde (vgl. Pongratz, 1967, S. 85 ff). Bewußtsein bezeichnet das eigentliche Wissen um das eigene seelische Sein und seine augenblicklichen Befindlichkeiten. Von daher ist es ein *Begleit*-Wissen (lat. *conscientia*), d.h., der Bewußtseinsbegriff umreißt die Tatsache, daß der Mensch nicht nur existiert, sondern diese Existenz auch erlebt und damit zugleich auch sich als ein Wesen versteht, das sich selbst erlebt, ein bewußtes Wissen um sich selbst. Dieses setzt eine "Dreiheit" im Sinne der universalen Kategorien Hegels (1807, S. 178 f) voraus: *Ich*, *Mich-Selbst* und *die Welt*, mit der dieses Ich intentional in Beziehung steht, eine *trianguläre Struktur*, die sich als Struktur im Feld der ödipalen Konstellation manifestiert und ohne die bewußtes Erleben, Reflexion, Symbolisierung und Denken nicht möglich wären. Das *reflexive Bewußtsein* richtet sich auf die seelischen Vorgänge und Zustände (*Akt-Bewußtsein*), aber auch auf die Tatsache, daß diese seelischen Vorgänge und Zustände auf die Objekte hin gerichtet sind (*Objekt-Bewußtsein*), vor allem aber auch auf das eigene *Ich-Selbst* als dem Träger des Erlebens der seelischen Vorgänge, der "Inhalte" (*Subjekt-Bewußtsein*, *Ich-Bewußtsein* oder *Selbst-Bewußtsein*).

Die Entwicklung des Bewußtseinsbegriffs ist außerordentlich komplex und derart vielschichtig, daß hier die philosophiegeschichtliche und psychologiegeschichtliche Dimension nicht im einzelnen nachgezeichnet werden kann (vgl. die umfassende Darstellung dieser Thematik in Pongratz, a.a.O., auf die ich mich hier im wesentlichen stütze). Hinsichtlich des Versuchs, den Bewußtseinsbegriff in plausiblen Modellen zu konzeptualisieren, haben sich grundsätzlich zwei verschiedene Ansätze herausgebildet, zum einen die *Feldtheorie* des Bewußtseins, zum anderen die *Raumtheorie* des Bewußtseins, wobei zu jeder dieser Modellvorstellungen unterschiedliche, jeweils eher statische und eher dynamische Konzepte entwickelt worden sind. Darüber hinaus wurden im Zuge der stürmischen Entwicklung der Kognitionswissenschaften der letzten Jahrzehnten unterschiedliche Modelle entwickelt, die das Bewußtsein und seine dynamischen "Inhalte" systemtheoretisch, im Sinne von Informationsverarbeitungsmodellen zu fassen suchten (vgl. z.B. Hussy, 1993). In der *Feldtheorie* des Bewußtseins, besser gesagt, im Feldmodell, erscheint das Bewußtsein als eine Art Kontinuum von unterschiedlichen Ausprägungsgraden der Bewußtheit. Die Pole, zwischen denen die kontinuierliche Skala spielt, werden von verschiedenen theoretischen Ansätzen her unterschiedlich benannt, etwa bei Leibnitz *Perzeption* und *Apperzeption*, bei dem Begründer der modernen Psychologie, Wundt, *Blickfeld* und *Blickpunkt*. Diesen Auffassungen des Bewußtseins ist die Vorstellung gemeinsam, daß das Bewußtsein eine Art in sich gegliedertes, und zwar mehr oder weniger dynamisch gegliedertes Feld sei. Dabei haben die Vorgänge und Zustände des Bewußtseins keinen festen Ort innerhalb der kontinuierlichen Skala. Was weniger bewußt war, kann stärker ins Bewußtsein dringen und umgekehrt. Dabei ist der "Ort" des Bewußtseinsgegenstandes, der Bewußtseinsinhalte im Bewußtseinsfeld wie auch der Bewußtseins-"Tonus" (der unterschiedliche Grad der Aufmerksamkeit, des Zusammenhanges der einzelnen Bewußtseinsinhalte usw.) nicht festgelegt, sondern von vielfältigen Faktoren subjektiver Art (Wünsche und Strebungen, Aufmerksamkeit, Bedeutsamkeit der Inhalte) und auch von objektiven Faktoren abhängig, die eine hierarchische Gliederung aufweisen und die ihrerseits die Bewußtseinsstrukturen hierarchisch gliedern. In diesen Zusammenhang gehören auch Versuche, Modelle hierarchisch gegliederter funktionaler neuronaler Netzwerke und die erkennbare funktionale hierarchische Gliederung von neuroanatomischen Strukturen des Gehirns, etwa die Rechts-Linkshirnigkeit, mit dem Bewußtsein und seinen komplexen Funktionen im Sinne einer Feldtheorie des Bewußtseins in Verbindung zu bringen (vgl. z.B. Olds, 1992, S. 419 ff).

Dagegen versteht die *Raumtheorie* des Bewußtseins das Bewußtsein als eine Art Raum, etwa als Arena oder Bühne, auf der die Bewußtseinsinhalte, die Wahrnehmungen, die Bilder und "Abbilder" der äußeren Welt erscheinen (etwa "Phantasie" i. S. einer Metapher als *Vor-Stellung* in einem Raummodell des Bewußtseins). Wo es in der Raumtheorie des Bewußtseins eine Bühne gibt, auf der die Inhalte erscheinen, muß es auch konsequenterweise einen Raum "unter" oder "hinter" der Bühne geben, in dem Inhalte verschwinden und wieder auf der Bühne erscheinen können - aus dem Raum des Bewußtseins in den Raum des Nicht-Bewußtseins, in den Raum des Unbewußten und umgekehrt. Freud hat in dieser Tradition der raumtheoretischen Vorstellung des Bewußtseins seine erste topische Theorie der Gliederung des Seelischen entwickelt, wobei er in dieser Theorie ein Drei-Räume-Modell im Auge hatte, das *Bewußte* auf der einen, das *Unbewußte* auf der anderen und dazwischen das *Vorbewußte* als einem Zwischenraum mit einer doppelten Zensur, die über den Zutritt aus dem Unbewußten (System Ubw) ins Vorbewußte (System Vbw) und aus dem Vorbewußten ins Bewußtsein (System Bw) wacht. Es handelt sich folglich um eine Art Wächtermodell, das das dreigliedrige System als ein dynamisches System begreift. Selbstverständlich haben wir uns immer wieder daran zu erinnern, daß es sich hier um Modellvorstellungen, um wissenschaftliche Modelle handelt, deren Geltung mehr oder weniger begrenzt ist und allein von deren heuristischen Wert bestimmt wird. Modelle und Metaphern, in der Wissenschaft unentbehrlich, ja unverzichtbar, laufen immer wieder Gefahr, in fälschlicher Weise verdinglicht zu werden, was jegliches Denken in Modellvorstellungen ad absurdum führen muß. Dies kann nur zu "toten" wissenschaftlichen Metaphern führen, deren Potenz zur Generierung origineller neuer Erkenntnismöglichkeiten und zu neuer Bedeutung erlischt. Solche Tendenzen zur falschen Verdinglichung finden sich bedauerlicherweise in allen Wissenschaften und dementsprechend auch in der Psychoanalyse, deren Theorieentwicklung oftmals erheblich darunter gelitten hat (vgl. z.B. Carveth, 1984, Spence, 1987). Aber auch manche Psychoanalysekritik, mancher Versuch, die Psychoanalyse als "unwissenschaftlich" zu denunzieren, leidet an einem solchen nicht reflektierten, nicht begriffenen reifizierenden Mißverstehen psychoanalytischer Begriffe und Konzepte, wie etwa, wenn man, wie dies bereits im ersten Kapitel angesprochen wurde, die dem psychoanalytischen Strukturmodell zugehörigen Begriffe *Ich*, *Über-Ich* und *Es* als konkrete, reifizierbare anatomische Bereiche des Gehirns oder als im Gehirn lokalisierbare Funktionen *dingfest* zu machen sucht und, wenn dies nicht gelingen will, meint, diese Begriffe und dann gleich die ganze Wissenschaft als "falsch, weil nicht beweisbar" verwerfen zu müssen.

Bewußtsein ist immer Bewußtsein von etwas. Es gibt kein leeres Bewußtseinsgefäß, das erst mit Inhalten zu füllen wäre, ganz ähnlich, wie dies auch für das Form-Inhalt-Problem im Bereich des Ästhetischen gilt - der Inhalt und die Form, in der dieser sich formal gliedert, ist zugleich das Bewußtsein. Dieses ist immer bezogen auf etwas, auf die Welt, auf das Objekt, auf das Subjektive, das gleichsam Gegenstand des Bewußtseins wird. Dementsprechend hat Bewußtsein immer *Intentionalität* auf etwas anderes, auf den anderen, oder auf sich selbst, als anderer oder anderes, letzteres dann in dem Sinne, daß das Bewußtseins-Ich sich selbst zum Gegenstand des Bewußtseins nimmt. Und insofern Bewußtsein von einem auf den anderen, auf das andere gerichtet ist, hat es immer auch *Perspektivität*. Intentionalität, und hierher gehört aus psychoanalytischer Perspektive insbesondere auch der psychoanalytische Triebbegriff, und Perspektivität bestimmen das Erfahren und das Bewußtsein von der Welt, des anderen, des Objektes, wie umgekehrt auch die Welt, das andere, das Objekt auf das Bewußtsein, auf die Art der Intentionalität und Perspektive Einfluß haben - ein Gedanke, der bereits im Zusammenhang mit der Diskussion über die Beteiligten an der zwischenmenschlichen Verständigung, über den Subjekt- und Objektbegriff sowie über die Intersubjektivität aufgenommen wurde. Bewußtsein heißt aber zugleich immer auch, daß es etwas gibt, etwas geben muß, das in allen geistigen, seelischen Akten sich selbst erfahrender, wissender, erfahren und wissen wollender Bezug ist, ein Bezugspunkt des Sich-seiner-selbst- Bewußt-Seins, i. S. eines Ich-Selbst. Und insofern hat Bewußtsein immer auch *Reflexivität* im Sinne der vertrauten triangulären Struktur: Ich, der Ich mich selbst in der Beziehung zur Welt wahrnehme und denke (vgl. Kap.4).

Wenn man das Ich-Selbst und das Bewußtsein, das dieses habe, in diesem Sinne versteht, erhebt sich zwangsläufig die Frage, wie weit dieses erfahrende, wissende, reflexive, d.h. sich selbst bedenkende und denkende Ich-Selbst in einem quantitativen Sinne mit dem Bewußtsein identisch ist, inwieweit Bewußtsein mehr umfaßt als nur dieses reflexive Ich-Selbst, inwieweit das Ich-Selbst mehr umfaßt als nur das zu sein, was das Bewußtsein, das Bewußte einschließt. Pongratz (a.a.O., S. 136 f) hat in diesem Sinne die Vieldeutigkeit des Bewußtseinsbegriffs nach einem solchen quantitativen Ordnungsprinzip gegliedert.

Die Position, daß das Ich-Selbst und das Bewußtsein identisch seien, wurde von Descartes mit der berühmten Formel *cogito ergo sum* explizit formuliert. Sie führte in einem erweiternden Schritt zu dem Satz *sum res cogitans*, "Ich bin eine denkende Substanz", die die Welt, den anderen gleichsam objektivierend sieht und denkt, dabei allerdings nicht die Bezogenheit dieses Denkens auf seinen Gegenstand und die Beeinflussung dieses Denkens durch diese Bezogenheit auf seinen Gegenstand bedenkt. Eine wichtige weitere Differenzierung dieser Gleichsetzung des Ich-Selbst mit dem Bewußtsein erfolgte in der zweiten Hälfte des vorigen Jahrhunderts durch Franz Brentano, der, wie wir wissen, einen bedeutenden Einfluß auf den jungen Sigmund Freud hatte. Brentano verband das Ich-Selbst mit den Intentionen, den Akten des Bewußtseins, gegliedert in drei Grundklassen (Vorstellungen, Urteilen, Gemütstätigkeiten), mit dem Denken, Vorstellen, Wünschen, Lieben, Hassen usw. Eine wichtige theoretische Entwicklungslinie führt von der Descartschen dualistischen Auffassung von Ich-Selbst, Bewußtsein und Denken im Gegensatz zur konkreten, körperlichen Welt, - ein Dualismus, der die wissenschaftliche Naturbetrachtung der Neuzeit begründete - von der Fokussierung psychischer Akte zur Dimension des wissenschaftlichen, *beobachtbaren* Verhaltens, hin zur Position des Behaviourismus, die am Ende die Bewußtseinsdimension, weil bloß subjektiv und nicht objektivierbar zu beobachten, gänzlich aufließ und nur noch die Beobachtung von Verhaltensabläufen gelten ließ.

Die Vorstellung, daß das Bewußtsein mehr umfasse, als nur denkendes, reflexives Ich-Selbst zu sein, verlangt einen eher eingeengten Ich-Begriff und einen Bewußtseinsbegriff, der das Bewußtsein gleichsam als hierarchisch geschichtet hin zum weniger Bewußten und Unbewußten versteht und in einem solchen Begriff Inhalte mit einbezieht, die nicht an das Ich gebunden sind, wie dies etwa auch in der Psychologie C. G. Jungs formuliert wird. Demgegenüber liegt der Vorstellung, daß das Ich-Selbst mehr sei, als bloß Bewußtsein zu sein, eine Vorstellung vom *Ich-Selbst* zugrunde, die dieses als umfassendere, die Gesamtpersönlichkeit meinende Struktur versteht. Dementsprechend muß es Bereiche des Ich-Selbst geben, die bewußt sind, aber auch solche, die dies nicht sind. Hierher gehört auch Sigmund Freuds Verständnis vom Ich, nach der das Ich, gemäß seiner Gliederung nach dem topischen Modell in einen bewußten und einen unbewußten Bereich sowohl bewußte Anteile als auch unbewußte Anteile enthält, wobei die unbewußten Anteile des Ich weitgehend mit dem Vorbewußten des ersten topischen Modells zusammenfallen. Dieses gegliederte Ich differenziert sich erst allmählich im Prozeß der individuellen Entwicklung zu seiner endgültigen dynamischen Gestalt heraus. Der Kerngedanke dieser Vorstellung vom Ich-Selbst ist, daß das, was wir bewußt erleben und denken, nicht alles ist, was unser Ich-Selbst ausmacht: daß es eine innere Wirklichkeit gibt, die auf unser bewußtes Ich-Selbst-Erleben auf vielfältige Weise Einfluß nimmt und dieses mitgestaltet, so daß das, was wir bewußt erleben und denken und als zu uns zugehörig verstehen, immer nur Teil der gesamten "inneren" Wirklichkeit sein kann.

Der äußeren Wirklichkeit steht demzufolge eine innere psychische Wirklichkeit gegenüber, die mehrfach geschichtet, dynamisch miteinander verbunden und vom Dynamisch-Unbewußten bestimmt ist, von dem Freud sagte, daß es das "eigentlich reale Psychische" sei, das "uns nach seiner inneren Natur so unbekannt wie das Reale der Außenwelt und uns durch die Daten des Bewußtseins ebenso unvollständig gegeben [ist,] wie die Außenwelt durch die Angaben unserer Sinnesorgane" (1900, S. 617) - eine bemerkenswert hellsichtige, heute, im Grunde genommen nicht minder gültige Aussage. Im ähnlichem Sinne meinte schon Charles Baudelaire in seinen "Les Paradies Arteficiels" (1858): "Der gesunde Verstand sagt uns, daß die Dinge der Erde nur sehr wenig Realität besitzen und daß es wahre Wirklichkeit einzig in den Träumen gibt" (S. 7).

Die innere, psychische Realität ist also eine zusammengesetzte, durch Einflüsse vom Innersten, Unbewußten und seiner nach Abfuhr drängenden, sich der unbewußten und vorbewußten Phantasien bedienenden Wunschregungen und deren Bearbeitung durch die vorbewußten und bewußten Aktivitäten des Ich ebenso zustande gekommen wie durch Einflüsse von der Außenwelt und ihren Forderungen an das Ich. Diese Zusammengesetztheit hat Jakob Arlow (1969a, b, 1985) in einem Modell anschaulich zu machen versucht: Die psychische Realität, die mehr umfaßt als bloß das Bewußtsein, ist wie eine Leinwand, auf die von beiden Seiten wie von zwei Filmprojektoren projiziert wird - von der einen Seite, vom Unbewußten und seinen Inhalten, und von der anderen Seite, von der äußeren Realität her. So wird die jeweilig bestimmende psychische Realität zu einem Mischbild, zu einer Art Amalgam von inneren und äußeren Abläufen. Gegen dieses Modell läßt sich manches einwenden, zum Beispiel, daß es recht statisch ist und damit die wechselseitige Beeinflussung der psychischen Wahrnehmung, den Einfluß der inneren Vorgänge auf die Wahrnehmung der Außenwelt und den Einfluß der Wahrnehmung der äußeren Wirklichkeit auf die Wahrnehmung der inneren Vorgänge nicht ausreichend berücksichtigt. Und in der Tat haben uns die Ergebnisse der Neurophysiologie und Neuropsychologie deutlich gemacht, daß dem Gehirn über die Sinnesorgane nicht nur ein sehr eingeschränkter Bereich der äußeren Welt zugänglich ist, sondern auch, daß die Sinnesinformationen aus diesem Ausschnitt von Welt wiederum nur selektiv, nach spezifischen Interessen der Selbsterhaltung, des Überlebens, der Fortpflanzung usw. verarbeitet werden und diese dann ihrerseits die Art und Weise beeinflussen, wie und was wir mit welcher Signifikanz von der äußeren Wirklichkeit wahrnehmen.

Das heißt, nicht alle Informationen des den Sinnesorganen zugänglichen und von ihnen erfaßbaren Ausschnitts von Welt erreichen in gleicher Weise das zentrale Organ der Informationsverarbeitung, das Gehirn, und erlangen damit überhaupt eine psychische Qualität. Somit ist schon auf der untersten Ebene der Informationsaufnahme Wahrnehmen ein selektiver und das heißt in letzter Konsequenz, nach spezifischen Kriterien der Relevanz, ein *deutender* Vorgang, der wesentlich auch von den Interessen der Innenwelt, so gesprochen auch von der psychischen Realität, beeinflußt wird. Und umgekehrt hat naturgemäß auch die äußere Realität, wie diese in der inneren Welt "abgebildet" und "umgebildet" wird, ihren Einfluß auf die Art und Weise, wie wir die innere Welt mit ihren vielschichtigen Determinanten wahrnehmen. In einer Situation ängstlich gespannter Erwartung (von innen her) nehmen wir die äußere Wirklichkeit gänzlich anders wahr als in einer Situation ruhiger Entspanntheit. Und umgekehrt erhalten Verlangen und Wünsche, Konflikt und Schmerz darum einen völlig anderen Stellenwert in einer Situation äußerer realer Bedrohung als in einer Situation, die distanzierendes, fühlendes Wahrnehmen, Reflektieren und Durchdenken erlaubt.

Es ist das Ziel jeglicher zwischenmenschlicher Verständigung, zu einem Konsens über diese "Inhalte" und deren Zustandekommen, über diese komplexe innere und äußere Selbstsicht und Weltsicht zu gelangen, wie diese aus äußeren und inneren dynamischen Momenten hervorgeht und wie diese sich im zwischenmenschlichen Dialog realisiert und vermittelt, so daß auf diese Weise vermittels des gemeinsamen Diskurses die subjektiv erlebte Realität zu einer gemeinsam geteilten, miteinander teilbaren intersubjektiven Realität werden kann. Der herrschaftsfreie deutende Diskurs im psychoanalytischen Prozeß ist, wie wir bereits erkannt haben, in besonderer Weise geeignet, dieses Ziel zu realisieren, indem der inneren Welt Entstammendes nicht Gewußtes und dessen das Bewußtsein und die Erkenntnismöglichkeiten gegenüber der inneren und äußeren Welt einschränkender Einfluß mit Hilfe der besonderen Bedingungen und Möglichkeiten der psychoanalytischen Verständigung erschlossen und damit der Bereich kritisch reflexiven Bewußtseins erweitert werden kann: "*Wo Es war, soll Ich werden*", sagt Freud (1933a, S. 86) programmatisch in diesem Sinne. Etwas erweitert formuliert läßt sich sagen: Wo nicht Gewußtes, nicht Sagbares, Einschränkung der Möglichkeiten, sich selbst und die Welt kritisch zu sehen sowie triebhafte Abfuhr in Symptomen herrschten, soll ein Zuwachs an Möglichkeiten der Differenzierung und Strukturierung, soll eine Erweiterung der Sprachmöglichkeiten, soll sprachliche Verständigung treten und mit ihr ein Mehr an intersubjektiver Bedeutung und Sinn. Dies kann Möglichkeiten der Überwindung jener Verzweiflung an der Tragfähigkeit menschlicher Sprache eröffnen, wie sie Franz Kafka so treffend formuliert hat: "Das, was man ist, kann man nicht ausdrücken, denn dieses ist man eben; mitteilen kann man nur, was man nicht ist, also die Lüge. Erst im Chor mag eine gewisse Wahrheit liegen" (1953/1989, S. 249).

Was man bloß eben "*ist*" und deshalb nicht sagen kann, kann man auch nicht im Sagen an einen anderen reflektieren. "Worüber man nicht sprechen kann, darüber muß man schweigen" (Wittgenstein, 1921, S. 115). Aber Kafka sagt auch, "erst im Chor mag eine gewisse Wahrheit liegen", im *Chor*, das heißt in der Dimension des Gemeinsamen, in der Begegnung, in der Austausch und Zusammenklang mit anderen möglich werden kann.

Indem der psychoanalytische, der deutende Diskurs zu größerer Breite des Erlebens, des Wahrnehmens und Fühlens, zu größerer Kohärenz des Sichausdrükkens und des Verstehens führt und damit das Bewußtsein seiner selbst und von der Welt gleichsam "erweitert", damit auch eine Erweiterung der intersubjektiven Verständigung und neue intersubjektive Bedeutungen möglich macht, wird gegen die Lüge im Sinne von Kafkas Gedanken eine intersubjektive Wahrheit der Verständigung begründet - die die Wahrheit psychoanalytischer Erkenntnis ist. Diese ihrem Wesen nach existentielle, pragmatische Wahrheit gründet in der intersubjektiven Übereinstimmung, im fruchtbaren intersubjektiven Konsens, ganz im Sinne des berühmten Goethewortes "Was fruchtbar ist, allein ist wahr" (in dem 1829 entstanden Gedicht "Vermächtnis", I, S. 370, in dem Goethe seinen vielerorts artikulierten pragmatischen Wahrheitsbegriff mit dieser Formulierung poetisch verdichtet hat). Dieses für die Intersubjektivität "Fruchtbare", dieser wirkliche Intersubjektivität begründende Übergang vom Ich zum Wir, vermag auch jene "erste Pflicht aller Lebenden", wie Freud diese in seinem Aufsatz "Zeitgemäßes über Krieg und Tod" (1915, S. 355) bezeichnet hat, gegen störende, die Lebendigkeit und das Leben zerstörende private Illusionen zu realisieren. Es geschieht - Wolfgang Loch hat auf die Verbindung dieser Zielsetzung zu Kants Denken gewiesen - in der Realisierung eines "allgemeinen Teilnehmungsgefühls", des Vermögens, "sich innigst und allgemein mitteilen zu können", was Immanuel Kant in seiner "Kritik der Urteilskraft" (1790) als das wesentliche Moment der Humanität beschrieben hat (zit. n. Loch, 1976, S. 893). Ihr ist die Psychoanalyse ihrem Selbstverständnis nach in wesentlicher Weise verpflichtet.

10. Die Verständigung über Vergangenheit und Gegenwart: Zur Problematik von Konstruktion und Rekonstruktion der Lebensgeschichte in der psychoanalytischen Therapie

Die Frage nach den Inhalten der zwischenmenschlichen Verständigung und der Wahrheit der psychoanalytischen Erkenntnis schließt naturgemäß immer auch die Dimension des Geschichtlichen mit ein. Der Mensch ist ein geschichtliches Wesen, seine gegenwärtige Situation, sein Selbstverständnis, seine Identität sind, aus Vergangenem hervorgegangen. Diese historische Bedingtheit bestimmt und bildet die nachfolgenden Generationen auf spezifische Weise. Schiller hat in seiner Jenaer Antrittsvorlesung 1789 in diesem Sinne gesagt: "Selbst in den alltäglichsten Verrichtungen des bürgerlichen Lebens können wir es nicht vermeiden, die Schuldner vergangener Jahrhunderte zu werden ..." (GW 1871, Bd. 4, S. 222).

Schuldner heißt zum einen, als Erbe den vergangenen Jahrhunderten zu schulden, zum anderen aber auch, unter Umständen ein hypothekenreiches Schulderbe übernehmen und verantworten zu müssen, was in gleicher Weise sowohl für Gesellschaften wie für das Individuum gilt. Schuldner zu sein bedeutet allerdings nicht, Gläubiger zu sein. Das heißt, daß es keine irgendwie sinnvolle Schuldzuweisung und Forderung an die vergangenen Zeiten geben kann, sondern nur den verantwortlichen Umgang mit dem, was wir aus der Vergangenheit zu übernehmen haben. In diesem Sinne ist auch schon ein zentrales Prinzip psychoanalytischen Denkens (und psychoanalytischer Therapie) im Umgang mit der Vergangenheit angesprochen: Im Aufklären lebensgeschichtlicher Zusammenhänge kann es nicht darum gehen, Eltern und anderen wichtigen Personen der Vergangenheit im Sinne einer Selbstrechtfertigung Schuld zuzuweisen und damit das Annehmen einer Zuständigkeit und Verantwortlichkeit für sich hier und heute zu verweigern. Vielmehr dient die psychoanalytische Aufklärung der Geschichtlichkeit gegenwärtiger Symptome, Probleme und Lebensschwierigkeiten in einer besonderen Weise dem Übernehmen von Zuständigkeit und Verantwortlichkeit für sich selbst im Hier und Heute, im Sinne einer Entwicklung der Befreiung aus lebensgeschichtlich begründeten Verwicklungen und Verstrickungen mit Abhängigkeiten in der Vergangenheit zu größerer Autonomie in Gegenwart und Zukunft, zum Menschen mit aufrechtem Gang - eine emanzipatorische Entwicklung, die Herrschaft des Menschen über den Menschen mindern und aufheben helfen soll und kann.

Das Gegenwärtige in seiner Gewordenheit begründet zu verstehen, heißt somit, Persönlichkeit, subjektives Selbstverständnis, all das, was wir Identifizierungen heißen, vor allem aber auch Symptome als geschichtlich, d.h. mit der Entwicklung der Persönlichkeit verknüpft zu sehen. Verantwortlicher Umgang mit der Vergangenheit heißt also, ihre in die Gegenwart hineinwirkende Macht zu erkennen und auf diese Weise Möglichkeiten zu erschließen, die Verklärung von Gegenwart und Zukunft durch die Macht des Vergangenen aufzuheben. Nietzsche hat in seinem Aufsatz "Vom Nutzen und Nachteil der Historie für das Leben" (1874) diese Ziele treffend formuliert: "... erst durch die Kraft, das Vergangene zum Leben zu gebrauchen und aus dem Geschehen wieder Geschichte zu machen, wird der Mensch zum Menschen"(1874/1968, Bd. 1, S. 193).

Das Erschließen der Vergangengheit erfolgt über die Rekonstruktion und Konstruktion der Vergangenheit. Das heißt, daß wir Vergangenes *re-konstruieren*, aber, sehr viel wichtiger noch, Vergangenes *konstruieren*. Wie das zu verstehen ist, soll im folgenden untersucht werden. Zunächst zur begrifflichen Klärung: Konstruktion ist ein allgemeiner Ausdruck für das Aufbauen einer Struktur aus verschiedenen, unterschiedlichen oder auch gleichen Einzelteilen, die systematisch zu einer neuen übergeordneten Einheit zusammengefügt werden. So entsteht etwas Neues, etwa eine Maschine. Aber auch Gedankengebäude, etwa ein philosophisches System, werden in einem gleichen Sinne konstruiert; und in ähnlicher Weise auch Geschichte und die Lebensgeschichte.

Re-konstruktion dagegen heißt, eine jetzt oder früher schon vorhandene Struktur wiederherzustellen. Dies zu tun, heißt aber auch, einen ursprünglichen Zustand und die Gründe für Lücken und Mängel zu kennen, vor allem kennen zu wollen und wissen zu müssen, "wie es wirklich war...". Freud (1937) verwendete für diesen Prozeß der Rekonstruktion die Metapher der Archäologie, die aus heute vorfindbaren Resten einen früheren, historischen Zustand rekonstruiert. Dies hat ihm, zum Teil mit Recht, den Vorwurf historisierenden Denkens eingetragen, in dem seine Zeit tief verankert war. Er sah den Prozeß der Geschichte *diachronisch* (um einen Begriff de Saussures (1916) zu benutzen), während wir heute mehr und mehr Gegenwart und Vergangenheit in einem integralen Bedeutungs- und Begründungszusammenhang *synchronisch* verstehen, wobei wir vor allem auf die Herausarbeitung von determinierenden Strukturen in Vergangenheit und Gegenwart abzielen und nicht so sehr auf das einzelne historische Ereignis "damals".

Im weiteren ist zu klären, was wir rekonstruieren und vor allem konstruieren; das heißt, wir haben verschiedene Kategorien von Vergangenheit zu differenzieren, auf die sich unsere konstruierende und rekonstruierende Aktivität richtet. Die Psychoanalyse fokussiert nicht so sehr nur auf bloße Ereignisse, auf ein vergangenes Geschehen, sondern darauf, wie diese Ereignisse *erlebt* wurden, auf das vergangene Erleben und wie dies als Erlebtes erinnert wird. Das heißt, daß wir in der Perspektive auf Vergangenes *vom Geschehen zum Erleben* zu gelangen suchen, das heißt aber vor allem, zur *Bedeutung* des Geschehens. Jedes Erleben, jeglicher psychischer Akt hat ja Bedeutung, und es ist die Bedeutungsdimension, die in der Psychoanalyse im Mittelpunkt steht, ganz im Sinne dessen, was Tasso (IV, 2, 2279/80, 1981, Bd. 5, S. 135) sagt: "Das, was geschehen ist, kränkt mich nicht so tief, Allein das kränkt mich, was es mir bedeutet" .

Das heißt, psychisches Erleben ist, in seinem Bedeutungszusammenhang, im gegebenen *Kontext* zu sehen, ohne den es keine Bedeutung gibt. Bedeutung ist aber immer *relational*, d.h. in einen intersubjektiven, in einen zwischenmenschlichen Kontext eingebettet und nie davon losgelöst oder loslösbar, gleichsam "objektiv" gegeben. Damit muß die Psychoanalyse zwangsläufig an jener Dimension der zwischenmenschlichen Beziehung interessiert sein, in der jeweils Bedeutung generiert wird und wurde. Das heißt aber auch: Über Bedeutung der Vergangenheit in einer gegenwärtigen therapeutischen Begegnung zu sprechen, ist nur möglich unter Reflexion auf die Bedeutung hin, die diese vergangene Bedeutung für die hat, die miteinander in der Gegenwart darüber sprechen. Deshalb rückt für die Psychoanalyse die aktuelle Begegnung, innerhalb derer Bedeutung (der Vergangenheit) reflektiert wird, ihre spezifische Struktur, d.h. die bewußten, vorbewußten und unbewußten Determinanten der aktuellen Begegnung, anders gesagt, das aktuelle Geschehen von Übertragung und Gegenübertragung in den Mittelpunkt des Interesses, auch und gerade bei der Betrachtung der Vergangenheit.

Hinsichtlich der verschiedenen Kategorien der Vergangenheit kann man differenzieren:

1. *die geschehene, damalige Vergangenheit*, damals und dort, gleichsam in der Perspektive des Chronisten (wenngleich auch dieser schon nicht alles aufschreiben kann und aus dem Geschehenen nach seinen gegeben Interessen auswählen muß).

2. *die damalige erlebte Gegenwart*, das heißt, was seinerzeit vom Geschehenen, vom Ereignis zum Erlebnis wurde und werden konnte. Diese damals wahrgenommene und erlebte Gegenwart ist aber, strenggenommen, bereits nur ein Ausschnitt des damaligen Geschehens, ein Ausschnitt von Welt und Wirklichkeit, eine subjektive Konstruktion, eine *Version der damaligen Wirklichkeit*. Diese Konstruktion wird nicht nur von den Grenzen und Bedingungen unserer menschlichen Wahrnehmungsapparate bestimmt, sondern sie wird auch bestimmt von den Bedingungen, Möglichkeiten und Grenzen, Wahrgenommenes sinnhaft/bedeutungshaft zu organisieren. Diese Konstruktion der Version von Wirklichkeit wird aber zugleich auch von den jeweiligen bewußten, vorbewußten und unbewußten Bedingungen des Subjekts bestimmt, die die Wahrnehmung von Welt, das Selektive an dieser Wahrnehmung beeinflussen und darüber wesentlich mit entscheiden, was aufgenommen, was abgewehrt, was nur zum Teil in den Wahrnehmungsprozeß integriert wird, was herausfällt (im Sinne von Auslassungen, Bearbeitungen und Entstellungen) usw. Ein vernachlässigtes, hungerndes, hilfloses Kind baut eine völlig andere innere Welt, ein völlig anderes Abbild der Außenwelt und ihrer Objekte auf als ein in sich zufriedenes, von der Welt gehaltenes und Vertrauen in die Verläßlichkeit und in die Möglichkeit der Verständigung mit der Welt erlebendes Kind. Solche frühen Erfahrungen liefern gleichsam Modelle von Welterfahrung, auf denen sich in der weiteren Entwicklung nachfolgende Formen und Möglichkeiten der Welterfahrung aufbauen und die spätere Welterfahrung in relevanter Weise mit organisieren. Vergangenheit wird somit zu einer wesentlichen Determinante dessen, wie spätere Gegenwart erlebt, aufgenommen und innerlich integriert, d.h. konstruiert wird.

Dies ist auch von zentraler Bedeutung für die Frage der Konstruktion und Rekonstruktion. Denn auch umgekehrt wird signifikante gegenwärtige Erfahrung ihrerseits wesentlich mitdeterminieren, wie Vergangenheit aus späterer Sicht erinnerbar, erinnert, erlebt und in das Selbstverständnis integriert wird. Das heißt, spätere Erfahrungen prägen ihrerseits die Sicht auf frühere Erfahrungen, die somit gleichsam auf dem Boden späterer Erfahrung konstruiert und aus der Perspektive zeitlich immer wieder wechselnder Standorte umkonstruiert wird. Dies heißt aber, daß Vergangenheit und Gegenwart, Gegenwart und Vergangenheit in einer engen Bezogenheit zueinander stehen und intrapsychisch ständig aktiv miteinander verknüpft werden. Als eine besondere Kategorie der Vergangenheit ist

3. *die physikalisch zwar wahrgenommene und aufgenommene, aber aus intrapsychischen Bedingungen und Motiven ausgeblendete, verdrängte oder verleugnete Vergangenheit* zu nennen. Innere Bedürfnisse und Notwendigkeiten, traumatische Vorerfahrungen und intrapsychische Konflikte bestimmen psychische Abwehrprozesse, d.h. ein spezifisches Interesse, eine Wirklichkeit so und nicht anders aufzubauen, wie etwa die Verleugnung des Geschlechtsunterschieds beim Fetischismus, die Verleugnung peinlicher Erlebnisse oder traumatischer Reaktionen oder Erinnerungen: "Das habe ich getan", sagt mein Gedächtnis. "Das kann ich nicht getan haben" - sagt mein Stolz und bleibt unerbittlich. Endlich - gibt das Gedächtnis nach" ist ein bekannter Aphorismus Nietzsches, der diesen Sachverhalt schlaglichtartig beleuchtet ("Jenseits von Gut und Böse", IV, 68, 1958, II, S. 625). Wir kennen solches im übrigen auch aus der Geschichtswissenschaft, wenn das spezifische Interesse des Chronisten, Biographen oder Historikers, sein spezifischer Standort, sein spezifisches Interesse die Geschichte determiniert, die er registriert oder schreibt. So entsteht immer eine *Version*, eine Konstruktion von Vergangenheit, auch in der analytischen Therapie, mit der uns der Patient aus seiner Sicht mit seiner Vergangenheit konfrontiert. Diese ist meist anders als andere, auch ihm Nahestehende, diese Version sehen, sie ist eine *subjektive Version* dieser Vergangenheit. Von der erlebten, aber aus intrapsychischen Gründen abgewehrten Vergangenheit ist schließlich

4. *die nicht wahrgenommene, nicht wahrnehmbare Vergangenheit* zu unterscheiden. Hierzu sind zu zählen: das historische Umfeld, Fakten, die von relevantem Einfluß waren, aufgrund der spezifischen, seinerzeit herrschenden Umstände nicht gewußt werden konnten, aber dennoch nachhaltig Wirkung hatten, weil sie gleichsam Lücken der Kenntnis und Erfahrung hinterlassen haben, welche mit privaten, meist nur begrenzt tauglichen Interpretationen, das heißt mit privaten Konstruktionen aufgefüllt werden konnten und aufgefüllt wurden. So können etwa die objektiven Gründe, die eine Mutter nach der Geburt eines weiteren Kindes über längere Zeit in einer Klinik festbinden, bei dem von der Mutter zu Hause zurückgelassenen älteren Kind zu expansivem Phantasieren über diesen Umstand führen, wenn es diese objektiven Gründe nicht kennen oder nicht begreifen kann. Dies kann unter Umständen zu einer privaten "Erklärung" oder Konstruktion Anlaß geben, die als eine traumatisch geborene psychische Realität oftmals von erheblicher pathogener Bedeutung sein kann. Als ein weiteres Beispiel dieser Art seien die zahlreichen, von ihren Eltern in christlichen französischen Familien

ohne Möglichkeit des Abschieds versteckten Kinder deportierter französischer Juden genannt, die Claudine Vegh in ihrem Buch "Ich habe ihnen nicht 'Auf Wiedersehen' gesagt" erschütternd zu Wort kommen läßt. Die Klärung solcher historischer Fakten und deren Anerkennung und Annahme als eine bestimmende und bedingende Realität in der eigenen Lebensgeschichte ist von großer Bedeutung für die Revision beeinträchtigender, "falscher", d.h. privater Interpretationen bzw. Konstruktionen, etwa über ein massives Trauma: Erst wenn im vollen Umfange begreifbar geworden und begriffen ist, warum etwa die Eltern nicht 'Auf Wiedersehen' sagen konnten, kann überhaupt ein konstruktiver Trauerprozeß, das heißt ein Annehmen einer traumatischen Wirklichkeit von damals und eine Revision der daraus erwachsenen privaten Interpretationen und Identifizierungen erfolgen.

Von ganz besonderer Wichtigkeit für das Verstehen von Vergangenheit und seiner späteren Bearbeitung, für das Verstehen von Bearbeitung und Veränderung von Bedeutung im historischen Kontext ist der von Sigmund Freud (1909b, S. 271, 1918b, S. 72) eingeführte Begriff der *"Nachträglichkeit"*. Hiermit ist die nachträgliche Bedeutungsveränderung, Bedeutungsverschiebung oder gar Bedeutungszuweisung bei vergangenem Geschehen und bei den aus diesem hervorgehenden Versionen, Konstruktionen und Konzepten gemeint. Nachträglichkeit besagt, daß intrapsychische Bedeutung eines vergangenen Ereignisses unter Umständen erst sehr viel später diejenige Bedeutung gewinnt, die ihm dann als quasi-ursprüngliche Bedeutung zugeschrieben wird. Das heißt aber auch, daß ein Ereignis möglicherweise erst nachträglich eine traumatische Qualität annehmen und erst auf diese Weise zu einer Symptombildung führen kann, ein Gedanke, der für die Frage der Kausalität lebensgeschichtlicher Ereignisse und ihrer Bedeutung für spätere psychische Prozesse von erheblichem Gewicht ist (vgl. auch Cheshire und Thomä, 1991). So können etwa Konflikte und traumatische Erfahrungen um Eltern und Geschwister aus dem ödipalen Alter erst zur Zeit der Pubertät mit ihren gewaltigen physiologischen und psychischen Umwälzungen wirklich überwältigend und unlösbar werden. Gerade hier, im Felde des Phänomens der Nachträglichkeit, wird der Gedanke der *Bedeutung* eines Ereignisses zum zentralen Gesichtspunkt. Von dieser her ist das Phänomen der Nachträglichkeit eigentlich einfach zu erklären: Das Wiederauftauchen einer Erinnerung, die bis dahin affektiv eine noch nur relativ geringe Relevanz hatte, in einem neuen Bedeutungszusammenhang verleiht ihr zwangsläufig eine andere, eine neue kontextuelle Relevanz und damit auch eine andere, eine neue Bedeutung. Als ein besonders anschauliches Beispiel hierfür ist in diesem Zusammenhang die bekannte Ballade von Gustav Schwab "Der Reiter und der Bodensee" zu nennen: Erst nachdem der Reiter ohne Ahnung von der durchlebten Gefahrensituation seinen Parforce-Ritt über den zugefrorenen Bodensee hinter sich gebracht hat, "stocket sein Herz, ... sträubt sich sein Haar", grinst "dicht hinter ihm ... noch die grause Gefahr", und

"Im Ohr ihm donnert's, wie krachend Eis,
Wie die Well' umrieselt ihn kalter Schweiß.

Da seufzt er, da sinkt er vom Roß herab,
Da ward ihm am Ufer ein trock'nes Grab."
(zit. n. L. Reiners, "Der Ewige Brunnen", 1955, S. 327-29)

Erst *nachträglich* wird hier die vergangene Erfahrung des Ritts "in weiter Fläche", die "kein Bühl, kein Haus" zeigt, in einem anderen, einem neuen Bedeutungszusammenhang als Ritt über den zugefrorenen See erkennbar, wird ihr nachträglich eine neue, Erschrecken und Entsetzen auslösende Bedeutung zugeordnet, traumatisch katastrophal, mit tödlichem Ausgang. In ähnlichem Sinne können auch in der Zeit der Pubertät aus der bisherigen Lebensgeschichte stammende, konflikthafte Beziehungskonstellationen zu den Eltern innerhalb des veränderten Kontextes der nun grundlegenden körperlichen, vor allem auch körperlich-sexuellen Veränderungen der Pubertät ganz neu und anders bewertet werden. Sie erhalten vielfach erst dann einen als beunruhigend oder bedrohlich erlebten aktuellen Stellenwert, oftmals mit erheblichen traumatischen Auswirkungen, die eine angemessene Integration vor allem auch der körperlich- sexuellen Dimension des Selbsterlebens in der weiteren Entwicklung erheblich erschweren können. Aufgrund dieses Phänomens der nachträglichen Bedeutungsveränderung, Bedeutungsverschiebung und Bedeutungszuweisung meinte Freud (1899) wohl treffend, daß es "überhaupt zweifelhaft" sei, "ob wir bewußte Erinnerungen *aus* der Kindheit haben, oder nicht vielmehr bloß *an* die Kindheit" (S. 553).

Die Nachträglichkeit ist deshalb von zentraler Bedeutung, weil sie die Relevanz des tatsächlichen, historischen Geschehens für das subjektive Erleben relativiert und dem späteren Kontext eine besondere, neue Bedeutung konstituierende Rolle zuweist. Das heißt aber, daß wir mit dem Aufdecken, der Re-Konstruktion der historischen Wahrheit, "wie es damals wirklich war", noch nicht viel gewonnen haben, wenn wir den Bedeutung generierenden Kontext, aus dem wir re-konstruieren, nicht genügend bedenken. So gesehen ist auch die psychoanalytische therapeutische Beziehung ein spezifischer neuer Kontext, von dem her vergangenes Erleben neu gesichtet und bewertet wird und aus der die gemeinsame neue Perspektive von Patient und Therapeut gleichsam nachträglich eine andere Bedeutung erfährt. *Insofern findet die Psychoanalyse in der Nachträglichkeit statt.* In ihr sind Gegenwart und Vergangenheit nicht statisch fixiert, es wird nicht aus der Position der Gegenwart Vergangenheit analysiert, sondern Vergangenheit und Gegenwart werden gleichsam synchronistisch in ihrer Beziehung, in ihrem Bedeutungszusammenhang zueinander erschlossen. Das ist für die Frage von Konstruktion versus Re-Konstruktion von entscheidender Bedeutung. Denn die in der Nachträglichkeit der analytischen Begegnung revidierte Vergangenheit im neuen Kontext dieser Begegnung heißt, daß Vergangenheit aus dem aktuellen Kontext nicht so sehr re-konstruiert, sondern eher aus diesem aktuellen Kontext konstruiert wird: Es wird in Nachträglichkeit eine neue, tragfähigere Bedeutung im gemeinsamen Konsens gestiftet.

5. Neben der erlebten sowie der physikalisch zwar wahrgenommenen, aber aus-

geblendeten, abgewehrten und der nicht wahrnehmbaren Vergangenheit ist als eine besondere Kategorie von Vergangenheit, die die Konstruktionen der Vergangenheit des Patienten bestimmt, *die von anderen erzählte Vergangenheit* zu nennen. Diese entstammt in der Regel der überlieferten Familiengeschichte und hat meist anekdotischen Charakter. Es ist eine von den Eltern erzählte Version der Vergangenheit, die sich, ähnlich wie bei den sog. Deckerinnerungen, auf zentrale Themen einer Familie oder, spezieller, einer Mutter-Kind-Beziehung beziehen. Diese Version enthält bereits spezifische defensive Bearbeitungen, Auslassungen, Verzerrungen und Verdichtungen, wie das von den Deckerinnerungen bestens bekannt ist. Bei den Deckerinnerungen handelt es sich um inhaltlich klar hervortretende Erinnerungen an die Kindheit in denen allerdings äußerst relevante, konflikthafte unbewußte Phantasien, Wünsche und Erlebnisse, durch defensive Kompromißbildung entschärft, enthalten sind. Die defensive Bearbeitung der erzählten Vergangenheit wie auch der Akt ihres Erzählens hat für den, der diese erzählt, eine spezifische Funktion, die die Integrität des Erzählers, der elterlichen oder auch familiären Beziehungen, des miteinander gefundenen familiären Abwehrgefüges, der gefundenen Rollenzuweisungen etc. schützen und stützen soll. Dabei wird dem Kind in dieser defensiven anekdotischen Version von Vergangenheit entsprechend den Abwehrintentionen des Erzählers eine spezifische Rolle und Funktion zugewiesen. Das Kind, unser späterer Patient, der diese Anekdoten aufnimmt und später selbst wieder erzählt, bearbeitet seinerseits diese gehörte und erzählte Vergangenheit, integriert sie in seine eigenen Selbstkonzepte, in sein Selbstverständnis seiner Geschichte. So können diese anekdotischen Berichte, Familien-Sagas oder auch Familienmythen in hochverdichteter Form Aussagen über zentrale Aspekte der Struktur und Dynamik der elterlichen, familiären und Eltern-Kind-Beziehung vermitteln, vor allem aber auch, wie diese bei einem Patienten verinnerlicht wurden und zur Struktur geworden sind.

Schließlich wird aus der Verdichtung der wahrgenommenen, erlebten Vergangenheit unter subversivem Einfluß der verdrängten Vergangenheit sowie unter dem Einfluß der Nachträglichkeit, der erzählten Vergangenheit und der aktuellen Bedürfnisse und defensiv-protektiven psychischen Strukturen

6. *die erinnerte Vergangenheit* vom Patienten im Hier und Heute mitgeteilt. Sie stellt eine komplexe Konstruktion dar, eine persönliche Version seiner Lebensgeschichte, die er im Laufe des Lebens fortgesetzt neu konstruiert, revidiert und umkonstruiert - in einer besonderen, therapeutisch wirksamen und entlastenden Weise zum Beispiel auch in der analytischen Behandlung. Die vom Patienten präsentierte erinnerte Vergangenheit ist eine Vergangenheit, die aus bearbeitetem Erleben, bearbeitetem Erzählen und den eigenen Bearbeitungen des Erzählten und Erinnerten zu einer subjektiven Version von Vergangenheit verdichtet ist. Diese subjektive Version hat intrapsychisch eine spezifisch stabilisierende, schützende Funktion, die das Erinnern an Traumatisierung, an Kränkung und an Verletzung, an schamvolle und/oder schuldhafte Erfahrungen auf ein dem intrapsychischen Gleichgewicht zuträgliches Maß vermindert. Der Patient bringt sie nun

in die analytische Therapie ein, oft genug mit der Erwartung, daß der Analytiker diese Version unbedingt mit ihm teilen solle. Je größer die defensiven, schützenden Bearbeitungen daran sind, je größer deren stabilisierende Funktion ist, um so mehr wird der Patient darauf bestehen wollen, daß der Analytiker diese Version der Vergangenheit - und nur diese - akzeptiere, statt sie im herrschaftsfreien psychoanalytischen Diskurs in Frage zu stellen und zu reflektieren. Es ist eine Version der Vergangenheit, eine gleichsam private, verdichtete Konstruktion, in der die das Subjekt überwältigenden Aspekte im Sinne von spezifischen Aussparungen ausgeklammert, abgewehrt bleiben, während unter Umständen andere, weniger belastende hervorgehoben und defensiv überbelichtet werden, so daß solche hervorgehobenen Erinnerungen eine Abwehrfunktion zugewiesen bekommen (wie bei den Deckerinnerungen). Die so umgeformte Vergangenheit steht dann im Dienst der intrapsychischen Stabilisierung. In diesem Sinne entsteht eine persönlich erinnerte, erinnerbare Vergangenheit, die eine Art "persönlichen Mythos" (vgl. E. Kris, 1956) darstellt, der in der analytischen Therapie in Frage zu stellen, zu reflektieren, umzuformulieren und im intersubjektiven Prozeß der Konsensfindung zu einer neuen Version von Vergangenheit aus der Perspektive des Hier und Heute zu konstruieren ist.

Wenn hier vom persönlichen Mythos und von Abwehr, von nachträglicher Bedeutungszuweisung und von dem Phänomen einer bearbeiteten Vergangenheit gesprochen wird, die uns lediglich in Versionen zugänglich sei, so mag man denken, hier handele es sich nicht mehr um die Frage nach der Wahrheit, sondern um Verschleierung und um reine Erfindung, am Ende gar um Lüge. Aber man sollte dabei auch das berühmte, aus der Antike stammende Sprichwort bedenken, daß nicht alles, was wir erfinden, Lüge sein muß, daß sich darin auch eine *figura veritatis* verbergen kann. Es handelt sich hier um eine Wahrheit einer anderen Kategorie als die der faktischen Wahrheit des Geschehenen, "wie es wirklich gewesen ist ..." (kann man das überhaupt wissen?). In diesem Zusammenhang ist daran zu erinnern, daß es etwa in der Kunst und in der Literatur, in der Theologie, im Mythos und im Märchen eine Wahrheit gibt, die sich gerade *als* Erfindung, *in* der Erfindung und *durch* die Erfindung vermittelt. So ist etwa das Buch Hiob der Bibel eine Erfindung, eine Geschichte, kein irgendwie geartetes historisches Geschehen. Und doch wird in dieser Geschichte eine existentielle Wahrheit über den Menschen formuliert, in einer vergleichbaren Weise wie etwa auch im Mythos, in dem Grundlegendes, Grundfiguren menschlicher Beziehung, der menschlichen Existenz niedergelegt sind, wie zum Beispiel der sogenannte Ödipuskomplex im Mythos vom Ödipus (vgl. Kapitel 20).

Auch die "Erfindungen" des Patienten, sein persönlicher Mythos, seine persönliche Version seiner Geschichte enthält eine Art *figura veritatis*, die ihm seine Existenz, seine innere Kohärenz und Integrität möglich macht, gleichsam eine private *figura veritatis*, die er in die Analyse einbringt und über die er mehr oder weniger nachdrücklich und ausschließlich zu sprechen wünscht, nicht zuletzt deshalb, weil in seiner Lebensgeschichte gebildete andere Versionen seiner selbst und seiner Geschichte durch äußere und durch innere Umstände an Tauglichkeit der Stabilisierung verloren haben. Und in der analytischen Therapie begegnet er einem Analytiker, den er mehr oder weniger explizit auffordert, diese von ihm vorgebrachte Version mit ihm zu teilen, schließlich auch in der Übertragungs-/Gegenübertragungsdimension der aktuellen Begegnung unter deren Umgestaltung mit ihm auszuleben und zu agieren. Dem setzt der Analytiker mit seinen Deutungen seine aus seiner anderen Perspektive entwickelte andere Sicht, seine Version, gleichsam seine *figura veritatis*, so wie er den Patienten und seine Lebensgeschichte sieht, erfährt, erlebt und begreift, entgegen, so daß zwei Positionen in der therapeutischen Begegnung und Verständigungsarbeit aufeinander treffen, deren wechselseitige Reflexion, Erarbeitung, Klärung und Deutung dem Patienten helfen können, seine persönliche Version, seine persönliche Konstruktion, seine private *figura veritatis* in der zwischenmenschlichen Verständigung des herrschaftsfreien psychoanalytischen Diskurses zu revidieren, und das heißt umzukonstruieren und neu zu konstruieren, um sein Leben besser verstehen und bestehen zu können. Und der Analytiker kann dies nur dann bewirken, wenn er die vom Patienten angetragenen Versuche, ihn in sein privates System, in seine Versionen einzubeziehen und damit die offene analytische Begegnung im Sinne der privaten Version der Vergangenheit zu verändern, das heißt als *Übertragung* in die offene Begegenung hineinzuzwingen, als einen *Widerstand* gegen das freie, offene, vorurteilslose Reflektieren versteht und deutet, als einen Widerstand, der gegen die Einmaligkeit der offenen, herrschaftsfreien zwischenmenschlichen Begegnung der beiden am Diskurs Beteiligten in einem Verhältnis von gleich zu gleich im Hier und Heute gerichtet ist. Erst die deutende Auflösung dieses Widerstandes, der Übertragung, der privaten Versionen der Vergangenheit und ihrer dynamisch wirksamen Determinanten in der Gegenwart der aktuellen psychoanalytischen Begegnung kann schließlich den Raum für neue, originelle und kreative Möglichkeiten der zwischenmenschlichen Verständigung und Beziehung eröffnen und Möglichkeiten einer neu und anders gestalteten Zukunft erschließen.

Ich bezeichne solche privaten *figurae veritatis* des Patienten als "Struktur" oder "Gestalt". Es handelt sich um eine dynamische Struktur zwischenmenschlicher Begegnung, die in der Vergangenheit aus Trauma und/oder Scham und Schuld, aus Konflikten darum, erworben, dazu tendiert, alle weiteren Begegnungen im späteren Leben zu Versionen dieser Struktur, zu deren Varianten umzugestalten. So kann ein aus vergangener Konfliktverarbeitung oder Trauma hervorgegangenes "Thema" durch ein ganzes Leben hindurchlaufen, wie etwa die spezifische Beziehungsstruktur, die ein Mann in seiner Kindheit aus konflikthaftem Umgang mit dem Vater entwickelt hat und später in fortgesetzter Wiederholung in gleicher Gestalt in Beziehungen mit Autoritäten, Chefs und schließlich auch mit dem Analytiker konstelliert. Solche Strukturen sind zwar von der zeitlichen Dimension her gesehen in der Vergangenheit entstanden, wirken jedoch in der Gegenwart fort, und oft genug meint man fast schon vorhersagen zu können, daß sie auch in zukünftigen zwischenmenschlichen Beziehungen wirksam werden, wenn es nicht zur Revision kommt. In dieser Weise sind sie zeitlos, tendieren dazu, sich im *unbewußten Wiederholungszwang* in Gestalt von Varianten immer wieder durchzusetzen. Dies läßt sich mit dem Prinzip der "eingekleideten Rechenaufgabe" vergleichen. Diese enthält ein mathematisches Prinzip, das zunächst aus dem Text abstrahiert werden muß. Hat man diese Abstraktion erst einmal vollzogen, dann läßt sich mit ihr die vorliegende Aufgabe nicht nur rechnen und lösen, sondern sie läßt sich zugleich auch in beliebigen Kontexten, in ungezählten Versionen, Variationen oder Varianten neu formulieren, ganz ähnlich, wie in der Lebensgeschichte des Patienten eine "Struktur" sich in immer neuen situativen Kontexten durchzusetzen tendiert, wenn nicht das psychoanalytische Reflektieren und Durcharbeiten die bestimmende Rigidität und Macht der zugrundeliegenden "Struktur" relativiert und schließlich aufhebt. Es ist die Aufgabe des Analytikers, diese Abstraktionen, Themen oder "Strukturen" zu erkennen, herauszuarbeiten und in der gegenwärtigen Beziehungsrealität der Analyse als unbewußt determiniertes Übertragungs- und Gegenübertragungsgeschehen zu deuten. Auf diese Weise kann es zur Revision der in die Gegenwart eingebrachten privaten Versionen aus der Vergangenheit kommen, womit die in der Übertragung bestimmende Vergangenheit schließlich wirklich zur Vergangenheit werden kann, und, indem Vergangenheit, Gegenwart und Zukunft in ihrer Bezogenheit aufeinander erkennbar und erlebbar werden können, ein autonomerer Umgang des Patienten mit lebensgeschichtlich begründetem Trauma und Konflikt im Hier und Heute und Dort und Morgen möglich werden.

Von dem bisher Gesagten mag deutlich geworden sein, daß es in der psychoanalytischen Therapie nicht darum gehen kann, unbedingt und ausschließlich die historische, faktische Wahrheit aufzuschließen (wenn dies überhaupt möglich ist), zu re-konstruieren, "wie es wirklich gewesen ist", "wie die Mutter wirklich war" usw. Donald Spence (1987), der sich kritisch mit solcher Art Tendenzen in der analytischen Psychotherapie auseinandergesetzt hat, spricht in diesem Zusammenhang ironisch von der "Sherlock-Holmes-Tradition" (S. 113 ff). Das heißt aber, nicht das Erschließen der Vergangenheit, des vergangenen Geschehens an sich kann Zweck und Ziel der psychoanalytischen Psychotherapie sein, sondern das Verstehen der Vergangenheit in ihrer Wirkung und wechselseitigen Bezogenheit auf die Gegenwart und umgekehrt, und das heißt: *synchronistisch die Bezogenheit von Gegenwart und Vergangenheit zueinander*, wie sie in der Dynamik der aktuellen psychoanalytischen Begegnung, in der Dynamik von Übertragung und Gegenübertragung wirksam, lebendig und erlebbar wird. Dabei *rekonstruieren* wir aus dem Vorhandenen, Bekannten aus der Lebensgeschichte etwas, das sich dem Verständnis noch entzieht (wie Freud dies mit der Archäologiemetapher beschrieben hat), und wir benützen dazu vor allem Konstruktionen, die dazu führen, daß der Patient und der Analytiker aus gemeinsamer Perspektive hier und heute im herrschaftsfreien Diskurs psychoanalytischer Verständigung eine beiden gemeinsame, stimmige, plausible und kohärente neue Version der Lebensgeschichte entwickeln, die ein Mehr an existentieller Wahrheit enthält.

Das ist im übrigen in der Psychoanalyse gar nicht so sehr viel anders als in der Geschichtswissenschaft. Auch die Geschichtswissenschaft, und darüber wurde im vergangenen Jahrhundert noch erbittert gerungen (etwa Ranke mit seinem Anspruch auf objektive Wahrheit des Vergangenen gegen Droysen und seine Vorstellung von der perspektivischen Wahrheit des Vergangenen), kann Vergangenheit immer nur perspektivisch betrachten, sich der Wahrheit des Vergangenen nur perspektivisch nähern. Der Standort des Betrachters, sein aktuelles Interesse, seine aktuellen Bedingungen bestimmen nicht nur über die Fragen, die er an die Vergangenheit richtet, sondern auch über das immer vorläufige Bild, das er sich von der Geschichte macht, das er somit eher konstruiert als rekonstruiert. Schiller hat das in seiner Antrittsvorlesung treffend beschrieben:

"So würde denn unsre Weltgeschichte nie etwas anders als ein Aggregat von Bruchstücken werden und nie den Namen einer Wissenschaft verdienen. Jetzt also kommt ihr der philosophische Verstand zu Hilfe, und indem er diese Bruchstücke durch künstliche Bindungsglieder verkettet, erhebt er das Aggregat zum System, zu einem vernunftmäßig zusammenhängenden Ganzen" (a.a.O., S. 224).

Vielleicht mag hier mancher einwenden, daß, wenn eher Konstruktion von Wahrheit als Rekonstruktion in der psychoanalytischen Therapie bestimmen, auch eine *folie à deux* möglich werde. Dem ist zuzustimmen, und so etwas gibt es auch. Ich könnte dafür ohne weiteres Beispiele aus meiner Kenntnis von "wilden" Psychotherapien und Psychoanalysen nennen, die ich in den vergangenen Jahren supervidiert habe. Eine *folie à deux* wird prinzipiell möglich, wenn sich die gefundenen Konstruktionen nicht an den allgemeinen Regeln des sprachlichen Diskurses, an Regeln von Kausalität und Stimmigkeit, von Plausibilität und Kohärenz sowie an den Grundtatsachen menschlicher Entwicklung und menschlicher Existenz orientieren, die "in der Gleichförmigkeit und unveränderlichen Einheit der Naturgesetze und des menschlichen Gemüths" (Schiller, a.a.O., S. 224) begründet sind. Diese Grundtatsachen haben, wenn man die Geschichtswissenschaft zum Vergleich nimmt, den Rang von "Quellen". Hierzu gehören etwa Fakten, die aus der biologischen Bedingtheit der psychischen menschlichen Existenz erwachsen, aus der Entwicklungsbiologie und -psychologie und anderen existentiellen Grundtatsachen der menschlichen Existenz. So wird etwa die Entwicklung eines Kindes mit einer sehr jungen Mutter und sehr vielen nachgeborenen Geschwistern oder aber körperlicher Mangel, Fehlbildung und Krankheit von gänzlich anderen Fakten bestimmt als die eines Einzelkindes bei Eltern, die bei seiner Geburt bereits sehr alt waren. Eine *folie à deux* ist allerdings leicht daran zu erkennen, daß die gemeinsam gefundene, konstruierte Vergangenheit (etwa über die "böse Mutter, die schuld ist") ideologisiert wird, oftmals im Sinne einer rigidisierten defensiv-protektiven Flucht in die Vergangenheit aus bedrohlich werdender aktueller Begegnungswirklichkeit. Es kommt auf diese Weise zum abgeschlossenen System, nicht, wie in der konstruktiven psychoanalytischen Verständigung zu einem immer offenen, nie zum Abschluß kommenden gemeinsamen Diskurs mit dem Analytiker (der, wenn eine Analyse gelingt, nach dem Abschluß einer Analyse qua Verinnerlichung der analytischen Haltung innerlich autonom kritisch weitergeführt wird). Eine solche Ideologisierung wird im übrigen meist von defensiver Idealisierung der Beziehung zwischen beiden Beteiligten getragen, die die Auseinandersetzung mit einer desolat erlebten und dann bedrohlichen Realität vermeiden hilft und deshalb oftmals rigide verteidigt werden muß.

In einer psychoanalytischen Therapie fällt dem Analytiker die entscheidende Aufgabe zu, den vielfältigen, vor allem unbewußt motivierten Versuchen des Patienten, in eine bestimmte Version der Vergangenheit auszuweichen und dort rigidisierend zu verweilen, deutend zu widerstehen und auf diese Weise aktualisierte Übertragungen als Widerstand zu begreifen. Denn nur wenn man Übertragung als einen Widerstand gegen die Freiheit und Offenheit des psychoanalytischen Diskurses versteht und deutet, kann man den Wiederholungszwang wirksam relativieren und auflösen, kann Neues in lebendiger, offener Verständigung über die Wahrheit des Vergangenen entstehen und auf diese Weise die Macht der Vergangenheit über Gegenwart und Zukunft überwunden werden. Die Frage, wie dies praktisch klinisch geschieht, unter welchen Bedingungen und Formen der herrschaftsfreie psychoanalytische Diskurs entwickelt und intersubjektiver Konsens begründet werden kann, soll im folgenden Kapitel über die Formen zwischenmenschlicher Diskurse näher untersucht werden.

11. Formen zwischenmenschlicher Diskurse und der psychoanalytische Diskurs

Nachdem bisher unterschiedliche Perspektiven und Elemente der zwischenmenschlichen Verständigung erörtert wurden, wird im vorliegenden Kapitel der Diskursbegriff und das Spezifische des psychoanalytischen, des "deutenden Diskurses", wie dieser bereits im ersten Kapitel angesprochen wurde, wieder aufgegriffen und noch eingehender diskutiert. *Diskurs* heißt eigentlich *Gespräch*. Zur Lutherzeit sprach man von *diskurieren*, wenn man vom Sichunterhalten, vom Miteinanderreden sprach. Der Begriff wird heute allerdings in einer umfassenderen und zugleich auch spezifischeren Bedeutung verwendet, etwa im Sinne einer spezifischen Form der Kommunikation, bei der vor allem problematisiert, in Frage gestellt und die Berechtigung und Geltung von Sichtweisen und Behauptungen untersucht wird. Der psychoanalytische Dialog als eine Diskursform *sui generis* läßt sich im Sinne dieser allgemeinen Definition durchaus einem solchen Begriff von Diskurs zuordnen. Seine Besonderheit erwächst aus den ihm eigenen spezifischen Rahmenbedingungen wie Herrschaftsfreiheit, Gleichheit und Gleichwertigkeit zwischen den Beteiligten, zugleich *Asymmetrie* der Begegnung (einer, der Patient und seine Persönlichkeit, nicht der Analytiker stehen im Mittelpunkt des Interesses beider), *Neutralität* des Analytikers (in bezug auf Wertungen, Beurteilen und "Guten-Rat-Geben"), Abstinenz des Analytikers (der die analytische Begegnung nicht zur Befriedigung seines eigenen Verlangens am Patienten mißbraucht, auch wenn dieser im Zuge der Entwicklung von Übertragungen verführend dazu einladen möchte). Darüber hinaus stützt sich der deutende Diskurs der psychoanalytischen Begegnung auf formale Modi des Diskurses, die zwar auch in allen anderen Spielarten menschlicher Diskurse mehr oder weniger bestimmend sind, allerdings durch die besonderen Bedingungen des psychoanalytischen Rahmens in spezifischer Weise im psychoanalytischen Diskurs organisiert und integriert werden.

Es besteht sicher eine gewisse Verwandtschaft zwischen dem psychoanalytischen Diskurs und dem sokratischen Dialog, wie dieser als "Hebammenkunst" in Platons *Theaitetos* (150c-e) vorgestellt wird:

"Von meiner Hebammenkunst nun gilt im übrigen alles, was von der ihrigen; sie unterscheidet sich aber dadurch, daß sie Männern die Geburtshilfe leistet und nicht Frauen, und daß sie für ihre gebärenden Seelen Sorge trägt und nicht für Leiber. Das größte aber an unserer Kunst ist dieses, daß sie im Stande ist zu prüfen, ob die Seele des Jünglings ein Trugbild und Falschheit zu gebären im Begriff ist oder Fruchtbares und Echtes. Ja, auch hierin geht es mir eben wie den Hebammen: Ich gebäre nichts von Weisheit, und was mir bereits viele vorgeworfen, daß ich andere zwar fragte, selbst aber nichts über irgend etwas antwortete, weil ich nämlich nichts Kluges wüßte zu antworten, darin haben sie Recht. Die Ursache davon aber ist diese: Geburtshilfe leisten nötigt mich der Gott, erzeugen aber hat er mir verwehrt. Daher bin ich selbst keineswegs etwa weise, habe auch nichts dergleichen aufzuzeigen als Ausgeburt meiner eigenen Seele. Die aber mit mir umgehen, zeigen sich zuerst zwar zum Teil als gar sehr ungelehrig; hernach aber, bei fortgesetztem Umgang, alle, denen es der Gott vergönnt, als wunderbar schnell fortschreitend, wie es ihnen selbst und anderen scheint; und dieses ganz offenbar, ohne jemals irgendetwas von mir gelernt zu haben, sondern nur selbst aus sich selbst entdecken sie viel Schönes und halten es fest; die Geburtshilfe indes leisten dabei der Gott und ich" (150/151).

Die Beförderung des psychoanalytischen Diskurses steht im Mittelpunkt der Bemühungen des Analytikers, und seine besondere Kompetenz ist vor allem hierauf gerichtet, auf die deutende Verknüpfung der Elemente und Inhalte des Gesagten. Dies erfolgt gewiß nicht mit dem Ziel, etwas ihm Bekanntes oder schon Erkanntes dem Patienten mit einer dann falsch verstandenen "Hebammenkunst" beizubringen, sondern die Entfaltung der Dimension des beiden noch nicht Gewußten zu befördern. Insofern leistet er in der Tat "Geburtshilfe" von etwas, das aus dem Gespräch erst noch hervorgeht, während ihm das "Erzeugen" im Sinne von allein zeugen, ganz wie Sokrates es meinte, verwehrt ist.

Patrick Mahony (1987), dem ich hier weitgehend folge, hat fünf Grundformen des Diskurses differenziert, die er als den *referentiellen*, den *expressiven*, den *ästhetischen*, den *rhetorischen* und den *dialektischen* Diskurs bezeichnet hat. Diese Grundformen des Diskurses treten auch im Laufe der Entwicklung und Entfaltung eines psychoanalytischen Dialogs in unterschiedlicher Ausprägung in Erscheinung. Im Zusammenhang mit der Untersuchung der Elemente und Modi zwischenmenschlicher Verständigung war bereits deutlich geworden, daß die sprachliche Verständigung immer nur partielle, ausschnitthafte Aspekte vermitteln kann, daß das Medium Sprache Grenzen hat, daß unsere Worte ebenso dazu dienen können, etwas über unsere Gedanken zu sagen, wie sie unsere Gedanken zu verschleiern und zu verstecken vermögen. Dies gilt in gleicher Weise auch für die ganze nichtsprachliche "Begleitmusik" der Verständigung. So kommt es in jeder Form menschlicher Verständigung, und dies gilt ganz besonders für deren psychoanalytische Variante, immer zu einer Art Mischung von auf die Herbeiführung, Aufrechterhaltung und Intensivierung der Verständigung gerichteter kommunikativer Anstrengungen mit solchen, die gegen die Verständigung gerichtet sind. Beide können sowohl bewußt als auch unbewußt determiniert sein. So kann ein drängendes Sich-Mitteilen-Wollen ebenso im Dienste kommunikativer Ziele stehen, als es, im Sinne eines "Totredens", um nicht hören zu müssen, zur Verhinderung der Verständigung dienen kann. Und ebenso können Zurückhaltung oder Schweigen Zeichen eines inneren Sich-Sammelns und Orientierens sein, mit dem Ziel, sich schließlich besser deutlich zu machen, wie ein bewußtes Verschweigen von Gedanken und spontanen Phantasien im Dienste unbewußter Motivationen stehen und etwa die Wirkung konflikthafter Aktivitäten, zum Beispiel einer besonders strengen inneren Gewissensinstanz, sichtbar machen kann, die zum Verschweigen oder zur Lüge zwingt. Oftmals gehen auch sprachliche und nichtsprachliche kommunikative Modi auseinander. Solche *formalen* Phänomene des Diskurses erlauben wichtige Rückschlüsse auf die innere Dynamik der Verständigung und verdienen deshalb gerade im psychoanalytischen Prozeß besondere Beachtung.

Wo auch immer miteinander gesprochen wird, ist dieses Sprechen von drei Polen bestimmt, die sich als Eckpunkte eines Dreiecks vorstellen lassen (vgl. Mahony, 1987, S. 59f). Der eine Punkt auf diesem kommunikativen Dreieck bezeichnet den, der etwas mitteilt, der sich ausdrückt, den *Expressor*, der andere den, der die Mitteilung empfängt, den *Rezeptor*, und der dritte Pol das, was die kommunikative Beziehung vermittelt, d.h. die verbalen (und averbalen) *Zeichen* und ihre *Referenz* auf das *Bezeichnete*, nämlich die innere psychische oder auch die äußere Realität. Die verschiedenen Diskursformen beziehen sich nun, wie Mahony zeigt, schwerpunktmäßig auf jeweils eine dieser Positionen im kommunikativen Dreieck, wobei es naturgemäß relevante Überschneidungen gibt. Der *referentielle* Diskurs, der relativ geschlossene, auf Fakten bezogene und Fakten vermittelnde Diskurs ist uns bereits im Zusammenhang mit der Diskussion über die Gesprächsformen beim Sachgespräch begegnet. Diese Diskursform findet sich überall dort, wo das Vermitteln von Tatsachen, etwa in wissenschaftlichen Diskussionen, ganz im Vordergrund steht. Der referentielle Diskurs ist zwar auch an einen Rezeptor gerichtet und enthält dementsprechend immer auch Elemente, die mit der wesentlichen Funktion dieser Diskursform interferieren und, statt sich allein auf die Faktenvermittlung zu beschränken, beim Rezeptor Wirkungen zu erzeugen versuchen, also Elemente des Rhetorischen. Aber schwerpunktmäßig bezieht der referentielle Diskurs sich auf die Referenz, auf das Zeichen und das Bezeichnete, was in besonderer Weise für den geschlossenen mathematisch-naturwissenschaftlichen Diskurs oder den Diskurs mit formalisierten logischen Kürzeln und Kalkülen der philosophischen Logistik gilt. Der *dialektische* Diskurs ist, wie der referentielle Diskurs, auf die Referenz bezogen. Er unterscheidet sich aber vom referentiellen Diskurs, wie wir noch sehen werden, durch seine spezifische Art der kommunikativen Vermittlung. Dagegen ist der *rhetorische* Diskurs, die Rhetorik im klassischen Sinne als Kunst des Schöner-und-anders-Sagens, des Überzeugens und Überredens, schwerpunktmäßig auf den Rezeptor gerichtet, bei dem die Rede spezifische, intendierte Wirkungen zu erzeugen hat. Bei dem *expressiven* Diskurs steht schwerpunktmäßig der Expressor, sein persönlicher Ausdruck im Mittelpunkt, seine persönliche Ausdrücklichkeit, die er in die Rede einbringt, während beim *ästhetischen* Diskurs der Schwerpunkt auf der Referenz, auf der spezifischen Struktur der Zeichen und ihrer Beziehungen zum Bezeichneten, der Symbole und Symbolik liegt.

Diese unterschiedlichen Diskursformen lassen sich nun mühelos einigen bekannten Persönlichkeitsstrukturen zuordnen, die sich ihrer als für sie typische Formen der Rede bedienen: So bedient sich zum Beispiel die mit gesteigerter Emphase, mit dramatisch gesteigertem Pathos und überhaupt mit Tendenzen zur Dramatisierung und Übertreibung sich ausdrückende hysterische Persönlichkeit schwerpunktmäßig der expressiv-rhetorischen Schiene. Dagegen versucht der Zwangscharakter und Zwangsneurotiker vor allem streng referentielle Diskursformen zu verwenden. Allerdings kann dies auf unbewußter Ebene auch ganz anders aussehen, etwa indem über unbewußte kommunikative Modi der projektiven Identifizierung im Sinne einer unbewußten "Rhetorik" erhebliche Wirkungen ganz anderer Art im Empfänger ausgelöst werden können, als beim streng referentiellen Diskurs zu erwarten wären. Man denke etwa in diesem Zusammenhang an die Wut und an die Phantasien, die die pedantische Rede eines "vom Hölzchen aufs Stöckchen" kommenden zwanghaften Menschen in einem Hörer erzeugen kann.

In der psychoanalytischen Situation hat der Patient die Freiheit, sich derjenigen Diskursform zu bedienen, die seiner persönlichen Art entspricht und die ihm in einer gegebenen äußeren und/oder inneren Situation am besten dienen kann. Insofern hat der Patient auch die Freiheit, die von ihm eingesetzte Diskursform jederzeit zu verändern. Eine solche Veränderung ist in der Regel selbst bedeutungshaft, sie hat den Charakter eines "Anzeichens", eine Art Mitteilung, die über bedeutsame innere Vorgänge Auskunft geben kann. So wird eine bis dahin vor allem durch das analytische Setting zunehmend möglich gewordene freie, expressive Rede etwa unter dem Druck von Scham- und Schuldkonflikten mehr und mehr ins Stocken geraten und sich in Richtung auf eine eher rhetorisch-persuasive Tendenz verändern, etwa mit dem Ziel, durch Glaubenmachen des Analytikers eine von Abwehr gestaltete Sichtweise nicht mehr hinterfragen zu müssen und durch Veränderung der Diskursform die Freiheit und Offenheit des Dialogs einzuschränken.

Den *expressiven* Diskurs bestimmen neben den sprachlichen Elementen vor allem die nichtsprachlichen Elemente. Im Mittelpunkt steht hier die sich ausdrükkende Person mit ihren persönlichen Empfindungen, Vorstellungen und Gefühlszuständen, die sich auf vielfältigen Wegen der persönlichen "Rhetorik", zum Beispiel im Klang und Tonfall der Stimme, dem persönlichen Rhythmus des Sprechens, der spezifischen Wahl der Worte, aber auch in mimischen und gestischen Signalen vermitteln kann. Insofern vermittelt sich der Patient im psychoanalytischen Dialog vor allem über den expressiven Diskurs, wenngleich im fortschreitenden psychoanalytischen Prozeß das expressive Moment mit dialektischen Diskursformen zunehmend integriert und auch diesen gegenüber zurücktreten kann.

Auf den *ästhetischen* Diskurs werde ich an dieser Stelle nicht näher eingehen. Hierher gehört etwa die Frage der ästhetischen Kommunikation, ihrer Strukturen und Bedingungen sowie deren Verbindung mit der "ästhetischen" Dimension unbewußter Phantasien, wie sie etwa im Traum, aber auch in der "ästhetischen Rede" der Kunst, der Sprachkunst, der bildenden Kunst und der Musik zum Vorschein kommen (s. Kapitel 14-18). Gewiß führt aber eine gelingende Psychoanalyse, die die persönlichen Ausdrucksmöglichkeiten erweitert, auch zu einem Zuwachs an freien, kreativen und damit immer auch ästhetisch-diskursiven Möglichkeiten, auch wenn nicht jede Analyse gleich einen Künstler hervorbringt.

So konnte eine aufgrund tiefgreifender psychoneurotischer Konflikte geradezu eremitenhaft eingemauerte, etwa 45jährige Patientin, die über ihre berufliche Tätigkeit hinaus kaum zu irgendwelchen weitergehenden zwischenmenschlichen Kontakten finden konnte, im Laufe einer längeren Behandlung zunehmend ihre weggemauerte Gefühlswelt aufschließen und, indem die tiefgreifenden unbewußten Konflikte in der analytischen Begegnung erschlossen wurden, schließlich sogar einen Wunschtraum ihrer Kindheit realisieren und das Geigenspiel erlernen.

Sie kam damit so weit, daß sie fähig wurde, in Laienorchestern mitzuspielen, was ihr weitere relevante zwischenmenschliche Kontakt- und Beziehungsmöglichkeiten zu eröffnen vermochte. Ihre tiefgreifenden Konflikte um ihre expressiv-ästhetischen Ausdrucksmöglichkeiten, die zunehmend in der Dimension der Übertragung Gestaltung fanden und so auch zunehmend der psychoanalytischen Durcharbeitung zugänglich wurden, verhandelte sie, was nicht überraschen konnte, auch in ihrem geigerischen, musikalischen Ausdruck, dessen wachsende Gelöstheit die zunehmende, mit fortschreitender Therapie erfolgende grundsätzliche Veränderung und Erweiterung ihrer allgemeinen zwischenmenschlichen Beziehungsmöglichkeiten signalisierte. Zur Frage, inwieweit psychoanalytische Reflexion die ästhetische Potenz von Künstlern, die sich möglicherweise einer Psychoanalyse unterziehen, behindern, bedrohen oder gar zerstören könnte. Diese Frage wird im Zusammenhang mit der Diskussion psychoanalytischer Perspektiven der künstlerischen Kreativität wieder aufgenommen (vgl. Kapitel 15).

Rhetorische Diskursformen in der psychoanalytischen Situation im Sinne des klassischen Rhetorikbegriffs stehen, wie bereits deutlich geworden ist, in erster Linie im Dienste der Abwehr und des Widerstandes. Abgesehen davon, daß das Sprechen vom einen zum anderen immer Wirkungen im Empfänger erzeugt, steht in der rhetorischen Diskursform die *Absicht*, mit geradezu expliziten Mitteln der Sprache deren Wirkung in einer bestimmten intendierten Richtung zu steigern, ganz im Mittelpunkt. Die Rhetorik als eine Kunst, die im Sinne der aristotelischen Definition den Zuhörer möglichst gut zu überzeugen und zu überreden hat, ist eine letztlich bewußte intentionale Aktivität. In der psychoanalytischen Situation enthält das rhetorische Moment dagegen auch vorbewußte und unbewußte Elemente. Fast alle von Aristoteles aufgeführten Elemente des rhetorischen Diskurses, etwa die Erfindung oder das Finden von Argumenten logischer, moralischer und pathetischer Art, die spezifische Anordnung und Ordnung von Satz und Rede, Stil und die Verwendung von "Redefiguren" (wie etwa die Metonymie und Metapher, Anspielungen, Übertreibungen, Ausschmückungen und Umschreibungen etc.) sowie die Art der gesprochenen Rede, des Ausdrucks in Stimme und Gestik, lassen sich in mehr oder weniger abgewandelter Gestalt auch in der spezifischen Rhetorik eines Patienten als dessen persönliche Rhetorik seiner Vermittlung von Inhalten wiederfinden. Diese persönliche Rhetorik steht nicht zuletzt auch immer wieder im Dienste des defensiven Überredens und Überzeugens, z.B. mit logischen Argumenten der Rationalisierung. Oder sie steht im Dienste des defensiven Bemühens, den Analytiker von der Stimmigkeit der eigenen festgeschriebenen und von daher nicht mehr reflektierten Vorstellungs- und Erlebniswelt zu überzeugen, ihn zu einem Teil dieser eigenen Erlebniswelt, zum Mitakteur im Rahmen einer spezifischen, von der Dynamik von Übertragung und Gegenübertragung bestimmten kommunikativen Situation zu machen. Und wenn dies geschieht, wenn diese nicht reflektierte, in besonderer Weise auch unbewußt motivierte "Rhetorik" gelingt, dann wird diese zum Widerstand geraten, der die Freiheit und Offenheit des Diskurses in der analytischen Begegnung einschränken muß oder gar aufheben kann.

Die Rede des Analytikers sollte nach dem Verständnis des psychoanalytischen Diskurses als eines *herrschaftsfreien Diskurses* von rhetorischen Elementen ebenso frei sein wie von expressiven Elementen, da der Analytiker sonst seine Person und seine persönliche Gefühlswelt für den Patienten mehr oder weniger bedrängend oder gar vom Patienten als vergewaltigend erlebt in den Diskurs einbringen und in einer die Freiheit des Diskurses zerstörenden Weise persuasiv auf den Patienten wirken müßte. Damit würde der Analytiker seine Position der Neutralität verlassen. Wenn ein Analytiker expressiv-rhetorischen Tendenzen erliegt, derer er nicht ausreichend gewahr zu werden und sie im dynamischen Kontext als ein spezifisches interaktives Beteiligtwerden am fortschreitenden psychoanalytischen Prozeß zu begreifen und damit aufzuheben versteht, dann verliert er das spezifisch "Psychoanalytische" seiner Arbeitsweise, - er wird zum "Bloß-Psychotherapeuten". Viele nichtpsychoanalytische Psychotherapieformen vertrauen aber gerade auf solcherart rhetorische Elemente des Diskurses mit der Absicht, aus der Position eines Besserwissen, aus der Position einer Art Herrschaftswissens eine bestimmte Sicht oder eine für "richtig" erachtete Art der Problemlösung bei dem Patienten durchzusetzen.

Der Analytiker ist im psychoanalytischen Geschehen ein teilnehmender Beobachter. Das bedeutet, er ist sowohl erlebender, beteiligter, und das heißt unbedingt auch gefühlshaft involvierter Teilnehmer am Diskurs, der sich unter den von ihm angebotenen, dann gemeinsam vereinbarten und von ihm sichergestellten Rahmenbedingungen entfaltet. Und er ist zugleich auch Beobachter dieses Diskurses, dessen Beobachten nicht so sehr nur auf den Patienten, auf die Inhalte, auf seine spezifische Rhetorik und auf die Art der Beziehung des Patienten zu ihm insgesamt, sondern in besonderer Weise auch auf die eigene "Beteiligtheit" gerichtet sein muß. Hierzu braucht er definierte Kriterien, eine eindeutig definierte Referenzposition, von der her die Art und Weise der Beteiligung der beiden Partner des Diskurses, die sich entwickelnde Struktur oder Gestalt der interpersonalen Bezogenheit ständig zu erfassen, gleichsam "abzugleichen" und zu reflektieren ist. Diese Referenzposition ist aber in der Psychoanalyse jener 'herrschaftfreie Diskurs', der für sie charakteristisch ist.

Die Referenz der Herrschaftsfreiheit ist für den Analytiker von jenen Grundhaltungen aus zu definieren, die Bion (1967, S. 17-21, s.a. 1970, S. 40 f) unter dem Postulat "*without memory*", "*without desire*" zusammengefaßt hat. Diese Grundhaltungen, die in ihrem Kern eigentlich schon in Freuds technischen Schriften enthalten sind (vgl. z.B. Freud, 1912e), besagen, daß der Analytiker dem Patienten begegnen solle, ohne den Versuch zu machen, sogleich etwas über ihn zu erinnern, sowie ohne vom Patienten irgendetwas zu wollen, und das heißt letztlich auch, nicht unbedingt immer sogleich etwas von ihm wissen oder ihn unbedingt sogleich verstehen oder auch in einem therapeutischen Sinne ihm unbedingt helfen zu wollen.

Nun wird immer eingewendet, daß man das ja gar nicht befolgen könne, was auch sicher zutreffend ist. Aber ein solcher Einwand verfehlt die Tatsache, daß es sich bei diesen Grundhaltungen nicht so sehr um als solche tatsächlich nie vollständig einlösbare Forderungen handelt, sondern sehr viel mehr um eine Referenzposition, die dem Analytiker die Kriterien liefern kann, nach denen er oftmals überhaupt erst der spezifischen Art und Weise seiner gefühlshaften Beteiligung am Diskurs gewahr werden und kritisch reflektieren kann. Ohne eine solche Referenzposition kann er, wenn er etwa unreflektiert eine bestimmte Haltung des Wollens einnimmt - z.B. wenn er, statt die unbedingte Autonomie des Patienten im Auge zu haben, ihm lieber hilfreich, "therapeutisch" zur Seite stehen möchte und der Patient dieses "Wollen" auf defensiv-protektive Weise im Sinne seiner bewußten und unbewußten Intentionen instrumentalisiert - seine Verstrickung mit dem Patienten, sein Instrumentalisiert-Werden nicht erkennen. Eine unbewußt motivierte defensive Pseudo-Anpassung des Patienten an ein nicht selten als Bedrängung erlebtes therapeutisches Wollen des Analytikers im Sinne einer Flucht in die Besserung wird dann vom therapeutisch "wollenden" Analytiker als therapeutischer Erfolg mißverstanden, dagegen die manipulativ-kontrollierende oder offen-destruktive Auflehnung gegen die so erlebte hilfreiche Bedrängnis und fürsorgliche Belagerung unter Mißverstehen der spezifischen unbewußten Dynamik als "*negative therapeutische Reaktion*" begrifflich gefaßt und damit denunziert. Von dieser her wird dann in Fortsetzung einer solchen Wertung fälschlicherweise auf eine "gravierendere Pathologie" des Patienten rückgeschlossen, die ja nun beweise, daß der Patient viel "gestörter" als ursprünglich angenommen sei und deshalb noch intensivere Fürsorge und Hilfe brauche, was wiederum die defensiven Gegenhaltungen noch verstärken muß, so daß es schließlich zu einem nicht auflösbaren Patt in destruktiv-manipulativer Verstrickung kommen muß.

Weil solche Reaktionen des Patienten auf das therapeutische Beziehungsgefälle, auf das therapeutische Wollen des Analytikers, das sich ohne eine übergeordnete Referenzposition außerhalb wie eine Art *systematischer "Fehler"* auswirken muß, nicht ausreichend zu erkennen, zu problematisieren und zu reflektieren sind, kann es so zu einer Perpetuierung maligner "therapeutischer" Verstrickungen kommen, zu destruktiven Entwicklungen, wie ich diese nicht selten in Supervisionen von psychotherapeutischen und psychoanalytischen Prozessen beobachten konnte. Das gleiche wie zum therapeutischen Wollen ließe sich in diesem Zusammenhang auch zur Haltung bemühten Verstehens und Verstehenwollens oder zur intrusiven "empathischen" Haltung sagen. Diese meint, allein aus der eigenen Einfühlung heraus, an der Verständigung über Erfühltes vorbei dem Patienten sagen zu können, wie dieser sich erlebe, was er fühle, was er denke, was er wolle und müsse. Dies wird oft genug von Patienten, wenn nicht offen destruktiv, dann mit einer manipulativen Pseudo-Anpassung, nicht selten auch mit einer defensiv-protektiven Idealisierung des Analytikers beantwortet, mit Hilfe derer die als bedrohlich und zerstörerisch erlebte Intrusion des so gut gemeinten "Verstehens", des in der Tat "treffenden" Einfühlens" in Schach gehalten werden muß. (Ein eindrückliches Beispiel für eine solche destruktiv sich auswirkende, "empathisch deutende" Intrusion kann man bei Morgenthaler (1974, S.1089/90) finden). Auch solche destruktiven Entwicklungen, die im ungünstigen Falle zu einer Blockierung des Verständigungsprozesses oder aber zu einer kollusiven, von manipulativ kontrollierender Idealisierung getragenen Pseudo-Verständigung führen können, sind mir in Supervisionen oft begegnet.

Dies ist im übrigen mitnichten bloß ein Problem der psychoanalytischen Psychotherapie! Die in der praktischen Medizin so oft beklagte mangelnde "Compliance" der Patienten, (zu deutsch: Willfährigkeit, Unterwürfigkeit) - jedes Jahr wandern verordnete Medikamente im Wert von mehreren Milliarden Mark auf den Müll - hat in erster Linie mit einer solchen unverstandenen destruktiven Dynamik um die von ärztlicher Seite nicht genügend reflektierte "ärztliche Hilfe" zu tun. Hier ist im Zeitalter dringlicher Kostendämpfung eine grundsätzliche Diskussion des Arzt-Patient-Verhältnisses, vor allem auch aus psychoanalytischer Perspektive, dringend gefragt.

Nur von einer eindeutigen Referenzposition außerhalb, wie sie etwa die von Bion genannten Grundhaltungen als Referenz der Herrschaftsfreiheit vermitteln, vermag der Analytiker die jeweils spezifischen Erscheinungsformen und dynamischen Motive seiner aktuellen Beteiligtheit am Prozeß, seines jeweils aktuellen Erinnerns, seines aktuellen Wollens, seiner aktuellen Art des Verstehens und wie dieses wiederum seine Beteiligung an der Verständigung bestimmt, aus einer Position ausreichender Neutralität und Abstinenz des teilnehmenden Beobachters, als zugleich Beteiligter und Beobachtender des Geschehens erkennen und für sich infragestellen. Nur von einer solchen Referenzposition außerhalb kann er sich seiner, in ihm durch die aktuelle Begegung mit dem Patienten in Resonanz gebrachten eigenen Gefühlsregungen und Intentionen, seiner Gegenübertragung und der Art und Weise, wie diese vom Patienten auf spezifische Weise instrumentalisiert wird gewahr werden und als komplementäre Aspekte eines aktuellen Beziehungsgeschehens zwischen dem Patienten und sich selbst erkennen und bedenken.

Erst von daher kann der Analytiker Deutungen des Prozeßgeschehens entwikkeln, die den vielschichtigen Diskurs beider, die die dynamische Struktur ihrer Begegnung und Verständigung als umfassendere Beziehungsstruktur zum Gegenstand haben. Diese sind dann im Rahmen eines dialektischen Diskurses in deutender Verständigung durchzuarbeiten. Und so eröffnen sich dem Patienten schließlich auch Möglichkeiten, für die Schwierigkeiten und Probleme in seiner aktuellen Lebenssituation selbst konstruktive und kreative Lösungen für sich zu überdenken, und hierauf gestützt, von sich aus diejenigen Entscheidungen zur Veränderung zu treffen, die seinen persönlichen Lebensinteressen am besten entsprechen und seinem autonomen Wollen am angemessensten sind.

Dies führt zum Diskurs des gemeinsamen offenen, auf die Herstellung von Intersubjektivität gerichteten Reflektierens in der psychoanalytischen Begegnung, zum *dialektischen* Diskurs. Der dialektische Diskurs wird vor allem von zwei Aktivitäten bestimmt, deren eine auf das Vorführen einer Sichtweise und deren andere auf das Infragestellen und auf die Reflexion der vorgeführten Sichtweise und schließlich auf deren Revision oder Zurückweisung gerichtet ist. Der dialektische Diskurs hat nicht, wie ursprünglich in der *Eristik*, der "Kunst des Streitens" der alten Griechen, zum Ziel, einen Gegner argumentativ zu besiegen und zu erledi-

gen, was selbstverständlich schon gar nicht für die psychoanalytische Situation gelten kann. Einer solchen Auffassung von der Dialektik, der Auffassung, daß der Streit der Vater aller Dinge sei, stand etwa auch Freud (1916-17, S. 251) recht ablehnend gegenüber. Vielmehr ist es das Ziel des dialektischen Diskurses, vermittels eines immer wieder neuen Problematisierens, Infragestellens und Bezweifelns dessen, was gewiß scheint oder was im Verlaufe des gemeinsamen Verständigungsprozesses zur gemeinsam geteilten Gewißheit geworden ist, der Wahrheit näher zu kommen, die jenseits aller privaten oder auf kollusive Verleugnung gegründeten Selbst- und Weltsicht in der staunenden, fragenden, zweifelnden und Antworten suchenden Intersubjektivität begründet liegt. Erst mit dem Willen, in der Begegnung und Verständigung mit dem anderen vertraut gewordene Ordnung, vertraut gewordene Selbst- und Weltsicht infragezustellen und neu zu deuten - "Nicht, daß sich dieses Symbol nicht deuten läßt. Ich deute nicht, weil ich mich in meiner gegenwärtigen Welt heimisch fühle" (Ludwig Wittgenstein, 1929-1948, S. 324) -, kann sich eine solche Wahrheit der Verständigung einstellen.
Die Dialektik, der dialektische Diskurs, wird von vier Grundprinzipien bestimmt (vgl. Mahony, 1987, S. 71, der hier Bird, 1955, folgt), die jedes auf seine Weise auch im psychoanalytischen Diskurs zum Tragen kommen. Der dialektische Diskurs ist

1. *propositionell* oder *rekommendativ*, nicht faktisch feststellend oder im Dienste irgendeiner Absicht stehend. Faktisch feststellend ist der referentielle Diskurs, etwa in der Naturwissenschaft, der etwas über Dinge und Verhältnisse, etwa kausaler Art, aussagt. Dagegen richtet sich der dialektische Diskurs auf *Aussagen* über Dinge und Verhältnisse. Für den psychoanalytischen Diskurs bedeutet dies, daß der Analytiker seine Position weder faktisch feststellend vermittelt, etwa mit einer Deutungen wie "Der Zeppelin in Ihrem Traum *ist* ein Penis ..." oder "Die Frau in Ihrem Traum *ist* Ihre Mutter", was lediglich eine Bedeutung durch eine andere ersetzen, aber keine neue Bedeutung hervorbringen würde (im Gegenteil, denn jede Übersetzung geht, wie an anderer Stelle deutlich geworden war, mit einem semantischen Verlust einher, vgl. Kapitel 8), noch daß er im Sinne der faktischen Feststellung von Kausalverhältnissen deutet, wie zum Beispiel "Sie fühlen das so, *weil* Ihre Mutter immer ..." oder "Sie müssen das immer so machen, *weil* Sie immer ...". Vielmehr sind die Mitteilungen des Analytikers, d.h. seine Deutungen und Angebote zu einer nicht "richtigeren" oder "besseren", sondern zu einer *anderen* Sichtweise der Dinge. In diesem Sinne hat Wilfred Bion einmal die folgende Intervention formuliert:

"So, Sie stimmen meiner Deutung nicht zu. Ich glaube nach wie vor, daß sie richtig ist, obwohl sie falsch sein kann. Vielleicht können wir sie so stehen lassen, um mal zu sehen, was dabei herauskommt" (1987, S. 77), was heißt: Die propositionelle Deutung kann erst im Laufe des weiteren Diskurses, im Sinne einer Interaktion verschiedener Perspektiven, ihre Plausibilität und Kohärenz mit dem Text und Kontext des Patienten und damit eine Annäherung an Wahrheit erbringen.

2. Die dialektische Diskurs ist *interrogativ*, nicht demonstrativ. Er formuliert Fragestellungen, statt Antworten vorzuführen. Aus Fragestellungen ergeben sich Anregungen zum assoziativen Verfolgen von Gedanken, Phantasien, Erinnerungen und Empfindungen, und die daraus erwachsenden Antworten dienen letztlich allein dem Zweck, neue Fragestellungen zu generieren. Diese im Diskurs entwikkelten Fragestellungen beziehen sich immer mehr oder weniger auf Behauptungen, die zu überdenken und für die vorläufige Antworten zu finden sind, die wiederum neue Fragestellungen generieren können usw.

Dieser Vorgang läßt sich an einem kleinen Beispiel anschaulich machen (vgl. Haesler, 1990, S. 192): So hatte Wolfgang Hildesheimer in seinem Buch über Mozart (1977) die eigentümliche geschäftliche Distanz, mit der Mozart in einem Brief an den Vater den gerade eben erfolgten Tod der Mutter behandelte, mit der Bemerkung kommentiert: "Jetzt ist es aber endlich genug. Objektverlust des Genies? Wohl kaum. Die Mutter war, seit seiner Kindheit, kein Objekt mehr ..."(S. 82). Von daher bewertete Hildesheimer dann auch den anderen, an den Abbé Bullinger geschriebenen Brief Mozarts als aus barocker Konvention hervorgegangen und somit im Affekt dramatisiert und eigentlich unecht. Man kann nun sicher Hildesheimer zustimmen, wenn er sich der schwülstigen Interpretation dieses Briefes an den Abbé als "das herrlichste Denkmal kindlicher Liebe", wie Paumgartner diesen Brief bezeichnet hat, widersetzt, denn er möchte in seiner Interpretation weder in positivem noch in negativem Sinne werten, und in dieser Absicht ist ihm vom Standpunkt des Psychoanalytikers unbedingt zuzustimmen! Aber dennoch reizt Hildesheimers Aussage zum Widerspruch. Denn abgesehen von der problematischen Art der Verwendung des Begriffs "Objekt" durch Hildesheimer, scheint sich seine Feststellung bloß auf die Oberfläche zu beschränken, was zu hinterfragen ist. Die psychoanalytische Erfahrung und daraus entwickelte Konzepte lassen eigentlich einen anderen Umgang mit dem Tod der Mutter erwarten, als dies an Mozarts Verhalten erkennbar wird. Dieses Abweichen von den aus der psychoanalytischen Erfahrung abgeleiteten Erwartungen schafft etwas "Befremdendes", was Interpretationsbedarf hervorruft. Die aus psychoanalytischer Perspektive sich ergebende, naheliegende Deutung, "Mozart hat möglicherweise seine Trauer verleugnet", wird nun, wenn sie als *Deutung* und nicht als (Pseudo-) *Erklärung* mißverstanden wird - was weiteres Fragen beenden würde, weil aufgrund der "Erklärung" kein weiterer Bedarf zu fragen bleibt - zum Anlaß von weiteren Fragen, zum Beispiel nach dem *Woher*, *Wohin* und *Wozu* (vgl. Freud, 1916-17, S. 294) der geschilderten Haltung Mozarts. Diese Fragestellungen sind an das Material zu richten, etwa auch an jenen nach barocker Konvention modellierten Brief an den Abbé Bullinger oder kritisch an Deutungsversuche anderer oder forschend an die Archive oder möglicherweise auch an die Musik, soweit sie sich zu solcher Art Fragestellungen hergibt. Das Material wird so Antworten geben, die neue Interpretation und weitere Fragestellungen generieren können usw., bis sich allmählich ein möglicherweise vertiefteres, wahreres Verständnis von Mozarts komplizierter Beziehung zu seiner Mutter und von den vielschichtigen Motiven seines Reagierens bei deren Tod vermitteln kann, als uns die apodiktischen Feststellungen Hildesheimers festschreiben möchten.

Strukturell gesehen geht es im Umgang mit dem "Text" des Patienten und der Art und Weise, wie sich dieser in der Intersubjektivität entfaltet in gleicher Weise zu, wie in diesem kleinen Beispiel, selbst wenn wir nicht Archive, Deutungen anderer oder Ausdrucksformen des Patienten außerhalb der analytischen Situation, sondern den Patienten und seine weitere Rede sowie deren Wirkungen in uns zur weiteren Klärung befragen können und zu befragen haben.

3. Der dialektische Diskurs ist *kontrovers*, allerdings nicht in einem eristischen oder rhetorischen Sinne. Das Formulieren kontroverser Antworten erfolgt eher im Sinne eines Herausstellens von Gegensätzen, im Sinne eines "Einerseits und Andererseits". Es dient nicht dem Überreden und Besiegen, sondern der zunehmenden Annäherung an einen disputierten, reflektierten Sachverhalt. Das Kontroverse enthält immer auch ein spielerisches Moment, ein Moment des freien Spiels mit Uneindeutigkeit, das mit seiner Offenheit oft genug vom Patienten als verunsichernd befürchtet und dann in defensiv-protektiver Intention zur rigiden Eindeutigkeit verwandelt wird, zum Beispiel mit einer Abspaltung und Verleugnung destruktiver Anteile nach außen und einer kompensierenden, über-eindeutigen, schwärmerischen Idealisierung gegenüber dem Analytiker. Solche Reaktionen gilt es im weiteren Diskurs zu problematisieren und deren intrapsychisch kontroversen, d.h. konflikthaften Charakter zu erschließen.

4. Schließlich ist der dialektische Diskurs *infinit*, das heißt, er ist immer offen und unabgeschlossen, weil unabschließbar. Psychoanalytische Erkenntnis ist, wie jede Erkenntnis, immer vorläufig, niemals endgültig. Sie geht aus der kritischen, deutenden Auseinandersetzung und Verständigung mit dem Patienten hervor, eine Auseinandersetzung, die nie zu beenden ist, weil Erkenntnis und Wahrheit niemals endgültiger Natur sein können. Denn was heute als wahr erkannt ist, kann morgen, aufgrund der sich ständig verändernden Perspektive, schon wieder unwahr, d.h. keine ausreichende, Sinn und Orientierung stiftende Antwort mehr sein, und neue Deutung herausfordern.

Die Entwicklung dialektischer Diskursmöglichkeiten in der psychoanalytischen Begegnung in dem hier vorgestellten Sinne erschließt immer neue Bedeutung, ein Prozeß, der aus der Verklammerung mit den überkommenen inneren Objekten der Lebensgeschichte, aus der Fesselung an bloß "eine" Bedeutung, wie diese in der rigidisierten Übertragung sichtbar wird, herausführen und damit einen Zuwachs an Freiheitsgraden möglich machen kann, der das Wesen jeder psychischen Veränderung ist. In diesem Sinne sagt Freud, wenn er von der Wirkung der Analyse spricht, daß sie "...dem Ich des Kranken die Freiheit schaffen soll, sich so oder anders zu entscheiden" (1923, S. 280). Wenn eine Analyse gelingt, dann geht der psychoanalytische Diskurs in Gestalt von dauerhaften reflexiven Haltungen in die Persönlichkeitsstruktur des Patienten ein. Deshalb setzt sich auch nach Abschluß einer analytischen Behandlung dieser reflexive Prozeß in autonomer

Regie des Patienten fort, im Sinne einer Fähigkeit zu selbstanalytischer Reflexion, die ein auch später noch wachsendes, autonomes Erleben und Handeln ermöglichen kann. So kann man katamnestisch oft beobachten, wie es gerade auch nach dem Analyseende zu weiteren bedeutsamen, autonomen Entwicklungsschritten des ehemaligen Patienten kommen kann, die die Wirksamkeit verinnerlichter, kritisch reflexiver Tendenzen zeigen. Eine solche Entwicklung kann um so mehr möglich werden und gelingen, je mehr der Patient in wachsendem Vertrauen auf das offene Miteinander-Sprechen im Sinne des dialektischen Diskurses wirkliche Intersubjektivität und damit intersubjektive Wahrheit erfahren kann.

Und nur insofern diese Wahrheit des Intersubjektiven sich einstellt, ist davon zu reden, daß es im infiniten, dialektisch deutenden Verständigungsprozeß auch Augenblicke geben kann, in denen es zu einem, wenn auch immer nur vorläufigen Ende des Interrogativen und Kontroversen kommen kann: *Augenblicke des Konsenses der Verständigung, die nicht mehr gedeutet werden müssen.* Dennoch aber gilt: Was heute wahr ist und deshalb nicht weiter gedeutet werden muß, kann morgen schon wieder aus sich verändernder, aus veränderter Perspektive unwahr sein, eine Einsicht, die nur im Vertrauen auf eine im psychoanalytischen Diskurs verwirklichte Möglichkeit der Verständigung mit dem anderen tragbar ist und auf diese Weise "das Leben auszuhalten" (Freud 1915, S. 60) erlaubt: Das ist das Ziel des herrschaftsfreien deutenden Diskurses, der *talking cure* Psychoanalyse.

12. Störungen der zwischenmenschlichen Verständigung I Die traumatische Zerreißung der Kontinuität

Im folgenden werden jene Störungen näher betrachtet, die durch eine traumatische Zerreißung der Kontinuität gefundener Verständigungsmöglichkeiten in der kindlichen Entwicklung und im späteren Leben zustande kommen, um daran anschließend Störungen der zwischenmenschlichen Verständigung zu untersuchen, die durch intrapsychische Kontroversen, d.h. durch Konflikte vor allem unbewußter Natur entstehen.

Wenn wir in der Psychoanalyse von *Trauma* sprechen, dann bedienen wir uns eines Begriffs, der aus der somatischen Medizin stammt und dort körperliche Schäden und Verletzungen bezeichnet, die durch äußere Krafteinwirkung auf den Körper hervorgerufen werden. Der Begriff "*psychisches Trauma*" stellt folglich eine Analogie dar, mit der die heftige Erschütterung, der Einbruch in eine gegebene psychische Struktur und die daraus hervorgehenden bleibenden Folgen begrifflich gefaßt werden sollen. Unter psychischem Trauma verstehen wir demzufolge Ereignisse im Leben eines Menschen, die durch deren Intensität sowie durch die Unmöglichkeit des betreffenden Menschen, darauf im Rahmen der ihm zuhandenen Bewältigungsmöglichkeiten zu antworten, zu einer Erschütterung der psychischen Organisation, zur Zerreißung der Kontinuität und zu bleibenden strukturellen Veränderungen führen, die den Bezug zum ursprünglichen traumatischen Ereignis mehr oder weniger deutlich erkennen lassen. Psychisches Trauma bezeichnet demzufolge einen psychischen Notstand aufgrund einer Überwältigung der psychischen Struktur mit Reizen. Dies führt zu einer Durchbrechung dessen, was Freud den *Reizschutz* nannte, eine in der psychischen Entwicklung zunehmend sich herausdifferenzierende Funktion, die, wie eine Art schützende Membran, die psychische Organisation durch angemessene Strukturen der Reizverarbeitung zu schützen hat. Die "traumatische" Durchbrechung des Reizschutzes hat eine Überflutung der psychischen Organisation mit unkontrollierbaren Erregungen zur Folge, vor allem mit überwältigenden Affekten der Angst und Ohnmacht, die die Kohärenz der psychischen Struktur zu zerstören drohen, ein Einbruch, eine Sprengung protektiver psychischer Struktur, die im Falle des echten psychischen Traumas mit bleibenden Folgen verbunden ist.

Die Reize, die zu solchen Wirkungen führen, können vielfältiger Natur sein. Hierzu gehören an erster Stelle Situationen, die mit Todesschrecken und katastrophischem Erleben im Gefolge unmittelbarer realer Gefährdung und Erschütterung verbunden sind, wie etwa bei jener Frau, die als Jugendliche mit ihrem heißgeliebten Vater gemeinsam einen Ausflug mit dem Auto unternommen hat, bei dem das Auto beim Überfahren eines unbeschrankten Bahnübergangs vom Zug erfaßt worden ist. Ihr Vater war nach kurzer Zeit unter schrecklichen, für die Patientin entsetzlich miterlebten und mitdurchlittenen Todesqualen gestorben, während die Patientin praktisch unverletzt geblieben ist: ein traumatisches Ereignis, das sich fortan in ihrem Leben in alle zärtlich-liebevollen Beziehungen zu Männern und schließlich auch zum Ehemann in einer für sie selbst und für ihre Partnerschaft destruktiven Weise assoziativ eingezeichnet hat. Auch weniger schreckliche Trennungserfahrungen, seien diese endgültiger Natur, wie der Tod oder der Verlust von wichtigen Bezugspersonen, oder auch nur vorübergehende Trennungserfahrungen können traumatische Auswirkungen haben, wenn diese Ereignisse auf eine psychische Struktur treffen, die solche Trennungs- und Verlusterfahrungen noch nicht ausreichend integrativ bewältigen kann. Schließlich kann auch eine an sich stabile psychische Struktur traumatisch erschüttert und bleibend verändert werden, wenn sie andauernden katastrophischen Extremsituationen ausgesetzt wird, wie dies etwa bei den Opfern von schweren Naturkatastrophen, Kriegshandlungen, von Folterung und Geiselhaft, besonders entsetzlich aber bei den Überlebenden der nationalsozialistischen Konzentrationslager geschehen ist.

Das Durchbrechen der Reizschranke mit nachfolgender Reizüberflutung kann aber auch von Reizen ausgehen, die nicht von der Außenwelt, sondern von innen stammen. Dies ist z. B. in der Pubertät der Fall, in der oftmals die mit der körperlichen Entwicklung und dem geschlechtlichen Wachstum aufkommende körperlich-sexuelle Erregbarkeit und manifeste sexuelle Erregungen die bis dahin entwickelte psychische Struktur mit erheblichen Bewältigungsanforderungen belasten. Von daher läßt sich zu Pubertätsbeginn oft ein traumatischer Zusammenbruch der Bewältigungsmöglichkeiten der psychischen Struktur beobachten - M. und E. Laufer (1984) sprechen von einem 'developmental breakdown', von einem Zusammenbruch der Entwicklung - dessen oftmals zunächst nur vorläufige "Reparatur" im weiteren Verlauf der Adoleszenz entweder in einer weiteren integrativen Bearbeitung zu einer endgültigen, konstruktiven Integration des sexuellen Körpers in die Gesamtpersönlichkeit führen oder aber mißlingen und beim Adoleszenten zu psychopathologischen Symptomen Anlaß geben kann.

Eine besonders verheerende Situation entsteht naturgemäß dann, wenn eine an der Grenze zum Traumatischen stehende Beanspruchung durch Reize von innen sich mit einer traumatischen Reizüberflutung von außen verbindet, wie dies etwa beim sexuellen Mißbrauch Heranwachsender mit ihren dauerhaft lastenden Folgen für die weitere Entwicklung und Integration der psychischen Struktur der Fall ist. Daß sich auch gleichsam *retroaktiv* frühere Ereignisse durch nachträgliche Bedeutungsverschiebung, Bedeutungserweiterung oder Bedeutungszuweisung traumatisch auswirken können, war bereits im Zusammenhang mit der Diskussion über die *Nachträglichkeit* deutlich geworden (vgl. Kapitel 10).

Ob die Situation einer überstarken Reizanflutung schließlich zu einer Durchbrechung des Reizschutzes und zu nachfolgenden dauerhaften pathogenen Wirkungen auf die psychische Organisation führt, also traumatisch wird, ist somit, wie man sehen kann, von einer ganzen Reihe von Faktoren abhängig. Zum einen wird dies natürlich von der Stabilität und Tauglichkeit des Reizschutzes, von der *Stärke des Ich* bestimmt, die naturgemäß altersabhängig unterschiedlich differenziert und entwickelt ist. Ein schwaches Ich wird eher zum psychischen Trauma disponieren als ein starkes Ich. Dementsprechend werden Ereignisse um so eher traumatische Auswirkungen erlangen, je weniger die betreffende psychische Struktur schon entwickelt ist, d.h. im Kleinkindalter eher als im späteren

Kindesalter und beim Erwachsenen eigentlich nur dann, wenn es zu Extremsituationen kommt. Zum anderen ist es natürlich von der Intensität eines Ereignisses abhängig, ob es traumatische Wirkungen hat. Es gibt Ereignisse, unter denen jede, auch die sonst stabilste psychische Struktur bleibend zerbricht. Wer zum Beispiel Primo Levis Berichte über seine jegliche menschliche Vorstellungsmöglichkeit übersteigende Konzentrationslagerhaft in Auschwitz mit ihren unvorstellbaren körperlichen und seelischen Mißhandlungen, jeglichen Sinn und Hoffnung zerstörenden Demütigungen und ausweglosen Todes- und Vernichtungsdrohungen gelesen hat, der wird wissen, wovon hier die Rede ist.

Schließlich werden die Auswirkungen eines Traumas auf die psychische Struktur wesentlich sowohl von den inhärenten, integrativen und reparativen Funktionen des Psychischen beeinflußt, die im Sinne selbstregulierender Tendenzen in der psychischen Entwicklung einen traumatischen Einbruch in seinen die psychische Kontinuität zerreißenden Auswirkungen einzudämmen tendieren, als auch von der Art und Weise, wie die jeweiligen Bezugspersonen mit dem Traumatisierten und seiner Erschütterung umgehen. Kinder, die Trennungs- und Verlusterfahrungen erlitten haben, werden diese eher integrieren können, wenn sie sich verläßlich auf jemanden stützen können, der ihnen die Last des Erlittenen zu tragen hilft und damit Möglichkeiten einer integrativen Auseinandersetzung mit der traumatischen Erfahrung schafft. Auf diese Weise kann eher vermieden werden, daß ein von unbewußten Kräften mitbestimmtes Phantasieren um mögliche Ursachen einer anders nicht begreifbaren traumatischen Realität dauerhaft in die psychische Struktur eingeht und dann von daher das spätere Erleben und Handeln in destruktiv beeinträchtigender Weise beeinflußt, wie dies im 10. Kapitel im Zusammenhang mit den Kategorien der Vergangenheit unter der Kategorie der geschehenen, aber vom Kind nicht erfaßbaren Realität dargestellt wurde.

Die traumatische Intensität und deren weitere Auswirkungen auf die psychische Organisation werden aber auch davon bestimmt, ob ein traumatisch werdendes Ereignis auf einen bereits vorhandenen Konflikt stößt. Wenn ein mehr oder weniger bewußtseinsfähiges oder auch unbewußtes Phantasieren im Sinne eines "*phantasy come true*" durch Geschehnisse in der Realität gleichsam "Bestätigung" findet, kann dies besonders verheerende Folgen für die weitere Entwicklung der psychischen Struktur haben. Es kommt so zu einer Art Loch im Ich, zur Störung der Realitätsprüfung, der Differenzierung von äußerem Geschehen und innerem Phantasieren darum. So sah ich einmal einen Patienten, der im Alter von vier Jahren in heftigen, zum Teil bewußtseinsfähigen Rivalitätskonflikten mit dem auf Fronturlaub anwesenden Vater verstrickt, diesem bei seiner Abreise *expressis verbis* gesagt hatte, daß der nie wieder kommen solle. Nicht lange darauf hatte man der Mutter mitteilen müssen, daß der Vater bei Kampfhandlungen in Rußland vermißt geblieben sei. Dies war zu einem tiefen, das ganze weitere Leben des Patienten, insbesondere sein Selbstverständnis als Vater, die komplexen Identifizierungen mit ihm bestimmenden traumatischen Ereignis geworden. Er hat mehrmals geheiratet, hatte aus jeder seiner Ehen Kinder, war aber immer wieder, wie er sagte, "irgendwie als Vater für die ausgefallen", das heißt, er hatte sich immer wieder, wenn seine Kinder in die Nähe seines "traumatischen Alters" kamen, aus den familiären Bindungen gelöst und sich schließlich scheiden lassen. Materiell war es ihm gelungen, eine große, weltumspannende Firma aufzubauen, so daß er sich unstet "mal hier, mal dort" aufhalten konnte. Dabei war es ihm, bei aller nach außen sichtbaren Beziehungslosigkeit, ein besonderes Anliegen, aus seiner Ferne seine Kinder von überall her regelmäßig telefonisch zu erreichen, in einem Selbstverständnis, für diese zwar ein verlorener, abwesender, dennoch aber ein für sie nicht gestorbener, sondern wenigstens telefonisch noch anwesender Vater zu sein. In einer Art Logik des *post ergo propter*, in einer aus der *phantasy-come-true*-Konstellation erwachsenen Logik hatte er die traumatische Erfahrung mit seiner konflikthaften Beziehung zum Vater und mit seinem gegen den Vater geäußerten Wunsch beim Abschied verknüpft. Von daher brachte ihn die Aktualisierung des ödipalen Konflikts in seiner eigenen Vaterschaft nun selbst in die Position des tödlich bedrohten Vaters und nötigte ihn zu einem defensivem Agieren, dessen schmerzliche, Folgen er nur begrenzt und nur an der traumatischen Erfahrung modelliert einzugrenzen vermocht hatte. Die Aufdeckung dieser dem Patienten selbst nicht bewußten Zusammenhänge führte zu einer tiefen Erschütterung, in deren Gefolge es nicht nur zum Schwinden der ihn erheblich belastenden inneren Unruhe und der ihm selbst rätselhaften Stimmungen der Leere und des Lebensüberdrusses kam, sondern auch zu einer grundsätzlichen Revision und Intensivierung seiner Beziehung zu seinen Kindern.

Vielfach kommt es im Gefolge einer traumatischen Erfahrung zu einer Art "Einkapselung" des traumatischen Bereiches im Sinne einer mehr oder weniger effektiven Abwehr gegen die Erinnerung, gegen eine neuerliche Reizüberflutung. Die Mobilisierung von an das Trauma rührenden gegenwärtigen Erfahrungen wird dann konflikthaft, *der Umgang mit dem Trauma wird zum Konflikt.* Dies kann man insbesondere bei Menschen beobachten, die Extremtraumatisierungen erlitten haben, etwa bei KZ-Opfern, deren ganzes weitere Leben oftmals von dem ständigen Kampf gegen die Erinnerung bestimmt ist. Da diese Einkapselung aber nur begrenzt tragfähig ist, kommt es, angeregt etwa durch alltägliche Geschehnisse und Anlässe, die die Erinnerung zu mobilisieren vermögen, wiederholt zum drohenden Durchbruch der überwältigenden Erinnerungen, aber auch zur Überwältigung in Gestalt nächtlicher Alpträume, in denen die entsetzlichen Erinnerungen immer wieder der vergeblichen Bearbeitung unterworfen werden. Im Hinblick auf diese Auseinandersetzung mit dem nicht Bewältigbaren nahm Primo Levi ein Zitat aus dem "Rime of the Ancient Mariner" von Coleridge zum Motto seines letzten Buches:

> "Since then, at an uncertain hour,
> That agony returns:
> And till my ghastly tale is told
> This heart within me burns."

(Seitdem, in einer unbestimmten Stunde kehrt diese Agonie wieder: und bis meine entsetzliche Geschichte erzählt ist, wird dieses Herz in mir weiter brennen). Da aber die entsetzliche Geschichte der Erlebnisse von Auschwitz nie wirklich erzählt werden kann, ohne zur völligen, die psychische Integrität zerstörenden Überwältigung zu führen - wie ein Überlebender dies einmal formulierte: "Wenn wir davon sprechen, müssen wir zerbrechen" - hört das Herz nie zu brennen auf.

Oftmals gelingt es aber, das Trauma so weit "einzukapseln", daß es in der psychischen Organisation scheinbar stumm bleibt. Bei näherer Betrachtung läßt sich aber dennoch erkennen, daß das Trauma motivationelle Wirkungen entfaltet, wie etwa bei jenem Patienten, der in einer für ihn auch in erheblichem Maße psychisch traumatisierenden Weise seinen Arm verloren hatte und dies zum Beispiel mit Hobbys zu kompensieren suchte, für die eine ganz besondere Fingerfertigkeit erforderlich war, so, als müsse er sich auf diesem Weg beweisen, daß das Trauma für ihn keine relevanten Folgen hinterlassen habe. Es war eine Art der Traumabewältigung, die, wie letztlich auch bei diesem Patienten erkennbar, meist nur in begrenztem Umfange und nur unter bestimmten äußeren und inneren Bedingungen tragfähig ist.

Nicht selten kommt es aber im Zusammenhang mit der psychischen Verarbeitung von Traumen, die scheinbar bewältigt und eingekapselt werden, zu einem späteren signifikanten Zeitpunkt zu einer massiven Aktualisierung der traumatischen Erfahrung. Dies geschieht häufig dadurch, daß eine spätere, an die traumatische Erfahrung erinnernde Situation aufgrund ihrer spezifischen Gestalt, aufgrund ihrer Gestaltähnlichkeit, die Erinnerung an das ursprüngliche Trauma wachruft und dieses neuerlich überwältigend aktualisiert. Nicht selten erfolgt dies im Zusammenhang mit Jahrestagen von belastenden traumatischen Erfahrungen, zum Beispiel von Trennungen, im Zusammenhang mit dem Erreichen eines bestimmten Alters, in dem etwa ein Elternteil gestorben war, oder im Zusammenhang mit dem Erreichen eines bestimmten Alters von Kindern, in denen Eltern als Kinder ihre Eltern verloren hatten usw. Solche zeitbezogenen Aktualisierungen werden, der amerikanischen Prägung des Begriffs folgend, *Anniversary Reactions* genannt (vgl. Haesler, 1985). Hierbei handelt es sich um unbewußt bestimmte psychische Phänomene, die sich aber auch in Gestalt eines bewußtseinsfähigen defensiven Phantasierens um Zeiten, Lebensalter und so erlebte "kritische" Daten manifestieren können, etwa als bewußt gehegte Vorstellung, zum Beispiel nur ein bestimmtes Alter, etwa das der Eltern, erreichen zu können, in dem diese starben. Eine solche bewußte Präokkupation wird aber in der Regel von einer unbewußt determinierten Art der Datums- und Zahlenmagie geleitet, die einer bestimmten Alterszahl oder einem bestimmten Datum eine besondere mit einem unbewältigten Trauma und/oder Konflikten um dieses Trauma verknüpfte Signifikanz verleiht. Die bewußte Präokkupation mit solcherart zahlen- und datumsbezogenen Vorstellungen stellt dann einen Versuch dar, im Sinne einer Art zwanghaften Abwehr die bedrohliche, unbewußte Relevanz der mit der Zahl oder dem Datum verknüpften Vorstellung oder Erinnerung aufzuheben.

Thomas Mann hat hierfür ein anschauliches Beispiel gegeben: Am Schluß seines 1930 geschriebenen "Lebenslaufes" hatte er, wie er im "Entstehungsroman des Dr. Faustus" dargestellt hat, "in halb spielerischem Glauben an gewisse Symmetrien und Zahlenentsprechungen in meinem Leben, die ziemlich bestimmte Vermutung geäußert, das ich im Jahre 1945, 70jährig, im selben Alter also wie meine Mutter, das Zeitliche segnen würde". Als dieser "kritische" Termin herangekommen war, hatte er sich spöttisch, ironisch-überlegen gegen jene verhalten, die um ihn und seine Gesundheit besorgt waren und ihm seine düstere Prophezeiung ausreden wollten. Schließlich, nachdem der "kritische" Zeitpunkt vorübergegangen war, hatte er gemeint, daß "meine Ordnungsliebe ... nicht ausgereicht [habe] meinen Tod herbeizuführen". Anläßlich einer Neuauflage des genannten "Lebenslaufes" im Jahre 1954 fügte er in einer Fußnote zu seiner 1930 gegebenen Prophezeiung die Bemerkung bei: "Mit dankbarer Genugtuung stellt der Leser fest, daß sich des Dichters düstere Vermutung als eine sublime Methode herausgestellt hat, das Schicksal zu bestechen" (1930/1955, S. 255), das heißt, als eine sublime (der Struktur nach eigentlich zwangsneurotisch organisierte) Methode, den destruktiven Implikationen seiner Identifizierungen mit der Mutter zu entgehen. Bemerkenswert bleibt aber, daß Thomas Mann im Jahre 1945, in seinem kritischen 70. Lebensjahr, eine lebensbedrohliche, zum operativen Eingriff zwingende Lungenerkrankung durchmachte und mit seinem Roman *Dr. Faustus*, seinem "Schmerzensbuch", die trotz des "Bestechungsversuchs" eingetretene, unbewußt determinierte "Anniversary-Krise" nicht nur psychosomatisch, sondern auch kreativ bewältigt hat.

Oft genug treten aber solche Anniversary-Phänomene ohne erkennbaren direkten Zusammenhang mit alterszahlenbezogenen oder datumsbezogenen magischen Vorstellungen auf, also nicht in einem unbewußt determinierten Datums- und Zahlenerleben begründet. In diesen Fällen, in denen im Rahmen eines therapeutischen Prozesses der Zusammenhang mit einer Alterskonstellation erst *sekundär* erkannt und aufgedeckt werden kann, ist es nicht die Alters*zahl* oder das jeweilige Datum, das die Aktualisierung eines traumatischen Erlebens der Vergangenheit herbeiführt, sondern die spezifische Struktur oder *Gestalt* der aktuellen Situation. So etwa bei einem Patienten der Fall, der im Alter von 8 Jahren seinen Vater auf tragische Weise, durch die Folgen eines Sportunfalls, verloren hatte. Als sein Sohn sich diesem kritischen Alter genähert hatte, hatte der Patient bemerkt, daß er weitaus öfter als früher mit Erinnerungen an den eigenen Vater beschäftigt war, ohne daß ihm dieser Altersbezug bewußt geworden wäre. Er hatte den Sohn im gleichen Alter gezeugt wie sein Vater ihn, wobei auch dieses Faktum, zufällig oder nicht, von ihm nie bewußt bedacht worden war. Mit der Annäherung des Sohnes an das 9. Lebensjahr wurde nun die spezifische Beziehungsgestalt von "8jährigem Sohn zu seinem Vater" zunehmend aktualisiert und mit ihr relevante, nur zum Teil bewußtseinsfähige Erinnerungen an den eigenen Vater, an die nicht unbedingt konfliktfreie Beziehung zu ihm, deren "negative" Aspekte der Patient aber durch idealisierende Erinnerung völlig ausgeblendet hatte, aber auch an seinen tragischen, nie bewältigten Verlust. Auffällig war dem Patienten allerdings, wie er in diesem Alter des Sohnes verstärkt eine gute väterliche Beziehung zu ihm gesucht und sich verstärkt, z.B. in gemeinsamem Sport, ihm zugewendet hatte. Als nun der Patient in dieser Zeit beim Fußballspiel mit seinem Sohn einen Achillessehnenriß erlitt, der zu Komplikationen, schließlich zur Thrombose und dann zu einer lebensbedrohlichen Embolie führte, brach bei ihm eine tiefe depressive Verstimmung durch, die ihn in die Behandlung führte. Mit dem Bewußtwerden der durch *Gestaltähnlichkeit* und von daher durch eine Art *Wahrnehmungsidentität* im Erleben des Patienten zusammengeführten Ereignisse aus der Vergangenheit und der Gegenwart mit deren weitreichenden intrapsychischen Bedeutungen konnte der zeitliche Bezug, die Aktualisierung der vergangenen Erfahrung in der Gegenwart erkannt und mit der Einführung der zeitlichen Dimension, mit der zunehmend möglichen Differenzierung von Vergangenheit und Gegenwart und ihrer spezifischen Beziehung zueinander auch die depressive Verstimmung überwunden werden.

Wenn bei einer psychoneurotischen Erkrankung eine traumatische Erfahrung deren Psychodynamik wesentlich determiniert und diese organisiert, dann spricht man von "traumatischer Neurose". In solchen Fällen enthüllt eine traumatisch werdende Erfahrung nicht bloß eine schon präexistente unbewußt konflikthafte Struktur, wie etwa in einigen der genannten Beispiele der traumatisch werdende Verlust des Vaters konflikthafte, gegen den Vater gerichtete ödipale Phantasien in ihrer Wirkungsmacht scheinbar bestätigt, sondern die traumatische Erfahrung selbst gewinnt über die präexistenten, unbewußten Konflikte hinaus einen bestimmenden, gestaltenden Anteil vor allem auch an den Inhalten der Symptombildung der traumatischen Neurose. In erster Linie steht dann das Trauma im Mittelpunkt der intrapsychischen Auseinandersetzung, um das nicht selten alle Gedanken kreisen, in Gestalt von immer wiederkehrenden Alpträumen oder von anderen unbewußten, vorbewußten und auch bewußtseinsfähigen Anstrengungen, das traumatisch gewordene Erleben in immer neuen Versuchen der Bearbeitung und Bewältigung einzugrenzen und abzureagieren. Dies kann spezifische persönlichkeitsbestimmende Hemmungen und Ich-Einschränkungen oder auch Vermeidungen einschließen, wie in dem Beispiel jenes Mannes deutlich wurde, der seiner Position als Vater durch Beziehungsabbruch und Etablierung seiner selbst als "Fern-Vater" zu entkommen suchte. Bei näherer Betrachtung der traumatischen Neurosen im engeren Sinne wird allerdings ersichtlich, daß eine traumatische Erfahrung nur selten auf eine wirklich "konfliktfreie" psychische Organisation trifft. Eine solche ist eine Idealfiktion. Deshalb wird sich die psychoanalytische Untersuchung von Traumatisierungen und ihren Folgen nie allein darauf beschränken dürfen, in einer polarisierenden Position des Entweder-Oder entweder nur die traumatische Realität, den traumatischen Bereich oder nur die konflikthaften Phantasien mit ihren weiterreichenden unbewußten Determinanten, den unbewußten Konfliktbereich zu fokussieren.

Schließlich kann man auch immer wieder beobachten, wie ein Trauma und der konflikthafte Umgang mit ihm in unbewußte Konflikte anderer Art einbezogen, von ihnen in Dienst genommen wird, so daß das Trauma schließlich in defensiv-protektiver Weise auch für andere psychische Ziele nutzbar gemacht werden kann, etwa zum rationalisierenden Wegerklären von Konflikten völlig anderer Art oder zur generalisierenden, entlastenden Schuldzuweisung, zum Beispiel an die dann für alles verantwortlich gemachte "böse Mutter" oder an den "versagenden Vater" usw. oder aber zur Erzielung eines psychischen oder gar materiellen Nutzens im Sinne eines sekundären Krankheitsgewinns (vgl. Kapitel 25). Dies kann für den psychoanalytischen Umgang mit Patienten dieser Art erhebliche Schwierigkeiten mit sich bringen, die sehr viel Umsicht, Einfühlung und Takt erforderlich machen, um nicht in ein sinnloses Gerangel um die Bedeutung und Funktion des Traumas zu geraten. In diesem Zusammenhang sei aber an Anna Freuds Diktum erinnert, daß für die Einschätzung eines Traumas und seiner Folgen nicht nur entscheidend sei, was dem Ich angetan wurde, sondern auch, was das Ich mit dem, was ihm angetan wurde, getan hat.

Dies führt zu der außerordentlich wichtigen Frage der Bedeutung und Gewichtung realer Geschehnisse in ihrem Verhältnis zur bewußten und insbesondere unbewußten Dimension des Phantasierens. Ursprünglich, als Freud erstmalig mit hysterischen Patientinnen arbeitete, war er davon überzeugt, daß bei seinen Patientinnen eine reale sexuelle Verführung ursächlich für die hysterische Erkrankung verantwortlich zu machen sei. Für die weitere Entwicklung der psychoanalytischen Theorie wurde aber Freuds Erkenntnis entscheidend, daß es oftmals *nicht reale Ereignisse*, sondern *Phantasien* über Verführungssituationen waren, die krankheitsauslösende Wirkungen entfalten konnten. Entscheidend war diese Erkenntnis für die weitere psychoanalytische Theorieentwicklung vor allem deshalb, weil sie die Macht des Phantasierens, die Macht und Geltung der inneren, der psychischen Realität und ihrer die Erfahrung der äußeren Realität und den Umgang mit ihr gestaltenden Kräfte aufdeckte. Man hat nun Freud und mit ihm der Psychoanalyse den Vorwurf gemacht, er habe hier, indem er an dem Realitätsgehalt der Mitteilungen seiner Patientinnen zweifelte, seine Patientinnen verraten, und die Psychoanalyse würde dies noch heute tun, wenn sie bloß auf die Bedeutung des Phantasierens, auf die einer traumatischen Erfahrung vorausgehende präexistente Konfliktstruktur und die Strukturen der Traumaverarbeitung abhebe und nicht die Tragweite der Realität, etwa eines tatsächlichen sexuellen Mißbrauchs von Kindern und Heranwachsenden, anerkenne. Dieser Vorwurf erfolgt allerdings aus mangelnder Kenntnis der von Freud in seinen Schriften tatsächlich vertretenen Positionen, wie diese in der psychoanalytischen Theorie und Praxis bis heute im wesentlichen Geltung behalten haben. So schreibt Freud (1916/17) in seinen "Vorlesungen zur Einführung in die Psychoanalyse" im Zusammenhang mit der Bedeutung, die er der infantilen Sexualorganisation und den daraus hervorgehenden infantilen Sexualtheorien, das heißt den infantilen Sexualphantasien für die Neurose zuerkennt:

"Glauben Sie übrigens nicht, daß sexueller Mißbrauch des Kindes durch die nächsten männlichen Verwandten durchaus dem Reiche der Phantasie angehört. Die meisten Analytiker werden Fälle behandelt haben, in denen solche Beziehungen real waren und einwandfrei festgestellt werden konnten; nur gehörten sie auch dann späteren

Kindheitsjahren an und waren in frühere eingetragen worden", im Sinne einer Verknüpfung solcher Beziehungen mit der infantilen Sexualität durch Nachträglichkeit. Freud schreibt weiter: "Man empfängt keinen anderen Eindruck, als daß solche Kinderbegebenheiten (der infantilen Sexualität, Anm. L. H.) irgendwie notwendig verlangt werden, zum eisernen Bestand der Neurose gehören. Sind sie in der Realität enthalten, dann ist es gut; hat sie die Realität verweigert, so werden sie aus Andeutungen hergestellt und durch die Phantasie ergänzt. Das Ergebnis ist das gleiche, und es ist uns bis heute nicht gelungen, einen Unterschied in den Folgen nachzuweisen, wenn die Phantasie oder die Realität den größeren Anteil an diesen Kinderbegebenheiten hat." (Freud, 1916-17, S. 385)

Aus diesem Text wird die Fragwürdigkeit der genannten Kritik gegen Freuds Position deutlich. Die Frage nach der *Bedeutung* von Realerfahrungen zu stellen heißt selbstverständlich nicht, ihnen ihren Realitätscharakter abzuerkennen. Für den psychoanalytischen Umgang mit traumatischer Erfahrung bedeutet dies aber auch, daß polarisierende und generalisierende Aussagen über Realität und Phantasie im Sinne eines Entweder-Oder ihren Gegenstand verfehlen. Nicht dogmatische Festlegung, sondern nur die sorgfältige Untersuchung der jeweiligen Ergänzungsverhältnisse von traumatischer Realität und unbewußt determiniertem Phantasieren darum, deren jeweilige Wirkungen auf die psychische Organisation insgesamt sowie die weitere Verarbeitung und Strukturierung der traumatischen Erfahrung in jedem einzelnen Falle und wie sich dies dann in der psychoanalytischen Begegnung im Felde von Übertragung und Gegenübertragung aktualisiert, darf das psychoanalytische Konzeptualisieren und Vorgehen leiten.

Für die Einschätzung einer traumatischen Erfahrung und deren Integration in die sich weiter entwickelnde psychische Struktur ist aber entscheidend, nicht nur auf das zu achten, *was* dem Ich angetan wurde, sondern auch, *wie* das Ich mit dem, was ihm angetan wurde, umgehen und dieses integrieren lernte. Daß dies von einer Reihe komplex zusammenwirkender Faktoren abhängig ist, haben wir gesehen. Daß dabei immer auch die präexistente Struktur eine Rolle spielt und mehr oder weniger mit darüber bestimmt, was das, was so tief kränkte, *bedeutet*, muß den Blick auf die andere Dimension von Störungen der zwischenmenschlicher Verständigung, auf den intrapsychischen Konflikt lenken - das Thema des folgenden Kapitels.

13. Störungen der zwischenmenschlichen Verständigung II Intrapsychische Konflikte und ihre Bewältigungsformen

Der Begriff *Störung* wirft einige gewichtige definitorische und praktische Probleme auf. Im Zusammenhang mit der traumatischen Situation läßt sich vom Begriff her noch ohne weiteres und ohne Schwierigkeiten von einer "Störung" sprechen, von einer Störung einer bisher gegebenen Kontinuität des Erlebens durch das hereinbrechende traumatische Ereignis. Kann man aber in gleicher Weise auch im Zusammenhang mit unbewußten Konflikten und ihren jeweiligen spezifischen Verarbeitungsformen ohne weiteres von "Störung" sprechen? Nach welchen Kriterien soll der Begriff "Störung" auf eine gegebene psychische Struktur und ihre spezifischen Modi der Verarbeitung von intrapsychischen Konflikten und Konflikten mit der Außenwelt Anwendung finden? Was ist als eine "Störung" in diesem Zusammenhang zu verstehen? Ist jener Mensch, der zwanghaft penibel und korrekt seine beruflichen Aufgaben erledigt und mit seiner Pedanterie alle Mitarbeiter reizt und nervt, für "zwanghaft gestört" oder für "normal" zu halten? Sind etwa jene Beamten und Soldaten, die im Dritten Reich in der Judenvernichtungsmaschinerie perfekt funktionierten, oder auch jene, ihre "sozialistische Pflicht" gehorsam erfüllenden Stasimitarbeiter oder Partei-Sekretäre als "krankhaft gestört" oder als "normal" zu bezeichnen? Muß man jenen Künstler, der in außergewöhnlichen Lebensformen lebt und jenseits der Normen einer Gesellschaft seine künstlerischen Aussagen formuliert, als "gestörten Exzentriker" verstehen und den Begriff "Störung" gar auch auf jene, die sich der herrschenden politischen Meinung widersetzen und dies vielleicht auf ungewöhnliche Weise öffentlich machen, anwenden?

Diese Fragestellungen bewegen sich im Bereich von Setzungen und Wertungen, die auf dem Boden der herrschenden gesellschaftlichen Ideologie den Begriff der "Störung" wesentlich bestimmen, nicht aber im Bereich etwa von objektiven oder objektivierbaren definitorischen Kriterien, von denen her sicher zu bestimmen wäre, was als "Störung" zu gelten habe und was nicht. Als "störend", als "normabweichend", als "gestört", gar als krankhaft konnten ja zu den Zeiten des Sowjetkommunismus zum Beispiel auch jene Andersdenkenden, die Dissidenten bezeichnet werden, die auf die Widersprüche des Systems aufmerksam zu machen suchten, so daß man sie, weil sie die Segnungen des Sozialismus nicht erkennen und anerkennen wollten, als "Gestörte", als "Verrückte" mit Zwangsmitteln psychiatrisierte.

Im Bereich der Medizin ist der Begriff "Störung" an den der "Krankheit" und von daher mehr oder weniger an den der Behandlungsbedürftigkeit gebunden. "Störungen" sind demzufolge als krankhafte Gebilde oder als krankhafte Entwicklungen zu verstehen, die man auch therapeutisch angehen und beseitigen müsse. Dies ist bei einer körperlichen Erkrankung, etwa bei einer Infektionskrankheit oder bei dem Infarkt einer lebenswichtigen Arterie, aber auch in der Psychiatrie bei einer akuten, mit massiver psychotischer Angst, Getriebenheit und Panik einhergehenden Psychose ohne weiteres einsichtig. Läßt sich dies aber ohne weiteres und unkritisch auf alle psychischen Phänomene übertragen? Wer oder was bestimmt darüber, welche psychischen Strukturen, welches Verhalten oder welche psychischen Entwicklungen als "krankhafte Störung" und als "behandlungsbedürftig" zu bezeichnen sind und welche nicht? Es gibt wohl kaum ein Verhalten, das nicht irgendwie auch als "abweichend" beurteilt werden könnte, weshalb man sich immer wieder auf die Kriterien seiner Beurteilung und auf deren Setzungscharakter besinnen und darüber verständigen muß, um nicht einer das betreffende Subjekt vergewaltigenden Fehlbeurteilung zu erliegen.

In diesem Zusammenhang erinnere ich mich an eine von ihrem Hausarzt an meine Klinik überwiesene Frau, die sich fast täglich mit ihrem Mann prügelte und regelmäßig diese Prügelorgie mit einem sexuellen Akt beendete, wobei sie mit ihrem Mann fast ausschließlich Analverkehr hatte. Der Hausarzt stellte in seinem Überweisungsschreiben die verzweifelt formulierte Frage, wie man denn dieser bedauernswerten Frau helfen könne. Diese für "bedauernswert" gehaltene Frau, die einer "krankhaften", "gestörten" Familienwelt ausgesetzt sei, erklärte mir dagegen, und dies mit Nachdruck, daß sie an den täglichen Prügeleien mit ihrem Mann, vor allem aber am anschließenden ausschließlichen Analverkehr großes Vergnügen habe und überhaupt nicht daran denke, irgendetwas an der Art und Weise der Gestaltung ihres Lebens mit ihrem Mann zu ändern oder gar aufzugeben. Die intrapsychische Dynamik dieser Frau hatte zu spezifischen Bewältigungsformen und Lösungen ihrer intrapsychischen Konflikte geführt, die sie in Verschränkung mit jenen ihres Mannes kompromißhaft und offensichtlich in einer psychodynamisch gesehen "perversen", das heißt Aggressivität und Angst durch Sexualisierung bindenden Weise, lustvoll auszuleben vermochte. Von daher verstand sich die Patientin mit ihrer Lebensweise nicht als "gestört". Es war der Hausarzt, der das diagnostische Verdikt der "Störung" gefällt und daraus unreflektiert die Konsequenz abgeleitet hatte, daß diese von ihm für bedauernswert gehaltene Frau gleichsam über ihren Kopf hinweg "einer Therapie zugeführt werden müsse". Von einer "Störung" kann man hier lediglich in bezug auf eine normative Referenz sprechen, nicht aber, wenn man das subjektive Erleben der Patientin zugrundelegt. Das heißt, daß die Beantwortung der Frage, ob eine psychische "Störung" vorliegt oder nicht, nicht Angelegenheit von einem allein sein kann, der in diesem Sinne Feststellungen über einen anderen trifft. So etwas muß, wie das genannte Beispiel anschaulich machen kann, zu Mißverständnissen und zu Schwierigkeiten der Verständigung über das führen, was man gemeinsam sieht, wie man dieses einzuschätzen hat und welche Konsequenzen man daraus ableiten möchte. Solche Mißverständnisse bringen nicht selten alle noch so gut gemeinten therapeutischen Bemühungen zum Scheitern, und mancher Aspekt der in der heutigen Medizin so breit geführten Diskussion über die mangelnde "*compliance*", die mangelnde Kooperation des Patienten in der medizinischen Therapie, die bereits im 11. Kapitel über die Diskursformen diskutiert wurden, geht auf solche gravierenden Mißverständnisse über die Positionen von Arzt und Patient und die sich zwischen beiden zwangsläufig entfaltende Beziehungsdynamik zurück.

Solche Einflüsse, die von der unbewußten Dimension des Seelischen auf die zwischenmenschliche Verständigung ausgehen, sind Ergebnis und Ausdruck intrapsychischer Auseinandersetzungen, die um die Realisierung von Wünschen und Erwartungen überwiegend unbewußter Natur aufbrechen, deren Ursprung in der Phantasie- und Wunschwelt der infantilen Sexualorganisation begründet liegt. Diese intrapsychischen Auseinandersetzungen oder *Konflikte* um narzißtische und triebhafte Wünsche und die Art und Weise, wie diese innerlich und dann nach außen hin verhandelt werden, erfahren im Laufe der Entwicklung eine zunehmende Gestaltung und Formung, sie gerinnen gleichsam zunehmend zur psychischen *Struktur*. In dieser erhält das *Ich* eine zentrale Stellung und Funktion als vermittelnde Instanz zwischen den inneren triebhaften Erwartungen und Wünschen einerseits und den Forderungen andererseits, die von der Außenwelt (bzw. die im Laufe der Entwicklung zunehmend in Gestalt der als Gewissensinstanz verinnerlichten Außenwelt, in der psychoanalytischen Terminologie *Über-Ich* genannt) ausgehen. Psychische "Struktur" erwächst somit aus der Bewältigung und Integration von Konflikt und Widersprüchen. Insofern ist die Psychoanalyse ihrem Wesen nach eine *Konfliktpsychologie*, die die psychische Entwicklung und vor allem leiden machende psychische Phänomene als Resultanten von innerseelischen, sich im Konflikt gegenüberstehenden Tendenzen und Strebungen begreift. In diesem Sinne sagt Freud (1916/17): "Man findet bei diesen (an Neurosen leidenden, L.H.) Personen regelmäßig die Anzeichen eines Widerstreites von Wunschregungen oder, wie wir zu sagen gewohnt sind, eines psychischen Konfliktes. Ein Stück der Persönlichkeit vertritt gewisse Wünsche, ein anderes sträubt sich dagegen, wehrt sie ab. Ohne einen solchen Konflikt gibt es keine Neurose" (S. 362).

"Konflikt" ist sicher nicht nur auf die klassische Neurose beschränkt. Das heißt, der Unterschied zwischen den Verhältnissen bei der "klassischen Neurose" und anderen, etwa den narzißtischen Neuroseformen sowie den übrigen gravierenderen Störungen bis hin zu Psychose ist nicht begründet in der Präsenz oder Abwesenheit von Konflikt, sondern von der Art und Weise, *wie* dieser Konflikt in den jeweiligen Affektionen verhandelt wird, d.h. der Formen der Konflikte und der Art und Weise, wie sich diese Konfliktformen oder -strukturen als Widerstände gegen die offene herrschaftsfreie Reflexion in einem psychoanalytisch-therapeutischen Prozeß durchzusetzen tendieren. In seiner bekannten Arbeit "Neurose und Psychose"(1924b) formulierte Freud diesen Sachverhalt in der folgenden, bedeutsamen Zusammenfassung: "Im Zusammenhange eines von anderer Seite angeregten Gedankenganges ... ergab sich mir nun eine einfache Formel, welche die vielleicht wichtigste genetische Differenz zwischen Neurose und Psychose behandelt. *Die Neurose sei der Erfolg eines Konflikts zwischen dem Ich und seinem Es, die Psychose aber, der analoge Ausgang einer solchen Störung zwischen Ich und Außenwelt*" (S. 387, Hervorhebung im Original) und, wie Freud am Ende dieser Arbeit hinzufügt, für jene zwischen Neurose und Psychose stehenden Zustände "zwischen Ich und Über-Ich" - d.h. zwischen dem Ich und der verinnerlichten Außenwelt.

Für Freud bleibt "die gemeinsame Ätiologie für den Ausbruch einer Psychoneurose oder Psychose ... immer die Versagung, die Nicht-Erfüllung eines jener ewig unbezwungenen Kindheitswünsche" (a.a.O., S. 389), die der unintegrierten Phantasie- und Wunschwelt der infantilen Trieborganisation entstammen. Und dies heißt, daß die Neurose und Psychose, psychisch gesehen aus für beide vergleichbaren Anlässen erwachsen, nämlich aus der *Versagung im weitesten Sinne* und ihrer je nach der zugrundeliegenden psychischen Struktur und Organisation weitreichenden intrapsychischen Folgen. Insofern lassen sich diese Unterschiede nach der Art und Weise beschreiben, wie diese Versagung intrapsychisch verhandelt wird, welche komplexen Bewältigungsanstrengungen psychischer, denkbar aber auch somatischer Natur ausgelöst bzw. beteiligt werden (letztere etwa im Sinne einer Aktivierung bereitliegender somatischer Reaktionsdispositionen, wie zum Beispiel bei vielen psychosomatischen Erkrankungen und bei den erkennbar psychogen ausgelösten Fällen von "endogener" Depression, vgl. z.B. Schulte/Tölle, 1971, S. 220 f), welche Störungen oder gar Zerstörungen mit den gefundenen Bewältigungsmöglichkeiten intrapsychischer Widersprüche und Spannungen einhergehen.

Das heißt aber, daß der "pathogene" Effekt der Versagung davon abhängt, wie sich das *Ich* in solchen konflikthaften Spannungen um die Versagung verhält, ob es, wie im Falle der Neurose, den Forderungen der Außenwelt treu bleibt und sich gegen die Triebforderung wendet, so daß diese im Falle der neurotischen Hemmung und Ich-Einschränkung nicht mehr, im Falle von Symptomen nur noch umwegig zum Ausdruck kommen kann, oder ob es, wie im Falle der Psychose, aufgrund der bei der Psychose erheblichen "Schwäche" des Ich im Gefolge von Versagungen zu einer Überwältigung durch die inneren Forderungen kommt, so daß schließlich die Beziehung zur Realität, die Realitätsprüfung aufgekündigt und eine den "ewig unbezwungenen Kindheitswünschen" gemäße, private innere Welt errichtet wird. Dazwischen gibt es eine ganze Reihe von Störungen, in denen eine Art funktionsfähiger Kompromiß zwischen beiden Möglichkeiten entsteht, wo die Realitätsprüfung zwar insgesamt erhalten bleibt, im Bewältigungsprozeß aber dennoch partiell, sektoriell Einrisse erleidet, um mit der unerträglichen Versagung noch irgendwie umzugehen, ohne daß es, wie bei der Psychose, zu einer mehr oder weniger völligen Auflassung der Beziehung zur Außenwelt, zur Welt der Objekte kommen muß. Dies ist etwa bei der narzißtischen Persönlichkeitsstörung mit ihrer relativ realitätsfremden, grandiosen Selbstüberschätzung in Verbindung mit einer mehr oder weniger ausgeprägten Verkümmerung der Beziehung zur Welt, vor allem aber bei den Perversionen, bei vielen Formen schwerer Depression und bei den Süchten sowie bei den sogenannten Borderline-Störungen, in unterschiedlicher Form und Ausprägung der Fall.

Der Ausgang dieser Bewältigungsanstrengungen, des Ringens um die Versagung, des Konfliktes darum, stellt immer eine Art Kompromißbildung dar, mit Hilfe derer das bisher nicht Erträgliche, nicht Bewältigbare und Integrierbare auf einem anderen Niveau, mehr oder weniger stabil, "austariert" und stabilisiert wird. Bei der Neurose erfolgt dies unter Erhalt der Beziehung zur Realität auf

Kosten der Befriedigung, die nur noch umwegig, etwa über Symptome, erfolgen kann und möglich bleibt, z. B. bei der zwanghaften Reaktionsbildung der Zwangsneurose, mit Hilfe derer ein zwanghafter Patient seine konflikthafte, nicht zugelassene, aber dennoch drängende sadistische Lust durch peinlichst genaue Sauberkeit, Ordentlichkeit, Pünktlichkeit und Pedanterie in Schach zu halten sucht, wobei seine pedantische Art seine Mitwelt zur Weißglut zu treiben vermag und damit eine Art verdeckte, umwegige Befriedigung sadistischer Tendenzen an der Mitwelt möglich wird. Bei der Psychose erfolgt diese Kompromißbildung nicht durch Einschränkung der Befriedigung, sondern durch Abkoppelung von der Welt und durch Aufbau einer gleichsam "neuen", privaten, eigenen Welt, die zwar "nicht prächtiger ... (ist) ..., aber wenigstens so, daß der Patient wieder in ihr Leben kann ...", wie Sigmund Freud in seiner Arbeit zum Fall Schreber (1911c, S. 307) diesen Vorgang der Erschaffung einer privaten, nach den Regeln und Gesetzen unbewußter Denktätigkeit organisierten und funktionierenden, die Welt der Objekte verzerrenden Privatwelt beschrieben hat. Alle diese Veränderungen gehen aber immer auch mit spezifischen Veränderungen der zwischenmenschlichen Beziehungsstrukturen und Verständigungsmöglichkeiten einher, auf deren Analyse, Klärung und Überwindung sich der Zugang in der therapeutischen Begegnung vordringlich einstellen muß, wenn es gelingen soll, einen tragfähigen affektiven Zugang zum Patienten zu erschließen und von daher Wege zu finden, den Zerstörungsprozeß aufzuhalten, zum Stillstand zu bringen oder umzukehren.

In dem begrenzten Rahmen dieses Kapitels lassen sich die vielfältigen Bewältigungsformen, die "aus der Versagung, aus der Nicht-Erfüllung eines jener ewig unbezwungenen Kindheitswünsche" hervorgehen, nicht umfassender dargestellen, so daß nur ein allgemeiner Überblick gegeben werden kann. In der *Neurose* ergeben sich drei grundsätzliche Möglichkeiten der Bewältigung: zum einen die *Hemmung* und *Ich-Einschränkung*, zum anderen die *Symptombildung* und schließlich die *Bewältigung über den Weg des Phantasierens*, wobei in der letzten Möglichkeit vielfach bereits der Keim zum Übergang zu den Zwischenformen zwischen Neurose und Psychose und zur Psychose begründet liegt. Die Hemmung und Ich-Einschränkung als eine Form der Konfliktbewältigung führt, insbesondere im Bereich der Sexualität, zu Störungen ihrer Funktion, etwa zu Potenzstörungen, zur Ejaculatio praecox und zu Störungen der Orgasmusfähigkeit beim Mann, zu Kohabitationsbeschwerden und zur Frigidität bei der Frau. Wenn motorische Aktiväten oder die Funktion der Sinnesorgane in den Konflikt mit einbezogen werden, kann dies zur Hemmung, zur Lähmung oder zum Ausfall der Sinneswahrnehmung führen, zu vielfältigen Formen der Hemmung der Intellektualität in Gestalt von Arbeitsstörungen, zu Störungen der Sinneswahrnehmungen, wie bei der hysterischen Blindheit oder Taubheit, oder zu Lähmungen der motorischen Funktionen, wie zum Beispiel bei den konversionshysterischen Lähmungen.

Als ein anschauliches Beispiel für eine psychoneurotische Hemmung und Symptombildung sei hier die neurotische Störung der motorischen Funktionen des Instrumentspiels genannt, wie ich diese bei einer Reihe von Pianisten und anderen

Musikern beobachten konnte. Die neurotische Störung kam in mehreren dieser Fälle in erster Linie dadurch zustande, daß die motorische Funktion, etwa des Klavierspiels, unbewußt und konflikthaft mit sexuellen Konnotationen in Verbindung gebracht, gleichsam sexualisiert wurde, so daß schließlich das mit dem Klavierspiel phantasierte, unbewußte Zum-Ausdruck-Bringen von unzulässigen, den Geboten und Verboten der Gewissensfunktion widersprechenden Triebstrebungen nur noch durch eine mehr oder weniger ausgeprägte Hemmung der motorischen Funktion verhindert werden konnte. In diesen Fällen führte schließlich vor allem die Aufdeckung, Klärung und Überwindung dieser weitgehend unbewußten psychoneurotischen Triebkonflikte zu einem Verschwinden des Symptoms.

Es kann aber in den Symptomen zugleich auch zu einer Art symbolischer Ersatzdarstellung kommen. Dies war in einigen Fällen der von mir behandelten Musiker mit motorischen Spielstörungen der Fall. Die Symptome bringen dann neben der Unterdrückung der unzulässigen motorischen Funktion umwegig und kompromißhaft zugleich die unzulässige Regung wie auch die gegen diese gerichteten Strebungen zum Ausdruck, wie dies uns in klassischer Weise von der *hysterischen Konversion* bekannt ist, die in dem hier vorgestellten Sinne als eine unbewußte symbolische Darstellung aufzufassen ist. Diese enthält immer einen im Symptom zum Ausdruck gebrachten *Kompromiß*, der als eine Darstellung sowohl des verbotenen Triebwunsches als auch seiner Abwehr zu verstehen ist. So stellte sich die motorische Hemmung der sonst völlig freien Hand bei einem Geiger immer dann ein, wenn er seine Hand und die Finger der linken Hand "in Spielstellung" aufrichtete. Die ihm irgendwie nicht ganz verborgene sexuelle Konnotation dieses Vorgangs und die damit verbundene erregende Funktion seines Spielens suchte dieser Patient immer wieder dadurch zu beseitigen, daß er sich nach einiger Zeit angestrengten Übens zugleich gegen die Erregung und gegen die Hemmung dieser Erregung dadurch Entlastung zu verschaffen suchte, daß er sich selbst sexuell befriedigte. Der Sinn dieses Tuns konnte ihm erst in der psychotherapeutischen Arbeit wirklich durchsichtig werden. Sein Symptom, konnte in dem Maße schwinden, wie der Patient Herrschaft auch über diese konflikthaften, ihm bewußt bisher nicht zugänglichen Bereiche seines in diesem Bereich konflikthaften Seelenlebens fand. Insofern kann man diese symbolischen Ausdrucksformen auch als eine Art kreative kompromißhafte Gestaltung im Handeln ansehen, die nach den gleichen Regeln und Gesetzen abläuft, wie diese für die Produktion von Träumen charakteristisch sind.

Die *Phobie* vermag den Konflikt um die unzulässigen Triebstrebungen *intra*psychisch nicht ausreichend zu binden. Deshalb kommt es hier zu einer *Verschiebung* unzulässiger, neurotische Angst auslösender Vorstellungen aus der inneren Erlebniswelt in die Außenwelt, die dann an phobischen, diese intrapsychischen Vorstellungen in der Außenwelt symbolisch vertretenden Gegenständen und Situationen festgemacht werden und denen dann mit Hilfe des *phobischen Vermeidens* aus dem Wege gegangen werden kann, etwa die Vermeidung einer bestimmten Lokalität und ihrer spezifischen, komplexen, erlebnishaften und triebhaften Konnotationen bei einer Agoraphobie.

Die *Zwangsneurose* versucht zum einen in Zwangshandlungen und -ritualen, wie etwa dem Wasch- oder dem Kontrollzwang, die bedrohliche Realisierung wunschbestimmter, aber zurückzuweisender Phantasien *außen* in Schach zu halten, zum anderen aber auch über die Kontrolle der eigenen Gedanken, also *innen,* im Sinne eines Versuchs, eine zwanghafte intrapsychischen Form der Kontrolle und Bewältigung über die als bedrohlich erlebten Vorstellungen zu gewinnen. Während die übrigen psychoneurotischen Symptome wie auch die Hemmungen und Ich-Einschränkungen die innere Triebwelt dadurch in Schach zu halten suchen, daß die Beziehung zur äußeren Welt mit entsprechenden Abwehrhandlungen geregelt wird, erfolgt dies beim Zwangsdenken durch die autonome - oder mehr noch - *autarke* Gestaltung der Gedanken und Phantasien über die inneren Realität und deren Beziehung zur Außenwelt. Je mehr dabei die Beziehung zur äußeren Realität, und sei dies nur partiell, abgekoppelt wird, um so mehr bewegen sich diese Formen der intrapsychischen Konfliktbewältigung hin zu jenen bereits angesprochenen Zwischenformen zwischen Neurose und Psychose und schließlich hin zur Psychose.

Die *Perversion* erkennt mit einem Anteil die äußere Welt und ihre Forderungen zwar noch an, errichtet aber, gleichsam als eine Art "Nebenwelt", eine zweite Realität, in der die quälende Versagung aufgehoben und das Versagte in mehr oder weniger bearbeiteter Gestalt, im perversen Ritual, ausgelebt werden kann und, auch dies wiederum vielfach konflikthaft und schuldhaft, zwingend ausgelebt werden muß.

Die *narzißtische Persönlichkeitsstörung*, die eine Konfliktbewältigung im Sinne des "*erst verachtet, nun ein Verächter*" anstrebt, sucht im narzißtischen Rückzug, im Selbstverständnis eigener Macht, Kontrolle und Überlegenheit, in der narzißtischen Grandiosität heimlich den eigenen Wert "in ungenügender Selbstsucht" aufzuzehren (vgl. Goethes Beschreibung dieser Tendenz in "Harzreise im Winter", Kapitel 2).

Die *Depression* sucht die ambivalente Beziehung zum konflikthaft werdenden und damit verlorengehenden oder zum verlorenen Objekt durch Introjektion und narzißtische Identifizierung mit diesem wiederherzustellen, was den Ambivalenzkonflikt um das Objekt ins Zentrum des Selbstgefühls trägt, während die *Sucht* diesen Konflikt durch Ausweichen in ein jederzeit beherrschbares, materialisiertes Ersatzobjekt zu lösen sucht, das allerdings seinerseits, und zwar dann sekundär, die Auseinandersetzung um die als destruktiv befürchtete Abhängigkeit in dem Maße aktualisiert, als das Suchtmittel selbst in der Lage ist, eine reale Abhängigkeit zu erzwingen, so daß der mit dem Suchtmittel ursprünglich abgewehrte destruktive Konflikt um die Abhängigkeit wiederkehrt.

In der *Borderline-Störung* kommt es zu vielfältigen Bearbeitungen und Veränderungen der Realität, zu ausgeprägten Projektionen und anderen Formen des archaischen, primitiven Denkens und des Umgangs mit der Welt der Objekte, mit Hilfe derer die überwältigende Innenwelt gegenüber der konflikthaft gewordenen Außenwelt in Schach gehalten werden muß, während die *Psychose*, wie dies bereits angedeutet wurde, die Beziehung zur Welt der Objekte nicht halten kann und zur mehr oder weniger vollständigen Abkoppelung von der unerträglichen Objektwelt greift. In deren Gefolge kommt es zum Zerbrechen, zum Zerfall und zur Zerstörung der symbolischen Kommunikation, dann aber auch zum Versuch, diesem Zerfall durch eine Art "Reparatur", Rekonstruktion und Restitution nach den Gesetzen und Regeln des unbewußten Denkens, mit der Konstruktion einer privaten Welt, der des Wahnes und der Halluzination, zu begegnen. Insofern sind die produktiven Symptome der Psychose Rekonstruktions- und Restitutionsversuche (vgl. Freud, 1911c), deren privater Charakter aufgrund der privaten Veränderung der symbolischen Verbindungen von seiten der Objektwelt nicht mehr direkt und unmittelbar verstanden werden kann, solange man sich nicht in die Verrükkung der allgemein verbindlichen symbolischen Ordnungen und Beziehungen, in die "Verrücktheit" des privaten Rekonstruktionsversuchs einläßt. Von diesem Sachverhalt her ist jenes Verdikt der sogenannten Nicht-Einfühlbarkeit der psychotischen Produktionen begründet, das Karl Jaspers (1913/1959, S. 483 f) in seiner "Allgemeinen Psychopathologie" als eines der Kennzeichen für die Psychose annehmen zu müssen meinte. Diese Annahme der "Nicht-Einfühlbarkeit" ist allerdings nicht das letzte Wort in der Auseinandersetzung um den Versuch eines Verständnisses der psychotischen Störungen zwischenmenschlicher Verständigung geblieben.

Auch die Psychose und ihre unterschiedlichen Formen erwachsen, wie die Neurosen, aus der Versagung, "aus der Nichterfüllung eines jener ewig unbezwungenen Kindheitswünsche". Voraussetzung für die aus einer solchen Versagung erwachsende Bewältigungsform der Psychose ist aber die strukturelle Disposition des Ich, die über das weitere Schicksal des Umgangs mit der Versagung entscheidet. Im Zusammenhang mit der Diskussion der *Melancholie* spricht Freud im Rahmen der zu seiner Zeit möglichen Vorstellungen über solche Vorgänge allerdings auch von der Möglichkeit einer direkten "toxischen" Beeinflussung des Ich als einer "direkt toxische[n] Verarmung an Ichlibido" sowie von einem bei der Melancholie mit wirkenden, "wahrscheinlich somatische[n], psychogen nicht aufzuklärende[n] Moment" (1917e, S. 441), womit er offensichtlich auch die Möglichkeit einer biologischen Dimension beim Ausbruch und im Verlauf von solcherart gravierenden psychischen Störungen in Erwägung zog. Allerdings hebt die Annahme einer biologischen Begründung der Psychosen die Notwendigkeit einer sorgfältigen Untersuchung auch der psychologischen Dimension nicht auf. Vielmehr kann erst eine umfassendere Kenntnis der Psychodynamik psychotischer Störungen - jenseits aller letztlich kaum sinnvollen, das Psychologische und das Biologische polarisierenden Diskussion um deren "Kausalgenese" - Wege zu einem besseren Verständnis dieser besonderen Art von Störung zwischenmenschlicher Verständigungsprozesse und konstruktivere Wege zu deren therapeutischer Handhabung eröffnen.

Im folgenden Kapitel werden am Beispiel des Dichters Hölderlin und seines schöpferischen Ringens gegen den drohenden psychotischen Zerfall einige der hier angesprochenen Überlegungen zur psychischen Dynamik psychotischer Störungen noch anschaulicher werden.

14. Künstlerischer Diskurs, Konflikt und Zerfall: Hölderlin oder die vergebliche Suche nach dem Vater

Die Untersuchung der traumatischen, psychoneurotischen und psychotischen Störung und ihrer Grenzzustände gibt uns nicht nur Aufschluß über psychopathologische Bedingungen [des einzelnen Menschen], sondern, sehr viel grundsätzlicher und allgemeiner, auch über die Formen und Möglichkeiten menschlicher Antwort auf Belastungen durch Trauma und Konflikt überhaupt. Denn die Reaktionsbereitschaften und Dispositionen, aus denen psychopathologische Phänomene hervorgehen, stellen ihrer Struktur und Dynamik nach letztlich nur besondere, lediglich quantitativ und nicht qualitativ verschiedene Ausformungen allgemein menschlicher Reaktionsbereitschaften und Dispositionen dar. Ausgehend von dieser Überlegung konnte die Psychoanalyse schließlich auch den Versuch unternehmen, die aus dem Studium psychopathologischer Phänomene gewonnenen Einsichten über die Struktur und Dynamik des menschlichen Seelenlebens für die Untersuchung auch anderer menschlicher Ausdrucksmöglichkeiten nutzbar zu machen. Von daher erwuchs das besondere Interesse der Psychoanalyse vor allem auch an jenen Formen menschlichen Ausdrucks, die in besonderer und allgemeingültiger Weise die Auseinandersetzung des Menschen mit sich und der Welt zu vermitteln vermögen, an der *Kunst* und an den *ästhetischen Diskursen*, wie sie sich im Prozeß ästhetischer "Verständigung" über das Medium des Kunstwerks zwischen dem Künstler und denen vollziehen, zu denen er mit seiner Kunst redet. Das besondere Interesse galt dabei zunächst der Künstlerpersönlichkeit und den besonderen Bedingungen, von denen her es dem Künstler möglich wird, Persönlichstes bzw. Individuelles im Allgemeingültigen des Kunstwerks zur Form zu gestalten. Darüber hinaus richtete sich das Interesse besonders auch auf jene Künstlerpersönlichkeiten, die in einer besonderen Weise in der Gestaltung ihres Lebens und ihrer zwischenmenschlichen Möglichkeiten Auseinandersetzungen mit der "Grenzzone" zur Psychopathologie sichtbar werden ließen und den Schluß nahelegten, daß ihre künstlerische Produktion etwas mit den Auseinandersetzungen um diese Grenzzone zu tun haben könnte und daß der schöpferische Prozeß und das Kunstwerk diese Auseinandersetzung zur Bedingung habe, ihre Gestaltung sei.

An dieser Stelle sollen zunächst die bisher entwickelten Überlegungen über Störungen der zwischenmenschlichen Verständigung und ihre Bedingungen an der herausragenden Dichterpersönlichkeit Friedrich Hölderlins näher untersucht werden. Von Hölderlin sind uns nicht nur umfangreiche Zeugnisse über sein schließlich scheiterndes Ringen gegen den psychotischen Zerfall bekannt geworden, so daß die Struktur und Dynamik dieses Ringens in der "Grenzzone" in besonderer Weise anschaulich werden kann, sondern dieses Ringen hat auch in ei-

1) Der Titel dieses Kapitels ist eine Paraphrase des Titels jener umfassenden psychoanalytischen Hölderlin-Studie von Jean Laplanche (1975),welche die vorliegende Untersuchung über Hölderlin wesentlich angeregt und beeinfluß hat.

ner besonderen Weise in dichterischer Sprache, im dichterischen Werk Ausdruck gefunden, so daß in der Dichtung und durch die Dichtung hindurch die Person des Dichters erkennbar wird. Die Annahme, daß das dichterische Werk Hölderlins spezifische autobiographische Züge trägt, scheint insofern berechtigt, als sich in Persönlichkeit und Werk des Dichters tatsächlich deutliche strukturelle Entsprechungen finden lassen. In dieser Ansicht werden wir aber auch vom Dichter selbst bestärkt, der im *Grund zum Empedokles* meinte:

"Die Empfindung drückt sich nicht mehr unmittelbar aus, es ist nicht mehr der Dichter und seine eigene Erfahrung, was erscheint, wenn schon jedes Gedicht, so auch das tragische, aus poetischem Leben und Wirklichkeit, aus des Dichters eigener Welt und Seele hervorgegangen sein muß, weil sonst überall die rechte Wahrheit fehlt und überhaupt nichts verstanden und belebt werden kann, wenn wir nicht das eigene Gemüt und die eigene Erfahrung *in einen fremden analogischen Stoff übertragen können.*" (Werke, Bd. 2, S. 114, Hervorhebung L.H.)

Die vorliegende Untersuchung Hölderlins und seiner Dichtung wird dies näher bleuchten. Dies kann aber zugleich auch die Möglichkeiten und Grenzen der psychoanalytischen *Pathographie* und Kunstbetrachtung sichtbar machen und damit zur Thematik der nachfolgenden Abschnitte überleiten.

Hölderlins Lebensentwicklung ist von Verlust und von Vereinsamung, von tiefstem, unerfülltem, ihm unerfüllbar bleibendem Sehnen, von Unstetigkeit und Unrast gekennzeichnet, die erst mit seinem Versinken in der Psychose zum Ende kam. Im Alter von 2 Jahren verlor er seinen Vater, im Alter von 9 Jahren den Stiefvater, den die Mutter zwei Jahre nach dem Tod des Vaters geheiratet hatte. Dieser zweifache Verlust einer Vaterperson in seinem Leben, vor allem aber der Verlust des Stiefvaters, an dem er, wie er später mehrfach deutlich gemacht hat, sehr hing, hat Hölderlin, wie wir wissen, zutiefst bedrückt und erschüttert. Aus der zweiten Ehe der Mutter hatte Hölderlin eine Stiefschwester und einen Stiefbruder, mit denen er bis zum Zusammenbruch in seiner Psychose brieflich Kontakt gehalten hat. Die zentrale Bezugsperson im Leben Hölderlins war und blieb aber ohne Zweifel seine Mutter, eine von pietistischer Frömmigkeit bis zur Bigotterie geprägte Frau, die die ihr Leben bestimmenden tragischen Verluste mit frömmelnd-gottergebener Traurigkeit annahm. Das Verhältnis zu ihr war von spannungsreichen und unauflösbaren Widersprüchen bestimmt. Die Mutter vermochte Hölderlin in einer Weise an sich zu binden und gebunden zu halten, die ihm, weil er auf ihren Halt und ihre gebende Güte angewiesen blieb, kaum eine eigenständige Bewegung erlaubte, ohne in tiefe Schuldkonflikte und Rechtfertigungsnot zu geraten. Sie verstand es, ihn immer wieder mit frommen, gütigen Aufforderungen und Ermahnungen zu bedrängen, mit ihren Vorstellungen über das gottergeben fromme Leben, das er als protestantischer Pfarrer, in einer guten Partie verheiratet, führen solle. Und sie verstand es auch, ihn materiell unter Druck zu setzen, denn sie verwaltete das vom Vater hinterlassene Vermögen, und verstand es, über die Handhabung der finanziellen Zuwendungen Hölderlin auch materiell im Stand des Schuldners zu halten. So wurde der Vater und das von ihm Hinterlassene von der Mutter in den Dienst ihrer bedrängend fürsorglichen Beherrschung gestellt und damit mehr oder weniger vollständig für diese Zwecke instrumentalisiert. Für Hölderlin war die in melancholische Frömmigkeit gekleidete Selbstbezogenheit der Liebe, Güte und Zuwendung seiner Mutter, die ihn zugleich "glücklich und unglücklich durch ihre Güte" machte, wie er einmal an sie schrieb (30.Jan.1797, Bd. 2, S. 720), mehr als bedrängend und verwirrend. Aufgrund der für ihn unauflöslichen, durch die Haltungen der Mutter immer wieder noch bestärkten tiefen Abhängigkeit von ihr vermochte er sich aber von dieser Bedrängnis nie wirklich freizumachen.

In dieser Mischung von überfließendem, verführerischem Reichtum mütterlichen Gebens gepaart mit einer eigentümlichen Unfähigkeit der Einfühlung und tiefe Verpflichtungs- und Schuldgefühle einflößender Anbindung, die die Beziehung Hölderlins zu seiner Mutter charakterisierte, konnte es zu keiner ausreichenden, genügend tragfähigen Abgrenzung gegenüber der Mutter kommen, nicht zuletzt auch deshalb, weil ein Vater, das väterliche Prinzip, die strukturelle Funktion der Position des Vaters als unabhängigem Drittem fehlte, der diesen Prozeß der Abgrenzung im Rahmen einer angemessenen Integration dieser essentiellen strukturellen Funktion des Ditten im Psychischen hätte befördern, stabilisieren und sichern können.

Eine solche Struktur der Mutter-Kind-Beziehung, diese spannungsreiche, äußerst widerspruchsvolle Bindung bei unzulänglicher Integration der strukturellen Position des Vaters, des *Dritten,* ist, wie sich dies in vergleichbaren Fällen immer wieder beobachten läßt, offensichtlich eine der grundsätzlichen Bedingungen einer psychischen Organisation, die wir psychoanalytisch mit dem Begriff der *psychotischen Struktur* umreißen. Bei dieser ist die Auseinandersetzung um miteinander unvereinbare und nicht integrierbare, existentiell widersprüchliche Strebungen mit allen Versuchen, diese Widersprüche defensiv zu binden, zur dynamischen Organisation geronnen. Es ist eine Auseinandersetzung um sehnsuchtsvolle Annäherungswünsche, die zu existentiell bedrohlichen Annäherungs-, Bindungs- und Fusionsängsten führen, und zugleich eine Auseinandersetzung um drängende Abgrenzungs- und Distanzierungswünsche, die von existentiell bedrohlichen Trennungs-, Verlust- und Vereinsamungsängsten begleitet sind, eine innere Kontroverse, die nur durch spezifische, immer vom Versagen bedrohte Abwehranstrengungen in einem immer prekären Gleichgewicht in Schach gehalten werden kann. Zur psychotischen Destabilisierung kommt es dabei immer dann, wenn die prekäre Distanz-/Näherelation durch äußere oder innere Umstände gestört wird und auf diese Weise das labile Gleichgewicht verlorengeht.

Diese psychotische Struktur erwächst aus einer Entwicklung der Mutter-Kind-Dyade, in der es aufgrund von vielartigen Determinanten, z.T. offensichtlich auch biologischer Natur, besonders aber auch durch solche Tendenzen, wie sie in der Beziehung Hölderlins zu seiner Mutter überaus bestimmend waren, zu keiner ausreichend sicheren psychischen Trennung und Abgrenzung des Kindes gegenüber der Mutter kommen kann. Dies hat zur Konsequenz, daß jede Annäherung an das Objekt mit deren Mobilisierung überwältigenden Verlangens in den Sog der Sehnsucht einer Rückkehr zum Zustand vor der Trennung führt, eine drohende Bewegung gleichsam zurück ins Paradies, in einen Zustand vor jeder Erkenntnis, in eine drohende Refusion mit dem Objekt, die mit dem Verlust aller Erkenntnismöglichkeiten, aller Reflexion, allen Denkens, das heißt mit der Zerstörung und Vernichtung der Individualität der Persönlichkeit verbunden wäre. Andererseits führt jede Bewegung weg aus dieser Gefahr hin zu einer größeren Abgrenzung und Eigenständigkeit in eine ebenso existentiell bedrohliche Verlust- und Vernichtungserfahrung, so daß *Nähe* und *Ferne*, die zentralen Schlüsselbegriffe in Hölderlins Dichtung, gleichermaßen unerträglich werden und alle Anstrengung darauf gerichtet bleiben muß, das unintegrierbar Unvereinbare in eine, wenngleich immer prekäre Balance zu bringen. Aus einer solchen bedrohlichen dyadischen Verklammerung kann in der Entwicklung nur das Hinzutreten eines *Dritten*, des Vaters in seiner dieses Dritte vertretenden strukturellen Position, befreien und Grenzen setzen, indem dieser *Vater* als präsenter Dritter die Ausschließlichkeit, die Totalität der Mutter-Kind-Dyade aufhebt und mit dem väterlichen "Nein" seiner Präsenz gegen das ausbeuterisch triebhafte Verlangen, gegen die bedrohliche inzestuöse Fusion Abgrenzung und Strukturierung setzt (vgl. Kapitel 4). Dies erlaubt mit der Einführung der Kategorie der "Dreiheit" zugleich die Entwicklung von Reflexion, von Symbolisierung, von Sprache und Denken.

Wenn diese strukturelle Vaterposition fehlt oder nur ungenügend internalisiert und in die psychische Struktur als *strukturelle Position* integriert werden kann, bleibt das sich entwickelnde Subjekt der Bedrohlichkeit ungenügender Abgrenzung, das heißt der Bedrohlichkeit des grenzenlosen Verlangens ausgesetzt, das entweder als vom Subjekt ausgehend oder auch, dann in erster Linie als Folge einer Projektion mit den gleichen Konsequenzen, als vom Objekt ausgehend erlebt werden kann. In diesem Fall sucht das Subjekt mit seinen Möglichkeiten nach Wegen der Kontrolle und Beherrschung, um das Unvereinbare irgendwie in Balance zu halten. Dies erfolgt insbesondere durch die partielle Entkopplung von der Realität der Welt der Objekte in den Beziehungen zu ihnen, durch Ausweichen in die Welt des Phantasierens, in der die Objekte und die Beziehungen zu ihnen so geschaffen, gestaltet und damit in Schach gehalten werden können, daß ihre Bedrohlichkeit gemindert oder aufgehoben wird. Dies heißt aber, *daß die Phantasie vom Objekt* um der psychischen Stabiliserung willen *vor der Realität des Objektes zu schützen ist*. Und um dies zu erreichen, wird es deshalb erforderlich, eine ausreichend kontrollierte, kontrollierende Distanz zu den realen Objekten einzuhalten und die Beziehungen zu ihnen dort, wo man ihnen näher begegnet, manipulativ distanzierend zu kontrollieren. Diese Kontrolle erstreckt sich nicht nur auf die Beziehung zu den anderen, sondern auch auf die eigene Gefühlswelt, auf das eigene Denken, auf die eigene Gedankenordnung und das eigene Sprechen, was oft genug solche Tendenzen der Kontrolle zu einer mehr oder weniger ausgeprägten Kontaktstörung im zwischenmenschlichen Bereich in Verbindung mit einer gewissen zwanghaften Skurrilität werden läßt. Von Hölderlin werden Kontaktstörungen dieser Art berichtet, und zwar schon in der Zeit des Tübinger Stifts, wo man ihm im Kreis der Freunde den Namen "Holz" gab; er selbst konnte von sich selbst als "Kloz" sprechen (vgl. Häussermann 1961, S. 50).

Und an seine Schwester schrieb er:

"Ich kann den Gedanken nicht ertragen, daß auch ich, wie mancher andere, in der kritischen Lebenszeit, wo um unser Inneres her, mehr noch als in der Jugend, eine betäubende Unruhe sich häuft, daß ich, um auszukommen, so kalt und allzunüchtern und verschlossen werden soll. Und in der Tat, ich fühle mich oft wie Eis, und fühle es notwendig, solange ich keine stillere Ruhestätte habe, wo alles, was mich angeht, mich weniger nah und eben deswegen weniger erschütternd bewegt." (An die Schwester, 11.12.1800, Bd. 2, S. 903).

Die manipulative Kontrolle der äußeren Beziehungen, die Kontrolle und Beherrschung des überwältigend bedrohlichen Sehnens führt darüber hinaus zur Schaffung von den eigenen Bedürfnissen gemäßen, das heißt narzißtisch bestimmten inneren Vorstellungen vom Selbst und vom Objekt und von der Beziehung zu ihm, die die Unerträglichkeit der Andersheit aufzuheben vermag. Das heißt aber auch, daß jede verbindliche Annäherung an das Objekt diese gefundene defensive Balance gefährden muß, da in der verbindlichen Objektannäherung das Objekt zunehmend nicht mehr als ein durch Phantasie den eigenen Vorstellungen entsprechendes gestaltbares und manipulativ kontrollierbares Objekt, sondern als *reales* "anderes" erscheint und in seiner Andersheit erkannt und erfahren wird. Im Französischen heißt diese Andersheit *Alterité* in einem noch sehr viel umfassenderen Sinne von Andersheit, als dies das deutsche Wort erfaßt (vgl. Chasseguet-Smirgel 1988, S. 162 ff). Hölderlin hat in seinem Roman "Hyperions Jugend" diesen Vorgang des Aufbrechens der Realisierung von Andersheit als einen Augenblick der unmitelbaren Gefährdung und Bedrohung treffend beschrieben:

"Zufällig sah ich einen Augenblick darauf in den Spiegel, und glaubte drin ein zweideutig Lächeln an Notara zu bemerken. Betroffen blickt ich um mich, und es war mir, als fänden sich auch auf andern Gesichtern solche Spuren. Das war mir ein Dolch ins Herz! Ich glaubte mein Innerstes verunehrt, meine beste Freude verlacht, von meinem letzten Freunde mein Herz verspottet. Ich sprang auf und eilte fort." (Bd. 1, S. 533)

Dieser Einbruch von Realität in Gestalt des Lächelns, das den Freund als *anderen* im Spiegelbild mit eigenem Leben einführt, läßt die schützende Vorstellung und Erwartung absoluter Gleichheit mit dem schwärmerisch geliebten Freund zusammenbrechen. Dieses Zeichen der Alterité hat ein bedrohliches Realisieren der Getrenntheit zur Folge, die ein Gefühl der Entzweiung und, mit diesem, ein bedrohlich werdendes ohnmächtiges Gefälle mit allen damit verbundenen Affekten sowie Anstrengungen weckt, dieser Verschiedenheit, dieser Andersheit zu entkommen oder aber diese wieder aufzuheben. Dies kann entweder nur durch weitere massive manipulative Kontrolle der Begegnung oder durch neuerlichen partiellen Rückzug aus der bedrohlichen Nähe und durch partiellen Ersatz der bedrohlichen Wirklichkeit im Phantasieren oder aber, wenn die Sehnsucht unbeherrschbar und die Versagung unerträglich wird, in eine existenzvernichtende Refusion mit dem anderen als anderen unter Auslöschung der eigenen Andersheit gegenüber diesem anderen führen, der nur noch durch die völlige Aufhebung der

Beziehung zur Realität der Welt der Objekte und durch den Aufbau einer privaten, dann wieder beherrschbaren Welt in der Psychose begegnet werden kann.

Die Entwicklung, aus der eine solche psychotische Struktur hervorgeht, führt deshalb zu keinem "Beide sind wir auf der Erde ...", das in ausreichender Abgegrenztheit eine tragfähige Wechselseitigkeit und damit fruchtbare Gemeinsamkeit in "Freud und Qual", in sehnsuchtsvoller Lust und auch in schmerzlicher Unlust erlaubt, so daß die flehentliche Bitte nach wechselseitiger Verbindung, wie sie etwa in "Patmos" formuliert ist, aus innerer Not unerfüllt bleiben muß (Hervorhebungen L.H.):

> "Drum, da gehäuft sind rings
> Die Gipfel der Zeit, und die Liebsten
> *Nah* wohnen, ermattend auf
> *Getrenntesten* Bergen,
> So gib unschuldig Wasser,
> O Fittiche gib uns, treuesten Sinns
> *Hinüberzugehn und wiederzukehren."*

Damit wird jede verbindliche Beziehung zu einem anderen Menschen zur existentiellen Bedrohung, aufgrund derer ein "Beide" nur noch als idealisierende Phantasie einer narzißtischen Spiegelexistenz möglich bleibt, was immer dann zur Flucht zwingt, wenn diese Spiegelexistenz des anderen zusammenbricht und eine Realisierung sehnsuchtsvoller Begegnung mit dem wirklichen Objekt als dem wirklichen Anderen Realität zu werden droht.

Damit sind in aller Kürze die Grundzüge der psychischen Struktur Hölderlins erfaßt, der Struktur seiner inneren, existentiellen Auseinandersetzungen, in die letztlich jeder Mensch in seinem Ringen um einen sicheren Standort als Subjekt in der Welt gestellt ist und diese auf seine Weise zu lösen vermag, weshalb auch die inneren Auseinandersetzungen Hölderlins und wie er diese in seiner Dichtung umgesetzt, zur Struktur gestaltet und zur Sprache gebracht hat, uns unbedingt angehen. Von hier aus soll nun versucht werden, strukturelle Aspekte seiner Biographie und deren Entsprechungen in Strukturen seines Werkes zu erschließen.

Hölderlin hat die Struktur der zur vernichtenden Bedrohung werdenden Beziehung zum ersehnten Objekt im Thalia-Fragment des "Hyperion" außerordentlich präzise beschrieben:

"Wie ich Sie verstand, und wie sie das freute! wie ein zufällig Wörtchen von ihr eine Welt von Gedanken in mir hervorrief! Sie war ein wahrer Triumph der Geister über alles Kleine und Schwache, diese stille Vereinigung unsers Denkens und Dichtens ... Itzt war er wiedergekehrt, der Frühling meines Herzens. Itzt hatte ich, was ich suchte. Ich hatte es wiedergefunden in der himmlischen Grazie Melites. Es tagte wieder in mir. Das hohe Wesen hatte meinen Geist aus seinem Grabe gerufen. Aber was ich war, war ich durch sie. Die Gute freute sich über dem Lichte, das in mir leuchtete, und dachte nicht, daß es nicht nur der Widerschein des ihrigen war. Ich fühlte nur zu bald, daß ich ärmer wurde, als ein Schatten, wenn sie nicht in mir, und um mich, und für mich lebte, wenn sie nicht mein ward; daß ich zu nichts ward, wenn sie sich mir entzog. Es konnte nicht anders kommen, ich mußte mit dieser Todesangst jede Miene, und jeden Laut von ihr befragen, ihrem Auge folgen, als wollte mir mein Leben entfliehen, es mochte gen Himmel sich wenden, oder zur Erde; o Gott! es mußte ja ein Todesbote für mich sein, jedes Lächeln ihres heiligen Friedens, jedes ihrer Himmelsworte, das mir sagte, wie ihr an ihrem, ihrem Herzen genüge: Sie mußte ja über mich kommen, diese Verzweiflung, daß das Herrliche, was ich liebte, so herrlich war, daß es mein nicht bedurfte. Verzeih es mir die Heilige! oft flucht ich der Stunde, wo ich sie fand, und raste im Geiste gegen das himmlische Geschöpf, daß es mich nur darum ins Leben geweckt hätte, um mich wieder niederzudrükken mit seiner Hoheit. Kann soviel Unmenschliches in eines Menschen Seele kommen?" (Bd. 1, S. 490/91)

Die Begegnung Hyperions mit Melite (im Hyperion-Roman wird sie zur Diotima) führt das Subjekt in den Taumel überschwenglicher, grenzenloser Begeisterung, zu einer Glückseligkeit der "stillen Vereinigung unseres Denkens". Aber diese Glückseligkeit kippt mit der Erkenntnis der Überlegenheit der aus ihrer Fülle geben Könnenden, die "so herrlich war, daß es mein nicht bedurfte", in ihr Gegenteil um, indem Ohnmacht und destruktiver, aus grenzenloser Gier erwachsender Neid die Oberhand gewinnen und "im Geiste gegen das himmlische Geschöpf" rasen lassen, "das so herrlich war, daß es mein nicht bedurfte". Hier wird jener Modus der Objektbeziehung vorgeführt, der zu jenen "Schmerzen des, dem Balsam zu Gift ward, der sich Menschenhaß aus der Fülle der Liebe trank" führt, wie Goethe es in der "Harzreise" sagt. Hölderlin fragt in diesem Sinne in seinem Gedicht "Der Rhein":

"Wer war es, der zuerst
Die Liebsbande verderbt
Und Stricke von ihnen gemacht hat?"

Diese in der realen Begegnung mit dem verklärten, nun real erreichbaren Objekt aufbrechende Struktur der Beziehung, führt nun zu defensiv protektiven Anstrengungen, die zum Ziel haben, die Unerträglichkeit der unauflösbaren Widersprüche gegenüber dem verklärend geliebten, dann aber zunehmend in Neid stürzenden und dann verzweifelt gehaßten und verfluchten Objekt aufzuheben und irgendwie erträgliche Möglichkeiten des Umgangs mit sich selbst, mit dem eigenen Verlangen und mit der Welt zu schaffen. Dies macht aber gerade dort verwundbar, wo diese die kompensatorische Schaffung einer idealisierten, in Gedanken gestaltbaren und beherrschbaren Vorstellung vom idealisierten anderen mit der Realität des anderen zusammenprallen, was in eben jene Situation führt, die Hölderlin im Thalia-Fragment beschrieben hat. In der Begegnung mit Schiller in Jena im Jahre 1794 mußte er schließlich eben dies erleben und daran scheitern.

Es ist diese, im Thalia-Fragment treffend beschriebene Grenzerfahrung menschlicher Begegnung, in der Hölderlin aber nicht nur seine elementare Gefährdungen erleben mußte, sondern aus der er auch mit seinen kreativen Potentialen zu schöpfen vermochte, in seiner schließlich vergeblichen Suche nach der Möglichkeit, die Begegnung mit dem Objekt nicht grenzenlos und mit der Gefahr zu versinken, sondern begrenzt durch eine strukturelle Position des Dritten, des Vaters, nach "Gesetz" und "Maß" zu leben. "Nie treff ich, wie ich wünsche, das Maß" heißt es in diesem Sinne in der Erstfassung des Gedichts "Der Einzige", wenn der von seinem Gefühl überwältigte Dichter feststellen muß:

"... Diesesmal
Ist nämlich vom eigenen Herzen
Zu sehr gegangen der Gesang.
Gut machen will ich den Fehl,
Wenn ich noch andere singe.
Nie treff ich, wie ich wünsche,
Das Maß ... "

Die Thematik der letztlich vergeblichen Suche nach dem Vater durchzieht sein gesamtes Werk und insofern hat dies auch starke autobiographische Züge. In dem "Sänger" und "Dichter" der Gedichte und Hymnen ist im Sinne einer strukturellen Entsprechung zugleich die Person Hölderlins deutlich erkennbar. Selbstverständlich ist aber mit einer solchen Aussage nur ein Aspekt des Werkes, wenn auch ein zentraler, erfaßt.

Nachdem es Hölderlin gelungen war, die Mutter in ihrem drängenden Wunsch, ihn Pfarrer werden zu lassen, hinzuhalten - er hatte sich ihr zuliebe länger den Einschränkungen und dem Druck des Tübinger Stifts ausgesetzt, als dies ihm eigentlich lieb war - kehrte er, zum Magister geworden, Tübingen den Rücken und trat durch Vermittlung von Friedrich Schiller, zu dem er seinerseits durch seinen Tübinger Freund Stäudlin vermittelt worden war, eine Hofmeisterstelle bei der Familie von Kalb in Waltershausen bei Meiningen an. Voller idealistischer Vorstellungen von seiner Aufgabe umriß er sie in einem Brief an Schiller :

"In einer Stunde, worin die Nähe eines großen Mannes mich sehr ernst machte, versprach ich, der Menschheit Ehre zu machen in meinem jetzigen, durch die Folgen so ausgebreiteten Wirkungskreise. Ich versprach es *Ihnen*. Ich lege Ihnen Rechenschaft ab. Meinen Zögling zum *Menschen* zu bilden, das war und ist mein Zweck. Überzeugt, daß alle Humanität, die nicht mit anderen Worten Vernunft heißt oder auf diese sich genau bezieht, des Namens nicht wert ist, dacht ich, in meinem Zögling nicht frühe genug sein Edelstes entwickeln zu können."(20.3.1794, Bd. 2, S. 592, Hervorhebungen im Original. Alle nachfolgend zitierten Briefe im zweiten Band der hier verwendeten Werkausgabe)

Allerdings mußte er bald erkennen, daß sein "jetziger Beruf mir oft sehr schwer" wurde, daß es ihm "an Erfolg beinahe gänzlich mangelt[e]", "daß die Welt kein Arkadien ist" (Brief an Neuffer, 10.10.1794, S. 618/19), daß er sich allzusehr auf die Macht verstandesmäßiger pädagogischer Einflußmöglichkeiten zur sittlichen und vernunftgeleiteten Erziehung seines Zöglings verlassen und nicht mit seiner eigenen Gefühlswelt gerechnet hatte. Sein "vom Köpfchen bis auf die Füße bildschön[er]" Zögling (an Neuffer, 10.-15.7.1794, S. 608) erwies sich für ihn zunehmend als schwer lenkbar. Vor allem die unmittelbare Konfrontation mit der von Hölderlin in seinen Briefen nur dezent angedeuteten, ihn aber in überwältigende Konflikte stürzende fortgesetzte Onanie des Jungen, die unmittelbare Konfrontation mit körperlich Triebhaftem, ließen ihn an seiner Aufgabe verzweifeln und irre werden und schließlich zu sadistischen Maßnahmen der Kontrolle und Beherrschung seines Zöglings und dessen Laster, wie auf diese Weise auch seiner dadurch mobilisierten eigenen, bedrängend bedrohlichen Erregung greifen, die den Umstehenden den Eindruck vermittelten, daß "seine Empfindlichkeit (...) gränzen los" sei und daß "mann meynt würklich das eine Verworrenheit des Verstandes diesen Betragen zu grunde liegt" (Brief der Charlotte von Kalb an Schiller vom 9.12.1794, zit. b. Laplanche, S. 40). Schließlich wurde dieses pädagogische Verhältnis, das Hölderlin in verwirrende, für ihn nur mit sadistischer Zwanghaftigkeit beherrschbare Auseinandersetzung um sich selbst und um das eigene körperlich-triebhafte Verlangen in der Begegnung mit dem Jungen zu stürzen vermochte, einvernehmlich gelöst.

Hölderlin zog nach Jena, um hier in der "Nähe der wahrhaft großen Geister" (an Neuffer, Nov. 1794, S. 621) die Philosophie Fichtes zu studieren, vor allem anderen aber in Jena die Nähe Schillers zu suchen, der für ihn zu einer übermächtigen, übermächtig idealisierten Gestalt geworden war. In der Begegnung mit ihm schien er sich jene Anleitung und Führung zu erhoffen, jene Strukturierung, die ihn auch aus seinen ersten dichterischen Versuchen herausführen und zum wirklichen Dichter werden lassen sollte. Schiller kam dieser Erwartung anfänglich durchaus entgegen und nahm zum Beispiel jenes Hyperion-Fragment zum Druck in der Zeitschrift *Thalia* an, aus dem bereits zitiert worden ist. Er schien ihn aber auch darüber hinaus zu fördern, etwa indem er ihn in die universitäre Gesellschaft Jenas einführte, auch die Bekanntschaft Goethes vermittelte und manche Anregung und Empfehlung an Hölderlin aussprach, die dieser bei der Bildung seiner dichterischen Fähigkeiten umsetzen solle. Aber Hölderlin kam auch als ein Gescheiterter nach Jena und begegnete in Schiller eben jenem idealistisch verehrten Mann, dem er noch Monate zuvor brieflich seine idealistischen erzieherischen Ideale vorgetragen hatte.

So scheint schon von Anfang der Begegnung an ein Reif in die Frühlingsnacht hochgespannter idealistischer Erwartungen gefallen zu sein, spürbar einerseits an einer gewissen und wachsenden vorsichtigen Zurückhaltung Schillers Hölderlin gegenüber, zum anderen in einem verstärkten Bemühen, den aufgrund der Art seines pädagogischen Scheiterns offensichtlich der väterlichen Führung und Anleitung bedürftigen Hölderlin gleichsam väterlich zu lenken: "Schiller nimmt sich meiner so wahrhaft väterlich an, daß ich dem großen Manne neulich selbst gestehen mußte, ich wüßte nicht, wie ich's verdiente, daß er so sehr sich für mich interessiere" (an die Mutter, 22.02.1795, S. 641).

Somit schien sich Schiller mehr und mehr mit eigenem Willen und Plan als reales Objekt Hölderlin gegenüberzustellen. Diese zunehmende Realisierung der realen Andersheit des anderen mußte aber zunehmend alle defensiven Anstrengungen schwächen und eine innere Situation herstellen, wie sie aus der zitierten

Stelle des Hyperion-Fragmentes deutlich geworden ist. Zunehmend kam es demzufolge zum so erlebten Gefälle:

"Die Nähe der wahrhaft großen Geister und auch die Nähe wahrhaft großer selbsttätiger mutiger Herzen schlägt mich nieder und erhebt mich wechselweise, ich muß mir heraushelfen aus Dämmerung u. Schlummer, halb entwickelte, halb erstorbene Kräfte sanft und mit Gewalt wecken und bilden, wenn ich nicht am Ende zu der traurigen Resignation meine Zuflucht nehmen soll, wo man sich mit anderen Unmündigen und Unmächtigen tröstet ..." (Nov. 1794 an Neuffer, S. 621).

Schiller wurde nun mehr und mehr zum Objekt, das in Hölderlin archaische Beziehungsmodi mobilisierte. Die ersehnte Beziehung zu Schiller als väterlichem Objekt schlug zunehmend um und wurde zu einer Version der bedrohlichen Beziehung zum Primärobjekt, daß heißt, in der Beziehung zur Person Schillers kehrte die archaische Beziehung zur ersehnten und zugleich gefürchteten archaischen Muttergestalt als deren Variante wieder. Solches läßt aber, wie wir wissen, nur noch regressive Wege zu, den Weg der *Flucht* und/oder den der *Psychose*. Hölderlin ist, wie wir wissen, seinerzeit in Jena beide Wege gegangen. Rudolf Friedrich Heinrich Magenau, ein Freund Hölderlins aus der Tübinger Zeit, der ihn im Sommer 1795 in Jena besuchte, beschrieb den Zustand Hölderlins in dieser Zeit:

"Ich habe Hölderlin gesprochen, gesehen, wollte ich sagen, denn er konnte nicht mehr sprechen, war abgestorben, allem Mitgefühl mit seinesgleichen, ein lebender Toter! Er sprach vieles phantastisches Zeug von einer Reise nach Rom, wo die guten Deutschen gewöhnlich die Seele sich verkälten" (zit. b. Laplanche, S. 65).

Ende Mai verließ er diese "Nähe der wahrhaft großen Geister", die ihn in so schreckliche Inferiorität, Bedrohung und Überwältigung gestürzt hatte:

"Endlich ergrimmt ich über meinen Wahnsinn, und sann mit Ernst darauf, es von Grund aus zu vertilgen, dieses tötende Sehnen. Aber mein Geist versagte mir den Dienst. Dafür schien es, als drängen sich falsche Dämonen mir auf, und böten mir Zaubertränke dar, mich vollendst zu verderben mit ihren höllischen Arzneien ",

beschrieb er diese bedrohte innere Erlebniswelt im Thalia-Fragment (Bd. 1, S. 493), in der Hyperion in seinem verzweifelten Kampf versucht, die mobilisierte Sehnsucht nach dem Objekt zu vernichten, um nicht von den "Zaubertränken" und "höllischen Arzneien" falscher Dämonen "vollendst" verdorben zu werden, das heißt, in der Psychose, in der Verrücktheit unterzugehen. Verstört, "phantastisches Zeug" sprechend, psychotisch kehrte er über Heidelberg zurück zur Mutter, von wo er sich wenig später Schiller gegenüber brieflich erklärte:

"Ich wußte wohl, daß ich mich nicht, ohne meinem Innern merklichen Abbruch zu tun, aus Ihrer Nähe würde entfernen können. Ich erfahr es izt mit jedem Tage lebendiger. Es ist sonderbar, daß man sich sehr glücklich finden kann unter dem Einfluß eines Geistes, auch wenn er nicht durch mündliche Mittheilung auf einen wirkt, bloß durch seine Nähe, und daß man ihn mit jeder Meile, die man von ihm entfernt, mehr entbehren muß. Ich hätt es auch schwerlich mit all meinen Motiven über mich gewonnen, zu gehen, wenn nicht eben diese Nähe mich von der anderen Seite so oft beunruhiget hätte. Ich war immer in Versuchung, Sie zu sehen, und sah Sie immer nur, um zu fühlen, daß ich Ihnen nichts sein konnte. [Vgl. diese Briefpassage mit jener oben zitierten Stelle aus dem

Thalia-Fragment: "diese Verzweiflung, daß das Herrliche, was ich liebte, so herrlich war, daß es mein nicht bedurfte."] Ich sehe wohl, daß ich mit dem Schmerze, den ich so oft mit mir herumtrug, notwendigerweise meine stolzen Forderungen büßte; weil ich Ihnen so viel sein wollte, mußt ich mir sagen, daß ich Ihnen nichts wäre ... Wär es Eitelkeit gewesen, die so ihre Befriedigung suchte, die von einem großen Manne, wenn er einmal dafür anerkannt ist, einen freundlichen Blick erbettelt, um sich mit der unverdienten Gabe über die eigene Armseligkeit zu trösten, der der Mann ziemlich indifferent ist, wenn er nicht für ihre kleinen Wünsche taugt, hätte mein Herz zu so einem beleidigenden Hofdienste sich erniedriget, dann freilich würd ich mich recht tief verachten. Aber ich freue mich, daß ich so gewiß mir sagen kann, daß ich den Wert des Geistes, den ich achte, soweit ich ihn ermessen kann, in mancher guten Stunde rein empfand, und daß mein Streben, ihm recht viel zu sein, im Grunde nichts anderes war, als der gerechte Wunsch, dem Guten und Schönen und Wahren, sei es unerreichbar oder erreichbar, sich mit seinem Individuum zu nähern, und daß man nicht gerne dabei einzig sein Richter ist, ist gewiß auch menschlich, gewiß natürlich. ... Nur alle Monate möcht ich zu Ihnen und mich bereichern auf Jahre ... Ich lebe sehr einsam und glaube, daß es mir gut ist ... Bei dem, was ich beilege, betrübt es mich oft, daß das erste, was ich auf Ihren unmittelbaren Antrieb vornahm, nicht besser werden sollte. Ich bin mit ewiger Achtung Ihr Verehrer M. Hölderlin." (23. Juli 1795, S.660-62)

In seiner Einsamkeit versuchte er, dieser ihn zerstörenden erniedrigenden Überwältigung durch philosophische Denkanstrengungen zu entkommen:

"Das Mißfallen an mir selbst und dem, was mich umgibt, hat mich in die Abstraktion hineingetrieben; ich suche mir die Idee eines unendlichen Progresses der Philosophie zu entwickeln, ich suche zu zeigen, daß die unnachläßliche Forderung, die an jedes System gemacht werden muß, die Vereinigung des Subjekts und Objekts in einem absoluten - Ich oder wie man es nennen will - zwar ästhetisch, in der intellektualen Anschauung, theoretisch aber nur durch eine unendliche Annäherung möglich ist, wie die Annäherung des Quadrats zum Zirkel ..." (Brief an Schiller vom 4.9.1795, S. 667).

Es handelt sich um einen Versuch, auf dem Weg über das Denken, über "die Abstraktion" das Grundproblem zu lösen, dem Hölderlin hilflos ausgeliefert war: Die Vereinigung des Subjekts und des ersehnten Objekts zu erreichen, ohne daß es zur zerstörenden Fusion kommt, was er "theoretisch" als "nur durch eine unendliche Annäherung", gleichsam asymptotisch für möglich hielt - weil eine solche Annäherung und Verbindung in der Konkretheit menschlicher Beziehung ohne ausreichende Integration einer Grenzen, Existenz und Denken stiftenden Position des dritten Objekts nicht möglich ist. Daß Hölderlin mit seinen philosophischen Bemühungen hier zugleich auch an das in der Begegnung mit der deduktiven Philosophie Fichtes in Jena Erfahrene anzuschließen suchte, an die philosophische Konzeption vom primär *absoluten Ich*, von der dialektischen Gegenüberstellung des *Ich* mit dem vom *Ich* gesetzten *Nicht-Ich*, von der sich wechselseitig bestimmenden und beschränkenden Beziehung beider in der Synthese des *teilbaren Ich* und teilbaren *Nicht-Ich* und die daraus abzuleitenden erkenntnislogischen und praktischen Folgen, sei an dieser Stelle nur am Rande vermerkt.

"Ermattet von dem wütenden Kampfe sank ich endlich nieder. Mein Auge schloß sich, meine Brust schlug sanfter, und, wie der Bogen des Friedens nach dem Sturme, ging ihr ganzes himmlisches Wesen wieder auf in mir ", heißt es im Hyperion-Fragment (Bd.1, S.494).

Ende des Jahres 1795 verließ Hölderlin nach einem unglücklichen Sommer seine Heimatstadt, um in Frankfurt eine Hauslehrerstelle bei der Familie Gontard anzutreten. Hier traf er Susette Gontard, die Mutter seiner Zöglinge, in der er meinte, Melite/Diotima zu erkennen, und die er grenzenlos, weil unerreichbar, zu lieben begann, jene Frauengestalt, die den innersten Kern seines Wesens und seiner Dichtung enthält, als eine idealische Repräsentanz des Primärobjektes, von der er sich halten und inspirieren lassen konnte. Seine Liebe wurde erwidert, blieb aber unerfüllbar. Denn es gab im Hause Gontard einen Dritten, den Hausherrn Jakob Friedrich Gontard, der einer Realisierung dieser Liebe im Wege stand - und durch seine Existenz wohl gerade deshalb, durch die Absicherung der Spaltung in absolut "Gut" und "Böse" erst deren außerordentliche idealische Intensität möglich machte. Er behandelte Hölderlin wahrhaft als einen Hofmeister, eine eigentümliche Zwitterposition, die zwar mit vollem Anschluß an das Familienleben verbunden war, jedoch nichtsdestotrotz ihn in einer Bedienstetenposition beließ. Er schien zunehmend von der Art der Beziehung zwischen Hölderlin und seiner Frau zu ahnen und verhielt sich Hölderlin gegenüber allmählich derart schroff und entwertend, daß sich die Liebenden im September 1798 voneinander trennten.

Hölderlin zog nun für eineinhalb Jahre nach Bad Homburg, von wo er eine schmerzerfüllte Korrespondenz mit Diotima aufrechterhielt, bevor er im Juni 1800 endgültig von ihr Abschied nahm. Nach einjährigem Aufenthalt in Württemberg nahm er Anfang 1802 eine Hauslehrerstelle in Bordeaux an, scheiterte aber auch in dieser Funktion und kehrte im Sommer 1802 nach Württemberg zurück, verwirrt und in heftiger Erregung, die seiner Umgebung keinen Zweifel mehr an seiner psychischen Desintegration ließ. Von mancher Seite wird dieser seinerzeit nun offenkundige psychotische Zusammenbruch mit dem Tode Diotimas im Frühsommer 1802 in Verbindung gebracht - eine spekulative These, die das Gewicht der seit 1798 erfolgenden inneren Auseinandersetzung um die erzwungene Trennung, den erzwungenen Verlust mit dessen Realisierung einer offensichtlich existentiellen Vergeblichkeit als ein strukturell erschütterndes Geschehen verkennt und statt dessen den Verfall eher nur an ein einzelnes konkretes historisches Ereignis knüpfen möchte. Strukturell gesehen war die Geliebte mit dem endgültigen Abschied aus Bad Homburg zwei Jahre zuvor für Hölderlin innerlich längst verloren, und das konkrete Ereignis ihres Todes dürfte dies letztlich nur noch im Sinne einer endgültigen Besiegelung bestätigt haben. Zwei Jahre verbrachte er noch überwiegend in seiner Heimatstadt, bevor er für zwei weitere Jahre von seinem Freund Sinclair gestützt nach Bad Homburg zog, wo er die Stelle eines Bibliothekars antrat. 1806 brach er schließlich endgültig zusammen und mußte nach Tübingen in eine psychiatrische Anstalt verbracht werden, wo er irreversibel in der Psychose versank. 36 Jahre sollte er noch in der Pflege bei dem

Tübinger Schreinermeister Zimmer verbringen, bevor er schließlich im Jahre 1843 73jährig starb.

Als Dichter war Hölderlin bereits in Tübingen, dann in Waltershausen und Jena und schließlich in Frankfurt, in der Zeit der Blüte seiner Liebe zu Diotima, hervorgetreten. Mit der zunächst räumlichen, vor allem dann aber mit der endgültigen Trennung von Diotima veränderte sich sein dichterischer Ton. Parallel zu seinem in dieser Zeit bereits erkennbar werdenden psychischen Zerfall wuchs seine Gewißheit zu seiner dichterischen Sendung, die er mit seiner zwischen 1799 und 1803 entstandenen Dichtung zu einer Höhe führte, die ihn zu einem der größten Lyriker der deutschen Sprache, ja vielleicht der Literatur überhaupt werden ließ. Seinem Freund Neuffer schrieb er in dieser Zeit:

"Ach! die Welt hat meinen Geist von früher Jugend an in sich zurückgescheucht, und daran leid ich noch immer. Es gibt zwar einen Hospital, wohin sich jeder auf meine Art verunglückter Poet mit Ehren flüchten kann - die Philosophie. Aber ich kann von meiner ersten Liebe, von den Hoffnungen meiner Jugend nicht lassen, und ich will lieber verdienstlos untergehen als mich trennen von der süßen Heimat der Musen, aus der mich bloß der Zufall verschlagen hat" (12.Nov.1798, S. 782).

Gegenüber der Mutter vermochte er sich jetzt endgültig durchzusetzen und ihre nach wie vor gehegten beruflichen Pläne für ihn zurückzuweisen, indem er ihr seine dichterische Berufung, seine "vielleicht unglückliche Neigung zur Poesie" entgegenstellte:

"... Es hat es mancher, der wohl stärker war als ich, versucht, ein großer Geschäftsmann oder Gelehrter im Amt und dabei Dichter zu sein. Aber immer hat er am Ende eines dem andern aufgeopfert, und das war in keinem Falle gut, er mochte das Amt um seiner Kunst willen, oder seine Kunst um seines Amts willen vernachlässigen; denn wenn er sein Amt aufopferte, so handelte er unehrlich an andern, und wenn er seine Kunst aufopferte, so sündigte er gegen seine von Gott gegebene natürliche Gabe, und das ist so gut Sünde und noch mehr, als wenn man gegen seinen Körper sündigt ..." (an seine Mutter Januar 1799, S. 806).

Dem Wunsche der Mutter zu folgen, hieße, sich zu zerstören. Hieß das aber auch umgekehrt, daß seiner dichterischen Berufung zu folgen und in dichterische Sprache umzusetzen, was ihn bewegte, ihn vor der Zerstörung retten würde? Die Antwort hierauf hat er selbst gegeben. Denn er ahnte, daß seine schöpferischen Möglichkeiten in der Grenzzone zum Untergang, daß "dieses tötende Sehnen"(s. Thalia-Fragment S. 493) um die Unerträglichkeit seiner unerfüllbaren Sehnsucht, um die Unerträglichkeit ihrer Versagung, um die Unerträglichkeit von Trennung und Verlust in künstlerischer Form, in der Strukturierung der Sprache, im richtigen "Maß" zu bannen nur begrenzt waren. Ein vermutlich im ersten Drittel des Jahres 1799 entstandenes Gedicht bringt diese Ahnung erschütternd zum Ausdruck:

"Hört ich die Warnenden izt, sie lächelten meiner und dächten,
Früher anheim uns fiel, weil er uns scheute, der Tor.
Und sie achteten's keinen Gewinn,

......

Singt, o singet mir nur, unglückweissagend, ihr Furchtbarn,
Schicksalsgötter, das Lied immer und immer ums Ohr.
Euer bin ich zuletzt, ich weiß es, doch will zuvor ich
Mir gehören und mir Leben erbeuten und Ruhm."

Und dies ist ihm mit seiner Lyrik zutiefst gelungen, die mit ihrer außerordentlichen, "musikalischen" Rhythmik, ihrer Fülle der Bilder, ihrer Fähigkeit, reichhaltige Assoziationen zu wecken und diese in Form, in "Gesetz" und "Maß" zu binden, an menschlicher Grenzerfahrung teilhaben läßt und zutiefst ästhetische Wahrheit vermittelt.

"Nur *einen* Sommer gönnt, ihr Gewaltigen!
Und einen Herbst zu reifem Gesange mir,
Daß williger mein Herz, vom süßen
Spiele gesättiget, dann mir sterbe.

Die Seele, der im Leben ihr göttlich Recht
Nicht ward, sie ruht auch drunten im Orkus nicht;
Doch ist mir einst das Heil'ge, das am
Herzen mir liegt, das Gedicht, gelungen,

Willkommen dann, o Stille der Schattenwelt!
Zufrieden bin ich, wenn auch mein Saitenspiel
Mich nicht hinabgeleitet; *einmal*
Lebt ich, wie Götter, und mehr bedarf's nicht",

singt er *An die Parzen*, der Warnenden eingedenk, denen er gegen drohenden Zerfall seine gewaltigen Hymnen abringt, bevor er im Dunkel der Psychose versinkt ("Mein Eigentum"):

"Ihr segnet gütig über den Sterblichen,
Ihr Himmelskräfte! jedem sein Eigentum,
O segnet meines auch, und daß zu
Frühe die Parze den Traum nicht ende."

In den Jahren 1802-1804 nahmen die psychotischen Veränderungen zu. Schelling, der ihn 1803 traf, berichtete später davon, daß er den Eindruck gewinnen mußte, "daß dieses zart besaitete Instrument auf immer zerstört sey" (zit. in Häussermann, S. 144). Aber er dichtete noch weiter, wobei es zu erkennbaren formalen und thematischen Veränderungen der Dichtung kam, indem zunehmend die Beziehung zur Urmutter, zum Mythischen, zur Erde in den Vordergrund rückte, eine Thematik der Sehnsucht und Wiedervereinigung im Untergang ("Andenken"):

"Es reiche aber,
Des dunklen Lichtes voll,
Mir einer den duftenden Becher,
Damit ich ruhen möge; denn süß
Wär unter Schatten der Schlummer."

In der zweiten Fassung seiner letzten Hymne "Mnemosyne" dichtete er:

"Ein Zeichen sind wir, deutungslos,
Schmerzlos sind wir und haben fast
Die Sprache in der Fremde verloren."

Es ist eine Hymne, die mit ihren reichhaltigen, vielartige Konnotationen wekkenden Bildern eine Endgültigkeit der Verzweiflung artikuliert, die alle Verzweiflung transzendiert, eine Hymne der Vergeblichkeit menschlichen Tuns, des Verlustes aller Hoffnung, des Untergangs, der uns zum deutungslosen Zeichen, schmerzlos werden läßt, wenn wir unversöhnt, unversöhnbar die Sprache in der Fremde verlieren, wenn die Sprache und mit ihr alle Erinnerung endgültig zerfällt ("Hälfte des Lebens"):

"Weh mir, wo nehm ich wenn
Es Winter ist, die Blumen, und wo
Den Sonnenschein,
Und Schatten der Erde?
Die Mauern stehn
Sprachlos und kalt, im Winde
Klirren die Fahnen."

Und für Hölderlin ging die Sprache seines Dichtens schließlich ganz verloren. Aus Meister Zimmers Turm schrieb er noch Briefe an die Mutter, die nur noch formelhaft gefühlsentleerte Gedanken permutierend umkreisen. Vereinzelt schrieb er auch noch Gedichte, die gelegentlich, wie von Ferne, die Höhen ansprechen, aus denen er herabgestürzt war. Der Ton bleibt allerdings einer der affektverarmten Distanz.

"Das Angenehme dieser Welt hab ich genossen,
Die Jugendstunden sind, wie lang! wie lang! verflossen,
April und Mai und Julius sind ferne,
Ich bin nichts mehr, ich lebe nicht mehr gerne!"

So gehörte sein Herz nun den Toten an, wie er es bereits in seinem 1793 entstandenen Gedicht "Griechenland" auf die untergegangenen Welten der Griechen bezogen gesagt hatte: "Laßt, o Parzen, laßt die Schere tönen! Denn mein Herz gehört den Toten an".

Als Person ging Hölderlin in seinem Ringen um die "Annäherung des Quadrats zum Zirkel", um die Freiheit der Abgrenzung und Vereinigung von Subjekt und Objekt unter. Sein dichterisches Werk aber, in dem er für sein Ringen um *Ferne* und *Nähe*, um *Heimat, Mutter Erde*, *Gesetz* und *Maß* bleibend Form und Ausdruck gefunden hat, "das Höchste, das Gedicht", das ihm gelungen ist, spricht uns bis heute unmittelbar an. Es erinnert uns individuell und, das hatte Hölderlin immer auch im Sinn, gesellschaftlich (vgl. Bertaux 1977), an unsere uneingelöste, vielleicht uneinlösbare Hoffnung auf eine Freiheit in *Gesetz* und *Maß*, die uns weder zum Opfer menschlicher Ausbeutung, Erdrückung und Vernichtung macht noch uns in sprachloser Kälte und Beziehungsleere untergehen läßt: "*Was bleibet aber"*, heißt es im "Andenken", *"stiften die Dichter.*"

15. Psychoanalyse der künstlerische Kreativität: Grundsätzliche Überlegungen

In der vorangegangenen Untersuchung über den Dichter Friedrich Hölderlin ist deutlich geworden, daß Aspekte seiner widersprüchlichen Persönlichkeit und Entwicklung in seinem Werk Eingang gefunden haben, gemäß Hölderlins eigener Auffassung von der Beziehung des Dichters zu seinem Werk, daß nämlich das Gedicht "aus des Dichters eigener Welt und Seele hervorgegangen sein" müsse und daß er das "eigene Gemüt und die eigene Erfahrung *in einen fremden analogischen Stoff übertragen* können" müsse ("Grund zum Empedokles", Bd.2, S. 114, Hervorhebungen L.H.). Das heißt aber, daß Aspekte der psychischen Struktur Hölderlins in Strukturen seiner Dichtung ihren Niederschlag gefunden haben. Insofern ergeben sich spezifische *Entsprechungen* zwischen der Persönlichkeitsstruktur des Dichters und ihrer Entwicklung einerseits und vielen im dichterischen Werk aufzufindenden Strukturen andererseits. Dieser Sachverhalt wirft die Frage auf, inwieweit dies grundsätzlicher in Hinblick auf die Beziehung zwischen einem Künstler und seinem künstlerischen Werk Geltung beanspruchen kann.

Mit der Frage nach den psychischen Bedingungen künstlerischer Kreativität hat sich die Psychoanalyse seit Freuds ersten grundsätzlichen Untersuchungen in dieser Richtung immer wieder befaßt. Allerdings gab es auch schon in vorpsychoanalytischer Zeit und außerhalb der Psychoanalyse, etwa in der Psychiatrie, Diskussionen über die Frage der psychischen Struktur der Künstlerpersönlichkeit. Diese Diskussionen gingen von der Tatsache aus, daß künstlerisch schöpferische Tätigkeit vor allem bei genialen Künstlern überhäufig mit krisenhaften Persönlichkeitsentwicklungen und vielfach auch mit psychischen Katastrophen einhergeht. Aus dem Geiste der romantischen Tradition kommend entstand so die Vorstellung vom irren Künstler, von einer Verbindung zwischen Genie und Irrsinn, die vor allem von dem italienischen Psychiater Lombroso im vorigen Jahrhundert geprägt wurde. Aber auch in Deutschland wendeten sich um die Jahrhundertwende zahlreiche Psychiater dieser Frage zu, allen voran die Psychiater Lange-Eichbaum und Moebius, die umfangreiche Studien über psychisch auffällige Künstlerpersönlichkeiten, etwa über Friedrich Hölderlin und Robert Schumann vorgelegt haben. Und man war der Meinung, daß der Künstler als eine wesentliche Voraussetzung seiner künstlerischen Produktion einer immer wieder aufzusuchenden seelischen Grenzerfahrung bedürfe, wobei nach diesem Verständnis das Erschaffen des künstlerischen Werks zugleich auch für den Künstler eine Möglichkeit bereitstelle, diese Grenzerfahrung in den künstlerischen Formen zu strukturieren und zu binden.

Im Zusammenhang mit der Untersuchung der Beziehung zwischen Künstler und Werk ergaben sich nun zwei entgegengerichtete Tendenzen der Betrachtung. Die eine, wie sie z. B. von dem George-Schüler Friedrich Gundolf (1911) vertreten wurde, meinte, diese Beziehung ausschließlich vom Werk her betrachten zu müssen, so daß die Biographie nur vom Werk her einen Sinn, eine geistige Berechtigung erhalte. In diesem Sinne schrieb Gundolf: "Darum läßt sich aus der Biographie nie das Werk erklären, erst vom Werk aus gewinnt die Biographie einen Sinn, und das ist das einzige Recht das ihr in der Geistesgeschichte überhaupt zukommt" .

Derjenige, der das Gesamtwesen eines Schriftstellers zu erfassen suchte, sollte sich nicht an dessen *curriculum vitae*, sondern an dessen Schöpfungen halten, "an sein Werk, an diejenigen Gebilde, die seine Welt und sein Ich am deutlichsten, das heißt, am geformtesten enthalten" (zit. b. K. Eissler, 1971, S. 460). Diese Betrachtung der Beziehung zwischen Künstler und Werk sieht also die Biographie des Künstlers aus der Perspektive des Kunstwerks und verleiht ihr in erster Linie von daher ihre Bedeutung. Damit wird aber die Biographie gleichsam gleichrangig auf eine Ebene mit der Dichtung gehoben, mit der Konsequenz einer Idealisierung der Dichterpersönlichkeit und einer Vernachlässigung der konkreten, persönlichen und historischen Realität des das Kunstwerk schaffenden Menschen.

Die andere Betrachtungsweise, wie sie zunächst von jenen eingenommen wurde, die Vorstellungen von einer Art Verbindung zwischen Genie und Irrsinn anhingen, versuchte dagegen umgekehrt, die Beziehung zwischen Künstler und Werk aus der Perspektive der Persönlichkeit und Biographie des Künstlers zu sehen. Diese Sichtweise ist mit der Gefahr verbunden, daß am Ende das Werk als bloßes Produkt oder gar nur noch als ein Phänomen der Psychopathologie verstanden wird. Von einer solchen Denkweise her ist es allerdings, daran sei an dieser Stelle erinnert, kein sonderlich weiter Schritt mehr dahin, eine Kunst, die irritiert, verstört und auf diese Weise stereotype, vertraute Weltsicht aufbricht, als "krankhaft", als Produkt seelischer Krankheit, als "entartet" abzuweisen. Die Kampagne gegen die "entartete Kunst" in der Nazi-Zeit ist ein erschreckendes Beispiel der möglichen Konsequenzen einer solchen Denkweise. Aber auch abgesehen von einer solchen offenkundig ideologisch destruktiven Kunstbetrachtung bedeutet Kunst lediglich als Produkt von Psychopatholgie zu verstehen, sie mißzuverstehen.

Kunst ist mehr und anderes als bloßes Produkt oder Objekt des Künstlers, sie ist ihrem Wesen nach ein kommunikativer Prozeß, bei dem der Künstler die Erfahrungen, Spannungen und Widersprüche seiner Selbst und seiner Beziehung zur Welt in dem von ihm geschaffenen Werk, in dessen Strukturen und Aussagen vom Individuellen seines Erfahrens auf die Ebene des Allgemeingültigen hebt und seinem Publikum vermittelt: Der Künstler *sagt* etwas, das von dem, der das Kunstwerk erlebt, als etwas auch ihn Meinendes *verstanden* werden kann, wenn er sich dem Kunstwerk, der Erfahrung mit ihm aussetzt und sich von dem, was der Künstler durch das Kunstwerk sagt, ansprechen läßt. Das heißt aber, daß schmerzliche, quälende und spannungsreiche persönliche Erfahrungen des Künstlers einen ästhetischen Transformationsprozeß erfahren, der diese subjektiven Erfahrungen ihrem Wesen nach in einer Weise - ästhetisch - verändert, die von den Kategorien der Psychopathologie in keiner Weise zu erfassen und zu erschließen sind. Offensichtlich ist aber der kreative Prozeß vielfach, wie wir dies bei Hölderlin sehen konnten, mit zutiefst quälenden, existentiell bedrohlichen inneren

Auseinandersetzungen des Künstlers verbunden, die dieser durch den kreativen Prozeß zu integrieren, zu binden und in der Erwartung, verstanden zu werden, durch sein Werk mitzuteilen vermag. Es ist aber nicht das Subjektiv-Psychologische, sondern das Ästhetische, was schließlich das Wesen und das Allgemeinverbindliche eines Kunstwerkes ausmacht.

In diesem Sinne hat Robert Schumann in seiner berühmt gewordenen Rezension der "Sinfonie fantastique" von Hector Berlioz in der Kritik des musikalischen Programms, das Berlioz dieser Sinfonie zugrunde gelegt hat, den bemerkenswerten Gedanken formuliert: "Verschließe sich also der Künstler mit seinen Wehen; wir würden schreckliche Dinge erfahren, wenn wir bei allen Werken bis auf den Grund ihrer Entstehung sehen könnten." (in: Kreisig, 1914, I, S. 83)

Mit diesen Gedanken hat Schumann im Prinzip auf ein wohl zentrales Moment künstlerischen Schaffens hingewiesen, daß nämlich Kunstwerke am Grund ihrer Entstehung mit *schrecklichen Dingen* zu tun haben können. *Schreckliche Dinge* will heißen, daß schreckliche, spannungsreiche, bis an die Existenz des Künstlersubjekts reichende, dieses zutiefst leidend machende und oft auch zutiefst bedrohende innerseelische Belastungen, Widersprüche und auch Auseinandersetzungen im schöpferischen Akt eine essentielle, eine treibende und gestaltende Macht gewinnnen können. Insofern läßt sich der schöpferische Akt als eine vor allem dem genialen Künstler gegebene Möglichkeit verstehen, diese innerseelischen *schrecklichen Dinge* im Kunstwerk zum Ausdruck zu bringen, in den künstlerischen Formen umzusetzen und auf diese Weise vermittels des künstlerischen Darstellens und Umsetzens im Kunstwerk zu bemächtigen und zu bewältigen. Goethe hat dies im "Tasso" (5. Akt, 5. Szene) mit den berühmt gewordenen Worten Tassos zum Ausdruck gebracht: "Und wenn der Mensch in seiner Qual verstummt,/Gab mir ein Gott, zu sagen, wie ich leide." In vergleichbarem Sinne, hat dies auch Thomas Mann im "Dr. Faustus" (im 34. Kapitel) gesagt, wenn er vom Genie "als einer in der Krankheit tieferfahrene(n), aus ihr schöpfende(n) und durch sie schöpferische Form der Lebenskraft" spricht (S. 355).

Allerdings führt der Begriff "Krankheit" in diesem Zusammenhang zu nicht unerheblichen Mißverständnissen und Fehldeutungen, wie sie die Untersuchung der künstlerischen Persönlichkeit und deren Beziehung zum Werk von verschiedensten Seiten bis heute immer wieder belastet hat. Es wäre sinnvoller, statt von "Krankheit" von *Leiden* zu sprechen, in dem die schöpferische Form der Lebenskraft erfahren wird, aus der diese schöpft - und Thomas Mann hat dies wohl in diesem Sinne auch gemeint. Mit dem Begriff *Leiden* erfassen wir eine *subjektive* Dimension des Erlebens. Diese steht wohl, wenn man sich mit der Beziehung zwischen Persönlichkeit und Werk beschäftigen will, ganz im Vordergrund. Deshalb ist demgegenüber die Frage danach, was dieses "Leiden" im einzelnen macht, was Ursache dieses Leidens sei, nur eine nachgeordnete Frage, soweit sie nicht Relevanz für die subjektive Dimension des Erlebens hat. Und schließlich ist die dritte Frage, ob und inwieweit dieses "Leiden" als "krank" oder als "nichtkrank" zu bewerten sei und wie man dieses Leiden nach Kategorien der medizinischen, psychiatrischen oder auch psychoanalytischen Krankheitslehre bewerten, beurteilen und einordnen möchte, das heißt, ob und welches diagnostische Etikett man diesem Leiden aufkleben möchte, eine Übung, deren Erkenntniswert nahe an Null liegt.

Deshalb wird man die komplexe Beziehung zwischen Persönlichkeit und Werk und die Bedingungen des schöpferischen Prozesses kaum verstehen können, wenn man die Erfahrung subjektiven "Leidens" nach verallgemeinernden Kategorien einer immer nur vorläufigen medizinischen Krankheitslehre beurteilt - in der Medizin heißt so etwas: "Diagnose stellen". Man wird vielmehr gerade den umgekehrten Weg gehen und sich gerade dieser einmaligen Erfahrung subjektiven Leidens zuwenden müssen. An Kunstwerken kann man nicht, wie etwa in der Medizin, Diagnosen stellen, wie sich das Kunstwerk auch nicht zum bloßen "Symptom" des "neurotischen Künstlers" degradieren läßt, etwa im Sinne der seinerzeit auf Freuds heftigen Widerspruch stoßenden Vorstellung Wilhelm Stekels, eines Psychoanalytikers aus der Pionierzeit psychoanalytischer Kunstbetrachtung, daß jeder Dichter im Grunde genommen ein Neurotiker sei. Von daher erweist sich aber etwa auch die oft gestellte Frage nach der Beziehung zwischen der Psychose Hölderlins und seinem Schöpfertum, wie sie in der zugespitzten Formulierung "schizophren, weil Dichter, Dichter, weil schizophren" zum Ausdruck kommt (vgl. Laplanche, S. 157, der sich mit solcher Formulierung kritisch auseinandersetzt), als reduktionistischer, pathographischer Unsinn. Und deshalb ist auch das Bemühen von seiten mancher Psychiater, die Grenzlinie genau ausmachen zu wollen, von der ab etwa Hölderlins Dichtung "noch nicht psychotisch und pathologisch" oder "schon inkohärent, psychotisch und pathologisch" ist, oder aber wo die Musik Schumanns zur "schizophrenen Musik" werde oder musikalisch Zeichen der Schizophrenie aufweise, wie dies etwa die Untersuchung von M. Linder (1959) über "Die Psychose von Robert Schumann und ihr Einfluß auf seine musikalische Komposition" versucht hat, absurd und letztlich ohne Erkenntnisgewinn.

Mit seinem Gedanken von den *schrecklichen Dingen* am Grunde der Entstehung von Kunstwerken weist uns Schumann darauf hin, daß im Entstehungsprozeß des Kunstwerks spezifisch strukturierte Vorgänge ablaufen, die als originäre Bedingungen auf jeweils eigene Weise in die "Inhalte" und in die Formen, in die Strukturen des Kunstwerks als sinnhafte Momente Eingang finden, selbst wenn diese im Gefolge eines Prozesses des *Verschließens* - Sigmund Freud spricht in seiner Arbeit "Der Dichter und das Phantasieren" (1908) von *Verhüllen* - mehr oder weniger unkenntlich gemacht werden. Wir haben es hier mit Sinnstrukturen, mit Bedeutungskonfigurationen zu tun, die in Persönlichkeit und Werk einander auf komplexe Weise *entsprechen*. Sie sind bestimmt von den innerseelischen Vorgängen, Widersprüchen und Konflikten, Verletzungen und Kränkbarkeiten, Grenzerfahrungen und Erfahrungen der Desintegration und Destabilisierung und vielem mehr, denen ein Künstler auf unterschiedlichste Weise ausgesetzt sein kann. Hier, im Felde dieser Strukturen innerseelischer Prozesse, haben wir die schrecklichen *Dinge* und ihre dynamischen Auswirkungen aufzusuchen und zu fragen, inwieweit und auf welche Weise sie mit den Strukturen des Kunstwerkes

i. S. der *strukturellen Entsprechung* korrespondieren. Hier setzt auch der psychoanalytische Ansatz an. Dieser sucht also nicht etwa Antwort darauf zu finden, "wie es denn nun wirklich vielleicht gewesen ist" oder gar, "welche Krankheit mit welcher nach Kriterien der psychiatrischen Systematik einzuordnenden Psychopathologie etwa Hölderlin, Schumann oder van Gogh nun wirklich vielleicht gehabt haben könnten" oder unter welcher Kategorie einer psychoanalytischen Neurosenlehre die "Pathodynamik" eines Künstlers einzuordnen sei, das heißt, welches diagnostische Etikett man ihnen aufkleben könnte. Vielmehr geht es dem so verstandenen psychoanalytischen Ansatz darum, strukturelle Aspekte in weitestem Sinne, das heißt, die Art und den Grad der Organisation und formalen Behandlung der Inhalte, ihrer Entwicklung und deren Sinnpotentiale in Persönlichkeit und Werk und schließlich auch die Strukturen seiner komplexen ästhetischen Wirkungen zu untersuchen. Das heißt, nicht Pathographie, nicht die Psychopathologie oder die Neurose des Autors, sondern Strukturanalyse hat im Mittelpunkt der psychoanalytischen Untersuchung künstlerischer Kreativität zu stehen!

Selbstverständlich handelt es sich hier um Fragen, die weit über das Interesse des Psychoanalytikers hinausgehen. Sie richten sich auf das Wesen, die Grundbedingungen und Motive menschlichen Denkens, Wollens und Handelns überhaupt, wie sie in der Kunst als essentielle Dimension menschlichen Ausdrucks in besonderer Weise ihren Niederschlag finden. Insofern handelt es nicht nur um Fragen *der* Psychoanalyse, sondern auch um Fragen *an die* Psychoanalyse, die mit ihren spezifischen Methoden und Möglichkeiten relevante Antworten zu geben vermag. Allerdings ist zu bedenken, daß das Ästhetische sich primär der psychologischen Fragestellung entzieht. Es ist keine primär psychologische Frage. Wer psychologische Fragen stellt, bevor er sich mit dem Kunstwerk auseinandergesetzt hat, wird gewiß dessen Sinn verfehlen. Erst wenn man das Kunstwerk erfahren hat, mag man früher oder später auch zu psychologischen Fragestellungen gelangen und nach der psychologischen Dimension seiner Entstehung, nach der psychologischen Dimension seiner inneren Struktur, nach der psychologischen Dimension seiner Vermittlung, seiner kommunikativen Funktion und nach der psychologischen Dimension der ästhetischen Erfahrung, der Rezeption und ihren Weiterungen fragen. In der Begegnung mit monumentalen Kunstwerken, etwa den Kathedralen von Chartres, Köln oder Straßburg, der H-Moll-Messe von Bach, von Gemälden Rembrandts, der Lyrik Hölderlins oder der Romane Tolstois, Prousts oder Kafkas erhebt sich gerade in der überwältigenden ästhetischen Erfahrung solcher Werke die Frage, wie es Menschen überhaupt möglich wird, zu solchen monumentalen Formen menschlichen Ausdrucks zu finden, wie es möglich werden kann, daß Menschen mit ihren Werken nichts direkt "Nützliches" für den täglichen Gebrauch und für die unmittelbare Befriedigung ihrer Bedürfnisse erfinden, sondern mit den Mitteln des Symbols und des Spiels die äußere und innere Welt in ihrer Komplexität einzufangen, sie abzubilden, widerzuspiegeln oder auf sie zu verweisen und dies in der besonderen Situation der ästhetischen Erfahrung mit anderen Menschen zu teilen suchen. In diesem Sinne schrieb Freud am Anfang seines Aufsatzes "Der Dichter und das Phantasieren": "Uns Laien hat es immer mächtig gereizt zu wissen, woher diese merkwürdige Persönlichkeit, der Dichter, seine Stoffe nimmt...und wie er es zustande bringt, uns mit ihnen so zu ergreifen, Erregungen in uns hervorzurufen, deren wir uns vielleicht nicht einmal für fähig gehalten hätten" (1908e, S. 213).

Von Schumanns Bemerkung über die schrecklichen Dinge am Grunde der Entstehung von Kunstwerken herkommend, hatten wir verstanden, daß Kunstwerke in offener oder verdeckter Form persönliche Eintragungen des Künstlers aufweisen. Diese erscheinen entweder mehr oder weniger *explizit* formuliert, wie etwa, um ein bekanntes Beispiel zu nennen, die fortwährende Auseinandersetzung des Grafikers Horst Janssen mit dem Bild seiner selbst in immer neuen Varianten seiner genialen Selbstbildnisse. Oder aber diese persönliche Eintragung erfolgt eher *implizit*, so daß die persönlichen oder autobiographischen Züge in mehr oder weniger verhüllter oder entstellter Gestalt, "in einen fremden analogischen Stoff übertragen", wie wir es von Hölderlin gehört hatten, im Kunstwerk in Erscheinung treten. Und Hölderlin hat uns hierfür, wie wir gesehen hatten, ein besonders eindrückliches Beispiel gegeben. In Robert Schumanns "Dichterliebe", um einige weitere Beispiele zu nennen, läßt sich diese autobiographische Tendenz im 'Dichter' der "Dichterliebe" wiederfinden (vgl. Haesler, 1982, Pousseur, 1982), in ähnlicher Weise auch in Goethes "Werther" sowie in dem in Goethes Werk oft wiederkehrenden *Schwesternmotiv*, bei Schiller in dessen immer wiederkehrender Bearbeitung triangulärer Konstellationen im Sinne einer besonderen, offensichtlich vor allem auch persönlich motivierten Auseinandersetzung mit der väterlichen Autorität im ödipalen Dreieck, in Thomas Manns Figuren seines Romans "Buddenbrooks" usw. Dabei ist allerdings unbedingt zu bedenken, daß diese "persönlichen Eintragungen" keine *direkten* Relationen bezeichnen. Hanno Buddenbrook ist nicht Thomas Mann. Darüber hinaus haben wir bei einem Kunstwerk den *historischen Autor* von dem sogenannten *impliziten Autor* des Kunstwerks zu unterscheiden, zwei Autorenpositionen, die nicht miteinander identisch sind, auch wenn sich der historische Autor und Aspekte seiner Persönlichkeitsstruktur ästhetisch transformiert im Sinne der *strukturellen Entsprechung* in den Strukturen des impliziten Autors wiederfinden mögen. (Hierzu siehe auch Kap. 16).

Die persönliche Eintragung des Künstlers ist darüber hinaus selbstverständlich auch von den jeweiligen Intentionen und Zielen, von denen her das Kunstwerk entstanden ist, abhängig und diese wiederum von dem jeweiligen Zeitstil, von der jeweiligen Epoche und deren spezifischen Bedingungen des Hervorbringens von Kunstwerken. Zum Beispiel blieb die überwiegende Zahl der Baumeister romanischer und gotischer Kathedralen anonym. Erst der Baumeister des Straßburger Münsters, Fischer von Erlach, oder die Baumeisterfamilie der Parler wurden der Nachwelt als Architekten gotischer Kathedralen bekannt, weil sie sich mit persönlichen Kennzeichen, die ihr Wirken markierten, in die Werke eintrugen. Seit der Zeit der Renaissance mit ihrer Neu-Entdeckung des Menschen, des menschlichen Subjekts und seiner Motive, entdeckte und entwickelte dann auch die Kunst zunehmend eine Dimension der persönlichen Ausdrücklichkeit des Künstlers, aber etwa auch in der Musik, deren Entwicklung aus einer Art mathematischem "Handwerk" über vielartige Zwischenstufen bis zur Expressivität der Musik der Romantik führen sollte.

Wenn man sich also Fragen nach den psychologischen Bedingungen des künstlerischen Ausdrucks stellt, nach der Dimension der künstlerischen Kreativität, so hat man diese spezifischen "Hintergrundbedingungen" künstlerischer Kreativität unbedingt mit zu bedenken, ohne die das psychoanalytische Untersuchen zu einer völligen Enthistorisierung, zum Verlust der geschichtlichen und damit auch einer der essentiellen Aspekte der ästhetischen Dimensionen führen müßte, der Dimension der vielartigen Verflechtung der menschlichen, und das heißt eben auch, der künstlerischen Erfahrung mit dem historischen Augenblick und seinen komplexen geistigen und sozialen Bedingungen. Das Herauslösen von "allgemeinmenschlichen" Strukturen aus dem Zusammenhang eines Kunstwerkes im Sinne eines reduktionistischen anthropologischen Ansatzes verfehlt seinen Gegenstand, da es die essentielle Text-Kontext-Relation im Kunstwerk, im ästhetischen Diskurs zerreißt. Das Auffinden und Herausdestillieren von "Ödipuskomplexen" in literarischen Werken etwa führt als Übung für sich genommen zu keinerlei neuer Erkenntnis. Das Gleiche gilt auch für das bloße Identifizieren von sogenannten unbewußten Symbolen. Deshalb kann man auch verallgemeinernde Schlußfolgerungen etwa über die musikalische Inspiration, wie ich sie in einer psychoanalytischen Untersuchung der musikalischen Kreativität fand (Nass, 1975), abgeleitet aus subjektiven Äußerungen der Komponisten Tartini (18. Jahrhundert) und Brahms (19. Jahrhundert), selbst wenn beide ähnliche subjektive Erfahrungen beschreiben, kaum wirklich ernst nehmen, weil die genannte Untersuchung mit ihrem generalisierenden Schlußfolgern den jeweils spezifischen historischen Hintergrund beider Komponisten vernachlässigt. Andererseits ist zu bedenken, daß auch eine Reduktion des Kunstwerks auf eine bloß historische Bedingtheit an etwas Wesentlichem des Ästhetischen vorbeigeht. Beide Dimensionen, die "historische" wie die "anthropologische", sind in einem dialektischen Sinne aufeinander bezogen. Dies darf die psychoanalytische Untersuchung des Kunstwerkes, seiner Beziehung zum Künstler und zu seinen Rezipienten nicht aus dem Auge verlieren. Von daher wird aber auch deutlich, daß psychoanalytisches Untersuchen künstlerischer Kreativität nur im Diskurs mit anderen Kunstwissenschaften erfolgen kann. Ohne den ästhetischen und historischen Kontext, ohne den Rückbezug auf die Erkenntnisse der anderen Kunstwissenschaften verliert die psychoanalytische Untersuchung von Kunst und künstlerischer Kreativität Grund und Boden.

Die psychoanalytische Kunstbetrachtung ging ursprünglich von der Überlegung aus, die an Patienten gewonnenen psychoanalytischen Erkenntnise auch in anderen Bereichen menschlichen Ausdrucks, also auch an Kunstwerken als von Menschen geschaffene und von Menschen handelnde menschliche Äußerungsformen anzuwenden, zu erproben und zu erweisen. Von daher untersuchte Freud seinerzeit, einer Anregung von Freunden folgend, die Novelle "Gradiva" von Wilhelm Jensen. An den in der Novelle für den Erzähl- und Handlungskontext bedeutsamen Phantasien und Träumen der Handlung suchte Freud seine Traumtheorie zu erproben und deren Stimmigkeit zu erweisen (vgl. Freud, 1907a). Mit dieser klassisch gewordenen Untersuchung eröffnete er zugleich auch die Perspektive auf die psychoanalytische Betrachtung von Literatur, später, mit seiner Untersuchung zu Leonardo da Vinci (1910c) und der Moses-Statue Michelangelos (1914b) darüber hinausgreifend auch von Plastik und Malerei. Seitdem hat es viele psychoanalytische Untersuchungen zur Literatur, zur Malerei und Plastik, kaum ernsthafte zur Musik gegeben, in der sich die Psychoanalyse im Sinne einer angewandten Psychoanalyse diesen Feldern zuwendete. Allerdings geriet diese als angewandte Psychoanalyse intendierte psychoanalytische Untersuchung literarischer und anderer Kunstwerke in der stürmischen Begeisterung der ersten Phase einer vor allem noch spekulativen Erweiterung der psychoanalytischen Theorie oft eher zu einem Betätigungsfeld des untersuchenden Analytikers, auf dem dieser die allgemeine Geltung seiner psychoanalytischen Theorien zu beweisen versuchte, so daß dabei am Ende oft nicht *angewandte Psychoanalyse*, sondern *angewandte Kunst* herauskam.

In der weiteren Entwicklung psychoanalytischer Betrachtung künstlerischer Kreativität schälten sich im wesentlichen zwei Auffassungen heraus. Die eine läßt sich als *Theorie der Sublimierung* umreißen. Von dieser her ist das Kunstwerk als eine Art "Verhüllung" und Bearbeitung unbewußter Wünsche und Strebungen zu verstehen, die, ähnlich wie in den Träumen und in den psychoneurotischen Symptomen, nur indirekt, jetzt aber nicht über den kreativen Prozeß der Traumgenerierung oder der kreativen Formierung symbolischer Ausdruckssymptome läuft, sondern vermittels der künstlerischen Mittel über das Kunstwerk. Insofern läßt sich nach solcher Vorstellung eine Verbindung vom Traum zum Tagtraum, vom Tagtraum zum Spiel, vom Spiel zum Phantasieren und vom Phantasieren zum künstlerischen Produkt herstellen. Die ästhetische Bearbeitung unbewußter Wünsche erfolgt formal in ähnlicher Weise wie die Traumarbeit. Freud hat in diesem Sinne formuliert:

"Von der an den Phantasien gewonnenen Einsicht her müßten wir folgenden Sachverhalt erwarten: Ein starkes aktuelles Erlebnis weckt im Dichter die Erinnerung an ein früheres, meist der Kindheit angehöriges Erlebnis auf, *von welchem nun der Wunsch ausgeht, der sich in der Dichtung seine Erfüllung schafft*; die Dichtung selbst läßt sowohl Elemente des frischen Anlasses als auch der alten Erinnerung erkennen." (1908e, S. 221, Hervorhebung L.H.)

Nach diesem Verständnis des Kunstwerkes als Ergebnis eines Sublimierungsvorganges unbewußter Wünsche sind für den Künstler seine

"Schöpfungen, die Kunstwerke ... Phantasiebefriedigungen unbewußter Wünsche, ganz wie die Träume, mit denen sie auch den Charakter des Kompromisses gemein ha[b]en, denn auch sie m[üss]en den offenen Konflikt mit den Mächten der Verdrängung vermeiden. Aber zum Unterschied von den asozialen, narzißtischen Traumproduktionen [sind] sie *auf die Anteilnahme anderer Menschen berechnet, k*[onnt]*en bei diesen die nämlichen unbewußten Wunschregungen beleben und befriedigen*. Überdies bedien[.]en sie sich der Wahrnehmungslust der Formschönheit als "Verlockungsprämie."(1925d, S. 90, Hervorhebung L.H.)

Von dieser triebtheoretischen Überlegung her hat Freud die Dimension des ästhetischen Diskurses erfaßt und konzeptualisiert. Dabei hat er, und das sei, um Mißverständnissen vorzubeugen, in diesem Zusammenhang gesagt, in seiner "Aufeinanderbeziehung der Lebenseindrücke, zufälligen Schicksale und der Werke des Künstlers", um "seine Konstitution und die in ihr wirksamen Triebregungen, also das allgemein Menschliche an ihm zu konstruieren" (ebenda, S.91), auf *psychologische*, und das heißt nicht auf ästhetische, Zusammenhänge abgehoben. Und er hat uns in diesem Zusammenhang immer wieder davor gewarnt, zu vergessen, daß "das Wesen der künstlerischen Leistung uns psychoanalytisch unzugänglich ist" (1910c, S. 209), daß "die Analyse ... nichts zur Aufklärung der künstlerischen Begabung sagen [kann] und auch die Aufdeckung der Mittel, mit denen der Künstler arbeitet, der künstlerischen Technik ... ihr nicht zu[fällt]" (1925d, S. 91) und daß "*die Analyse vor dem Problem des Dichters die Waffen strecken*" müsse (1928b, S. 399). Denn das Ästhetische ist auf das Psychologische nicht reduzierbar. Es ist weniger eine psychologische Frage als vielmehr eine Frage der Philosophie.

Oft genug haben Psychoanalytiker in ihren Versuchen der theoretischen Konzeptualisierung des kreativen Vorgangs diese Warnungen Freuds nicht beachtet und unter Vermengung oder gar Verwechslung der psychologischen mit der ästhetischen Dimension an Kunstwerken und an Künstlern munter darauflos psychoanalysiert und spekuliert - und sich in einer unkritischen Übernahme und Anwendung Freudscher Positionen nicht selten gar bis an die Grenze des Lächerlichen verspekuliert. Theodor Adorno konnte sich so zu Recht über den Umgang der Psychoanalytiker mit der Kunst mokieren und von der "Banausie feinsinniger Ärzte" sprechen (1970, S. 19). So meinte etwa ein mir bekannter Psychoanalytiker im Rahmen seiner ich-psychologisch orientierten Überlegungen zum kreativen Prozeß in der Kunst, daß die Hauptfunktion des kreativen Künstlers sei, fortgesetzt nach neuen Mitteln und Techniken zu suchen, um sich an die tiefen Seelenschichten des Publikums zu wenden und dessen psychologische Bedürfnisse zu befriedigen. Einen solchen Ästhetikbegriff hat Sigmund Freud, wenn er etwa vom *Dichter* des "Großinquisitors", Dostojewski, sprach, gewiß nicht gemeint (vgl. Freud 1928b). Der darin formulierte ästhetische Anspruch dürfte noch am ehesten vom Kunstgewerbe erfüllt werden, nicht aber das Wesentliche von Kunst erfassen können. Der Zugang zu einem auch psychoanalytischen Verstehen der ästhetischen Dimension ist wohl nicht durch die Anwendung von solcherart fragwürdigen Generalisierungen psychoanalytischer Annahmen auf Kunst zu erschließen, sondern vor allem dadurch, daß man sich die jeweils spezifischen ästhetischen Vorstellungen und Grundsätze vergegenwärtigt, die den schöpferischen Akt des jeweiligen Künstlers bestimmt haben.

Die andere psychoanalytische Auffassung über die künstlerische Kreativität, die die Theorie der Sublimierung nicht ersetzen muß, sonden ergänzen und in einem umfassenderen Sinne erweitern kann, läßt sich am ehesten mit dem Begriff der *Depressionstheorie* der künstlerischen Kreativität umreißen. Künstlerische Kreativität läßt sich nach dieser Auffassung in erster Linie als Versuch verstehen, durch kreative Möglichkeiten Trauma und Verlust zu bewältigen. Die Schaffung eines Kunstwerks dient demzufolge der Wiedergewinnung durch Wiedererschaffung eines beschädigten, zerstörten oder verlorenen Objekts im Kunstwerk mit dem Ziel, in einer Art Versuch der künstlerischen Versöhnung eine zerstörerische innere Auseinandersetzung, um Trennung, Verschiedenheit und Verlust zu binden (vgl. Segal, 1986). Diese Auffassung von der künstlerischen Kreativität ist von der Erfahrung gestützt, daß tatsächlich viele Künstler schmerzliche und für sie schwer bewältigbare Objektverluste erlitten haben, wie etwa E. A. Poe seine Mutter in jungen Jahren, Hölderlin seine beiden Väter, Franz Schubert und Gustav Mahler Geschwister in jungem Alter usw., wobei diese Verluste dann zu einer lebenslangen Auseinandersetzung mit solcherart lebensbestimmenden Verlusten auch und vor allem über den Weg der künstlerisch kreativen Bewältigung Anlaß gegeben haben mögen. Aber auch Konflikte, die zu einer Bedrohung, Abspaltung oder Zerstörung der Objekte führen, können nach dieser Auffassung von der künstlerischen Versöhnung durch das Kunstwerk integriert werden, so daß Haß und Destruktivität eine kreative Bindung und Integration erfahren (vgl. Segal). Dies läßt sich etwa für die Kreativität Hölderlins, Schumanns oder van Goghs sagen, deren künstlerische Kreativität man auch als einen gegen innere, bedrohliche, zerstörerische Kräfte gerichteten, konstruktiven Integrations- und Bewältigungsversuch auffassen kann, als eine in dieser existentiellen Auseinandersetzung tief erfahrene, "aus ihr schöpfende und durch sie schöpferische Form der Lebenskraft", um hier noch einmal an Thomas Manns Definition des künstlerischen Genies zu erinnern. Aber auch das kreative Wiederfinden einer bedrohten oder verlorengegangenen Gruppenidentität kann in diesem Zusammenhang zum Motiv künstlerischer Kreativität werden, wie dies etwa bei der "Böhmischen Musik" des ausgehenden vorigen Jahrhunderts, etwa in den Kompositionen "Böhmischer" Klänge Bedrich Smetanas, Leos Janaceks oder Antonin Dvoraks der Fall war.

Die Annahme einer besonderen Fähigkeit zur kreativen Auseinandersetzung mit Trauma, Konflikt und Verlust, die den Künstler vor anderen auszeichnet, führt uns zu der Frage, inwieweit möglicherweise bereits die frühe persönliche Entwicklung des späteren Künstlers von spezifischen persönlichen Eigenschaften und Fähigkeiten des Umgangs mit den Objekten bestimmt sei, von denen her seine später zu kreativen Leistungen befähigende Persönlichkeitsstruktur primär und anders als bei später nicht künstlerisch tätig werdenden Menschen geprägt wird. In diesem Sinne hat etwa die amerikanische Psychoanalytikerin Phyllis Greenacre anhand ihrer Untersuchungen von Künstlerpersönlichkeiten und deren Entwicklung den Begriff der *collective alternates* (sinngemäß: kollektive Wechselbeziehungen) entwickelt. Mit diesem Begriff versuchte sie die Tatsache zu umreißen, daß bei Kindern, die zu späteren Künstlern heranwachsen, offensichtlich besondere angeborene Qualitäten bestehen, vor allem eine sehr viel größere Empfänglichkeit und Reaktionsbereitschaft gegenüber sinnlichen Reizen in Verbindung mit einer spezifischen Bereitschaft und Fähigkeit, Formen und Rhythmen sinnlicher Eindrücke zu kohärenten Konzepten zu organisieren. Solche Fähigkeiten und Bereitschaften würden nun bei dem begabten Individuum zu einer besonders intensiven Auseinandersetzung mit der Welt, vor allem in zwischenmenschlichen Beziehungen, führen, wobei diese Beziehungen wiederum durch eine besondere, meist selektive Förderung bestimmter sensibler Modalitäten gestützt würden. Von daher entwickle der spätere Künstler, über den engeren Kreis der primären Objekte hinaus, intensive und gerade deshalb oftmals außerordentlich spannungsreiche Beziehungen zur Welt. Diese würden dann alternierend mit den ebenso intensiven und spannungsreichen Beziehungen zu den Primärobjekten aktiviert, als originäre Möglichkeit, Konflikten mit den Primärobjekten durch Hinwendung zur Welt auszuweichen, ein Ausweichen, das die Integration und Bindung phasenspezifischer Konflikte der üblichen psychosexuellen Entwicklung erschwere. Dieses psychoanalytische Konzept ist sicher recht interessant, und es findet auch manche Stützung, etwa, wenn man an Hölderlins Selbstbeschreibung denkt:

"... ich fürchte , das warme Leben in mir zu erkälten an der eiskalten Geschichte des Tags, und diese Furcht kommt daher, weil ich alles, was von Jugend auf Zerstörendes mich traf, *empfindlicher als andere aufnahm*, und diese Empfindlichkeit scheint darin ihren Grund zu haben, daß ich im Verhältnis mit den Erfahrungen, die ich machen mußte, nicht fest und unzerstörbar organisiert war ...Weil ich zerstörbarer bin als mancher andere, so muß ich um so mehr den Dingen, die auf mich zerstörend wirken, einen Vorteil abzugewinnen suchen, ich muß sie nicht an sich, ich muß sie nur insofern nehmen, als sie meinem wahrsten Leben dienlich sind." (an Neuffer, 12. Nov. 1798, Hervorhebungen L.H.)

Ähnliche Äußerungen über die besondere Empfänglichkeit und Intensität konflikthafter Erfahrung mit der Welt der Objekte und das Ausweichen in "die süße Heimat der Musen" (im gleichen Brief an Neuffer vom 12.Nov.1798) ließen sich von vielen Künstlern aus ihren Selbstzeugnissen nennen. Durch elterlichen Einfluß können diese *collective alternates,* d.h. die Fähigkeit und Bereitschaft, in besonderer Weise auf sinnliche Erfahrung und, darauf aufbauend, in die Welt der Phantasie auszuweichen, eine besondere Förderung erfahren, etwa wenn Eltern die besonderen Begabungen des Kindes unterstützen. In diesem Zusammenhang sei hier etwa die Förderung der besonderen Musikalität Robert Schumanns durch den Gesang der Mutter in seiner Kindheit genannt (vgl. Haesler, 1982, S. 935-36) oder die Bedeutung, die Goethe dem Erzählen von Märchen in seiner Kindheit zugeschrieben hat. Solche Konzepte wie das der *collective alternates,* das gewisse Aspekte von Grundbedingungen künstlerischer Kreativität zu erfassen sucht, haben aber auch ihre Grenzen, vor allem, wenn sie zu weit reichenden und dann falschen Generalisierungen über die künstlerische Kreativität Vorschub leisten und dann zu dem bedauerlichen, die Diskussion um die künstlerische Kreativität belastenden Mißverständnis führen, daß die ungeheure, kaleidoskopische Vielfalt kreativer Möglichkeiten sich auf einen einzigen, gemeinsamen Nenner reduzieren ließe. *Die* künstlerische Kreativität gibt es ebensowenig, wie es *die* Künstlerpersönlichkeit oder *den* Rezipienten von Kunst gibt. Höchstwahrscheinlich gibt es ebenso viele kreative Modi wie es Künstler gibt.

Eine gleiche Kritik ist auch bei anderen psychoanalytischen Konzeptualisierungen der künstlerischen Kreativität angebracht, wenn diese reduktionistisch mißverstanden werden, etwa, wenn man künstlerische Kreativität als Resultat lediglich einer besonderen Ausprägung oder von Störungen nur einer umrissenen Entwicklungsphase verstehen und diese dann auf "*den* Vater", auf "*die* Mutter" oder auf "*die* frühe Mutter-Kind-Beziehung", auf "*die* anale Phase" und deren besondere Produktivitätskonfklikte, auf "*die* unbewußte Homosexualität", oder auf "*die* Bisexualität und den unbewußten Gebärwunsch", auf den Wunsch, kreativ etwas Lebendiges hervorzubringen, zurückführen möchte. Von einem solchen unbewußten Gebärwunsch etwa soll dann ableitbar werden, warum sehr viel häufiger Männer als Frauen künstlerisch produktiv werden. Solche Überlegungen, so plausibel sie auch in vielen Fällen sein mögen und so sehr sie auch sicher außerordentlich relevante Aspekte der psychologischen Bedingungen künstlerischer Kreativität ansprechen mögen, führen, wenn sie im Sinne von reduktionistischen Generalisierungen mißverstanden werden, zu unsinnigen Pseudoerklärungen. Am Ende wird in solcher reduktionistischen Tendenz alles, wie zum Beispiel der bekannte auffällige Unterschied in der Geschlechterverteilung bei den Künstlerpersönlichkeiten, nur noch aus direkten Einflüssen von seiten der Anatomie und Biologie erklärt, und die enormen historischen und gesellschaftlichen Implikationen, in denen diese strukturierenden biologischen Einflüsse zwar enthalten, aber nicht aus ihnen zu isolieren sind, werden ausgeblendet. Die geringere Zahl von Frauen unter den Künstlern wird dann ausschließlich mit ihrer biologischen Fähigkeit erklärt, Kinder zur Welt bringen zu können, weshalb mit dieser Art Befriedigung ihr triebhaftes Bedürfnis erlösche, noch anderes kreativ hervorzubringen, während die Männer in ihrem biologisch unerfüllbaren unbewußten Gebärwunsch statt Kindern Kunstwerke gebären. Die Tatsache, daß in einem ganz erheblichen Umfange die Zuweisung gesellschaftlicher Rollen auf diese unterschiedliche Geschlechterverteilung der künstlerischen Kreativität Einfluß hat, die mit wenigen besonderen Ausnahmen in der Geschichte von Literatur und Kunst die Entfaltung künstlerischer Kreativität bei Frauen in erheblichem Maße gehemmt oder gar unterdrückt hat, wird in solcher Art reduktionistischer Sicht vollkommen vernachlässigt.

In gleicher Weise können auch reduktionistisch generalisierende Aussagen, die sich auf die unkritische Anwendung psychoanalytischer Konzepte, etwa der psychoanalytischen Ich-Psychologie, stützen, die aus dem Ich eine Art alles erklärenden Homunkulus zu machen tendiert, zu psychoanalytischen Pseudoerklärungen führen. In diesem Sinne sind etwa aus ich-psychologischer Perspektive unternommene Versuche kritisch zu betrachten, "kreative Systeme" und "kreative Subsysteme" im Ich zu konstruieren (vgl. Müller-Braunschweig, 1974, 1977), und diesen dann, gleichsam mechanistisch als unabhängigen kreativen Teilen in der Gesamtpersönlichkeit, den eigentlichen kunstschöpferischen Dienst zuzuschreiben, so, als ob man den kreativen Prozeß aus dem Kontext der Gesamtpersönlichkeit und seiner Entwicklung herauslösen und in theoretischen Konstrukten von Ich-Bereichen lokalisieren und eindicken könnte.

Selbst wenn es sich hier lediglich um Modellvorstellungen handelt, stellt sich dennoch die Frage ihres heuristischen Wertes für die Klärung der besonderen Umstände und Bedingungen *künstlerischer* Kreativität und ihrer Besonderheiten gegenüber kreativen Prozessen anderer Art. Die gleichen kritischen Überlegungen sind etwa auch bei dem aus der Ich-Psychologie abgeleiteten Begriff der "regressiven Selbstpassage" (Sterba, 1946, 1965) angebracht, der sich auf die fragwürdige Vorstellung einer "Regression" beim kreativen Akt im Sinne eines Rückgriffs auf "infantile" Funktionsweisen sowie auf das selbst von ich-psychologischer Seite inzwischen kritisch betrachtete Konzept einer *Regression im Dienste des Ich* als Grundlage kreativer Prozesse stützt. Der Begriff "regressive Selbstpassage" bezieht sich auf die innere Auseinandersetzung des Künstlers mit aktuellen Ereignissen und deren intrapsychischen Weiterungen innerhalb eines regressiven Vorgangs, durch den äußere und innere widersprüchliche Bedingungen und konflikthafte Belastungen in einem kreativen Prozeß der regressiven intrapsychischen Auflockerung und dann kreativen Re-Integration im Kunstwerk zu einer psychischen Bewältigung kommen sollen. Im Grunde handelt es sich lediglich um eine ich-psychologische Akzentuierung Freudscher Kreativitätskonzepte, ohne daß damit etwas wirklich relevant Neues gesagt wird. So setzt etwa der Versuch, musikalische Kreativität generell mit Hilfe eines solchen Begriffs der regressiven Selbstpassage "erklären" zu wollen (vgl. Rauchfleisch, 1990), verkürzend und tautologisch bloß Worte und Konzepte an die Stelle des gemeinten Vorgangs, womit weder relevante neue Gesichtspunkte über den kreativen Prozeß noch die spezifischen Dimensionen des Musikalischen und des Ästhetischen im Prozeß der musikalischen Kreation zu erschließen sind. Hier sei noch einmal nachdrücklich an Freuds Warnung erinnert, von der Psychoanalyse mehr zu erwarten, als sie zu leisten imstande ist. Die Frage nach dem Ästhetischen selbst ist letztlich nicht mit den Mitteln der Psychoanalyse zu erhellen, allerhöchtens die Frage nach der Psychologie als einem Aspekt des Ästhetischen. Von dieser Perspektive her kann die Psychoanalyse ergänzende, wenn auch, wie in den nachfolgenden Untersuchungen zur Literatur, zur bildenden Kunst und zur Musik zu sehen sein wird, nicht unbedingt unwesentliche Sichtweisen, Fragestellungen und Antworten beisteuern.

Die Frage, ob sich ein Künstler der Erfahrung einer psychoanalytischen Behandlung aussetzen und auf diese Weise eine Stabilisierung seiner prekären intrapsychischen Gleichgewichte herbeiführen solle, deren Labilität nach dem unter Psychoanalytikern anfänglich verbreiteten Verständnis doch gerade als eine wesentliche Voraussetzung seiner Kreativität verstanden wurde, hat die psychoanalytischen Gemüter immer wieder bewegt, und es gab Warnungen, die künstlerischen Potenzen eines Künstlers durch eine solche Unternehmung, die an den intrapsychischen Konflikten in einer psychisch stabilisierenden Weise reflektierend, klärend und diese auflösend arbeitet, nicht zu gefährden. Eine solche Auffassung ist, tief in jenem tradierten Konzept der Verbindung von "Genie und Irrsinn" verankert, von der her dann zu fordern sei, daß man den Irrsinn nicht nehmen dürfe, um das Genie nicht zu gefährden. Ich denke, eine solche Auffassung ist wie das angestaubte Konzept, das ihr zugrunde liegt, höchst abwegig. Wenn man bedenkt, daß die Erfahrung der psychoanalytischen Behandlung nicht zum Ziel haben kann, "die krankhaften Reaktionen ... unmöglich [zu] machen, sondern dem Ich des Kranken die Freiheit [zu] schaffen ..., sich so oder anders zu entscheiden" (Freud, 1923, S. 280), dann hat dies zu bedeuten, daß die im psychoanalytischen Prozeß zustande kommenden Veränderungen nicht etwa aus irgendeiner Art Auflösung, Umordnung und Neuordnung psychischer Struktur hervorgehen, sondern aus einem Zuwachs an Möglichkeiten zur Alternative, aus einem *Zuwachs an Freiheitsgraden.* Die deutende Verständigung im herrschaftsfreien psychoanalytischen Diskurs wird demzufolge auch bei jenem Künstler, der eine solche psychoanalytische Selbsterfahrung sucht, nicht etwa eine Verkümmerung oder ein Versiegen seiner kreativen Möglichkeiten zur Folge haben, sondern eher zu deren Zuwachs beitragen können. So haben einige bekannte Schriftsteller wie etwa Hermann Hesse, Hermann Broch und Arnold Zweig eigene psychoanalytische Erfahrungen gesammelt. Alfred Döblin unterzog sich einer Lehranalyse im Rahmen seiner psychiatrischen Ausbildung, (vgl. Cremerius, 1974, S. 10). Und die psychoanalytische Literatur vermag über die erfolgreiche Behandlung noch manches anderen, vielleicht weniger bekannten Schriftstellers, bildenden Künstlers und Musikers zu berichten, wenngleich solchen Berichten aus Gründen der Diskretion erhebliche Grenzen gesetzt sind.

Ein besonderes Problem für die psychoanalytische Untersuchung kreativer Prozesse und von Kunstwerken erwächst aus einer in der Sublimierungstheorie verankerten Haltung, im manifestem Kunstwerk, ähnlich wie im manifesten Traum, lediglich "Uneigentliches" zu sehen, das das "Eigentliche" des Kunstwerkes verhülle und deshalb den psychoanalytischen Untersucher dazu veranlassen müsse, diese "eigentliche Bedeutung" aus ihrer Verhüllung durch das "Uneigentliche" des Kunstwerkes freizulegen. Eine solche Haltung geht an dem Wesen der ästhetischen Erfahrung vorbei, denn diese ist keine "uneigentliche", deren Maskierung mit interpretatorischen Mitteln erst gleichsam durchstoßen werden müsse. Eine solche Auffassung verfehlt die Dimension der *künstlerischen Form* als essentielle Dimension ästhetischer Erfahrung, indem sie eine ästhetische Aussage bloß auf den angeblich "eigentlichen" Inhalt reduziert. In letzter Konsequenz führt eine solche Reduktion auf Inhalte nicht zur "angewandten Psychoanalyse", sondern zu einer von der psychoanalytischen Interpretation "angewandten Kunst", bei der am Ende nichts anderes geschieht, als daß man im Kunstwerk erkennbare Beziehungskonfigurationen in psychoanalytischer Terminologie zu reformulieren sucht, um mit solcher Interpretation an den Inhalten eines Werkes die Geltung psychoanalytischer Theoriebildung zu exerzieren. Dies führt lediglich zu einer Art Übersetzung von einem Bezugssystem, dem des Kunstwerks, in ein anderes, das der Psychoanalyse, eine Übung, aus der keine vertiefende Erkenntnis, sondern bloß ein semantischer Verlust erwachsen kann.

In diesem Sinne verfehlt eine psychoanalytische Interpretation ihren Gegenstand, wenn sie sich lediglich auf die Suche nach "psychoanalytischen Symbolen" und nach klassischen, aus der psychoanalytischen Neurosentheorie bekannten Konflikten macht und etwa aus literarischen Strukturen eine ödipale Konstellation herausarbeitet, deren ubiquitäres Vorkommen eine solche Übung *a priori* von Erfolg gekrönt sein lassen dürfte. Nicht der ödipale Konflikt an sich ist das, worauf sich das Augenmerk psychoanalytischen Untersuchens zu richten hat, sondern die spezifische *Art und Weise, wie* dieser verhandelt und entfaltet wird, wie dieser in der Entwicklung eines Romans oder einer dramatischen Handlung in einem Theaterstück dynamisch Gestalt gewinnt und gestaltend wird. Die Beziehung von Effi Briest zu ihrer Mutter ist sicher eine Art "narzißtische Mutter-Tochter-Beziehung", wie dies eine psychoanalytisch intendierte Untersuchung dieses Romans meinte herausgefunden zu haben. Aber sie ist zugleich, unter Berücksichtigung des Textes und seiner Kontexte, weitaus mehr und zugleich auch anderes, vor allem im Hinblick auf deren dynamische Beziehung zur Handlungsentwicklung, was die Subsumierung der Beziehung von Effi Briest zu ihrer Mutter unter dem psychoanalytischen Etikett einer "narzißtischen Mutter-Tochter-Beziehung" überhaupt nicht erfassen kann.

Das Ästhetische vermittelt sich somit nicht so sehr durch die Inhalte, sondern vor allem durch die künstlerischen Formen, die zugleich dynamisch expressive "Inhalte" sind. *Inhalt* und *Form* sind, als einander komplementäre Elemente, die aus unterschiedlichen Anschauungsformen erwachsen, ohnehin voneinander nicht zu trennen. Von daher hat sich die psychoanalytische Untersuchung des Kunstwerks vor allem auf seine dynamisch expressiven Strukturen zu richten, über die sich der Künstler mit seiner künstlerischen Aussage an sein Publikum wendet, und darauf, wie diese sich formal und inhaltlich vermitteln, um von daher zu erschließen, wie der Künstler mit seinen künstlerischen Mitteln Individuelles dort, wo sonst "der Mensch in seiner Qual verstummt", in der Form und Gestaltung des Allgemeingültigen im Kunstwerk "zu sagen" vermag, "was er leidet".

Dies führt zum Begriff des ästhetischen Diskurses. Dieser wird über das Kunstwerk geführt, und er vermittelt sich - Hans Georg Gadamer (z.B. 1977) hat es in diesem Sinne differenziert - mit den Elementen des *Spiels*, des Spielerischen, des *Symbols*, der symbolischen Formen und Gehalte und des *Festes*, in einem von Walter F. Otto geprägten Sinne des Festbegriffs, der uns noch im Zusammenhang mit der Untersuchung des Mythos und der Religion wiederbegegnen wird. Er führt zu einer kommunikativen Teilhabe am Kunstwerk, zur ästhetischen Erfahrung, die sich im ästhetischen Augenblick zu jener existentiellen Erfahrung ästhetischer Wahrheit verdichtet, die zu einer Revision bisher gültiger Deutung von Welt zwingt. Keiner hat dies so präzise ausgedrückt wie Rilke in seinem Sonett "Archaischer Torso Apollos" (GW, Bd. 2, S. 557):

"Wir kannten nicht sein unerhörtes Haupt,
darin die Augenäpfel reiften. Aber
sein Torso glüht noch wie ein Kandelaber,
indem sein Schauen, nur zurückgeschraubt,

sich hält und glänzt. Sonst könnte nicht der Bug
der Brust dich blenden, und im leisen Drehen
der Lenden könnte nicht ein Lächeln gehen
zu jener Mitte, die die Zeugung trug.

Sonst stünde dieser Stein entstellt und kurz
unter der Schultern durchsichtigem Sturz
und flimmerte nicht so wie Raubtierfelle;

Und bräche nicht aus allen seinen Rändern
aus wie ein Stern: Denn da ist keine Stelle,
die dich nicht sieht. Du mußt dein Leben ändern."

"Du mußt dein Leben ändern" als Quintessenz ästhetischer Erfahrung, als Aufforderung zur Revision. Ganz in diesem Sinne formulierte Theodor W. Adorno: "Aufgabe von Kunst heute ist es, Chaos in die Ordnung zu bringen" (1951, Nr. 143, S. 298).

Von daher wird aber auch evident, und hierin gleichen sich die existentielle Wahrheit der Kunst und die existentielle Wahrheit psychoanalytischer Erkenntnis, daß Kunst, daß die ästhetische Erfahrung nicht zur Affirmation des Bestehenden dient noch ohne Verlust des ihr Wesentlichen der Affirmation des Bestehenden dienen kann, sondern Bestehendes infragestellt, die Revision überkommener Deutungen und die Formulierung neuer Deutungen, neue Stellungnahmen sich selbst und der Welt gegenüber einfordert und damit neue Perspektiven aufbricht: *Du mußt dein Leben ändern.*

16. Psychoanalyse und Literatur

Die Literatur bedient sich des Mediums der Sprache, *in* der, *mit* der und *durch* die in Gestalt der Poesie, der Prosa und des Theaters Inhalte vermittelt, d.h. gesagt werden. Literarische Rede gestaltet Sprache zu Texten, die Beobachtetes, Erlebtes, Empfundenes, vor allem aber auch im Sinne der *Fiktion* Erdachtes und Erfundenes vermitteln, durch die in einer nicht unmittelbar auf die alltägliche Realität bezogenen Weise gesagt werden kann, was wir erleben und spüren, aber nur ungenügend erfassen oder nur ungenügend in alltäglicher Sprache ausdrücken können. Insofern *sagt* der fiktionale literarische Text in einem logischen Sinne über etwas aus. Aber er kann zugleich auch das, was er meint, *zeigen*, das heißt, das, was über den konkreten Text hinausweist, gleichsam mit und durch den Text als dessen weiteren Sinn vorstellen. Dies erfolgt vor allem über den Prozeß der Freisetzung von Konnotationen, durch die die nichtsprachlichen Dimensionen zwischenmenschlicher Verständigung und damit auch die Dimensionen prälogischen Erlebens und Denkens gleichsam in Resonanz gebracht und in einer Fülle vieldeutiger, widerstreitender Bilder und Gefühle im Prozeß der Erschaffung des literarischen Werkes verdichtet und im Prozeß des Lesens im Empfänger evoziert werden. Dies gilt aber letztlich nicht nur für die fiktionale literarische Rede, sondern für literarische Rede überhaupt.

Literarische Rede ist *Rede*, d.h. ein Mitteilungsvorgang, der vom Autor durch das Werk an den Leser erfolgt. Der Autor formuliert die literarische Rede aus etwas, was ihn beschäftigt oder bedrängt, er spricht über Vorstellungen, Ideen, Wünsche und Konflikte, über solche, die er unmittelbar subjektiv erlebt und über solche, mit denen er in der menschlichen Gesellschaft und Kultur konfrontiert ist, in der er lebt. Das heißt, sein Werk formuliert Subjektives wie Universelles. Der Leser, der dieses literarische Werk aufnimmt, läßt sich davon willentlich, aber auch unbewußt, anregen, vom Text wie von dem Kontext und den Konnotationen dieses Textes. Er kann aber darüber hinaus literarische Texte, vor allem Gedichte, auch gezielt und mit Absicht dazu benutzen, bei sich bestimmte Stimmungen herbeizuführen - eine Art intendierte Gefühlserzeugung mit Hilfe des Textes, die Ernst Bloch, bezogen auf das musikalische Erleben als ein "sich unter Wasser setzen" (1959, S. 1248) bezeichnet hat. Dieses komplexe kommunikative Geschehen des literarischen Diskurses und seiner einzelnen Elemente eröffnet nun verschiedene mögliche Ansatzpunkte der psychoanalytischen Untersuchung.

Aus dem Verständnis der Literatur als eines *literarischen Diskurses* wird offenkundig, daß psychoanalytische Literaturbetrachtung sich nicht ausschließlich mit der Biographie des Autors und seiner Persönlichkeitsstruktur befassen kann, sondern sehr viel weiter greifen muß. Im Wesentlichen führt uns der literarische Diskurs zu vier grundsätzlichen Fragestellungen bzw. Richtungen des Fragens, die sich:

1. auf den *Autor*, den Urheber des literarischen Werkes richten. Texte tragen die schöpferischen Bearbeitungsprozesse des Autors in sich, spiegeln, in ästhetische

Formung umgesetzt, Strukturaspekte des Autors wider, seiner Beziehung zu sich selbst, zu seiner Gesellschaft, in der er lebt, zu seiner Sprache und Kultur, zu den vielfältigen, vom Zeitstil geprägten Einflüssen, usw. Hier ergibt sich also neben der subjektiven immer auch eine historisch-gesellschaftliche Dimension.

2. Die zweite Frage ist auf das gerichtet, was wir den *Inhalt* des Werkes nennen können, das, wovon der Text handelt. Daß hier mehrere Ebenen gegeben sind, die nicht alle sogleich offenliegen, ist bereits mit dem Ansprechen der Dimension von Kontext und Konnotation deutlich geworden. Hier ist jene bekannte Schulaufsatzfrage nach dem "Was will der Dichter 'eigentlich' sagen", mit der sich wohl schon jeder Gymnasiast herumgeschlagen hat, angesiedelt, die Frage nach den meist mehrschichtigen, nicht selten auch widersprüchlichen Intentionen des Dichters.

3. Die dritte Frage richtet sich auf die *literarische Form*, auf die *Struktur des Textes*, auf seinen formalen Aufbau, auf die Art der Rhetorik der literarischen Rede usw., wobei wir bereits im vorigen Kapitel gesehen hatten, daß Form und Inhalt nicht eigentlich voneinander zu trennen sind, sondern sich auf verschiedene, einander komplementäre Formen der Anschauung beziehen. "Form" kann zugleich "Inhalt", und "Inhalte" können "Form" repräsentieren, was in literarischen Texten auf recht unterschiedliche Weise in Erscheinung tritt, in der Lyrik anders als in der Prosa, im Versdrama anders als in freier dramatischer Rede usw.

4. Die letzte Frage schließlich zielt auf die *Wirkung* des Textes, darauf, *daß* ein literarischer Text und *wie* dieser im Rezipienten komplexe Wirkungen auslöst und entfaltet, den Rezipienten und seine persönlichen Dispositionen mit dem Text gleichsam in Resonanz bringt. Ein besonderer Aspekt dieser Ebene des literarisch kommunikativen Prozesses zielt darüber hinaus nicht auf die individuelle, sondern in erster Linie auf die kollektive Rezeption von Texten, auf die Wirkung, die literarische Texte in Gesellschaften haben können, zum Zeitpunkt ihrer Veröffentlichung wie im historischen Prozeß, d.h. auf deren Wirkungsgeschichte. Alle diese vier Frageperspektiven enthalten naturgemäß auch eine psychologische Dimension, mit der sich psychoanalytische Literaturbetrachtung zu befassen hat.

Sigmund Freud hat sich dem Kunstwerk von zwei grundsätzlich verschiedenen Seiten genähert, die Kurt Eissler in seiner umfassenden Hamlet-Studie (1971) mit den Begriffen des *exopoetischen* und *endopoetischen* Zugangs bezeichnet hat. Der exopoetische Zugang untersucht das Kunstwerk und seine dynamische Struktur vor allem unter Berücksichtigung der Beziehung zwischen dem Werk und seinem Autor. In diesem Sinne folgte Freud etwa in seiner Leonardo-Studie "Eine Kindheitserinnerung des Leonardo da Vinci" (1910) sowie in seiner Schrift "Dostojewski und die Vatertötung" (1928b) in erster Linie diesem Zugang. Aber auch Eisslers Hamlet-Studie sowie seine umfassende Goethe-Biographie stützen sich im wesentlichen auf diese exopoetische Betrachtungsweise. Auch die in Kapitel 14 vorgestellte Untersuchung der Persönlichkeit Hölderlins nimmt überwiegend eine solche exopoetische Perspektive ein, zu der uns Hölderlin selbst mit seiner im "Grund zum Empedokles" geäußerten Vorstellung, wonach das Gedicht, um authentisch zu sein, aus des Dichters Gemüt und seiner eigenen Erfahrung hervorgegangen sein solle, dann aber "in einen fremden analogischen Stoff" zu übertragen sei, legitimiert hat, eine Vorstellung, die die strukturelle Analyse in beiden Feldern, in Persönlichkeit und Werk, sowie das Aufsuchen struktureller Entsprechungen stützen konnte.

Sicher vermag die exopoetische Betrachtung fruchtbare Erkenntnisse zu vermitteln. Allerdings darf sie nicht primär auf die konkrete historische Persönlichkeit des Autors allein abheben, etwa im Sinne einer Art direkter Korrelation der Figuren eines Romantextes mit der konkreten historischen Person des Autors und mit konkreten Personen seiner Lebensgeschichte. Hanno Buddenbrook ist eben nicht Thomas Mann, und Thomas Buddenbrook ist ebensowenig sein Vater, wie Toni Buddenbrook seine Tante ist. Vielmehr handelt es sich bei diesen literarischen Figuren in gleicher Weise um komplexe Verdichtungen von Phantasie und Wirklichkeitsaspekten, von Dichtung und Wahrheit, wie etwa Albertine in Marcel Prousts Roman "Auf der Suche nach der verlorenen Zeit" eine Verdichtung mehrerer Personen und ihrer literarischen Bearbeitung darstellt und nicht etwa die direkte Transformation eines bestimmten homosexuell Geliebten des Autors. Ein solches direkt historisierendes Korrelieren zieht das literarische Werk ins Historisch-Private und entkleidet es damit seiner übergreifenden ästhetischen Relevanz und Funktion. Es verkennt zugleich die Bedeutung des komplexen Transformationsprozesses, der mit dem Erschaffen, Verdichten und Dichten des literarischen Textes verbunden ist. Dabei wird auch aus dem historischen Autor ein anderer Autor, eben der Dichter des Werkes, der in und mit seinem Werk zu uns spricht. Diesen Unterschied werden wir sogleich noch zu untersuchen haben.

Den endopoetischen Zugang wählte Freud in seiner ersten Studie eines literarischen Werkes, in "Der Wahn und die Träume in W. Jensens Gradiva" (1907). Der endopoetische Zugang konzentriert sich ausschließlich auf das Werk, auf seine inneren Strukturen, seine strukturellen Elemente, deren Relationen zueinander, auf die innertextlichen Beziehungen, auf die Formprinzipien des Textes, auf seine spezifische Rhetorik, seine Wirkungstechniken und -möglichkeiten bzw. auf die "Pragmatik" des Textes, ohne Rekurs auf den historischen Autor zu nehmen. Es ist allerdings auch eine Synthese beider Zugangswege denkbar, wobei zunächst getrennt zum einen das Werk und seine Strukturen und zum anderen der Autor und seine Strukturen erschlossen, und anschließend strukturelle Entsprechungen zwischen beiden Feldern untersucht werden. In meiner Untersuchung, von R. Schumanns. "Dichterliebe" habe ich im Wesentlichen diesen Weg beschritten (vgl. Haesler, 1982).

Der historische *Autor* ist mit dem *Dichter* eines Textes nicht identisch. Dies gilt selbst für autobiographische Texte. Goethes "Dichtung und Wahrheit" ist ein solcher autobiographischer Text, der, hier explizit, "Dichtung" und "Wahrheit" im Text miteinander verdichtet und eine bestimmte dichterische *Version* von Biographie schafft, worauf Goethe bereits mit dem Titel anspielt. Texte sind für sich genommen sinnhaft und bedürfen, um sie zu erfahren und zu verstehen, der erläuternden Kenntnis des historischen Autors und seiner Person und Lebensgeschichte *nicht*, was bei psychoanalytischer Betrachtung literarischer Texte oft vergessen worden ist und immer wieder vergessen wird. Diese Feststellung wird ohne weiteres plausibel, wenn wir an literarische Texte denken, deren historischer Autor unbekannt ist, wie etwa literarische Texte der Bibel, z.B. das Buch Hiob, oder andere anonyme oder nur mündlich überlieferte Texte. Auch diese haben so etwas wie einen "Autor", der im Text als erzählen wollendes, die Erzählung gestaltendes und damit textliche Wirkungen erzielendes Moment, als Element der Struktur des Textes erkennbar ist, als etwas, was implizit als ein Wille mit erzählerischer Intention, als ein den Text und seine Wirkungen strukturierendes Prinzip fungiert. Dieses Prinzip, das gleichsam als "verborgener Autor" im Text und hinter dem Text erscheint, ist eine Art Konstrukt, das man im Sinne eines im Text implizit repräsentierten und wirkenden Autors verstehen kann. Deshalb spricht man auch vom *impliziten Autor*. T. S. Eliot spricht im gleichen Sinne von *Persona*. Dieser implizite Autor mag strukturell im Sinne der Entsprechung strukturelle Aspekte des historischen Autors widerspiegeln, aber er ist mit dem historischen Autor nicht identisch. Er ist vielmehr das Resultat einer ästhetischen Transformation, die den Prozeß der Entstehung eines literarischen Textes bestimmt. Insofern ist der implizite Autor der Buddenbrooks ein anderer als die konkrete, historische Person Thomas Manns. Und gleiches gilt auch für den Dichter des Gedichtes "Hört ich die Warnenden izt ...", dem, wie er in dem Gedicht "an die Parzen" singt, "einst das Heil'ge, das am Herzen mir liegt, das Gedicht, gelungen" ist, der ein anderer Dichter, eben der implizite Dichter, ist als die historische Person des Dichters Hölderlin mit seiner "Psychopathologie", selbst wenn es weitreichende strukturelle Entsprechungen zwischen beiden "Personen" geben mag. Hinsichtlich des endopoetischen Zugangs kann sich psychoanalytisches Untersuchen auf mehrere zu unterscheidende Elemente richten. Hierzu gehören, wie Hartmut Raguse (1991) differenziert hat:

1. die in einem Text erscheinenden Personen und die Struktur ihrer Beziehung zueinander,
2. erzählte Vorgänge, Ereignisse und deren Bedeutung, Stoffe und Motive,
3. Gegenstände des Textes als Symbole,
4. die literarische Form, das heißt, der Text genommen als Text, die Bauformen des Erzählens (vgl. Lämmert, 1955), die semiotische und semantische Dimension des Textes und schließlich
5. die Beziehung zwischen Text und Leser.

1. Die Untersuchung der Beziehung der Textpersonen zueinander ist der psychoanalytischen Untersuchung der Struktur zwischenmenschlicher Beziehung, wie sie im psychoanalytischen Prozeß erfolgt, analog. Insofern könnte man meinen, daß diese Perspektive letztlich nichts anderes tue als Aspekte des literarischen Werkes, nämlich die Personen und ihre Beziehungen zueinander, wie einen

klinischen psychoanalytischen Fall zu behandeln. Ein solches Vorgehen ist allerdings möglich, und viele psychoanalytische Untersuchungen literarischer Texte haben sich auch zu einer solchen Transformation des literarischen Textes zum klinischen Fall verstiegen. Allerdings kann ein Text nicht wie ein Patient antworten und zur deutenden Stellungnahme des Analytikers seinerseits im Sinne eines psychoanalytischen Diskurses Stellung nehmen, so daß einem Text und den in ihm vorgestellten und handelnden Personen deutend Gewalt angetan werden kann. Insofern läuft man bei einer solchen Perspektive der Untersuchung immer Gefahr, am Text lediglich Kenntnis psychoanalytischer Theorie zu explizieren, wenn nicht die Deutung zugleich auch die Kontexte des Textes und andere mögliche Perspektiven auf den Text berücksichtigt und in die Deutung einbezieht. Psychoanalytische Literaturinterpretation im Sinne der "angewandten Psychoanalyse" kehrt sich dann um und wird zur "angewandten Literatur". So kann man etwa in Shakespeares und Verdis "Othello" die offenkundige Eifersucht Othellos nach Kriterien der psychoanalytischen Theorie der Eifersucht untersuchen und deshalb aus der Theoriekenntnis folgern und fordern, hier müsse eine die Eifersucht begründende, irgendwie unbewußte Homosexualität im Spiel sein, die man dann der eigenen Theorie getreu aus jenen Textstellen zu belegen sucht, die sich dafür in irgendeiner Weise hergeben. In diesem Sinne wird die Theorie gleichsam von außen in das Werk hineingetragen und dem Werk übergestülpt (vgl. z.B. Wanghs Othellodeutung, 1950). Zum Schluß hat man mit einem solchen Vorgehen bewiesen, was man schon immer wußte: Auch Othellos Eifersucht ist, wie bei vielen klinisch untersuchten eifersüchtigen Patienten, "tatsächlich" Resultat der unbewußten Homosexualität, und Othello ist dann mit allen diesen eifersüchtigen Patienten vergleichbar - war es etwa das, was uns der Dichter damit zeigen wollte? Mit einem solchen Ansatz kann man gewiß kaum etwas von der Gewalt des dynamischen Prozesses begreifen, der in unerhört zwingender, bedrängend mitreißender Weise die Handlung von Anfang an bis zu ihrem destruktiven Ende forttreibt. Um dies zu verstehen, bedarf es nicht bloß einer Sicht, die aus dem Text reduktionistisch einzelne dynamische Elemente isoliert und daraus generalisierend alles interpretiert, sondern eines umfassenderen Ansatzes, der die Struktur und Dynamik des Werkes in einer umfassenderen, Text und Kontexte erfassenden Perspektive erschließt (vgl. Haesler, 1990a).

Ein weiteres Beispiel kann die psychoanalytische Perspektive auf die spezifische Struktur und Dynamik der Beziehung der Textpersonen zueinander als ein den gesamten Text strukturierendes Element noch deutlicher machen. Schillers "Wilhelm Tell", eines seiner großartigsten dramatischen Werke, handelt von der Revolution, vom Umsturz gegen Knechtschaft und Tyrannei, ein Umsturz, der mit der Ermordung des Landvogts Gessler durch Wilhelm Tell errungen wird und Tell durch diese befreiende Mordtat zum Helden macht. Es ist die Dramatisierung eines Mordes an einer das Volk knechtenden Vaterautorität, den Tell stellvertretend für die anderen, für das "einzig Volk von Brüdern", ausführt, das sich mit dem Rütlischwur unauflösliche revolutionäre Gefolgschaft gelobt hat. Man könnte dies nun vordergründig als dramatische Realisierung eines ödipalen Konfliktes, als ein "ödipales Drama" bezeichnen und alle zur Verfügung stehende Kenntnis psychoanalytischer Theorie daran bestätigen. Dies griffe aber sicher viel zu kurz, da die spezifische *Form,* in der diese ödipale Konstellation entwikkelt und verhandelt wird und die offensichtlich die Struktur und Dynamik des Stückes wesentlich bestimmt, von einer solchen Etikettierung überhaupt nicht erfaßt würde. Denn nicht die Tatsache, daß hier Personen in einer Art ödipalem Konflikt zueinander stehen und im Sinne dieser letztlich ubiquitären Struktur miteinander handeln, ist offensichtlich entscheidend für die dramatische Entwicklung, sondern eine spezielle Form der Lösung und Bewältigung seiner Konsequenzen. Insofern würde eine Deutung, die lediglich die Personen als Akteure des ödipalen Dramas identifiziert, Gessler als Vater, Tell und die Brüder als Söhne, die sich gegen den Vater auflehnen und ihn beseitigen, um danach frei zu sein, bloße Übersetzungsarbeit leisten, die die Dynamik des Stückes und seine besondere psychologische Wirkung verfehlen würde.

Als zentrales dynamisches Moment, das durch das ganze Drama läuft und dieses strukturiert, erscheint in erster Linie das Thema der *Schuld,* die aus dem Vatermord erwächst und die im Drama verhandelt, besser gesagt, verschoben wird, von dem "einzig Volk von Brüdern", die ihre Befreiung im Rütlischwur feierlich beschlossen und besiegelt haben, auf Wilhelm Tell, der als einzelner schließlich stellvertretend für die anderen diese Mordtat ausführen und die Schuld daran tragen wird - eine Mordtat, die im Drama allerdings als ein unausweichlich werdender Notwehrakt der Befreiung gerechtfertigt wird. Diese Rechtfertigung reicht aber, wie die weitere dramatische Entwicklung zeigt, als Begründung der Schuldentlastung offensichtlich nicht aus, so daß zum Ende des Dramas, in der vorletzten Szene, in den Jubel der erfolgten Befreiung ein weiterer "Vatermörder", der Herzog von Österreich, mit dem bedeutungsvollen Namen *Parricida* eingeführt wird, dessen Name die im Zentrum des Dramas stehende Tat, den Vatermord explizit benennt. Die im Gegensatz zu Tells Tat "Entsetzen" bei allen hervorrufende Tat Parricidas wird derjenigen Tells gleichsam antithetisch gegenübergestellt, um die Schuldfreiheit der "rechtmäßigen" gegenüber der "unrechtmäßigen" Vatertötung dramatisch noch deutlicher hervorzuheben und somit die Schuld auf Parricida weiter zu verschieben. Aber auch Parricida kann mit seiner Tat, auf Erlösung von seiner Schuld durch weitere Verschiebung auf einen anderen hoffen, wenn er Tells Rat folgt (V, Bd. 2, S. 573):

> Tell: "Hört, was mir Gott ins Herz gibt - Ihr müßt fort
> Ins Land Italien, nach Sanct Peters Stadt;
> Dort werft ihr euch dem Papst zu Füßen, beichtet
> Ihm eure Schuld und löset eure Seele."

Letztlich wird so die aus dem Vatermord erwachsene Schuld dem Heiligen Vater als einem Übervater zur Vergebung vorgelegt. Dieser ist aber zugleich Stellvertreter Christi auf Erden, durch den die Schuldentlastung und Erlösung schließlich transzendiert, durch Transzendierung möglich werden kann, am Ende getragen von dem, der, wie es im *Kyrie* gebetet wird, die Sünde der Welt trägt und der sich des Menschen erbarmt.

Wenn man diese innere Thematik der Auseinandersetzung um die Schuld auf die historische Situation bezieht, innerhalb derer dieses Drama konzipiert wurde, so sieht man - Schiller hat dies selbst in diesem Sinne angedeutet -, wie dieses Drama mit seiner Thematik der Befreiung von Knechtschaft durch Umsturz und Vatertötung der Französischen Revolution mit ihrem realisierten Vatermord an Ludwig XVI. und den daraus erwachsenen fürchterlichen Folgen der "Schrekkensherrschaft" die Utopie einer humanen Revolution entgegenstellt, in der nicht, wie Schiller es in seinem "Lied von der Glocke" unter Anspielung auf die Französische Revolution sagte, "rohe Kräfte sinnlos walten," so daß zu dichten sei (Bd. 1, S. 217):

"Wenn sich die Völker selbst befrein,
Da kann die Wohlfahrt nicht gedeihn."

sondern eine wirkliche Befreiung möglich werden soll, indem die Schuld in die Transzendenz verschoben und dort aufgenommen wird. Es ist die Utopie einer befreiten Gesellschaft, eine Utopie, in der die Schuld ihrer Begründung, die Schuld des Umsturzes und des Königs-/Vatermordes nicht, wie in der Französichen Revolution, in destruktiver Weise auf die Brüder zurückschlägt und am Ende in die neue, mörderische Tyrannis einer Revolution führt, die ihre Kinder frißt, sondern im Glauben an eine Instanz, die Schuldentlastung, Gesetz, Gerechtigkeit und Freiheit stiften kann, an die Instanz eines in der Transzendenz verankerten Über-Vaters, verwiesen und dort aufgehoben sein soll[1]. Daß Schiller die Thematik der Auseinandersetzung mit dem Vater in seinen Werken immer wieder bearbeitet hat, sowohl in anderen Dramen, etwa in den Räubern, im Don Carlos und im Wallenstein, wie auch in vielen seiner Balladen, daß dies, wie wir aus seiner persönlichen Biographie wissen, auch eine zentrale Thematik seiner Persönlichkeit war, ist sicher ein nicht uninteressanter Aspekt, der Anlaß geben könnte, die erkennbaren spezifischen strukturellen Entsprechungen in Persönlichkeit und Werk zu untersuchen. Allerdings sind diese exopoetisch gewonnenen Erkenntnisse für das Verständnis der dramatischen Behandlung des Schuldmotivs und wie dieses innerhalb des Textes in den Beziehungen der Personen zueinander verhandelt und gelöst wird weitgehend irrelevant.

2. Selbstverständlich können auch erzählte Vorgänge und deren Bedeutung, die

---

1) Eine ähnliche Deutung dieses zentralen Mechanismus der Schuldverschiebung gab Matt (1974). Allerdings sieht Matt die Schuldverschiebung in einer Art biblischer "Sündenbocklösung" enden, die Parricida "Der Wüste kehr ich meine Schritte zu..." etc. sagen läßt. Diese Deutung übersieht aber die Fortsetzung der Schuldverschiebung nach Rom, zum Stellvertreter Christi, eine Perspektive des Schlusses im Stück, die, wie ich denke, von entscheidender Bedeutung für Schillers Utopiekonstruktion der Befreiung ist.

allegorische Darstellung, "Zentrale Themen", Stoffe und Motive zum Gegenstand psychoanalytischer Betrachtung werden, aber auch literarisch behandelte besondere "Ereignisse", wie etwa bei der Novelle die "*sich ereignete unerhörte Begebenheit*", wie Goethe die Novelle klassisch definiert hat (zit. n. Frenzel, 1974, S. 105), als Ausgangspunkt einer Novellenerzählung.

3. Die symbolische Deutung von Elementen und "Inhalten" kann sicher nur in Verbindung mit anderen Perspektiven auf den Text zu konstruktiven Erkenntnissen führen. Die bloße symbolische Übersetzung bringt, wie eigentlich jede Übersetzung, keinen Erkenntnisgewinn. Darüber hinaus ist nicht alles, was lang ist, auch in der Psychoanalyse nicht, immer schon gleich ein Penis. Beispiele für eine solche, wenig fruchtbare Symbolübersetzung lassen sich zu Hauf in psychoanalytischen Arbeiten der Pionierzeit, aber auch in mancher später erschienenen psychoanalytischen Untersuchung von literarischen Werken finden, wie zum Beispiel die Aussage: "Die braunen Zähne von Thomas Buddenbrook symbolisieren seine gestörte Oralität", auf die ich vor kurzem in einer psychoanalytisch orientierten Untersuchung der Buddenbrooks stieß. Aber auch Literaten können sich, in einem fehlgehenden Verständnis psychoanalytischer Symboltheorie, in dieser Weise versteigen, wie etwa Arno Schmidt mit seiner Untersuchung "Sitara und der Weg dorthin", die Karl Mays Werk zum Gegenstand hat. Es ist dies eine Untersuchung, in der Arno Schmidt aus einer Fülle von so verstanden "uneigentlichen" Darstellungen im Text meinte, deren "eigentliche" symbolische Bedeutung überwiegend homosexueller Natur hervorholen und identifizieren zu können, einem in seinen Hintergründen nicht näher explizit gemachten Interesse folgend, Karl Mays Werk als das "Produkt einer Eros-Verdrängung nicht alltäglichen Ausmaßes" (so der Klappentext) zu denunzieren. Auch wenn man nicht unbedingt ein Anhänger der Trivialliteratur Karl Mays ist, erscheint eine solche Art des literarischen Verfolgens unter mißbräuchlicher Zuhilfenahme von so verstandenen "psychoanalytischen" Symbolkenntnissen mehr als fragwürdig.

4. Von besonderer Bedeutung für die psychoanalytische Perspektive ist die Dimension des *Textes als Text*. Hierzu gehören die Bauformen des Erzählens, die Gliederung und Verknüpfung mehrsträngiger Erzählungen, wie etwa in Tolstois Romanen, die Formen des Erzählablaufs, etwa Phasenbildungen, Raffungen, Einschübe, Rückwendungen, und Serienbildungen, die Synchronisierung und Desynchronisierung von Zeitabläufen, die Formen der erzählerischen Rede, der formalen Strukturierung von Gesprächen und von erzählten Gesprächen usw... Darüber hinaus gehören hierher auch die semiotische und semantische Dimension des Textes, seine spezifische Rhetorik, seine lexikalische, syntaktische, logische, und, im Falle der Lyrik, prosodische Struktur. Alle diese Elemente haben zugleich auch spezifische inhaltliche Bezüge. Sie tragen jeweils in spezifischer Weise die "Pragmatik" des Textes, das, was der Text schließlich an Wirkungen im Leser hervorruft, was er im Leser und mit dem Leser "macht". Daß in der Lyrik die formalen Elemente des Textes zentrale Bedeutung haben, ist offenkundig.

Aber auch in der Prosa und im Drama können sie wichtige Funktionen übernehmen. So verliert zum Beispiel Othellos Rede im Verlaufe der sich steigernden Dramatik der Handlung, die Othello zunehmend zum hilflos rasenden Mörder werden läßt, zunehmend ihre "Vornehmheit" und Würde. Erst in der letzten Szene, in der Othello die Realität erkennt und zur Ordnung der Wirklichkeit, der er als Mohr so erfolgreich gedient hat, zurückkehrt und sich damit zum Richter über sich selbst einsetzt, gewinnt die Struktur seiner Rede ihre ursprüngliche Würde und Vornehmheit zurück, so daß man an der formalen Behandlung von Othellos Rhetorik unmittelbar die Dynamik der Handlung wiedererkennen kann. Als ein weiteres Beispiel der Relevanz formaler Elemente im Text sei hier jener berühmte Gedankenstrich in Heinrich von Kleists Novelle "Die Marquise von O." genannt, in der jener Gedankenstrich als ein, wie Heinz Politzer es sagte, "Strich durch die Gedanken" (Frankfurter Allgemeine Zeitung v. 22.1.1977) einen Strich durch den bisherigen Erzählablauf macht und danach mit der Erzählung eines völlig anderen Handlungsablaufes fortsetzt: ein bedeutsamer Gedankenstrich, der die "sich ereignete unerhörte Begebenheit", die Ohnmacht der Marquise und alles, was ihr in dieser Ohnmacht geschieht und was zum Ausgangspunkt der Novelle werden wird, verdichtet:

"... bot dann der Dame unter einer verbindlichen französischen Anrede den Arm, und führte sie, die von allen solchen Auftritten sprachlos war, in den anderen, von der Flamme noch nicht ergriffenen Flügel des Palastes, wo sie auch völlig bewußtlos niedersank. *Hier - traf* er, da bald darauf ihre erschrockenen Frauen erschienen, Anstalten einen Arzt zu rufen, versicherte, indem er sich den Hut aufsetzte, daß sie sich bald erholen würde, und kehrte in den Kampf zurück." (Hervorhebung L.H.)

Solche Brüche und auch Widersprüche ergeben sich auch oftmals in der Erzählstruktur eines Textes als dessen konstitutive Elemente, als Elemente auch der inhaltlichen Darstellung. Als paradigmatisches Beispiel sei hier, um ein besonders anschauliches aus dem Bereich des Musiktheaters herauszugreifen, der oft beklagte Bruch im Handlungsablauf von Mozarts "Zauberflöte" genannt, bei dem es sich zwar tatsächlich um einen die Logik der Handlung durcheinanderbringenden Bruch handelt, aber um einen Bruch, der in diesem märchenhaften Entwicklungsgeschehen der Oper mit der Ablösung von der mütterlichen Welt der Königin der Nacht und dem Wechsel zur väterlichen Welt Sarastros einen zentralen Widerspruch menschlicher Orientierung und deren Integration, des Aufbrechens aus der dyadischen Bindung an die mütterliche Welt und das Hinzutreten des Vaters, den Wechsel zum Vater artikuliert, ein in Gestalt eines Bruches in der Handlungsentwicklung vorgestelltes Entwicklungsgeschehen, an dessen Ende schließlich nach vielfältigen Belastungen und Prüfungen die Fähigkeit der Protagonisten Pamina und Tamino zum Wandel von der Leidenschaft der Liebe zur Freundschaft der Liebe steht (vgl. Bloch, 1959, S. 380). Es handelt sich hier letztlich um eine zentrale, vielfach recht bruchhaft realisierte Thematik menschlicher Entwicklung, was möglicherweise erklären kann, warum es sich bei der Oper zwar vielleicht um ein "Machwerk" (vgl. Metzger und Riehn, 1978) handelt, ohne daß dies aber seiner Popularität in irgend einer Weise Abbruch tun konnte. Und dies ist sicher nicht allein aus der unbedingten Schönheit der Mozartschen Musik zu erklären.

Als ein weiteres Beispiel für die Bedeutung psychoanalytischer Interpretation des Textes als Text sei hier Belands (1988) psychoanalytische Untersuchung des "Tristram Shandy" von Laurence Sterne genannt. Beland hat mit seiner Untersuchung eine überzeugende Deutung des Romans angeboten, die die über lange Zeit ausgetragenen Kontroverse, dieser Roman sei nichts als humorvoll assoziatives Chaos *vs.* es handele sich doch um eine kunstvolle Komposition, die eine komplexe innere Struktur und Dynamik aufweise, zu schlichten vermag. Beland konnte an der vordergründig vielfach chaotisch-assoziativ und fast inkohärent erscheinenden Rede des Textes zeigen, daß die innere Stringenz des Erzählablaufes eine fortlaufende Transformation eines jeweils einzigen unbewußten Themas darstellt, womit Belands psychoanalytische Strukturanalyse jene formale Struktur der literarischen Methode des *stream of consciousness* (oder sinnvollerweise besser des "stream of *un*consciousness") freilegt und benennt, im Sinne einer Kontinuität der Verknüpfung innerer Bewußtseinsabläufe, die gegen die vordergründig in ihrer linearen zeitlichen Abfolge gebrochenen Handlungsabläufe durchgehalten wird: eine formale Behandlung, die die Struktur vieler moderner Romane, etwa die von James Joyce, Virginia Woolf und anderen kennzeichnet und die in Laurence Sternes "Tristram Shandy" vorweggenommen zu sein scheint.

5. Die Beziehung zwischen Text und Leser ist ein besonders interessantes und relevantes Feld, in der der psychoanalytische Ansatz Wesentliches beizutragen hat. Was "macht ein Text" mit dem Leser, welche Wirkungen löst er im Leser aus, auf welche Weise erreicht der Autor diese Wirkungen? Diese Prozesse werden mit dem Begriff der *Leserlenkung* (Raguse, 1991, 1993) umrissen, ein Begriff, der alle jene Strategien und Wirkabsichten des Autors im Text umfaßt, nach denen der Text formal strukturiert ist, um den Leser im literarischen Diskurs in einer bestimmten Weise zu erreichen, in ihm bestimmte Wirkungen hervorzurufen und ihn in einer intendierten Richtung zu bewegen. Die Leserlenkung umfaßt somit die Intentionen des Autors und deren Realisierung in seinen textbezogenen Strategien. Auf der anderen Seite bringt aber auch der Leser spezifische Dispositionen ein, mit denen er den Text "empfängt" und auf sich wirken läßt, mit denen er seinerseits aktiv auf den Text antwortet. Insofern ist Rezeption auf seiten des Lesers kein passiver, sondern ein aktiver, ein kreativer Prozeß, bei dem der Leser das, was durch den Text mit ihm geschieht, im Rahmen seiner spezifischen Dispositionen, d.h. im Rahmen seiner Wunsch- und Abwehrstrukturen aktiv organisiert und gestaltet. Hierfür ist eine spezifische Veränderung der Wahrnehmungseinstellung erforderlich, um einen fiktiven literarischen Text, die Erzählung einer Geschichte, die "in Wirklichkeit" nicht stattgefunden hat, oder eines Gedichtes und seiner komplexen konnotativen Aussagen, als eine Wirklichkeit eigener Art anzunehmen.

Wenn man es genau bedenkt, ist es ja eigentlich eine ungeheuerliche Sache, daß man sich als Leser bereit macht, in das Fiktive, das Erfundene eines Textes als einer anderen Wirklichkeit "einzusteigen", diese als Realität eigener Art anzunehmen und sich davon anregen, beeinflussen und wegtragen zu lassen. Hierbei sind natürlich in erheblichem Maße auch unbewußte Dimensionen des Kommunikativen vom impliziten Autor über den Text und seine spezifischen Strategien auf den Leser wirksam, so daß es einem Text gelingen kann, wenn er erst einmal eine bestimmte bewußte Barriere überwunden hat, tief in die innerseelischen Bereiche eines Lesers einzudringen, diese anzuregen und sein innerstes Erleben zu einer seiner Persönlichkeit und seinen persönlichen Dispositionen entsprechenden Reaktion zu mobilisieren, die er dann mit anderen Lesern des gleichen Textes teilen kann. Wie gewaltig diese Prozesse der Beeinflussung durch Texte sein können, mag etwa die Wirkung des Goetheschen "Werther" zeigen, der seinerzeit halb Europa kopfstehen ließ und eine geradezu epidemische Welle der Identifikation bis hin zu inszenierten Selbstmordhandlungen nach Art des Vorbildes des Romanhelden auslöste.

Diese Prozesse lassen sich, wie zuletzt vor allem Raguse (1991) besonders einleuchtend gezeigt hat, nach Art der Prozesse beschreiben, wie sie die Dynamik von Übertragung und Gegenübertragung in der psychoanalytischen Situation charakterisieren (vgl. Frier, 1989). Von daher lassen sich mehrere Beziehungsebenen differenzieren, auf denen die dynamische Interaktion zwischen Autor und Leser über seinen Text realisiert wird. Dem historischen Autor und dem impliziten Autor stehen auf der anderen Seite der reale, "historische" Leser und das gegenüber, was man den "impliziten Leser" nennen kann, der mit seinen Einstellungen und Reaktionen auf den Text des impliziten Autors in spezifischer Weise und unter einem Aussetzen seiner alltäglichen Wirklichkeitsbezüge komplementär, und das heißt anders, antwortet, als er dies als reale Leserperson im täglichen Leben tun würde. Als Beispiel führt Raguse den Roman "Tom Jones" von Henry Fielding an, der eine gespaltene Leserposition voraussetzt, zum einen den direkt im Text angesprochenen Leser, der vom Text als etwas dümmlich angenommen wird, während gerade diese Dümmlichkeit eine andere, zur ironischen Distanzierung fähige Leserposition voraussetzt, die aus solcher impliziten Rollenzuweisung einen besonderen Genuß der ironischen Distanzierung beziehen kann. So kommt im Lesevorgang ein dynamischer, interaktiver Prozeß in Gang, in dem bewußte, vorbewußte und unbewußte Schichten in Text und Leser analog der dynamischen Relation von Übertragung und Gegenübertragung in Resonanz gebracht werden. Hier ergeben sich besonders interessante Ansätze zu rezeptionsästhetischen Untersuchungen von Literatur, zu denen psychoanalytische Perspektiven interessante Fragestellungen, Methoden der Untersuchung und Antworten beizusteuern haben. Denn die hier beschriebenen Prozesse sind wie die dynamischen Prozesse von Übertragung und Gegenübertragung letztlich Spezialfälle zwischenmenschlicher Verständigung, zu deren Erforschung die Psychoanalyse mit ihrer besonderen Kompetenz in besonderer Weise beizutragen vermag.

Dies gilt sinngemäß auch für die Untersuchung der Wirkungsgeschichte literarischer Werke, d.h. für die Untersuchung des beeindruckenden Phänomens, daß wichtige literarische Werke nach kurzer Blütezeit von der Bildfläche verschwinden können, während andere dauerhaftes Interesse beanspruchen, wiederum andere zu Lebzeiten eines Autors und noch lange Zeit nach dessen Tod kaum und dann plötzlich enormes Interesse finden. Die sich hier eröffnenden Fragestellungen dürften allerdings weder allein vom Psychoanalytiker noch allein vom Literaturhistoriker erschöpfend zu erschließen sein, sondern die interdisziplinäre Zusammenarbeit beider erfordern.

17. Psychoanalyse und bildende Kunst

Der ästhetische Diskurs der bildenden Kunst bedient sich visueller Mittel, visueller Zeichen; sein Medium ist die visuelle Sphäre, in der der Künstler das, was er *sagen* will, über das *Sehen* vermittelt. Es ist damit eine Vermittlung jenseits der Worte - entwicklungspsychologisch gesehen "vor" den Worten, eine Möglichkeit der vorsprachlichen, besser, der nicht-sprachlichen Kommunikation, die der nicht-sprachlichen Dimension der inneren Welt, der Welt der halluzinatorischen Wunscherfüllung, der Welt des Traumes, der Phantasien und Tagträume und ihrer überwiegend bildhaften Gestaltung sehr viel nähersteht als der Welt sprachlicher Repräsentation. Das Visuelle vermittelt die sinnliche Erfahrung der Welt unmittelbar so, wie sie sich vorstellt, wie sie sich unmittelbar *zeigt*, ohne die direkte oder indirekte Vermittlung verweisender oder bezeichnender symbolischer Bezugssysteme wie jener der Sprache, die ja, wie in dem Kapitel über Elemente der zwischenmenschlichen Verständigung deutlich geworden ist (vgl. Kapitel 8), bereits eine weiterreichende Abstraktion im Sinne einer Bearbeitung und referentiellen Zuordnung der Wirklichkeit zu abstrakten Zeichensystemen voraussetzt. Allerdings kann das Visuelle auch auf die Ebene einer symbolischen Referenz gehoben werden. Die bildende Kunst bedient sich nun gezielt einer solchen Doppelfunktion des Visuellen, indem sie das unmittelbar sinnlich-visuell Gezeigte zugleich mit *symbolischer Ausdrücklichkeit*, mit *expressiver Bedeutung* verbindet. Diese muß nicht unbedingt gegenständlicher Natur sein. Sie kann sich auch analog der nicht-abbildhaften akustischen Formen der Musik in Gestalt nicht-abbildhafter abstrakter visueller Formen, in der Gestaltung von formalen Elementen vermitteln, und zwar sowohl in der gegenständlichen Malerei - etwa in der Farbgebung, im "Ton" und im Bild-"rhythmus", in der formalen Organisation des Bildaufbaus, in der nicht "wirklichkeitsgetreuen", sondern "phantasiegetreuen" Zuordnung der Bildelemente zueinander, wie etwa in der Malerei Chagalls - als auch vom Gegenständlichen abgelöst und systematisiert in der sogenannten abstrakten Malerei, die die ästhetisch-visuelle "Komposition" am radikalsten nicht als *Abbild,* sondern im Sinne des "Bildes als Bild" als *Bild* vorstellt.

Die Wirkungen, die von Bildern ausgehen können, sind mit jenen literarischer Texte vergleichbar. Nicht nur der junge Prinz Tamino auf der Bühne, der "Dies Bildnis ist bezaubernd schön ..." singt, kann von dem eigentümlichen Gebilde "Bild", das auf irgendeiner Unterlage Pigment und Bindemittel in spezifischer Anordnung und Konturierung flächenhaft aufgetragen hat, zutiefst angerührt, verwirrt und bewegt und zum Handeln angeregt werden. Bilder fordern uns dazu auf, das Flächenhafte des Bildes zu überwinden, in die Welt, die sie vorstellen, einzusteigen, unsere Sinne in ihrer Tiefe wandern zu lassen, Landschaften zu durchschreiten, Gegenstände mit den Augen gleichsam abzutasten, Gesichtslandschaften und deren Ausdrücklichkeit zu erfahren, Klang und Rhythmus des Bildes zu spüren, seine Komposition wie eine musikalische Komposition sehend zu erfassen und gleichsam synaesthetisch zu "hören" - und damit uns zugleich auch auf das einzustellen, was dieses Sicheinlassen mit dem Kunstwerk in uns in Gang bringt und bewegt.

Solche Möglichkeiten der Vermittlung expressiver Gestaltung in der visuellen Sphäre sowie die komplexen Wirkungen, die von ihr ausgehen, sind naturgemäß im Wesen der visuellen Sphäre selbst, in deren besonderem Zusammenhang mit der Matrix der frühen Mutter-Kind-Beziehung und ihrer komplexen, vor allem über das Visuelle vermittelten frühen Kommunikation, gleichsam als deren prototypische Strukturen und Bedingungen begründet. Wie wir im Kapitel 6 gesehen hatten, hat diese visuelle Dimension der zwischenmenschlichen Verständigung von Anfang an eine zentrale Stellung und Bedeutung im Leben des Menschen, die sie auch nach dem Spracherwerb nicht unbedingt zugunsten der Sprache einbüßt. Diese visuelle Dimension hat ihre eigene "formale Logik", ihre eigenen Formen und Regeln. In der Welt des Traumes auch des erwachsenen Menschen, in der wir überwiegend, wenngleich sicher nicht ausschließlich, in Bildern "denken", können wir diese formalen Bedingungen und Möglichkeiten erlebnishafter visueller Erfahrung und Darstellung besonders gut studieren. So werden zum Beispiel kausale, zeitliche und logische Relationen im Traum vor allem in *Verhältnissen* des Bildhaften, der bildhaften Elemente zueinander dargestellt, aber auch als Abfolge von Traumbildern, wie Geschehensabläufe in Bildergeschichten, deren Nacheinander unter Umständen kausale Beziehungen im Sinne einer Logik des *post ergo propter* vorstellen kann. Aber auch spezifische Größenverhältnisse können zum Beispiel logische und Wertrelationen dynamisch repräsentieren, so daß Wichtiges groß, im Verhältnis dazu weniger Wichtiges kleiner zur bildhaften Darstellung gelangt. Eine solche *Wertperspektive* in der bildhaften Darstellung kann man vielfach auch in der Malerei wiederfinden, etwa in spätmittelalterlichen Darstellungen, in denen das Jesuskind oft sehr viel größer gemalt ist als die begleitenden, nicht-kindhaften, sondern als "Erwachsene" gemalten Engelfiguren.

Bildende Kunst sagt etwas aus, stellt etwas vor - das *Bild*. Aber ist dieses Bild zugleich immer auch ein *Abbild*, das demzufolge immer etwas anderes darstellt als das, was man konkret sieht, also eigentlich als Abbild nichts "Eigentliches", sondern immer etwas "Uneigentliches" ist? Wir stoßen hier auf das gleiche, außerordentlich relevante kunsttheoretische Problem, das uns bereits im Zusammenhang mit literarischen Texten begegnet ist und mit dem man sich, besonders auch im Zusammenhang mit der psychoanalytischen Kunstbetrachtung, vertraut machen muß, wenn man nicht das Ästhetische des Kunstwerks verfehlen will in dem Bemühen, im Bild "eigentlich" dargestellte, bloß verhüllte, hinter dem "Vordergründigen" des Bildes stehende Bedeutung mit vorgeblich "psychoanalytischer" Deutungstechnik hervorzuholen. Das Aesthetische ist ansprechbar, grundsätzlich aber nicht hintergehbar, und dies hat der psychoanalytische Ansatz im Auge zu behalten, wenn er die aesthetische Dimension des Kunstwerkes nicht in psychologischer Spekulation verlieren will.

Die Auffassung vom *Bild* als *Abbild von etwas anderem* ist weit verbreitet. Sie ist Grundlage jener alles verkürzenden Frage - wie man sie bei Betrachtern von Bildern nicht nur der modernen, "abstrakten" Kunst immer wieder hören kann -

nach dem, "was das Bild eigentlich darstellen soll". Aber das Dargestellte in gegenständlicher Kunst ist ja nur *ein* Aspekt des Kunstwerks. Sicher nehmen wir dieses im Bild Dargestellte bei unserem Wahrnehmen des Kunstwerks *mit* auf, aber es ist nicht das einzige, oft auch nicht das Wesentliche eines Bildes, das uns ästhetisch anspricht. Vielfach dient das Dargestellte in erster Linie als ein Medium, über das sich eine ästhetische Idee oder eine Aussage vorstellt, was sofort einsichtig wird, wenn man an die christliche Malerei und ihre zeit- und epochenbezogenen Gestaltungen, etwa an die ungezählten Varianten des Themas der Kreuzigung oder der "Madonna mit dem Kind", denkt, deren formaler Aufbau in der Regel ebenso viel und mehr vermittelt als der vorgestellte "Inhalt".

Oftmals erscheinen das Material und das, wozu es künstlerisch verwendet wird, als eine Art *visuelle Metapher*, die uns in besonderer Weise das spezifisch Eigene jenseits des bloß Abbildhaften sichtbar machen kann. Eine visuelle Metapher entsteht zum Beispiel, wenn etwa Picasso eine Vase nimmt und daraus eine Hüftpartie einer Frau macht oder einen Weidenkorb verwendet, um diesen zum Brustkorb einer Ziege zu machen. Eine solche Verwendung der Vase oder des Weidenkorbes als visuelle Metapher bringt, wie Virgil Aldrich (1968) in seinen Untersuchungen deutlich gemacht hat, die visuelle Realität beider Aspekte in eine metaphorische Interaktion, die die Realität des einen jeweils aus der Realität des anderen zu sehen erlaubt, und zwar im Sinne einer metaphorischen Bedeutungserzeugung, die einen *neuen* und *anderen* Sinn als den der bloßen Abbildung herbeiführt und die Realitäten beider in einer neuen Weise beleuchtet und sichtbar macht: Der Weidenkorb ist ein Brustkorb einer Ziege, der ein Weidenkorb ist, der ein Brustkorb einer Ziege ist usw... Picasso sagte in diesem Zusammenhang: "Meine Skulpturen sind plastische Metaphern. Es ist dasselbe Prinzip wie in der Malerei" und "Ich gehe den Weg zurück vom Korb zum Brustkorb: Von der Metapher zur Realität. *Ich mache die Realität sichtbar, weil ich die Metapher gebrauche*" (zit. bei Aldrich, 1968, Hervorhebung L.H.).

Eine solche metaphorische Verwendung von strukturierten Elementen im Sinne des "Sehens Als", das den Weidenkorb als Brustkorb und umgekehrt, den Brustkorb als Weidenkorb zu sehen erlaubt, erzeugt eine grundsätzlich andere visuelle Wirklichkeit, als wenn nicht ein Weidenkorb, sondern Metall, Gips oder Farbe und Pappmaché als in sich sehr viel weniger und anders strukturierte Materialien zur Gestaltung des Brustkorbes herangezogen werden würden, die gegenüber dem Weidenkorb völlig andere aesthetisch-expressive Gestaltungsmöglichkeiten erlauben. Hier ist zugleich ein wichtiger Aspekt der spezifischen Dimension und Funktion des *künstlerischen Materials* und seiner Eigenschaften als spezifisch eigene Dimension im Ästhetischen angesprochen, ein Aspekt, der uns im Zusammenhang mit der Untersuchung von Musik noch wiederbegegnen wird. Aber auch solche nicht-metaphorische expressive Gestaltung des amorphen Materials zum Brustkorb der Ziege würde, abhängig von den jeweiligen Intentionen des Künstlers, eine andere visuelle Wirklichkeit erzeugen als die des bloß Abbildhaften, der "wirklichkeitsgetreuen" Darstellung, die am Ende möglicherweise zu einer "täuschend echten", das heißt lügenden, mit der Abbildung die gewohnte

Sicht auf das Abgebildete täuschend affirmierenden Abbildungswirklichkeit aus Gips und Pappmaché führt, im Sinne dessen, was Joachim Ringelnatz in seinem Gedicht "Im Park" über das im Park stehende, "täuschend echte" Reh sagt (zit. n. Echtermeyer, 1957, S. 636-637):

> "Ein ganz kleines Reh stand am ganz kleinen Baum
> Still und verklärt wie im Traum.
> Das war des Nachts elf Uhr zwei.
> Und dann kam ich um vier
> Morgens wieder vorbei,
> Und da träumte noch immer das Tier.
> Nun schlich ich mich leise - ich atmete kaum -
> Gegen den Wind an den Baum,
> Und gab dem Reh einen ganz kleinen Stips.
> Und da war es aus Gips."

Diese grundsätzlichen Überlegungen sollen hier genügen, um deutlich zu machen, daß das "Darstellen" im Sinne der Abbildungsfunktion nicht das Primäre, Wesentliche der bildenden Kunst sein kann. Das Bild ist also in erster Linie nicht *Abbild*, sondern *Bild*, was die "abstrakte" Malerei am konsequentesten zu Ende gedacht hat.

Die Geschichte des Bildes kann hier nicht im einzelnen verfolgt werden, von den Höhlenmalereien der Jägergesellschaften, die die existentielle, das Überleben bestimmende und sichernde Jagd bildhaft vorzustellen und damit in die eigene Herrschaft zu bannen suchten, über die flächenhaft darstellende bildende Kunst im alten Ägypten zur Plastik und der in nur geringerem Umfange erhalten gebliebenen bildenden Kunst der Griechen und Römer; über das Bildhafte der byzantinischen Ikone und ihrer spezifischen Wirklichkeit, die nicht die Aufhebung des alttestamentarischen Bilderverbotes bedeutete, sondern in der Ikone die unmittelbare Repräsentanz des Heiligen nicht *dar*-, sondern *vor*-gestellt sah, zur mittelalterlichen religiösen Malerei; von der Entdeckung des Hintergrundes und der räumlichen Perspektive in der Malerei der Renaissance über die weitere Entwicklung der Malerei vom 16. bis ins 19. Jahrhundert; und schließlich die Entwicklungen der modernen Kunst, in der die abbildhafte Dimension der Malerei mit ihren Mitteln grundsätzlich infragegestellt und, wie in der abstrakten Kunst, schließlich völlig aufgehoben wurde. Auch das abstrakte Kunstwerk sagt etwas aus, stellt etwas vor, selbst wenn es vordergründig nichts darstellt.

Die Werke der bildenden Kunst sind somit, wie die der Sprache, aber auch wie die der Musik (s. Kap. 18) als spezifische Zeichensysteme zu verstehen, die nicht so sehr abbilden - die absolute Musik bildet überhaupt nicht und nichts ab - als vielmehr mit ihrem Bezeichnen in spezifischer Weise auf Wirklichkeit *verweisen*. Dies geschieht, wie bei der literarischen Rede, dadurch, daß kontextuell Konnotationen freigesetzt werden, die vor allem die sprachlich nicht faßbare Dimension menschlicher Erfahrung ansprechen und in der ästhetischen Auseinandersetzung mit dem Werk freisetzen und zur Resonanz bringen. Insofern hat jedes Werk auch der bildenden Kunst, jedes Bild und jede Plastik ihre je spezifische "Rhetorik", über die im ästhetischen Diskurs spezifische Verweisungszusammenhänge vermittelt und im Betrachter angeregt werden, die eine neue, eine *andere* Sicht der inneren und äußeren Wirklichkeit zur Folge haben. Dies kann durch ein Rembrandtsches Porträt ebenso erfolgen wie durch Kunst, die gezielt provozieren will, um auf diese Weise gewohnte, eingeschliffene Sichtweisen anzugreifen und zu zerstören, und sei dies vermittels eines aus Luftpumpe, Fett und Schwefelblüte zusammengesetzten Kunstobjektes oder eines zur spielerisch provokativen Anregung arrangierten Objekts der alltäglichen Wirklichkeit, etwa einer kunstvoll arrangierten Badewanne.

Selbstverständlich üben die jeweils herrschenden gesellschaftlichen Umstände und Bedingungen, innerhalb derer ästhetische Diskurse auch der bildenden Kunst stattfinden, einen gewichtigen Einfluß aus, sowohl auf den "Autor", den Maler und Plastiker, wie auf den Rezipienten, den Betrachter einer Plastik oder eines Bildes. So geht der Zeitstil entweder direkt oder indirekt, etwa auch im Sinne einer manieristischen Verfremdung, in die Auffassungen und Intentionen des Malers ein, wie er aber auch auf die Einstellungen des Rezipienten im Sinne einer Festlegung seiner spezifischen perspektivischen Sicht Einfluß hat. Auch die spezifischen Intentionen eines Auftraggebers zu einem Kunstwerk können die Umsetzung und Gestaltung der künstlerischen Arbeit wesentlich beeinflussen oder gar festlegen, wie zum Beispiel beim Isenheimer Altar von Matthias Grünewald, der in den verschiedenen, um die ergreifende zentrale Kreuzigungsgruppe herum gruppierten Tafeln, mit Szenen aus dem Leben des Heiligen Antonius, des Schutzpatrons der Auftraggeber, die ganze religiös-politische Ideologie seiner Zeit, der Zeit des Umbruchs von der mittelalterlichen Welt zur Renaissance bildhaft umgesetzt vorstellt. Der Auftraggeber kann aber nicht nur hinsichtlich der Wahl der Sujets, sondern auch, was in der Kunstgeschichte vielfach zu beobachten ist, hinsichtlich der Art ihrer künstlerischen Behandlung Einfluß nehmen. Nicht selten konnte es in der Kunstgeschichte auch geschehen, daß wegen unlösbarer Widersprüche zwischen dem Auftraggeber und dem Künstler das Werk verworfen wurde oder korrigiert und dann, zumindest partiell, übermalt werden mußte. Beim "Jüngsten Gericht" Michelangelos in der Sixtinischen Kapelle erfolgte z.B. eine solche Korrektur der Zentralfigur dieses monumentalen Freskos durch Übermalung der Nacktheit des Christus erst durch eine der nachfolgenden Generationen. Die das Preußentum verherrlichenden Schlachtschinken von Anton von Werner sind mit ihrer Wahl und Ausführung der Sujets ein anderes Beispiel einer, hier allerdings freiwilligen, Unterwerfung unter eine herrschende politisch-historische Ideologie. Die NS-Kunst und die vom sozialistischen Staat geforderte Kunst des "sozialistischen Realismus" können als weitere Beispiele für den beherrschenden Einfluß der Auftraggeber dienen. Die letztgenannten Beispiele machen aber auch deutlich, welchen Rang und welche Bedeutung für die Massenbeeinflussung totalitäre Regime gerade auch der bildenden Kunst als Medium zuerkannt haben und zuerkennen. Ideologisch geprägte Erwartungsvorstellungen gegenüber bildender Kunst, die die Auswahl und die Art der Betrachtung erheblich beeinflussen können, finden sich naturgemäß auch auf seiten des Rezipienten, etwa in der bürgerlichen Gesellschaft mit ihrer Bevorzugung einer die herrschenden Verhältnisse affirmierenden Malerei, die zum *Konsum* von bildender Kunst führt. In diesem Sinne sagt Thomas Buddenbrook zu seiner Schwester, die während dessen Hochzeitsreise die eheliche Wohnung ihres Bruders eingerichtet hat: "Wie hübsch du das alles gemacht hast! Es fehlt nichts, als daß meine Frau ein paar Palmen für ihren Erker bekommt, und daß ich mich nach einigen brauchbaren Ölgemälden umsehe ..." (V, Kap. 9, S. 205).

Solche gesellschaftlichen Bedingungen und Einflüsse verschränken sich mit den von allgemein-menschlichen, von individuellen, subjektiven Momenten ausgehenden Bedingungen und Einflüssen und wirken in einem wechselseitigen Bedingungsverhältnis aufeinander ein. Von daher hat die psychoanalytische Betrachtung der ästhetischen Diskurse auch in der bildenden Kunst diese dialektische Wechselseitigkeit von in der Natur des Menschen angelegten Erlebnis- und Ausdrucksmöglichkeiten und deren Realisierung innerhalb je spezifischer gesellschaftlicher Bedingungen und Kontexte zu bedenken. Das heißt aber auch, daß eine psychoanalytische Interpretation bildender Kunst ohne Berücksichtigung der kunstgeschichtlichen Perspektive leicht in die Irre geht. Es gilt, wie Gadamer (1977, S. 64) dies formuliert hat, zu bedenken, daß man jedes Kunstwerk erst buchstabieren, dann lesen lernen muß, bevor es zu sprechen beginnt. Und das bedeutet, daß man seine spezifische, im historischen Kontext verankerte Zeichenhaftigkeit zu kennen und zu bedenken hat, wenn man sie auch und gerade in ihrer psychologischen Dimension verstehen will. Kunstwerke können zwar aus ihrer Zeitbezogenheit heraustreten und zeitlose Geltung gewinnen. Dennoch verlieren solche zeitlosen Kunstwerke nicht ihren Bezug zum zeitlichen Kontext, innerhalb dessen sie entstanden sind. Auf der anderen Seite ist die Betrachtung solcher zeitlosen Kunstwerke auch nur innerhalb des jeweils spezifischen zeitlichen Kontextes des Betrachters und der von den spezifischen Bedingungen seines Betrachtens, d.h. von seiner persönlichen, zeitbezogenen Perspektive, von seinem "Sehepunkt" her möglich. Erst vor diesem Hintergrund wird eine auch psychologische Betrachtung des Kunstwerkes in der Lage sein, die innere "Sprache" und psychische Dynamik eines Werkes und seine kommunikativen Wirkungen angemessen zu erfassen. Insofern bedeutet ästhetische Erfahrung, anders als in der Unterhaltung und in sonstigem sinnlichen Vergnügen, immer auch Lern- und Erkenntnisarbeit, kognitive wie nicht-kognitive Arbeit des Kennenlernens, des Zum-Sprechen-Bringens, des Nachvollziehens, des Sich-involvieren-Lassens. In einer Art identifikatorischem Modus ist auf diese Weise zu erfahren und gleichsam nachzuerleben, wie der Künstler unter seinen persönlichen Umständen vielfach äußerst disparate Vorstellungen, Auffassungen und innere Bilder in symbolische Formen, in eine in seiner Zeit verankerte symbolische Sprache bringt, diese im Sinne des Spiels gestaltet und dem Betrachter als existentielle Aussage vor Augen stellt. Schließlich, wie diese ästhetische Aussage im Inneren des Betrachters gemäß seiner ihm zuhandenden spezifischen persönlichen Bedingungen und Möglichkeiten des Verstehens komplementäre Wirkungen entfaltet und damit kommunikative Teilhabe an der ästhetischen Erfahrung des Künstlers erlaubt.

Für unsere Untersuchung psychoanalytischer Zugangsmöglichkeiten zum ästhetischen Diskurs in der bildenden Kunst können wir in einer vergleichbaren Weise verfahren, wie wir dies bei der Untersuchung des literarischen Diskurses unternommen haben. Auch in der bildenden Kunst kann man von einem "exopoetischen" und von einem "endopoetischen" Ansatz ausgehen und innerhalb beider Ansätze in vergleichbarer Weise differenzieren. So können wir den historischen "Autor", den Maler und seine Beziehung zum Werk (exopoetisch) untersuchen. Freuds Studie über Leonardo da Vinci und von dessen Gemälde der "Heiligen Anna Selbdritt" ist ein anschauliches Beispiel für diesen Ansatz. Als weiteres Beispiel denke ich etwa an den späten Picasso und seine Auseinandersetzung mit dem bevorstehenden Tod, die sich in seinem Spätwerk zum Teil dramatisch widerspiegelt, z.B. in einer Art des geradezu verzweifelten Anklammerns des Blicks seiner gemalten Gesichter an den Betrachter, als erlaube eine solche Erhaltung eines intensivsten Blickkontaktes, des Kontaktes über das Sehen, die Erhaltung von Leben und Lebendigkeit gegen den Tod und das Vergessen.

Für die der Art und Struktur von Beziehungen der Personen und Figuren zueinander habe ich bereits am Anfang dieses Kapitels mit der Erwähnung der bildnerischen Darstellung der *Wertperspektive* ein relevantes Beispiel gegeben. Nach der Einführung räumlich perspektivischen Malens wurden Wertordnungen vielfach durch die räumliche Anordnung der Figuren sichtbar gemacht, so daß wichtige Figuren in den Vordergrund gerückt oder erhöht abgebildet wurden, während weniger wichtige Figuren in einer solchen Bildregie an den Rand rückten, wobei eine solche Wertordnung auch durch eine vom jeweiligen Zeitstil beeinflußte Art der Gestik der Figuren, durch ihre gestische Rhetorik unterstrichen werden konnte. Auch der Standpunkt des Betrachters, der gewählte *Sehepunkt* kann in diesem Zusammenhang eine spezifische Bedeutung gewinnen. In vielen Landschaften Caspar David Friedrichs wird der Betrachter als Person im Bild direkt eingeführt, was eine doppelte Perspektive, die des Bildbetrachters und die des Betrachters im Bild eröffnet. In diesen formalen Relationen der Personen und Figuren zueinander, in ihrer gestischen und mimischen Ausdrücklichkeit, wie sich diese dem Betrachter zuwendet, im Rhythmus der Anordnung der Figuren und der diese charakterisierenden Elemente liegen naturgemäß unendliche Möglichkeiten ästhetisch expressiven Ausdrucks, das heißt, unendliche Möglichkeiten der intensiven kontextuellen Anregung bewußter, vorbewußter und unbewußter Konnotationen im Betrachter. Diese gehen nicht unbedingt allein vom Gegenständlichen der Figuren aus, sondern vor allem auch von den diese verbindenden formalen Relationen, ganz ähnlich, wie auch nicht-bildhafte, "abstrakte" Malerei aufgrund der spezifischen Beziehung der Bildelemente zueinander, aufgrund ihrer formalen Struktur und besonderen Rhythmik und "Rhetorik" intensivste Reaktionen im Betrachter auslösen kann.

Bilder können *erzählen*, über Ereignisse und Geschehnisse berichten und diese Ereignisse und Geschehnisse in der bildlichen Darstellung zugleich ausdeuten.

Hierher gehört das Erzählen religiöser Ereignisse in der erzählenden religiösen Malerei des ausgehenden Mittelalters oder von mythologischen Ereignissen aus der Antike in der erzählenden Malerei der Renaissance und Nachrenaissance, wobei die mythologischen Sujets oft in einem allegorischen Sinne verwendet wurden, um etwa gesellschaftliche Beziehungen, zum Beispiel die des Königs zu seinen Vasallen, in mythologischem Gewande darzustellen. Auch Historie kann in diesem Sinne bildhaft erzählt werden. Oft dient diese Erzählung von Geschichte allerdings zur Verdeutlichung eines bestimmten perspektivischen Standpunkts zur Geschichte, womit bildende Kunst zu einer Art Propaganda wird, explizit etwa in der bereits genannten preußischen Historienmalerei Anton von Werners, implizit etwa in den "Stanzen" Raffaels im Vatikan, z.B. in der Darstellung der Konstantinschen Vision des *In hoc signo vinces* vor der Schlacht an der Milvischen Brücke, der Vison, die Konstantin den Sieg über seine Feinde mit Hilfe des *Signum* des Kreuzes verheißt, womit zugleich im Bild und als Bild der Sieg des Christentums über die Nichtchristen verdeutlicht wird. Im Emblem des Bildrandes ist Papst Clemens der Erste abgebildet, einer der Gründungspäpste der römisch-katholischen Kirche, so daß zugleich deutlich gemacht wird, der Sieg welchen Christentums hier verhießen wird, wodurch dieses Emblem in seinem allegorisch-propagandistischen Charakter zugleich ein bedeutsames Motiv enthüllen kann, warum gerade dieses Sujet des Freskos gerade für diese Stelle gewählt wurde. Ungeachtet dieser historischen Konstellationen und intendierten Bedeutungen dieses Bildes ist es aber zugleich voller das unmittelbar Historische übersteigender Konnotationen, die es, wie die Stanzen insgesamt, zu einem besonders herausragenden Beispiel der genialen Malkunst Raffaels werden läßt.

Als eine Unterform "erzählender Malerei" ist in diesem Zusammenhang die malerische "Dichtung" bzw. Verdichtung *fiktiver* "Geschehnisse" zu nennen, die reichhaltig Raum für vielgestaltige Anspielungen, allegorische Repräsentation und Zusammenführung von bildhaft repräsentierten Ideen möglich macht, wobei in der Anordnung und Gruppierung einzelner Elemente und Personen ein ganzes System von hierarchischen Ordnungen, Verweisungen auf Zusammenhänge, Ideen und Werten bildhaft entfaltet werden kann, wofür an dieser Stelle exemplarisch das Bild "Die Schule von Athen" von Raffael genannt werden kann, in dem die Fundierung der weltlichen Wissenschaften in der wiederbelebten griechischen Tradition, Essenz dessen, was *Renaissance* zu nennen ist, als umfassende bildliche Komposition verdichtet ist.

Der "Text als Text", wie wir ihn im Zusammenhang mit unserer Untersuchung zur Literatur kennengelernt haben, bezieht sich in der bildlichen Dimension auf formale Elemente, auf deren Relationen zueinander, auf Aspekte von Form, Farbe, Tönung, Kontur, Hell-/Dunkelabstimmungen, Bewegung und "Rhythmus" der Elemente in der bildlichen "Komposition", wobei sich die Beschreibung solcher Art Elemente des bildhaften Mediums in Ermangelung sprachlich präzise formulierbarer Begriffe vielfach einer synästhetischen Metaphorik bedienen muß. Aber auch diese kann selbstverständlich das, was in der Bildkomposition zusammengeführt wird, niemals hinreichend beschreiben. Wie dies bereits an anderer Stelle diskutiert wurde, kann man das Lächeln der Mona Lisa mit Worten ebensowenig erschöpfend erfassen wie die subtile Psychologie großer Porträtkunst, etwa der von Velazquez, Goya oder Rembrandt, um nur drei der genialsten Porträtisten der Kunstgeschichte zu nennen.

Rhythmische Elemente im Bild, die Konstruktion von wiederkehrenden Strukturen in einem spezifischen quantitativen Maß sind Aspekte bildlicher Darstellung, die dem Bildhaften eine spezifisch "musikalische" Qualität verleihen können und die, wie die Musik, in besonderer Weise geeignet sind, nicht sprachliche Konnotationen zu evozieren. Dies gilt auch für architektonische Gebilde. In der architektonischen Konstruktion etwa barocker Gebäude und deren Fassaden mit ihren rhythmisierten, in gleichem unabänderlichem Maß sich wiederholenden Fensterreihen und Figurenfolgen dient das rhythmische Moment spezifischen Zwecken und Zielen des Auftraggebers, z.B. der Repräsentation des unabänderlichen Absolutheitsanspruchs des barocken Herrschers, der das Gebäude bewohnt, ein formales Moment, das mit gleichem Anspruch etwa auch in der monumental gewalttätigen Architektur der Nazizeit wiederkehrt.

In der *Graphik* haben die formalen Elemente ein ganz besonderes Gewicht, versucht doch die Graphik, wie es Paul Valéry (1959, S. 70/71) sagte, "das *Höchstmaß* unserer Empfindungen oder unserer Ansichten mit einem *Mindestaufwand* sinnlicher Mittel" wiederzugeben bzw. zu verdeutlichen:

"Haben Sie denn mehr nötig als einige Striche, einige Kerben, um uns ein Gesicht, eine Landschaft nicht nur in ihrem Ähnlichsein darzubieten, sondern so in unseren Vorstellungen lebendig werden zu lassen, daß wir darin die Farbe, die doch fehlt, und sogar das allerreichste Licht nicht vermissen?" sagt er in seiner "Kleinen Rede an die Graphischen Künstler" (ebenda., a.a.O.). Und er fährt fort: "Und hat denn der Schriftsteller, der in seinem Handwerk Bescheid weiß, mehr nötig als einige Worte, als einen einzigen Vers, um in der Seele alles wachzurufen, was in den Dingen steckt und an ihnen ist, und dies bis zu allen Ober- und Untertönen und dem Mitschwingen der Erinnerung an einen bedeutungsvollen Augenblick im Leben?

Das ist es, was uns einander nahe sein läßt, meine Herren. Wir sind verbunden durch die gemeinsame Hingabe an jene Wechselbeziehung von bloßem Weiß und Schwarz, mit dem die Natur nichts anzufangen weiß. Sie weiß mit ein bißchen Tinte nichts anzufangen. Sie bedarf eines schlechthin unendlichen Vorrats an Stoffen, wir aber brauchen an *Dingen* nur wenig, und wenn es geht, viel an *Geist*. Darum liebe ich den graphischen Künstler. Ich liebe euch, ihr Graphiker, und teile eure Bewegung, wenn ihr - es ist noch ganz feucht, und ihr faßt es zart mit den Kuppen eurer Finger an - ein kleines Rechteck aus Papier, das gerade erst aus den Windeln der Presse kommt, ans Licht hebt. Dieser erste Abzug, dieses Neugeborene, dieses Kind eurer geduldigen Ungeduld (kann doch das Wesen des Künstlers nicht anders bestimmt werden, als durch Widersprüchlichkeiten) trägt jenes unendlich kleine Teilchen des Weltganzen, dieses Nichtige und doch Wesenhafte, das die ganze Fülle der Einsicht und des Wissens zur Voraussetzung hat.

Intelligenti pauca, sagt man im Lateinischen. Ist das nicht der gemeinsame und stolze Wahlspruch all derer, die sich zum größten Ruhme der Kunst zusammengetan haben, die durch nichts wirkt, als durch Schwarz und Weiß?" (Hervorhebung im Original)

Gegenstände des bildlichen Textes als Symbole sind in der bildenden Kunst von besonderer Bedeutung. Es gibt ein Repertoire von Symbolen, die in fast allen bekannten Kulturen in einer gleichsinnigen Weise entwickelt wurden, in denen sich spezifische Antworten auf Grundfragen menschlicher Existenz verdichten. In diesem Sinne meinte etwa Aby Warburg (1988) zum Symbol der Schlange, daß dieses ein internationales Antwortsymbol auf die Frage sei, woher die elementare Zerstörung, Tod und Leid in die Welt kämen. Solche Symbole korrespondieren naturgemäß mit dem, was die Psychoanalyse aus ihrer spezifischen Perspektive als Symbole identifiziert hat, wie sie sich als Grundformen menschlicher Weltdeutung und symbolischer Repräsentation in vielen Kulturen wiederfinden. Diese Symbole, die aus den bereits diskutierten, von Freud so benannnten "Urphantasien" hervorgehen, werden uns bei unseren Untersuchungen des Märchens, des Mythos und der Religion als Märchensymbole, als mythische und als religiöse Symbole wiederbegegnen. Für den psychoanalytischen Zugang zum ästhetischen Diskurs in der bildenden Kunst sind hinsichtlich der Deutung dieser Symbole die gleichen kritischen Überlegungen angebracht, wie sie bereits in der Diskussion von allzu schnellen und das Symbol aus seinem Kontext isolierenden "psychoanalytischen" Symboldeutungen in literarischen Werken angesprochen wurden. Symbole stehen nicht allein und für sich genommen, sondern sie haben immer auch einen Kontext und lassen sich als Elemente der ästhetischen Aussage immer nur in deren Gesamtzusammenhang sehen. Deshalb darf psychoanalytische Symboldeutung den Kontext, in dem solche Symbole in einer bildlichen Darstellung erscheinen, nicht vernachlässigen, wenn sie das Wesentliche des Symbolischen, und letztlich damit auch des Bildes, nicht verfehlen will.

Als eine besondere Form symbolischer, besser, allegorischer Elemente in der Malerei ist die *Emblematik* zu nennen, die sich in der Malerei vor allem mit und seit der Renaissance entwickelt hat, als eine besondere allegorische Form, die zugleich eine Art Arsenal allegorischer Denkbilder liefern kann. Der alte deutsche Name für den Begriff *Emblem*, nämlich "Gemäldepoesie", kennzeichnet es treffend als eine Art *synthetisches Kunstwerk*. In ihm ist ein bestimmtes Bild ursprünglich versehen mit einer Überschrift und vielfach zusätzlich mit einer Art epigrammatischen, am Rande aufgeführten Auslegung verbunden, die den allegorischen Zusammenhang zu verdeutlichen hat. An Raffaels Bild von der Vision Konstantins wurde bereits angesprochen, wie das Geschehen im Bild durch ein solches Emblem, das Papst Clemens I., einen der Gründungspäpste der römisch-katholischen Kirche, darstellt, prgrammatisch interpretiert und verdeutlicht wird. Hiermit wird das Geschehen im Bild mit der Institution des Papsttums insgesamt emblematisch in einen unmittelbaren Zusammenhang gebracht. Hier ist die epigrammatische Auslegung, die sogenannte *subscriptio* implizit formuliert, während mit der Nennung von Clemens I. in der *inscriptio*, der epigrammatische Charakter des Papstbildes für das gesamte Bild hervorgehoben wird. Die Malerei der Nachrenaissance ist nun voll von solcher mehr oder weniger explizit gemachter Emblematik, die als eine besondere, für den Kundigen sofort erkennbare, geradezu lexikalisch fixierte Bedeutungsebene des Bildes bzw. von Elementen des

Bildes zu gelten hat, gleichsam als eine in knapper bildlicher Anspielung abzurufende, "fixierte Geschichte" oder ein bildlich fixierter, irgendwie relevanter inhaltlicher Zusammenhang, wie zum Beispiel der auf die Hand gestützte Kopf als Emblem der *Melancholie* (vgl. Klibansky et al., 1964) oder spezifische, allegorisch formulierte Gesellschafts- und Herrschaftsrelationen. Aber auch das gesamte Bild kann eine solche emblematische Bedeutung und Funktion zugewiesen bekommen. Die formale Verwendung solcher Emblematik, deren spezifische formale Bearbeitung in einem Bildtext kann selbst wiederum bedeutungshaft zum Zeichen werden, das allegorisch formulierte Programme, etwa solche der absoluten Herrschaft, bestätigen oder aber umgekehrt, diese Programme, gerade in der besonderen Art ihrer Vorführung, ironisch verfremden, angreifen und zerstören kann. In diesem Sinne gibt es zahlreiche Beispiele in der französichen Malerei und Graphik vor der Französischen Revolution, die mit ihrer Art der Wahl der Perspektive, der im Bild hervorgehobenen Elemente sowie insbesondere der verwendeten Embleme gleichsam als bildliche Anspielungen auf den bevorstehenden Untergang des *ancien régime* in der Französischen Revolution gedeutet werden können (vgl. z.B. Held, 1990).

Rezeptionsästhetische Aspekte, die Prozesse der Aufnahme und inneren Verarbeitung einer Begegnung mit bildender Kunst, sind in vergleichbarer Weise zu verstehen und zu konzeptualisieren, wie wir dies bereits für die Rezeption sprachlicher Texte im ästhetischen Diskurs der Literatur kennengelernt haben. Auch das Bild hat neben dem historischen Maler einen impliziten Maler, dessen im Bildtext erscheinende Intentionen und Wirkungsstrategien, vermittelt etwa durch eine besondere Wahl und Behandlung der Perspektive, der Farbgebung oder des rhythmischen Bildaufbaus eine andere Ebene repräsentieren als das, was der historische Maler verkörpert, wobei es naturgemäß auch hier spezifische strukturelle Entsprechungen geben kann. Dem impliziten Maler steht der implizite Betrachter gegenüber, der sich mit seiner spezifischen Wahrnehmungseinstellung auf die "Mitteilung" des Bildes einläßt und sich von ihr in komplexer Weise kontextuell und konnotativ anregen und ergreifen läßt, so daß auch hier spezifische, ästhetisch-kommunikative Prozesse entstehen, die denen der Übertragung und Gegenübertragung im psychoanalytischen Prozeß vergleichbar sind und in gleichem Sinne erschlossen werden können. Bettina Meissner (1991) hat in ihrer Untersuchung über ihre Begegnung mit dem Bild "Las Meninas" von Velázquez eine interessante Beschreibung eines solchen Prozesses der Begegnung mit einem Werk der bildenden Kunst gegeben, das in außergewöhnlicher Weise reale Personen, mit denen der Künstler zu tun hatte, deren Spiegelbild und sich selbst aus der Perspektive eines zu malenden Bildes, das sich im Bild wiederum in einem Spiegel dieses Bildes spiegelt, zu einer Bildkomposition verdichtet, die mit Mehrdeutigkeit und Illusion spielt und an den Betrachter vielfältige Identifizierungsaufforderungen richtet. Trotz der vom Bild ausgestrahlten scheinbaren Distanz und Kühle versetzt es den Betrachter in eigentümliche Irritation und weckt dessen Neugier, in das Geheimnis dieses Bildes und seiner Kontexte einzudringen.

Hinsichtlich der Wirkung haben auch Bilder eine Geschichte ihrer Wirkung, die eine gesonderte Perspektive auf Werke der bildenden Kunst eröffnet. Es gibt bestimmte Bilder, wie etwas das von Delacroix "Die Freiheit führt das Volk an", die geschichtliche Augenblicke und Intentionen paradigmatisch verdichten und damit im weiteren auch Geschichte machen können. "Brauchbare Ölgemälde", wie sie Thomas Buddenbrook für sich sucht, dienen der Affirmation des Bestehenden und bleiben deshalb populär, wie etwa das früher Rembrandt zugeschriebene Bild "Der Mann mit dem Goldhelm", ein Bild, das Generationen von deutschen Bürgern zur Verschönerung ihrer Eichenwohnstuben gedient hat. Andererseits können gerade solche Bilder mit dem gesellschaftlichen Wandel dessen, was als "brauchbar" gilt, auch untergehen. Ebenso, wie Bilder bekannt werden und bekannt bleiben können, können Bilder auch von der Bildfläche der öffentlichen Aufmerksamkeit verschwinden oder aber nach längerer Zeit erst auftauchen oder wiederauftauchen. Und dies ist sicher nicht nur von subjektiven psychologischen Bedingungen, sondern von herrschenden Gegebenheiten und Interessen abhängig, die jeweils in einer Gesellschaft bestimmen.

Diese Überlegungen zur bildenden Kunst, zum Verhältnis von Psychoanalyse und bildenden Kunst mögen zeigen, daß es auch im ästhetischen Diskurs der bildenden Kunst vielfältige und wichtige Perspektiven und Fragestellungen gibt, zu denen die psychoanalytische Theorie und Methode im interdisziplinären Diskurs mit dem Ziel beitragen kann, unser allgemeines Verständnis vom Ästhetischen auch in der bildenden Kunst zu erweitern.

18. Psychoanalyse und Musik

Als Dimension ästhetischer Diskurse nimmt die Musik im menschlichen Leben und Erleben eine herausragende Stellung und Funktion ein. Demgegenüber hat sich die Psychoanalyse als eine Wissenschaft, deren Gegenstand die Komplexität psychischer Strukturen und die Dynamik zwischenmenschlicher Kommunikationsprozesse ist, mit der Musik als einer genuinen, universalen Ausdrucksmöglichkeit des Menschen bis heute eher nur am Rande befaßt. Die Gründe hierfür dürften im Wesen der Musik selbst liegen, der ja mit Sprache, wie Nietzsche sagte, "auf keine Weise erschöpfend beizukommen ist", weil "Sprache als Organ und Symbol der Erscheinungen nie und nirgends das tiefste Innere der Musik nach Außen kehren kann" (1872, S. 50). Insofern ist auch der Versuch, auf psychoanalytischen Wegen an Musik heranzugehen, grundsätzlich problematisch, da das eigentliche Medium der Psychoanalyse im Bereich der Sprache liegt. Ungeachtet dessen hat es aber immer wieder Versuche gegeben, Musik und Musikerleben mit psychoanalytischen Fragestellungen zu erschließen. Denn es erscheint widersinnig, einen zentralen, genuinen und universalen Aspekt menschlichen Ausdrucks und menschlicher Verständigung wie die Musik bei der psychoanalytischen Betrachtung einfach auszusparen.

Für Ernst Bloch (1959, S. 1257) "gibt die Musikerfahrenheit den besten Zugang zur Hermeneutik der Affekte". Insofern muß die Psychoanalyse auch besonderes Interesse an der "Musikerfahrenheit" haben, an den spezifischen musikalischen Strukturen, ihrer genuinen Semantik, am musikalischen Erleben im weitesten Sinne. Andererseits ist der Satz Blochs aber auch umkehrbar: Hermeneutik der Affekte, d.h. Erfahrenheit mit Umgang mit Affekten, über den die Psychoanalyse ja in besonderer Weise verfügt, eröffnet einen besonderen Zugang zur "Musikerfahrenheit" und zur Musik, ein Zugang, der Musikerfahrenheit um eine gewichtige Dimension erweitern kann, ebenso wie Musikerfahrenheit Kenntnis und Erfahrung psychischer Strukturen und dynamischer Prozesse zu bereichern vermag. Dies ist ein wechselseitiges Verhältnis, das eine Fülle von Fragestellungen im Sinne eines offenen Diskurses zwischen dem "Musikerfahrenen" und dem Psychoanalytiker anregen kann.

Was die Musik ihrem Ursprung, ihrem Wesen und ihrer Wirkung nach letztlich sei, ist bisher ebenso offen geblieben wie die Frage nach dem Grund und dem Wesen des Ästhetischen überhaupt. Hier handelt es sich letztlich um eine Frage der Philosophie, um die insbesondere im vorigen Jahrhundert, vor allem ausgehend von der Romantik, zeitweise erbittert gerungen wurde. Heteronomieästhetiker und Autonomieästhetiker standen sich in unüberbrückbarem Gegensatz gegenüber. Die einen folgten der Vorstellung, Musik bezeichne einen außerhalb ihrer selbst liegenden Inhalt, Melodie sei letztlich nichts anderes als stilisierter Naturlaut, Lautgebärde und Affektlaut. Und selbst wenn die Gestaltungsmittel der Musik tatsächlich autonom seien, so gelte dies doch nicht für deren Inhalt, das heißt, Musik sei ein Bezeichnungsmittel für Gefühle, stelle Gefühle in ihrer konkreten Mannigfaltigkeit dar, entstamme dem Gefühl des Komponisten und wende sich an das Gefühl des Hörers, und wenn nicht im Sinne von konkreten Gefühlen, so dann doch, wie es Schopenhauer postulierte, im Sinne einer Darstellung des Allgemeinen der Gefühle. Die anderen sahen das Wesen der Musik in ihr selbst begründet. Die Musik sei autonom und habe keinen anderen Inhalt als sich selbst, in ihr gehe nichts anderes vor als Musik, Musik sei, wie es der Musikkritiker Eduard Hanslick (1854) in der Mitte des vorigen Jahrhunderts formulierte, "*tönend bewegte Form*" und wende sich nicht an das Gefühl des Hörer, sondern an dessen Phantasie.

Musik ist aber ihrem eigentlichen Wesen nach weder bloße Trägerin und Erregerin von Gefühlen - dies anzunehmen würde Wirkungen mit der Sache selbst gleichsetzen -, noch vermag die Vorstellung von der tönend bewegten Form das Wesen der Musik ausreichend zu umspannen. Eine solche Vorstellung von Musik würde, in letzter Konsequenz gedacht, Musik auch als sinnleere Ornamentik erscheinen lassen können. Ernst Bloch hat diese musikästhetische Kontroverse, an der viele psychoanalytische Untersuchungen über Musik in der Vergangenheit zu ihrem eigenen Schaden recht unbekümmert vorbeigegangen sind, mit der treffenden Feststellung umschrieben und entschieden, daß "der Ton ... weder dazu da [ist], gefühlig noch bloß gefiedelt zu sein" (1959, S. 1248), und Adorno (1928) machte in seinem bedeutenden Schubertaufsatz deutlich, daß die Kritik aller musikalischen Hermeneutik zu recht jegliche Deutung von Musik als poetische Reproduktion von Gefühlen vernichte, daß sie aber andererseits nicht legitimiert sei, die schlichte, subjektivistische Betrachtung der Kunst einfach durch den Glauben an deren blinde Immanenz zu ersetzen: "Keine Kunst hat sich selbst zum Gegenstand." Auch wenn inzwischen die Kontroverse zwischen Ausdrucks- und Formalästhetik durch ein gewandeltes Verständnis des Form-Inhaltproblems überwunden scheint, ist bis heute dennoch "nicht recht bekannt, wie die Musik selbst heißt und wer sie sei" (Bloch, a.a.o., S. 1246). Auch Robert Schumann sagte in einem Vergleich der Künste in diesem Sinne: "... aber die Musik ist die Waise, deren Vater und Mutter keiner nennen kann. Und vielleicht ist es, daß gerade in dem Geheimnisvollen ihres Ursprungs der Reiz ihrer Schönheit liegt" (in: Kreisig, 1914, Bd. 1, S. 44).

"Musik ist sprachähnlich ...Aber Musik ist nicht Sprache" (Adorno, 1956 S. 251). Das heißt, das Sagen, Abbilden, Meinen und Bedeuten der Musik ist von anderer Art als das der diskursiven Sprache, die mit Begriffen, ihrem Vokabular, konkrete Sachverhalte mehr oder weniger eindeutig benennt. Musik als eine Art Sprache *sui generis* spricht nicht *über* etwas, über Gegenstände, Gefühle oder über Affekte und Phantasien, und deshalb wird sich die psychoanalytische Untersuchung von Musik auch an einen anderen Gegenstand zu richten haben als an das, was mit der gesprochenen Sprache vermittelt wird. Aus symboltheoretischer Perspektive ist Musik als eine Art symbolische Sprache zu verstehen, die sich aus der spezifischen, das heißt *nicht inhaltlichen*, sondern *formalen*, *konnotativen* Beziehung zwischen Musik und subjektivem Erleben begründet, wobei die musikalischen Formen aufgrund von deren besonderem Charakter sich in spezifischer Weise zur symbolischen Verwendung eignen, auch wenn sie keine begriffliche

Zuordnung im Sinne von lexikalisierbaren Bedeutungen erlauben. Im Gegenteil, die musikalischen Formen sind gerade durch ihre Vieldeutigkeit und Unbestimmtheit charakterisiert. Und weil die Formen menschlichen Fühlens mit den musikalischen Formen sehr viel mehr als mit den Formen der diskursiven Sprache übereinstimmen, kann Musik als eine "Kunst des Gemüts" Hegel (1835, S. 135) das Wesen der Gefühle mit einer Detailliertheit und Wahrheit enthüllen, die der diskursiven Sprache nicht zugänglich sind. Das bedeutet aber auch, daß Musik im System ihrer spezifischen "Zeichenhaftigkeit" Formen artikuliert, über die die Sprache nicht verfügt, weshalb auch das, was in Musik geschieht, letztlich für die Sprache unübersetzbar bleiben muß. Denn zwischen verschiedenen semiotischen Systemen gibt es keine Synonymität. Dies gilt schon, wie wir dies in der Untersuchung über die Modi und Elemente der zwischenmenschlichen Verständigung gesehen hatten, für verschiedene Sprachen, um so mehr aber noch für das Verhältnis zwischen Sprache und der von ihr so grundsätzlich verschiedenen Musik. Von daher erklärt es sich aber auch, daß die Psychoanalyse nicht ohne weiteres mit den ihr eigenen Mitteln an Musik herangehen und begreiflich machen kann, in welcher Weise und wodurch sie ihre oftmals ungeheure Wirkung zu entfalten vermag. Freud erklärte sich aus diesem Grunde im Bezug auf die Musik für "fast genußunfähig" (1914, S. 172).

Musik vermittelt "etwas" auf eine ihr eigene Weise, was den Charakter von "Zeichen" und "Bedeutung" hat bzw. gewinnen kann. Diese musikalischen Zeichen bedienen sich des komplexen *akustischen Materials* und seiner vielfältigen, diesem zueigenen möglichen Eigenschaften des Klangs, der Tönung und Färbung, der spezifischen Zeitstruktur usw., die jeweils spezifische semantische Funktionen annehmen können, wobei letztlich jedes Klangereignis auf seine Weise "musikfähig" ist. Es hängt nur davon ab, in welcher Weise es in irgendwie sinnhaften Ordnungen zeichenhaft organisiert, vermittelt und aufgenonmmen wird. Über die Art dieser musikalischen Zeichen und über das, was diese bezeichnen und wie sie bezeichnen, ist hier zunächst zu diskutieren. Und dies ist dann mit der Zeichenhaftigkeit der Affekte in Beziehung zu setzen, die, wie wir wissen, mit der musikalischen Erfahrung auf das engste verbunden sind.

Die symbolische Zeichenqualität der musikalischen Elemente ist sicher nicht im Sinne einer Zeichenmorphologie festgelegt oder festzulegen, sondern unbestimmt und fließend. Wir haben es hier mit Prozessen der dynamischen Entstehung, der dynamischen Veränderung, der Umwandlung, der Verschiebung und Löschung von Bedeutung zu tun, mit Prozessen, die naturgemäß mit den Prozessen der Sprache der Worte und Bilder nicht vergleichbar sind. Von daher muß jeder Versuch, wortähnliche Bedeutungen an Musik festzumachen, scheitern. Aber dennoch sind auch die musikalischen Zeichen Zeichen menschlicher Äußerung, weshalb auch diese in irgendeiner Weise den Grundstrukturen und Kategorien menschlicher Zeichen entsprechen müssen. Von daher hat es in der Musikwissenschaft wiederholt Versuche gegeben, diese für die Musik spezifischen Zeichen und deren semantische Funktionen zu bestimmen und zu differenzieren. Am überzeugensten ist dies in jüngster Zeit Vladimir Karbusicky (1986, 1990) mit einem auf die universalen Zeichenkategorien von C. S. Peirce zurückführenden Ansatz gelungen. Peirce hatte um die Jahrhundertwende den Versuch unternommen, die verwirrend erscheinde Vielfalt menschlicher Zeichen und deren komplexe Funktionen gestützt auf Hegels universale Kategorien grundsätzlich zu systematisieren (vgl. Hegel, 1807, S. 178f, Peirce, 1983, S. 64f). Karbusicky konnte nun zeigen, daß sich auch die im musikalischen Diskurs verwendeten Zeichen grundsätzlich im Sinne der von Peirce entwickelten Grundkategorien menschlicher Zeichen differenzieren lassen.

Danach kann man den sprachlichen Zeichenkategorien *des Ikon*, des *Index* und des *Symbols* entsprechend in der Musik ebenfalls ikonische, indexikalische und symbolische Kategorien und Zeichenqualitäten differenzieren: Das *Ikon* bildet ab, stellt vor im Sinne der onomatopoetischen "Abbildungen" von Naturlauten und Geräuschen, die als "Tonmalerei" die Grundlage der Programmusik abgeben. *Indices* umfassen den musikalischen Ausdruck im weitesten Sinne, die musikalischen Formgebärden, dynamischen Gestalten und Bewegungen, die je spezifische Ausdrücklichkeit annehmen, während *Symbole* im Sinne dieser Kategorisierung als arbiträre *Zeichen* zu verstehen sind, deren Bedeutung eine vereinbarte ist, etwa im Sinne der Bedeutung, die der Musik einer Nationalhymne aufgrund einer gesellschaftlich verbindlichen Übereinkunft zugeschrieben wird. Ikon, Index und Symbol sind in der Musik keine statischen, sondern dynamische Kategorien, die unbestimmt, fließend und auf komplexe Weise miteinander verschränkt sind. Als Zeichen mit Bedeutungshaftigkeit werden sie im Sinne einer Semantisierung im musikalischen Prozeß generiert, differenziert, miteinander verschränkt oder auch im Sinne einer Desemantisierung wieder gelöscht. Solcher Art dynamisch fließende Prozesse sind für die "Sprache" der Musik als ein sich ständig verändernder Prozeß in der Zeit geradezu typisch und wesentlich.

Die Generierung von Bedeutung in der Musik ist demzufolge immer etwas Dynamisches. Dabei ist diese dynamische Bedeutungsgenerierung in der Musik nicht für jeden Hörer gleich und auch nicht für jeden Hörer zwingend. Denn Musik nötigt uns nicht unbedingt zum zeichenhaften Hören, selbst wenn ein Musikstück, wie etwa die Programmusik, vom Komponisten, bewußt so intendiert, mit "symbolischer" Zeichenhaftigkeit und Bedeutung geradezu überladen sein kann, wie etwa, um ein besonders eindrückliches Beispiel zu nennen, die "Sinfonie Fantastique" von Hector Berlioz. Wenn man deren Programm nicht kennt und es demzufolge auch nicht heraushören kann, hört man dennoch immer noch Musik, die sich dann allerdings über andere Kategorien musikalischer Zeichen vermittelt, und zwar so, wie es die jeweils gegebenen subjektiven Möglichkeiten und Bereitschaften des Hörers zum zeichenhaften Verstehen von Musik erlauben.

Schließlich kann man sich auch von Musik mehr oder weniger strukturlos, "zeichenlos", berieseln lassen. Daß allerdings eine solche Rezeption von Musik und ihrer dynamischen Zeichen dennoch auf einer nicht bewußten Ebene im Hörer Wirkungen entfalten kann und entfaltet, ist eine unbestreitbare Tatsache, die in verschiedensten Bereichen menschlicher Lebenspraxis nutzbar gemacht wird, etwa in der Medizin, in der Musiktherapie, zur musikalischen Beruhigung bei operativen Eingriffen, aber auch gezielt manipulativ etwa zur Unterstützung der Vermarktungsinteressen in Kaufhäusern und in Restaurants. So wurden zum Beispiel spezifische musikalische Arrangements und Sequenzen speziell für Restaurants eingerichtet - hektische Musik für Schnell-Restaurants, kontemplative Musik für eher konventionelle Restaurants -, wobei mit Hilfe einer solchen musikalischen Manipulation Umsatzsteigerungen von bis zu vierzig Prozent zu erzielen waren (Ostleitner, 1989). Die Verwendung von Musik zur politischen Manipulation, zur Manipulierung von Massen in faschistischen Staaten ist wohlbekannt, zum Beispiel im Dritten Reich mit seinem als Instrument der Propaganda akribisch geplanten und durchorganisierten Musikleben (vgl. Wulf, 1983).

Diese am bewußten Ich vorbei entfalteten Wirkungen der Musik dürften darauf zurückzuführen sein, daß die musikalischen Zeichen ihrer spezifischen Struktur nach in besonderer Weise geeignet sind, unbewußte Seelenschichten in Resonanz zu bringen, aus Gründen, die mit der engen Verschränkung musikalischer Semantik und der Semantik der Affekte im Zusammenhang stehen. Insofern dürfte es ein im eigentlichen Sinne "zeichenloses" Hören nicht geben, wobei allerdings die formalen Strukturen der Diskurse, gebunden an die jeweils vorherrschenden Bewußtseinschichten, recht verschieden sein können.

An einigen Beispielen sollen die hier vorgestellten Überlegungen zur musikalischen Semantik verdeutlicht werden. Ist etwa Beethovens *Pastorale*, wie Beethoven diese Sinfonie selbst überschrieben hat, "mehr Ausdruck der Empfindung, als Malerei" - so ist sie mehr indexikal als bloß ikonisch; und insgesamt läßt sich die *Pastorale*, wie nicht zuletzt Beethovens Bezeichnung nahelegt, zugleich auch im Sinne des Symbolischen begreifen. Ein weiteres anschauliches Beispiel ist das *Agnus Dei* und das *Dona Nobis Pacem* in Haydns *Paukenmesse*. Hier wird in die liturgisch referentielle Musik des Agnus Dei mit musikalischen Mitteln ein Ikon, das Kriegspauken*signal* eingeführt, eine ursprünglich nichtikonische musikalische Gestalt mit einer verabredeten, allgemein bekannten Bedeutung, wie sie etwa auch Jagdsignale, Feuerwehrsignale o.ä. haben. Mit der Einführung dieses Signals wird ikonisch die Kriegssituation vorgestellt, im Sinne des Ikons "abgebildet". Im musikalischen Kontext, innerhalb dessen es erklingt, wird zugleich aber auch zutiefst bewegend die Bedrohung und Verzweiflung um den Krieg, in einem indexikalen Sinne, vermittelt, womit Haydn, wie wir wissen, auf den seinerzeit tobenden Napoleonischen Krieg anspielte. Dieses ikonisch-indexikale Vorstellen des Krieges und seiner Bedrohung und Verzweiflung verbindet sich zugleich mit dem Flehen des *miserere nobis*, das aber nicht nur indexikale Qualitäten aufweist, sondern auf einer symbolischen Ebene zugleich auch in liturgischer Referenz als Symbol zu verstehen ist, das auf die Angewiesenheit menschlicher Existenz auf das göttliche Erbarmen und auf die göttliche Gnade verweist. Schließlich kommt es in der Apotheose des *Dona nobis pacem* zu einem musikalisch außergewöhnlichen, geradezu triumphalen Friedensgebet, das die Sehnsucht nach einem triumphalen Frieden nicht nur in einem theologischen, sondern, von Haydn höchst hintersinnig so beabsichtigt, durchaus auch in einem unmittelbar weltlichen Sinne meint und mit dem vielfach wiederholten Wort *pacem* auch gegen das strikte, im Wien zur Zeit der Napoleonischen Kriege geltende Verbot, das Wort "Frieden" überhaupt in den Mund zu nehmen, im musikalischen Text oft unmittelbar ausspricht. Als drittes Beispiel sei hier Schuberts Lied "Die Stadt" genannt. In dem von Heinrich Heine stammenden Text des Liedes wird ein von einer Stadt wegrudemdes Boot vorgestellt. Am fernen Horizonte erscheint diese Stadt wie ein Nebelbild, der im Boot sitzende Sänger sinnt seiner in der Stadt verlorenen Liebe nach, und der Schiffer rudert "mit traurigem *Takt* ... in meinem Kahn". In diesem Lied stellt nun der Klavierpart den Rudertakt musikalisch vor, als einen zutiefst "*traurigen* Takt". Und es ist nicht das musikalische "Rudern", das die Musik hier im Sinne eines bloßen musikalischen Abbildens im Sinne des Ikons charakterisiert, sondern die *Traurigkeit* des Rudertaktes, der, indexikal, auf einen inneren Seelenzustand des singend Erzählenden verweist. Insofern handelt es sich hier nicht um ein bloßes musikalisches Ikon - Schuberts Klavierbegleitung ist nie bloß tonmalerisch im Sinne etwa der Tonmalerei von Vivaldi in den "Vier Jahreszeiten" -, sondern um eine *durch das ikonische Vehikel vermittelte indexikale Bedeutungsebene*, im Sinne eines *ikonischen Indexes* also, wobei darüber hinaus auf einer symbolischen Ebene die abschiedhafte Szene des Ruderns über das Wasser musikalisch zutiefst ergreifend und erschütternd auf eine Art "letzter Überfahrt" anspielen dürfte.

Diese Überlegungen zur musikalischen Semantik sind für die psychoanalytische Untersuchung der Musik von außerordentlicher Bedeutung. Sie eröffnen einen Zugang zum musikalischen Werk, der sich in erster Linie an die musikalische Form und ihre besondere Zeichenhaftigkeit, an die musikalische Struktur wendet. Die Suche nach möglichen manifesten oder latenten bewußten, vorbewußten oder unbewußten "Inhalten" von Musik im Sinne "wortähnlicher" oder ikonischer Bedeutungen, mit der sich in der Vergangenheit so manche psychoanalytische Untersuchung von Musik verausgabt hat, dürfte dagegen ein Weg sein, der in die Irre führt. Die Suche nach musikalischen Ikonen, etwa in "Hoffmanns Erzählungen" einen Klang bei Auftreten des teuflischen Widersachers als dessen Flatus zu identifizieren oder aber die böse Mutter in Fis-Dur entdecken zu wollen, dürfte deshalb den Psychoanalytiker, der sich mit Musik beschäftigt, nicht ernsthaft interessieren.

Die Kenntnis der musikalischen Semantik, der dynamische Wandel der musikalischen Semanteme und deren spezifische Formen und Ausdrücklichkeit sind auch insofern von ganz besonderem Interesse, weil hier signifikante musikalische Prozesse und ihre dynamischen Verlaufsstrukturen, insbesondere im Bereich des Indexikalen, ein hohes Maß an Entsprechung mit den dynamischen Prozessen und Verlaufsstrukturen der Affekte haben, denen, wie ja bereits an anderer Stelle deutlich geworden ist (vgl. Kapitel 6), schon in frühestem Alter eine gewichtige kommunikative Funktion zukommt. Hier ergeben sich besonders interessante Fragen nach dem gemeinsamen Ursprung der Musik und der Affekte, nach dem gemeinsamen Ursprung der musikalischen Kommunikation und der affektiven Kommunikation. Die frühesten Ursprünge des musikalischen Mediums reichen bis in die vorgeburtliche Zeit zurück, in der die "musikalischen" Elemente der mütterlichen Stimme auf den wachsenden Fötus in einer spezifischen Weise Einfluß haben dürften. Dies läßt sich zum Beispiel daran ersehen, daß man den Herzschlag *in utero* mit musikalischen Elementen von außen, durch die Bauchdecken der Mutter hindurch, konditionieren kann. Hier sind früheste, in körperhafter Kommunikation angelegte, letztlich auch musikalische Formen des Informationsaustausches erkennbar, die man sowohl als grundlegend für die weitere Entwicklung des affektiven Lebens und Erlebens wie auch als rudimentäre, quasi embryonale Elemente des musikalischen Mediums und seiner Entwicklung ansehen kann. Paul Hindemith sprach diesen Sachverhalt mit der Bemerkung an, daß die Laute, die ein Säugling von sich gibt, in Verbindung mit erlebten Gefühlen allgemeiner Bewegung wahrscheinlich zum allerfrühesten Material gehören, "das schon eine sehr primitive musikalische Bedeutung annimmt" (1952, S. 38).

Wenn von Affekten, von affektiven Strukturen, von affektiver Dynamik und von affektiver Kommunikation zu sprechen ist, setzt das voraus, daß hinreichend eindeutig bestimmt wird, was wir unter "Affekt" zu verstehen haben. In Kapitel 6 hatten wir zwei unterschiedliche Formen von Affekten differenziert, und die kategorialen den sogenannten Vitalitätsaffekten gegenübergestellt. Bei letzteren handelt es sich, um hier noch einmal zusammenzufassen, um dynamisch-kinetische Vorgänge, die für die musikalische Ausdrücklichkeit aufgrund ihrer spezifischen formalen Charakteristik, ihren Bewegungs- und Ausdrucksmustern, wie aufwallend, abflauend, explosiv, crescendo, decrescendo usw., von besonderer Bedeutung sind. Solche körperlichen, körperbezogenen dynamisierten Abläufe erscheinen in polarer Weise aufeinander bezogen, zum Beispiel kurz-lang, auf-ab, rhythmisch abgesetzt-kontinuierlich, aufstauend-fließend usw. Diese affektiven Bewegungsvorgänge sind auf das engste an den Körper, an seine Abläufe und Funktionen nach innen wie nach außen, gebunden. Im Umgang mit der Mutter, in komplexen Vorgängen des *affective attunement*, des fortgesetzten wechselseitigen Aufeinander-Einstimmens mit und in der Kommunikation solcher affektiven Vorgänge nach Kriterien der absoluten Intensität, der Intensitätskontur, des Rhythmus, der Dauer und Form erlangen sie zunehmend spezifische Bedeutung und Sinn. Insofern konstituiert sich zunehmend ein vor allem von komplexen Affekten vermitteltes System von Bedeutung, eine Art affektive Sprache, die von Gestalt und Bewegung, Klang, Melodik und Gestik der Affektdynamik im Sinne von affektiven Bedeutungsstrukturen bestimmt und begründet wird. Die ersten affektiven Strukturen bilden dann wiederum die Bausteine für die weitere Entwicklung komplexerer affektiver Diskurse als vorsprachliche Dimension des Erfahrens, Begreifens, der Verständigung, der Vermittlung, aber auch der Ausgrenzung (Verdrängung) körperhaften (trieb-)wunschbestimmten Verlangens.

Die Entwicklung dieses affektiven Diskurses mit seinen spezifischen Elementen, die in frühester körperhafter Kommunikation begründet sind, läßt sich nun, Paul Hindemith folgend, mit den Elementen des musikalischen Diskurses zusammenführen, der, wie wir gesehen hatten, mit seinen Formen und Verlaufsstrukturen in frühestem körperhaften Erleben und körperhafter Ausdrücklichkeit begründet ist. So dürften die Elemente des präverbalen affektiven Mediums der Verständigung, die ja, wie wir sehen konnten, einen quasi musikalischen Charakter haben, entwicklungspsychologisch gesehen auch zur Grundlage des musikalischen Mediums, des Musikerlebens und der musikalischen Kommunikation werden, die sich dieser Elemente als für sie konstitutiver Bausteine bedient. Man kann deshalb formulieren, daß Musik, die musikalische Kommunikation, wie auch die Affekte, die affektive Kommunikation, in einer gemeinsamen Matrix des frühen Erlebens wurzeln. Von daher mag sich auch die enge Entsprechung der affektiven Strukturen und der musikalischen Strukturen herleiten, jene enge Verbindung zwischen den dynamischen Affekten (in dem hier weitgefaßten Begriff des Affektiven) und den vor allem indexikalen Qualitäten des musikalischen Ausdrucks und der musikalischen Bewegung. Insofern kann man in der Tat Musik als eine Art "Metasprache der Gefühle mit starker Affinität zum Unbewußten" verstehen (Schnebel, 1988). Affektive Semantik und musikalische Semantik sind somit hervorgegangen aus einer gemeinsamen Grundlage, sie sind aufeinander bezogen, isomorph oder letztlich, wie ich denke, miteinander identisch: "Denn die Musik hat es nicht mit dem Inneren als solchem, sondern mit dem erfüllten Inneren zu tun, dessen bestimmter Inhalt mit der Bestimmtheit der Empfindung aufs engste verbunden ist ..." (Hegel, 1835, Bd. 15, S. 200).

Wegen des Ursprungs im Vorsprachlichen, Vorlogischen, bleibt Musik für das logische, diskursive Denken und für die diskursive Sprache weitgehend unzugänglich, ebenso, wie weite Bereiche des Affektiven sprachlich nur begrenzt zu fassen sind. Deshalb läßt sich Musik hören, erleben und spielen, nicht aber in Worten und mit sprachbezogenen logischen Konzepten über das wirklich sprechen, was wesentlich in Musik geschieht. Und "deshalb heißt Sprache interpretieren ...: Sprache verstehen; Musik interpretieren: Musik machen" (Adorno, 1956, S. 253).

Aus der Begründung der Musik im präverbalen, affektiven, kommunikativen Medium mit seiner engen Verbindung zu vorbewußten und vor allem auch zu unbewußten Vorgängen wurde von psychoanalytischer Seite her versucht, in den Formen der Musik spezifische Modalitäten zu identifizieren, wie sie auch für die unbewußten Denkabläufe typisch sind. Von daher formulierte Stanley Friedmann (1960) die Hypothese, daß das Ausmaß, der Umfang sowie die Komplexität der Verwendung von Denkformen des Unbewußten, wie Vergrößerung, Verkleinerung, Verdichtung, Verschiebung, Verkehrung, Translokation, Krebs, Abspaltung usw., in einem proportionalen Verhältnis zur Wirkung von Musik stünden; darüber hinaus gebe es ein solches proportionales Verhältnis auch zur künstlerischen Bedeutung und künstlerischen Größe eines bestimmten Musikstücks. Auch wenn die mit solchen Überlegungen verbundene Wertung hinsichtlich der Wirkung von Musik und insbesondere hinsichtlich der Frage ihres ästhetischen "Wertes" so nicht zu halten ist, erscheint eine solche Analogisierung musikalischer Formen und Verläufe mit den "Formen" und "Verläufen" unbewußter Denkprozesse als "Figuren einer psychoanalytischen Rhetorik" (Green, 1979, S. 725) bestechend. Wenn Green hierzu Wiederholung, doppelte Verkehrung, Antizipation, Spiegelwahrnehmung, Einschließung, Ausschließung, Komplementbildung, Vermittlung zwischen innen und außen, Ausbildung der Kategorie des Vermittelnden, die Situation zwischen dem Selben und dem Anderen, Ausprägung beweglicher Grenzen, vorübergehende Spaltung, Schaffung von Substituten, affektive Grundierung und schließlich projektive Identifizierung zählt (a.a.O.), so fällt es nicht sonderlich schwer, in allen diesen Figuren einer psychoanalytischen Rhetorik zugleich dynamische Figuren des Musikalischen, der musikalischen Rhetorik zu denken, des mit ikonischen, indexikalen und symbolischen Semantemen operierenden musikalischen Diskurses, mit den ihm eigenen signifikanten Formen und rhetorischen, expressiven, referentiellen und dialektischen Modi. Hieraus ergeben sich für den Psychoanalytiker besonders interessante Fragestellungen, sowohl nach der Entsprechung als auch nach der Wechselwirkung und Vermischung dieser beiden Formen der "Rhetorik", der beiden affektiven und musikalischen "Codes". Ausgehend von diesen Überlegungen wird wiederum deutlich, daß der psychoanalytische Zugang zur Musik nicht auf Inhaltliches abzielen kann, sondern auf die Analyse der spezifischen Signifikanz der Formen, Verläufe und Strukturen der Musik, daß psychoanalytische Untersuchung der Musik nicht musikalische Inhaltsdeutung, sondern Strukturanalyse zu betreiben hat.

Ein Wort zur Frage der Regression im Musikerleben, eine alte Frage, die die an Umfang begrenzte psychoanalytische Literatur zur Musik von Anfang an durchzieht. Weil das musikalische Erleben im frühen vorsprachlichen Erleben begründet ist, meinte man, daß das Hören von Musik aufgrund der Aktivierung nichtsprachlicher Modi des Erlebens zwingend mit einer "Regression" von "normalen", "erwachsenen", "reifen" Formen des Erlebens zu solchen als "infantil"und "primitiv" verstandenen archaisch begründeten Formen des Erlebens verbunden sein müsse. Allerdings erscheint es als außerordentlich zweifelhaft, ob man die intrapsychischen Bewegungen, strukturellen Umschichtungen und Besetzungsverschiebungen der unterschiedlichsten Art und Intensität, durch die sich das subjektive Erleben und Vorstellen beim Hören von Musik in spezifischer Weise verändert, *per se* als einen solchen an Musik zwingend gebundenen, regressiven Vorgang zu verstehen hat. Daß das auditive kommunikative Medium nach dem Spracherwerb gleichsam "unbenutzt" zurückgelassen und nur unter bestimmten Umständen, etwa beim Erleben von Musik, regressiv wiederbesetzt werde, erscheint nach allem, was wir heute über die psychische Entwicklung und von der nichtsprachlichen Dimension der zwischenmenschlichen Verständigung wissen, als abwegig. Regression als ein komplexes dynamisches Geschehen ist auch sicher mehr und anderes als bloß ein einfacher, in entwicklungspsychologischem Sinn linear oder formal nach rückwärts gerichteter Vorgang. Es spricht alles dafür, daß Möglichkeiten des Erlebens und Erfahrens im präverbalen, auditiven kommunikativen Medium auch nach dem Spracherwerb fortbestehen und als essentielle Momente in den vielfältigen Prozessen der zwischenmenschlichen Verständigung auch verwendet werden, daß sie jederzeit mehr oder weniger intensiv zu aktivieren sind und auch aktiviert werden, und sei dies allein schon durch die "Musik" der Sprachmelodie, die der Sprache ja überhaupt erst Lebendigkeit, Farbe und damit in einer besonderen Weise Ausdrücklichkeit verleiht. Insofern wird man den Sprechakt wohl schwerlich als "regressiv" oder auch nur als mit "regressiven" Elementen durchsetzt betrachten können, bloß weil musikalische Elemente im Sprechakt, und zwar in den einzelnen Sprachen in unterschiedlicher Weise, mit einer spezifischen auch semantischen Funktion beteiligt sind. So bedient sich z.B. das Chinesische in besonderer Weise des Sprachklangs zur Bedeutungsvermittlung: Manche Worte haben hier bei gleicher "Buchstabenfolge" in der Niederschrift eine je nach Klang und Melodie der Aussprache völlig verschiedene Bedeutung, so daß man hier sogar von einer Art Lexikalisierung des Klangs und der Melodie, der "Musik" der Aussprache reden kann, ohne daß man diesen Sachverhalt nun etwa in irgendeiner Weise mit dem Begriff der "Regression" in Zusammenhang bringen könnte.

Allerdings ergibt sich aufgrund des Ursprungs des musikalischen Erlebens in frühesten präverbalen Erfahrungen zwangsläufig, daß durch das Erleben von Musik *sekundär* - und dies ist abhängig von der jeweils gegebenen psychischen Strtuktur und der jeweiligen spezifischen Reaktionsbereitschaft gegenüber musikalischen Erfahrungen - regressive Bewegungen *ausgelöst* werden können. So kann es dann sekundär zum psychischen Rückzug aus der Realität, zur Evokation von Phantasien, Erinnerungsresten und Wunschvorstellungen, zu projektiven und identifikatorischen Mechanismen, zur Veränderung und Lockerung bis hin zur Auflösung des Zeit- und Realitätsbezuges sowie der Ich-Grenzen usw. kommen. Es sind dies regressive Prozesse im eigentlichen Sinne, die allerdings nicht zwingend jedes Musikerleben in gleicher Weise auszeichnen müssen, weil es sich um sekundäre, vom Musikerleben lediglich *ausgelöste* und vermittelte Vorgänge handelt. Musik wird in vielfältigen Erscheinungsformen gegenwärtig, und vielfältiger noch dürften die Formen sein, in denen Musik - das gleiche Musikstück bei verschiedenen Menschen und bei demselben Menschen zu verschiedenen Zeiten - erfahren wird.

Abschließend sollen hier Möglichkeiten eines psychoanalytischen Zugangs zur Musik an einigen Beispielen diskutiert werden. Hier ist etwa die Untersuchung "Rückungen - Ver-Rückungen" von Dieter Schnebel (1981) zu nennen, die spezifische strukturelle Momente in Robert Schumanns Musik, und zwar die kompositorische Gestaltung flutender, sich zersetzender Zeitverläufe, die Ver-Rückung der zeitlichen Strukturen, das dissoziative Auseinandertreten und Spalten von Zusammengehörigem, die Komposition von Schrumpfungsprozessen, Schwebezuständen, Verunklarungs- und Wiederklärungsprozessen usw. in einem exopoetischen Sinne mit bestimmten psychischen Strukturen in Robert Schumanns Persönlichkeit in Beziehung zu setzen suchte. Von diesem Ansatz her werden weiterreichende strukturelle Entsprechungen zwischen Persönlichkeit und Werk deutlich, die uns vertiefende Einblicke in die Musik Schumanns und deren Beziehung zu Aspekten seiner Persönlichkeit, aber auch über Prozesse kreativer Transformation zur Komposition zu vermitteln vermögen.

Ein ähnlicher Ansatz wie jener von Schnebel liegt meiner Untersuchung von Schumanns "Dichterliebe" (Opus 48) zugrunde (Haesler, 1982), die die Struktur der *Sprachvertonung* als ein die Komposition bestimmendes relevantes Strukturmoment fokussiert. Aus der streng endopoetisch durchgeführten Untersuchung des Werkes einerseits und der Betrachtung von Schumanns persönlichem Erleben andererseits, über das wir aus seinen umfangreichen persönlichen Schriften, Briefen und Tagebuchaufzeichnungen recht gut informiert sind, lassen sich eine Fülle struktureller Entsprechungen herausarbeiten, die zugleich die besondere Stellung und Bedeutung der plötzlichen, im sogenannten "Liederjahr" (1840) erfolgten Hinwendung Robert Schumanns zur zunächst als relevante musikalische Form von ihm eher abgelehnten Liedkomposition erhellen kann.

Auch in Franz Schuberts "Winterreise" läßt sich an dem bedeutsamen strukturellen Moment der Sprachvertonung deren Bedeutungshaftigkeit und Funktion in der musikalischen Entfaltung und Entwicklung der psychologischen Zustände des "Wanderers durch den Winter" zeigen (vgl. Haesler, 1993a), wobei in dieser Komposition z.B. nicht nur die spezifische, rhythmisch-interpretative Behandlung, sondern vor allem auch die Dur-Moll-Relation als innere Formprinzipien zum Träger von musikalisch vermittelter Bedeutung werden. Es handelt sich bei der "Winterreise" zwar um einen Lieder*zyklus*, der allerdings im letzten Drittel den Charakter des Zyklus verläßt und in die lineare Entwicklung einer Art "Abgesang" übergeht. Der Übergang vom Zyklus zur linearen Entwicklung ist nun nicht nur vom Sprachtext her sondern vor allem auch an der Veränderung der Struktur der Sprachvertonung an jener Stelle des Zyklus (im 16. Lied) zu erkennen, wo die Dur-Moll-Relation sich umkehrt, wo die Dur-Tonart nicht mehr, wie im Liederzyklus bis zu diesem Lied, die Musik der Reminiszenz und (schütteren) Hoffnung, sondern die Musik der im letzten Teil des Werkes zunehmend bestimmenden Todessehnsucht trägt.

Aus der Musik und aus der Struktur der Sprachvertonung läßt sich darüber hinaus auch die gelegentlich infragegestellte Reihenfolge und musikalische Zusammengehörigkeit der fünf vor dem letzten Lied "Der Leiermann" komponierten Lieder belegen, eine von Schubert gewählte Reihenfolge und Zusammengehörigkeit in der Komposition, die von der psychologischen Entwicklung her schon im sprachlichen Text gegeben ist, wenn man sich nicht nur an die vordergründige Textaussage hält. Von musikwissenschaftlicher Seite wurde dagegen aus einer Art Allerweltspsychologie heraus wiederholt der Einwand geäußert (vgl. z.B. Moser, 1968, Baumann, 1967), daß manche der Lieder, wie etwa das 22. Lied, mit dem eine im vorangegangenen Lied formulierte Todessehnsucht trotzig verleugnet und gegen diese Todesehnsucht gewalttätig Mut und Lustigkeit angesungen wird, in der Reihenfolge der Lieder psychologisch "unpassend" sei, weil es den Traueraffekt des vorangegangenen Liedes störe oder zerstöre, so als ob die trotzige Verleugnung nicht zu jenem Repertoire gehöre oder gehören dürfe, mit dem der Wanderer seine bodenlos trostlose Verzweiflung zu beherrschen sucht. Diese Auffassung von der "unpassenden" Reihenfolge könnte allerdings aus der Tatsache Stützung erfahren, daß die Reihenfolge der Lieder, wie sie Schuberts Komposition zeigt (aus uns bekannten Gründen), mit der der letzten Originalvorlage des Dichters der Texte nicht übereinstimmt. So wurde von Moser und Baumann vorgeschlagen, die Reihenfolge der Lieder im Sinne der Reihenfolge der

Textvorlage des Dichters zu verändern und damit tief in die Struktur des musikalischen Werkes einzugreifen. Bei der Untersuchung der melodischen Struktur der fünf letzten Lieder (19 - 23) vor dem "Leiermann" zeigt sich nun, daß die Themen aller dieser Lieder melodisch aus einem einzigen musikalischen Kernpartikel, aus der Melodie des "Kyrie" der gregorianischen Totenmesse, entwickelt sind, die, wie T. Georgiades zeigen konnte, der Komposition des 21. Liedes "Das Wirtshaus" zugrunde liegt, um das diese Lieder, wie mir scheint nicht ohne Grund, gruppiert sind. Die *psychologische* Struktur und die von dieser Perspektive her geleitete Untersuchung der *musikalischen* Struktur entsprechen einander auf das engste und verbieten, nicht zuletzt von diesem Sachverhalt her, jeden vergewaltigenden Eingriff in das Werk.

Auch für Stücke des Musiktheaters eröffnen sich vom psychoanalytischen Ansatz her interessante Fragestellungen, die das Verständnis der Handlungsentwicklung sowie der dramatischen und musikalischen Entwicklung der Charaktere und ihrer Dynamik vertiefen können. An Dvoraks "Rusalka" etwa läßt sich aus einer psychoanalytisch orientierten Werkbetrachtung zeigen, daß die immer wieder geäußerte Meinung, Dvorak habe eine der Rollen, die der Prinzessin, musikalisch gleichsam nur operettenhaft und damit künstlerisch oberflächlich ausgeführt, irrig ist, daß die in dieser Weise charakterisierte Musik nicht etwa als schwach komponiert zu verstehen ist, sondern in der Art, wie sie in der Komposition erscheint, stringent in den Gesamtkontext der im Werke vorgestellten Entwicklungen gehört (vgl. Haesler, 1989a).

Sicher wird man psychoanalytische Fragestellungen auch an Wagners Musikschaffen richten können, wobei sich nicht nur Fragen zu einzelnen Werken und ihrer inhaltlichen und musikalischen Behandlung ergeben, sondern auch zu grundsätzlichen Prinzipien der Struktur seiner Musik, wie etwa der Bedeutung der "unendlichen Melodie", der "melodisch-harmonischen Fortentwicklung" und deren Beziehung zum Mythos und zum Zeiterleben, zur Zeitlichkeit, zur zeitlichen Begrenzung und von daher auch zur "Trauer" im psychoanalytischen Sinne des Begriffes. Letztlich kann man in den genannten kompositorischen Prinzipien Versuche sehen, das Nichtendende, das "Unendliche" in einem totalen, zum Teil in hohem Maße erotisierten musikalischen Erleben zu verwirklichen mit einer Musik, die in gewisser Weise mit dem Programm ihrer Struktur und mit dessen Realisierung die Notwendigkeit zu trauern abweist, was im psychoanalytischen Sinne des Begriffs als eine Art "Perversifizierung" der Musik zu verstehen ist. Dies mag einer der Gründe sein, warum diese Musik sich so ohne weiteres dem Naziregime für dessen perverse Zwecke hergeben konnte.

Ein anderes Beispiel einer solchen, allerdings in einer außerordentlich reflexiven, ironisierenden Weise komponierten "perversen" Struktur in der Musik, kann man in Mozarts "Cosi fan tutte" finden. Wenn man die *Addio*-Szene (1. Akt, 2. Szene) mit dem Quintett in der letzten Szene vergleicht ("E nel tuo, nel mio bicchiero si sommerga ogni pensiero ..."), dann kann man hören, wie in der Addio-Szene sowohl die Realisierung der bevorstehenden schmerzlichen Trennung als auch zugleich das gegen diese Realisierung gerichtete sehnsuchtsvolle Verlangen, wenigstens einen Augenblick das Unausweichliche dieser Situation aufzuhalten, in Worten und mit unendlich schöner, zum Verweilen, zum Anhalten der Handlung auffordernder, intensivst bewegender Musik ihren unmittelbaren Ausdruck finden. Dabei bleibt hier aber die Realität der bevorstehenden Trennung anerkannt, während in der anderen Szene beide Frauen in einer Art Verleugnung der Realität, einer Verleugnung der Beziehung zwischen Vergangenheit und Gegenwart und des linearen Verlaufs der Zeit, das Verlangen zum Ausdruck bringen, daß alle Erinnerung im Vergessen untergehen und die Verleugnung von berauschender Schönheit und Seligkeit gehalten und getragen werden möge. Dieser, psychoanalytisch gesprochen, "perverse" Umgang mit der Wirklichkeit kommt in der musikalischen Form unmittelbar zum Ausdruck: In einer iterativen Weise kehrt das Identische immer wieder, durch scheinbar niemals enden wollende affirmative Kanonrunden einer berauschend schönen Musik, bis schließlich diese in der musikalischen Struktur vermittelte Verleugnung der Zeit durch eine dazu entgegengesetzte Musik kontrastierender Ironie aufgebrochen wird, die dann nachdrücklich vorführt, daß der Handlungsverlauf der Oper unausweichlich bis zu seinem bitteren Ende voranschreiten wird.

Diese Beispiele, die man sich naturgemäß nur hörend verdeutlichen kann, können genügen, um zu zeigen, in welcher Weise psychoanalytische Perspektiven und Methoden zum Verständnis kommunikativer Prozesse in der Musik beitragen können, wobei dies allerdings um so fruchtbarer sein wird, und dies gilt letztlich auch für die psychoanalytischen Beiträge zur Literatur und zur bildenden Kunst, je mehr diese Beiträge in den interdisziplinären Diskurs, in die Verständigung mit den anderen Kunstwissenschaften eingebunden werden.

19. Psychoanalyse und Märchen

Das Wort Märchen stammt von dem spätmittelalterlichen Wort *maer*, wie es etwa am Anfang des Nibelungenliedes verwendet wird: "Uns ist in alten maeren / wunders vil geseit ...". Märchen sind phantasievoll ausgeschmückte, der Unterhaltung dienende, ursprünglich mündlich überlieferte Erzählungen, in denen die Naturgesetze aufgehoben sind und statt dessen das Wunder vorwaltet, das in Gestalt von Verzauberungen, Verwandlungen, Verhexungen und Wiederverwandlungen sichtbar wird. Tiere und Gegenstände aller Art können sprechen, untereinander und mit dem Menschen auf gleicher Stufe verkehren und sich ineinander verwandeln oder verwandelt werden, wie etwa der gestiefelte Kater, der singende Knochen, der murmelnde Bach, der sprechende Baum, der raunende Teich, der Frosch, der zum Prinzen wird usw. Verwünschungen und Wünsche können helfen, gefahrvolle Situationen zu überwinden und Glück zu erringen, Stroh wird zu Gold, ungeheure Aufgaben werden über Nacht gelöst, der Prinz oder die Prinzessin wird gegen alle Widrigkeiten errungen. Es gibt zaubermächtige Hilfe, wie durch die gute Fee bei Aschenputtel, wunderbare Hilfsmittel sowie wundersame Errettungen und Auflösungen der Erzählungen, bei denen die bösen Widersacher grausam untergehen, gefressen werden oder den Bauch aufgeschnitten bekommen, um die gefressenen Märchenhelden schließlich glücklich zu befreien. Der Abschluß des Märchens ist immer befriedigend und von einer Art ausgleichenden Gerechtigkeit, durch die das Böse vernichtet wird oder die Bösen in Gute verwandelt werden, wie etwa bei dem Märchen "Hänsel und Gretel", in dem die böse Hexe im Ofen endet und die anfänglich bösen Eltern, zu denen Hänsel und Gretel zurückkehren, zu guten Eltern werden, um fortan mit Hänsel und Gretel "glücklich bis in alle Zeit" zu leben.

Das *Märchen* als Gattung ist gegenüber der *Fabel*, der *Legende*, dem *Schwank* und der *Anekdote* sowie der *Sage* abzugrenzen. In der *Fabel* bedient sich die Erzählung der Tiere oder anderer Naturwesen, um in erzieherischer oder auch satirischer Absicht menschliche Eigenschaften mit dem Ziel einer "Moral von der Geschichte" vorzustellen. Die *Legende* baut ihr erzählerisches Motiv fest in ein gegebenes Glaubensgebäude ein, das durch die wundersame Erzählung Bestätigung finden soll. Diese ursprüngliche Form der Legende wurde später in der Literatur ästhetisch poetisiert oder, wie in Thomas Manns Behandlung der Gregorius-Legende ("Der Erwählte") manieristisch ironisiert. Der *Schwank* und die *Anekdote* stellen knapp oder in novellistischer Ausführung einen komischen oder witzigen Vorgang vor, der zur Belustigung und zur Unterhaltung der Leser dient, während sich das *Schwank-Märchen* auch Techniken der Märchenerzählung bedienen kann, wobei das für das Märchen charakteristische Wundersame gegenüber dem Schwankhaften zurücktritt. Die Abgrenzung des Märchens gegenüber der *Sage* rührt komplexere Fragestellungen an, die im folgenden noch näher zu beleuchten sind.

Märchen sind als phantastisch organisierte Erzählungen prälogisch und prämoralisch (vgl. Naumann, 1922, S. 70 f). Widersprüche und disparate Begriffe stehen nebeneinander, Wirklichkeit und Traum, Erlebtes und Eingebildetes, Phantastik und Realismus gehen durcheinander. Es gibt mystische Partizipationen und mystische Eigenschaften. Dinge sind lebendig; der Tod ist nicht endgültig, die Erlösung, Befreiung und Wiederkehr der Gestorbenen ins Leben und deren Herbeiführung oder Bannung durch magische Handlungen sind möglich. Es ist eine von *magisch-animistischem Denken* gestaltete Phantasiewelt, einer Form des Denkens, die sich in dieser Weise vor allem bei archaischen und von der westlichen Zivilisation für "primitiv" erklärten Kulturen findet, wie sie aber auch das kindliche Denken bis etwa zum Schulalter, die Vorstellungswelt des Traums und die Phantasiewelt, aus der die psychoneurotischen Symptome hervorgehen, kurz, die Denkwelt und die Denkstrukturen des Unbewußten kennzeichnet. Von daher bestimmt sich auch der prämoralische Charakter des Märchens. Wünsche nach grenzenloser Erfüllung und zeitlosem Glück stehen im Vordergrund. Alles, was sich dem in den Weg stellt, wird früher oder später glücklich überwunden. Primitiv sind die Grausamkeiten und Strafen. Kinder werden ausgesetzt und bei Ungehorsam verwandelt, verbannt oder in verzauberte Gefangenschaft versetzt. Böswillige Frauen werden in Fässer mit Nägeln gesteckt, die böse Schwester wird, wie bei "Frau Holle" die "Pechmarie", mit Pech gebrandmarkt. Mord und Totschlag, Kannibalismus und Menschenopfer, rücksichtslose Bevorzugung von einzelnen Geschwistern gegenüber anderen Geschwistern sowie die totale Verfügung über alle materiellen Ressourcen ohne Arbeit sind so selbstverständlich wie die totale Spaltung in Gut und Böse, häßlich und schön, arm und reich - eine Spaltung, die nicht aufgehoben, sondern vom Märchenhelden überwunden wird, indem er durch mancherlei Prüfungen, Belastungen und Widrigkeiten aus der Welt des Bösen schließlich zur Welt des Guten, zu seinem grenzenlosen Glück gelangt. Die in Märchen erzählten Grausamkeiten sind für viele ein besonderer Stein des Anstoßes, und manche Märchen wurden deshalb in dieser Hinsicht "entschärft", als ob man vor der Mobilisierung von Grausamkeit in der Phantasie Angst haben und beim Erzählen von Märchen für Kinder um den Erfolg moralisch-pädagogischer Bemühungen fürchten müsse. Es handelt sich allerdings um Formen phantastischer Grausamkeit, wie sie das archaische Phantasieren gerade der Welt des Prälogischen und Prämoralischen, der Welt des Unbewußten, auszeichnen, eine Welt, in der geschlagen, gequält und verstümmelt, gespalten, zerstückelt und vernichtet werden kann, was sich der Erfüllung von Wünschen in den Weg stellt. Es ist eine Dimension menschlicher Destruktivität, die das Märchen im Rahmen der in spezifischer Weise strukturierten Märchenerzählung phantastisch auszuleben gestattet.

Märchen sind Volkserzählungen, Dichtungen, die alle Menschen, unabhängig von Herkunft und sozialem Stand, ansprechen, weil sie sich in einfachen und durchsichtigen Bildern und Formen darstellen und Phantasien und Gefühle wekken, die als Grundformen menschlichen Erlebens und Denkens allen Menschen gemeinsam sind. Ursprünglich wurden Märchen nicht niedergeschrieben, sondern von Mund zu Mund, von Generation zu Generation weitergegeben. Das gleiche gilt auch für die *Sage*, die sich aber vom Märchen grundsätzlich unterscheidet.

Auch die Sage entstammt der mündlichen Überlieferung, und sie bedient sich vergleichbarer Motive und Motivketten, in denen magisch-animistische Denkweisen vorherrschen. Sagen beziehen sich aber in der Regel auf eine mythische Urzeit oder Vorzeit, in der in der Natur personifizierte Gottgestalten Welten begründen und "sagenumwoben" schalten und walten, in der Helden durch ungeheure Taten Reiche stiften, aber auch, ganz im Gegensatz zum Märchen, tragisch enden können. Auch eine heroisch-mythische Überhöhung historischer Gestalten oder geographischer Orte ist in der Sagenerzählung möglich, wie auch umgekehrt ein Mythos in der Personifikation einer historischen Gestalt eine Säkularisierung erfahren kann, eine Verknüpfung, die in der Regel der geschichtlichen Beglaubigung einer historischen Person oder eines bedeutenden geographischen Ortes zu dienen hat. Insofern handelt es sich bei Sagen um Erzählungen, denen auf eine völlig andere Weise "Wahrheit" zuzuerkennen, "Glauben" zu schenken ist als dem Märchen.

Die Sage will, auch wenn sie auf ebenso magische Weise entstandene Geschehnisse erzählt wie das Märchen, aufgrund ihrer Verankerung im *Mythos* als eine "mythische Wahrheit" geglaubt werden. Insofern sind Sagen oftmals, wie uns das etwa von der griechischen Welt der Antike vertraut ist, Teil und Ausdruck der Religion. Dagegen ist die "Wahrheit" des Märchens als einer *fabula incredibilis* von einer anderen Art, selbst wenn es hier aufgrund der umfassenden Begründung von Sage und Märchen in den Denkformen und Vorstellungswelten des Unbewußten vielfache Überschneidungen gibt. Sagen sind aber in ihrem erzählerischen Aufbau sehr viel einfacher, eher linear strukturiert, und ihre Rhetorik ist vor allem auf die Vermittlung und Affirmation des mythischen Geschehens und damit von deren mythischer Wahrheit gerichtet. Das Märchen ist dagegen eine Erzählung, die sich der magisch-animistischen Vorstellungswelt bedient, um mit ihr kunstvoll zu unterhalten. Dabei bedient sich das Märchen im Gegensatz zur Sage vielfach recht kunstvoller und für das Märchen charakteristischer Bauformen des Erzählens, wie etwa spezifischer Einleitungs- und Abschlußformeln oder der zur Spannungssteigerung dienenden Dreigliedrigkeit der Märchenerzählung. Insofern sind beim Märchen zwar die Inhalte archaischer, "primitiver", magisch-animistischer Natur, nicht aber ihre Formen.

In diesem Zusammenhang ist es wichtig, zwischen den *Märchenmotiven* und der *Märchenerzählung* zu unterscheiden (v. d. Leyen, 1911, zit. b. Aarne, 1913, S.53). Die Märchenmotive sind vielfach uralt. Sie können aus Mythen hervorgegangen sein, Mythen nahestehen oder aber noch mythische Reste enthalten (vgl. Eliade, 1956, S. 315). Aufgrund ihrer oftmals elementaren Natur, ihrer Nähe zu den Grundrealitäten menschlicher Existenz, ihrer Verankerung im Unbewußten ist ihre Entstehung nicht unbedingt an eine bestimmte Kultur oder an eine bestimmte geographische Region gebunden, von der sie dann erst durch Wanderung über die Welt und von Generation zu Generation Verbreitung gefunden haben. Diese Märchenmotive werden dann zur Märchenerzählung gestaltet, die im Zuge der mündlichen Überlieferung immer wieder bearbeitet, umgestaltet, auch geographisch verbreitet und mit anderen Märchenmotiven verdichtet werden können.

Märchen haben keinen historischen Autor. Sie sind "irgendwie" entstanden und wurden dann mündlich überliefert und weiterverbreitet. Sie gehören gleichsam zur "Volksliteratur", wobei die literarische Heimat eines Märchens nicht auch diejenige seiner Entstehung zu sein braucht. Aber auch Kunstmärchen können in den Schatz der Volksmärchen aufgenommen werden, wobei das Wissen um deren Autor verlorengehen kann. Die Frage der Entstehung der echten Märchen hat die Märchenforschung, insbesondere im vorigen Jahrhundert, intensiv beschäftigt (zusammenfassende Übersicht s. Reuschel, 1903, v. d. Leyen, 1904). Die Brüder Grimm waren noch der Meinung, daß Märchen als Überreste uralter, zerfallener Mythen der indogermanischen Völker in erster Linie in der indogermanischen Überlieferung entstanden und somit als uraltes indogermanisches Erbgut anzusehen seien, das dann über die Welt verbreitet worden sein müsse. Je mehr man sich aber mit der Märchenüberlieferung beschäftigte, Märchen aus verschiedensten Kulturen sammelte, um so mehr mußte man sehen, daß diese These der Brüder Grimm unhaltbar war. Denn man fand Aufzeichnungen von Märchen auch bei Völkern, die völlig außerhalb der Reichweite indogermanischer Überlieferung lagen und die deshalb nicht durch Wanderung in den Besitz dieser Märchen gelangt sein konnten.

Allerdings fiel auf, daß eine übergroße Zahl von Märchen ihren Ursprung auf dem indischen Subkontinent haben, weshalb etwa Mitte des vorigen Jahrhunderts von dem Göttinger Sanskritforscher Theodor Benfey die These aufgestellt wurde, daß bis auf wenige Ausnahmen, etwa der Tiermärchen griechischen Ursprungs, die erst sekundär nach Indien gelangt seien, die überwiegende Zahl der uns bekannten Märchen aus Indien stamme, von wo sie durch die Jahrhunderte vor allem über indisch-arabische, indisch-persische und mongolische Kanäle über die Welt verbreitet worden seien. Diese *indische Theorie*, die die von den Brüdern Grimm aufgestellte *arisch-indogermanische Theorie* der Märchenentstehung ablöste, wurde aber unter dem Druck weiterer Erkenntnisse zunehmend fragwürdig, da sich vor allem die elementaren Kernmotive von Märchen zunehmend auch in Kulturen wiederfinden ließen, die keinerlei Verbindung mit der indischen Kulturwelt gehabt haben und deshalb auch nicht über Wanderungsbewegungen aus der indischen Welt informiert worden sein konnten. Deshalb wurde schließlich die *anthropologische Theorie* der Märchenentstehung formuliert, die sich auf die Annahme stützt, daß Denkart, Phantasie und Glaube bei allen Völkern aufgrund der Gleichheit der menschlichen Natur ähnlich seien und daß deshalb Märchen an verschiedenen Orten zugleich, d.h. polytop und zu verschiedenen Zeiten in der Geschichte der Völker entstanden sein müssen. Die anthropologische Theorie rückt den Ursprung der Märchenmotive vor allem in die archaischen Zeiten des Volkes, in der sie aufgetaucht sind und damit auch in die Nähe des Ursprungs der Sagenmotive, aus denen diese Märchenmotive vielfach hervorgegangen zu sein scheinen. Damit sind sie aber zugleich Abkömmlinge des gleichen Vorstellens und Denkens, das aus den Grundbedingungen der menschlichen Natur erwächst und sich als eine grundsätzliche Dimension menschlichen Denkens überhaupt erweist, wie es sowohl im Märchen wie in der Sage, in der menschlichen Erfahrung des Mythischen wie des Religiösen, im kindlichen Erleben und Phantasieren wie auch in der Welt des Traums und des stärker auf die "äußere Wirklichkeit" hin ausgerichteten Tagtraums als Manifestationen des Unbewußten wirksam wird.

Allerdings widerspricht die eigentlich ahistorische anthropologische Theorie der Märchenentstehung nicht unbedingt den Beobachtungen Benfeys über den Ursprung und die Verbreitung der uns bekannten Märchen im geschichtlichen Prozeß, sondern lediglich seinen generalisierenden Schlußfolgerungen. Selbstverständlich lassen sich viele der Märchen, die im westeuropäischen Raum heimisch sind, auf ihre indischen Ursprünge zurückverfolgen. Deshalb schließt die Annahme einer polytopen Entstehung von Märchenmotiven deren Wanderung nicht aus, das heißt, die anthropologische und die Wanderungstheorie der Märchenentstehung ergänzen einander. Vielfach kommt es auch im Zuge der Wanderung und Überlieferung zu einer Verdichtung von mehreren Märchenmotiven oder auch von Märchenerzählungen zum sogenannten Kompositionsmärchen, wie dies zum Beispiel beim ersten der Grimmschen Kinder- und Hausmärchen "Der Froschkönig oder Der eiserne Heinrich" der Fall ist. Auch die Verdichtung von Märchenstoffen mit unterschiedlicher Herkunft ist möglich. So kam es zum Beispiel bei der Wanderung der indischen Märchen, die vor allem durch die Kreuzzüge vom indisch-arabischen über den vorderen Orient in den europäischen Raum hineingetragen wurden, zu motivischen Zuflüssen etwa von seiten der jüdischen Tradition. Dies ist zum Beispiel beim Jonas-Motiv der Fall. In späteren Zeiten wurde die mündlich überlieferte Märchenerzählung zum Teil auch literarisch aufgenommen und verwandelt, wie in Frankreich etwa das Tiermärchen, das als Gewand für Fabelerzählungen und Fabeldichtungen diente, von denen die von Jean de la Fontaine am bekanntesten geworden sind.

Bis zum Ende des 18. Jahrhunderts galt das Märchen als literarische Gattung nicht viel. Erst durch die im Zuge der Aufklärung wachsende Beschäftigung mit der Sprache, Kultur und Volkskunde und damit auch mit anderen Sprachen und fremden Kulturen fand auch das Märchen zunehmend Interesse. So befaßten sich vor allem Herder, aber auch Goethe mit dem Märchen, in besonderer Weise aber der in Jena geborene, in Weimar wirkende Johann Karl August Musäus, der im Jahre 1782 die von ihm bearbeitete Sammlung von "Volksmärchen der Deutschen" vorlegte. 1819 erschien dann die am bekanntesten gewordene Märchensammlung "Kinder- und Hausmärchen" der Brüder Grimm. Mit der romantischen Bewegung wuchs noch das Interesse für das Märchen. Viele Schriftsteller und Dichter der Romantik bedienten sich der phantastischen Märchenwelt als der Verkörperung romantischer Phantasie und Poesie schlechthin und schrieben eigene (Kunst-)Märchen, so etwa Ludwig Tieck, Novalis und Clemens Brentano, E. T. A. Hoffmann, Wilhelm Hauff und schließlich, etwas später, im dänischen Sprachraum Hans Christian Andersen. Diese Kunstmärchen sind allerdings vielfach weniger von typischen Märchenmotiven und Märchenstoffen als von der Welt expansiver romantischer Phantasie bestimmt. Sie lassen meist die einfache, volkstümlich-naive Stoffbehandlung, die die echten, ursprünglich mündlich überlieferten Märchen auszeichnet, vermissen, und sie weisen auch vielfach nicht den für das echte Märchen charakteristischen glücklichen Abschluß der Märchenhandlung im Sinne des "Und fortan lebten sie glücklich bis in alle Zeit ..." auf. Auch Kunstmärchen können eine Verdichtung mit anderen Kunstmärchen erfahren, wie dies etwa bei dem Libretto von Antonin Dvoraks Oper "Rusalka" der Fall ist, die den Märchenstoff der "Kleinen Seejungfrau" von Hans Christian Andersen mit dem Stoff der märchenhaften Erzählung "Undine" von Friedrich de la Motte Fouqué und mit dem Stoff des Stückes "Die versunkene Glocke" von Gerhard Hauptmann zum Libretto eines symbolistischen Musikdramas verdichtet (zur psychoanalytischen Deutung dieser Märchenstoffverdichtung vgl. Haesler, 1989a).

Märchen haben vielfach eine spezifische Erzählstruktur, von der her ihre Bauform wie auch gewisse, in charakteristischer Weise fast ritualisierte erzählerische Elemente bestimmt werden, so etwa das einleitende "Es war einmal ..." oder das soeben zitierte, den Abschluß der Märchenhandlung charakterisierende "Und fortan lebten sie glücklich bis in alle Zeit, und wenn sie nicht gestorben sind, dann leben sie noch heute", Elemente, durch die derjenige, der das Märchen hört und dem diese Elemente vertraut sind, in seiner Erwartungseinstellung auf die Märchenerzählung in spezifischer Weise eingestimmt wird. Mit dieser Einstimmung kommt es zur Bereitschaft, sich den phantastischen Relationen und Entwicklungen der Märchenerzählung als einer Märchenerzählung zu überlassen, ihnen einen Wirklichkeitscharakter eigener Art zuzuerkennen, ein Vorgang besonderer Art, der mit der Veränderung der Einstellung gegenüber der Wirklichkeit beim Hören und Lesen literarischer Texte der Form nach vergleichbar, aber für das Märchen doch recht spezifisch ist. Dies wird noch durch die rhetorische Struktur der Märchenerzählung verstärkt, durch die vielfach vorzufindende Dreigliedrigkeit der Steigerung von Spannung, durch spezifische Kontrastbildungen, durch formelhaft schematisierte Gewichtsetzungen in dem Erzählablauf durch die Einsträngigkeit der Handlung, durch die Proportionen und den Rhythmus des Erzählablaufes und vieles mehr. Die Möglichkeiten an Variation sind außerordentlich groß, wie wir etwa aus den bekannten Märchensammlungen der Brüder Grimm, von Musäus, Perrault oder von Bechstein wissen. Insofern gibt es nicht *die* typische Märchenform. Diese gibt es eigentlich nur als Abstraktion, die in unterschiedlichsten Varianten realisiert werden kann und realisiert wird.

Wie bereits deutlich geworden ist, erwachsen die Märchenmotive wie auch die einfachen Formen des Märchens aus menschlichen Grundbedingungen und sprechen diese zugleich direkt an, die von der unbewußten Dimension seelischen Erlebens und ihrer Dynamik wesentlich bestimmt werden. Traum und Märchen weisen in vielem einander analoge Strukturen auf. Das Wünschen, das in der Traumarbeit einen zentralen, gestaltenden Stellenwert hat, nimmt diesen auch im Märchen ein. Das Märchen geht aus Wünschen hervor, und es vermittelt etwas von der Erfüllung einer Sehnsucht nach dem Wunderbaren, nach unbegrenzten Möglichkeiten, nach der Überwindung dessen, was uns in unserem Leben Grenzen setzt, nach der Erklärung dessen, was uns rätselhaft und unbeantwortbare existentielle Frage bleibt.

Die Erzählmotive, die aus den allen Menschen gleichen Grundlagen des Denkens, des Umgangs mit der äußeren und inneren Wirklichkeit, des Träumens und Phantasierens erwachsen, verweisen auf Grundfragen und Grundbedingungen menschlicher Existenz, auf Fragen der Zeugung und Geburt, auf Fragen des Geschlechts und des Generationenunterschiedes, auf Fragen der Entwicklung und geschlechtlichen Reifung und deren spezifische ritualisierende Einbindung in Gesellschaften im Sinne der Initiation, auf Fragen des Wachens und Schlafens, des Alterns und des Todes. Die aus den Auseinandersetzungen mit diesen Grundtatsachen menschlicher Existenz hervorgehenden Phantasien stehen den von Freud so genannten "Urphantasien" nahe, denen wir bereits in Kapitel 5 begegnet sind. Diese Urphantasien betrachtete Freud als eine Art phylogenetischen Besitz der Menscheit, gleichsam als eine Art Summe überkommener historischer Erfahrungen des Menschengeschlechts, die in der Evolution in die menschlichen Anlagen gekommen seien, nach Freuds Verständnis über Mechanismen der Vererbung erworbener Eigenschaften im Sinne Lamarcks.

Auch wenn man aus heutiger Sicht die von Freud vertretenen lamarckistischen Begründungen der "Urphantasien" nicht teilen kann, ist der Gedanke solcher grundsätzlichen, aus den spezifischen Strukturen und Bedingungen menschlicher Existenz erwachsenden Phantasien, die allen Menschen als Menschen gemeinsam sind und die sich im jeweiligen gesellschaftlichen Kontext in einer Vielfalt von Varianten ausprägen, von erheblicher Bedeutung für unser Verständnis der Traum-, Märchen- und Sagenmotive und der Möglichkeiten existentieller, mythischer und religiöser Erfahrung. In vielen Märchenmotiven lassen sich die Verbindungen zu den Urphantasien ohne weiteres erkennen. Dennoch sind, wie wir ja bereits gesehen haben, Märchenmotive nicht das ganze Märchen. Deshalb darf sich die psychoanalytische Märcheninterpretation nicht ausschließlich auf die Märchenmotive stützen und die Märchenerzählung und deren spezifische Struktur vernachlässigen, in der Vorstellung, diese sei ohnehin nur als eine Art allegorische Ausformung der "eigentlichen", der Märchenerzählung zu Grunde liegenden symbolischen Märchenmotive zu verstehen. Eine derartige Interpretation würde in ihrer Reduktion des Märchens auf allgemeine anthropologische Schemata das Wesentliche des Märchens als einer besonderen dichterischen Form, als Dichtung phantastischer Wirklichkeit verfehlen und am Ende bei der Untersuchung von Märchen nur noch das vorfinden, was sie immer schon zu kennen meint. Eine solche Art der Märchendeutung ebnet dann alle Bedeutungsvielfalt der Märchenerzählung ein und führt im schlimmsten Falle zu einer Art von "Märchendeutung", die sich nur noch auf die bloße Dechiffrierung symbolischer Bedeutung beschränkt. Im Sinne einer solchen Art des Vorgehens hat Georg Groddeck ein geradezu groteskes Beispiel einer Deutung des Märchens vom Schneewittchen gegeben, dessen Lächerlichkeit fast zu der Annahme führen könnte, diese Art "Interpretation" sei nicht wirklich ernst gemeint (1922, S. 67):

"Schneewittchen wird mit dem Jäger, der den Mann darstellt, während sein Messer der Phallus ist, in den Wald - die Schamhaare - geschickt, um dort getötet zu werden, das heißt das Verlangen nach der Brautnacht ist da. Es kommt jedoch nicht zum Verkehr, das Kind bleibt unberührt und der Jäger tötet an ihrer Stelle einen Frischling, was die Erschlaffung des Penis von dem Beischlaf andeutet. Schneewittchen lebt nun in Verborgenheit hinter den Bergen, die als Hinterbacken gelten können, bei den sieben Zwergen. Der Zwerg ist ein bekanntes Symbol des schlaffen Gliedes. Die Zahl Sieben bezeichnet Kopf, Rumpf, Gliedmaßen und Glied, der Mann ist die heilige Sieben, während das Weib die böse kastrierte Sieben ist."

Aber auch viele "tiefenpsychologische" Märchendeutungen, die unter der Annahme unternommen werden, Märchen seien so etwas wie der dynamische Manifestations- und Austragungsort unbewußter *Archetypen*, wie sie C. G. Jung als dynamisches Movens im Seelenleben angenommen hat, verkommen zum bloßen Bemühen, den aus den verschiedensten Bereichen menschlicher Existenz schon bekannten Archetypus als eine Art schon feststehende Bedeutung nun auch im Märchen zu identifizieren, das angeblich schon längst vom Unbewußten Gewußte per Analogie in das Märchen hineinzutragen, mit anderen gleichgearteten archetypischen Manifestationen zu verdichten, zu "amplifizieren", wie Jungianer zu sagen pflegen, um auf diese Weise das Märchen auf längst schon bekannte Motive zu reduzieren (Grant Duff, 1934, S. 92-93):

"Aber das Über-Ich ist im Märchen nicht streng. Die Strafen, die Schneewittchen zuteil werden, sind sorgsam dosiert. Sie muß es sich gefallen lassen, daß der Jäger sie in den Wald schleppt, und später, daß die Königin sie vergiftet - aber es schadet ihr doch alles nichts. Der Jäger soll Schneewittchen töten und Leber und Herz der Stiefmutter bringen. Wir finden uns hier vor der Phantasie, von den Eltern gefressen zu werden; hier vom gleichgeschlechtlichen Elternteil. Man findet diese Phantasie so häufig in Märchen, in den Riten der Primitiven und im Unbewußten der Kulturmenschen, daß man sich fragt, ob der Mensch (...) an dieser gefürchteten Phantasie darum festhält, weil das Aufgefressenwerden von dem gleichgeschlechtlichen Elternteil eine Identifizierung mit ihm bedeutet. In dem Märchen ist - genau wie im Bewußtsein des Kindes - das Gefressenwerden als eine furchtbare Gefahr aufgefaßt. Schneewittchen entkommt dieser Gefahr; (...). Daß auch die wilden Tiere ihr nichts antun wollen, zeigt uns, wie böse die Stiefmutter ist, denn sie will Schneewittchen fressen, obwohl selbst die wilden Tiere bei Schneewittchens Anblick ihre fleischfressenden Gelüste vergessen.

Der Jäger bringt uns auf die ... Frage nach den im Volksmärchen enthaltenen Spuren der Pubertätsriten der Mädchen unter den Primitiven. So dürfen wir uns fragen, ob der Jäger ein solcher Vaterersatz sei, dessen Pflicht es war, das Mädchen zu deflorieren? Reicht das Märchen mit seinen Wurzeln bis in eine Zeit, wo solches den Mädchen geschah? Seine uns jetzt bekannte Gestalt erhielt das Märchen in Zeiten mit veränderter Weltanschauung und, der wunscherfüllenden Tendenz des Märchens entsprechend ist aus dem gefährlichen deflorierenden Mann ein freundlich schonender geworden. Wir müssen uns daran erinnern, daß die Defloration, die bei uns dem Sittengesetz nach der Hochzeit folgt, bei sehr vielen Primitiven der Hochzeit vorangeht. Ist der Frischling vielleicht auch der Repräsentant des Wildes, das bei manchen Stämmen von den Männern für den Schmaus, mit dem die Pubertätsriten enden, erlegt wird? (...) Die Stiefmutter schickt Schneewittchen in die Höhle und sagt, daß sie warten soll, bis sie zurückkommt; dann geht sie stracks nach Hause, und Schneewittchen verdankt es nur ihrer eigenen Lieblichkeit, daß die Zwerge sie nicht töten. Man denke an die nahe Beziehung zwischen Tod und Liebe und an die sadistische Auffassung des Koitus in den Phantasien des kleinen Kindes."

Solche Deutungen, die meinen, zum innersten Wesen des Märchens durchdringen zu können, häufen lediglich eine Fülle von willkürlich zusammengebundenen Details an, Reduzieren die Märcheninterpretation zur bloßen Dechiffrierung von Details, die mit dem sonst schon Bekannten willkürlich und oftmals in grotesker Weise logisch widersprüchlich verknüpft werden, als könne eine solche Art Deutung die Logik der Märchenwelt nicht verlassen. Sie vermögen aber letztlich keine Verbindung mit dem lebendigen Ganzen der Märchenerzählung herzustellen. All diesen Versuchen liegt eine Tendenz, ein Bedürfnis zugrunde, für das Märchen lediglich eine, *die richtige*, die angeblich "eigentliche" Bedeutung zu finden, Märchensymbolik wie die Symbolik des Traumes gleichsam im Sinne einer lexikalisierbaren und lexikalisierten "psychoanalytischen" Symbolik zu fixieren und die komplexe Bedeutung der Märchenwelt wie die Bilderwelt des Traums als Ausdruck kollektiver Seelengründe, als aus dem "leib-seelischen Muttergrund entsprungen", so W. Laiblin in seiner Einleitung zur Sammlung von Aufsätzen zur "Märchenforschung und Tiefenpsychologie" (1969, S. XIX), gleichsam zu (pseudo-) "objektivieren".

Märchen haben aber wie alle Dichtung, auch der Traum ist hier eingeschlossen, niemals lediglich nur eine "eigentliche" Bedeutung, die man etwa objektivieren könnte. Bedeutung erwächst im intersubjektiven Raum, dort, wo Märchen lebendig werden, nämlich im Vorgang seines Erzählens und Hörens. Dabei erwachsen aus vielfältigen Kontexten, aus der je spezifischen Variation, in der das Märchen erzählt wird, aus der Erzählsituation, aus dem Erlebniskontext dessen, der das Märchen hört usw., vielfältige Momente und Einflüsse, die in die Generierung der im Erzählvorgang jeweils erwachsenden Bedeutung eingeht. Rivka Eifermann (1987a, 1987b) hat in einer Reihe interessanter Arbeiten zur Selbstanalyse und darunter in zwei Arbeiten zur Märchenrezeption diesen subjektiven Deutungsvorgang des Hörers herausgearbeitet, indem sie in einem selbstanalytischen Verfahren ihren Assoziationen auf das Märchen "Rotkäppchen" nachging. Sie konnte zeigen, daß eine von ihr formulierte originelle Deutung des Märchens außerordentlich persönlichen Erinnerungsmustern ihrer Kindheit folgte, womit sie eine Dimension der persönlichen Deutung und Bedeutung des Märchens erschließen konnte, die wohl bei jeder Rezeption von Märchen mehr oder weniger mit beteiligt sein dürfte. Darüber hinaus konnte sie aber auch in einem weiteren Untersuchungsschritt zeigen, daß in den eigenen persönlichen Assoziationen und Erinnerungen zu diesem Märchen neben der Dimension der persönlichen Deutung und Bedeutung auch jene Dimension universell gegebener Tendenzen im Märchen zum Vorschein kam, im Sinne einer Realisierung von universalistischen Bedeutungsfeldern im persönlichen Leben und Erleben durch die Märchenerzählung, die auf jene den Urphantasien Freuds nahestehenden Konstellationen wiesen.

Gerade diese Arbeiten Eifermanns zur Märchenrezeption machen deutlich, wie unsinnig eine Festschreibung von Märchenelementen und Märchenmotiven im

Sinne einer angeblich eindeutig bestimmten Symbolik werden kann, wie zum Beispiel bei Erich Fromm (1951, S. 240): "Ein Käppchen von rotem Sammet" ist ein Symbol der Menstruation ... Die Warnung "lauf nicht vom Weg ab, sonst fällst du und zerbrichst das Glas" ist ganz deutlich eine Warnung vor den Gefahren der Sexualität und dem Verlust der Jungfräulichkeit ..." Oder bei Charles Brenner (1982, S. 232-233): "Die meisten Volksmärchen schildern in verschlüsselter Form, aber dennoch leicht verständlich, die Befriedigung der ödipalen Triebabkömmlinge. Für Kinder bedeuten Märchen gebrauchsfertige, wunscherfüllende Tagträume, die die ödipalen Triebabkömmlinge jedes Kindes befriedigen." "Gebrauchsfertig?" Hier liegt, denke ich, ein fundamentales, reduktionistisches Mißverstehen des Märchens vor, das weniger das Wesen des Märchens und der Märchenerzählung erfaßt, als es das schon Gewußte, psychoanalytisch gemeinte Theoretisieren bestätigt finden will.

Ein wichtiger Gesichtspunkt, der immer wieder diskutiert wird, betrifft die besondere Affinität, die Kinder zu Märchen haben, obwohl Märchen nicht unbedingt eine Kindersache waren und sind. Bereits Musäus schrieb in diesem Sinne in der Einleitung zu seiner Märchensammlung an seinen "werten Freund" David Runkel (1782, S. 12): "Volksmärchen sind aber auch keine Kindermärchen; denn ein Volk, weiß Er wohl, besteht nicht aus Kindern, sondern hauptsächlich aus großen Leuten, und im gemeinen Leben pflegt man mit diesen anders zu reden, als mit jenen. Es wäre ein toller Einfall, wenn Er meinte, alle Märchen müßten im Kinderton der Märchen meiner Mutter Gans erzählet werden."

Dennoch besteht gerade von seiten des Kindes eine ausgesprochene Affinität zum Märchen. Dies dürfte sicher nicht nur mit der Tatsache zusammenhängen, daß die Brüder Grimm ihre Märchensammlung als '*Kinder*- und Hausmärchen' veröffentlicht haben. Vielmehr sind es die spezifischen Elemente des Märchens selbst, die diese Affinität besonders des kindlichen Interesses zur Märchenwelt begründen. Vielfach suchte man den besonderen Reiz, den Märchen auf Kinder ausüben, aus der Tatsache zu erklären, daß das wunschbestimmte und animistisch omnipotente Welterleben des Kindes der Wunschwelt des Märchens in vielerlei Hinsicht noch sehr viel näher stehe, als dies beim Erwachsenen der Fall sei, so daß das Märchen im Rahmen der psychischen Entwicklung die Möglichkeit einer imaginativen Erprobung lebensgeschichtlicher Risiken und Möglichkeiten erlaube. Damit wird aber dem Märchen der Charakter einer Art entwicklungspsychologischer Hilfestellung zugesprochen. Einer der herausragendsten Vertreter dieser Auffassung war Bruno Bettelheim, der in seinem Buch "Kinder brauchen Märchen" (1986) eine Fülle von seiner Überzeugung nach beweisenden Beispielen bringt, die belegen sollen, daß das Märchen eine Art Lehrmeister und Erzieher sei, daß das Märchen vor allem dazu da sei, *damit das Kind lernt*. So meinte Bettelheim etwa, daß die Geschichte von Dornröschen jedem Kind einpräge, "daß ein traumatisches Ereignis - wie die erste Blutung des jungen Mädchens zu Beginn der Pubertät und später beim Geschlechtsverkehr - tatsächlich die glücklichsten Folgen hat. Die Geschichte schärft ihm ein, daß solche Ereignisse zwar sehr ernst zu nehmen sind, daß man aber keine Angst davor zu haben braucht. Der

"Fluch" ist ein versteckter Segen" (S. 223). Oder an anderer Stelle: "Vermutlich noch wichtiger ist die Tatsache, daß einmal Hänsel der Retter ist und das andere Mal Gretel, was den Kindern zeigt, daß sie, sobald sie größer werden, immer mehr auf ihre Altersgenossen vertrauen müssen, wenn sie Hilfe und Verständnis nötig haben. Auch das unterstreicht das Hauptanliegen dieses Märchens, das auf eine Warnung vor der Regression und auf den Ansporn hinausläuft, zu einer höheren Ebene des psychologischen und intellektuellen Seins heranzuwachsen" (S. 156).

Hier wird das Märchen zum spezifischen Mittel einer psychoanalytisch gemeinten Entwicklungspädagogik instrumentalisiert und verfremdet, so, als ob die Volksmärchen in ihrer Gesamtheit gedichtet worden seien, *damit* sie dem Kinde zum weisen Berater, Lehrmeister und Erzieher würden. Viele Märchen, vor allem in ihrer noch nicht zum Märchen für Haus und Kinder redigierten Form, aber selbst viele Märchen aus der Grimmschen Sammlung der "Kinder- und Hausmärchen" sind für eine solche Aufgabe denkbar ungeeignet. Insofern ist es ein Mißverstehen, das Märchen als ein Vehikel seelenhygienischer Wirkungen aufzufassen, selbst wenn es dazu verwendet werden kann und wohl, wie Bettelheim deutlich macht, oftmals auch dazu verwendet wird.

Ein solches Verständnis vom Märchen konfrontiert uns mit der vergleichbaren Fragestellung, wie diese uns bereits bei der Untersuchung psychoanalytischer Perspektiven der Kunst beschäftigt hat, nämlich, inwieweit die psychoanalytische Märcheninterpretation eine relevante Dimension zu einem umfassenderen Verständnis der phantastischen Wirklichkeit der Märchenerzählung und ihrer individuellen und kollektiven Bedeutung beizutragen vermag, oder inwieweit psychoanalytische Märcheninterpretation das Märchen letztlich im Sinne des "angewandten Märchens" zur bloßen Bestätigung der eigenen Theorie und Praxis benutzt. Auch hier werden psychoanalytische Perspektiven um so fruchtbarer sein, je mehr sie den interdisziplinären Diskurs mit der Literaturwissenschaft und Germanistik, die ihrerseits manche ihrer Deutungsmuster von Märchen kritisch zu befragen hätte, zu suchen bereit ist.

20. Psychoanalyse und Mythos

Das Märchen ist gestaltete menschliche Phantasie, die im historischen Prozeß in einem kollektiven Rahmen vermittelt wurde und wird. Die Märchenstoffe und -motive sind dabei, wie wir gesehen haben, mit denen des Mythos eng verwandt. Während die Beziehung zur "Wahrheit" des Märchens, ähnlich wie in der Rezeption des Literarischen, immer zugleich auch eine Dimension der Wahrnehmung und Anerkenntnis der Unglaubwürdigkeit des Erzählten enthält und die spezifische Wahrheit des Märchens aus seiner Eigenschaft als *fabula incredibilis*, als einer Wahrheit der Phantasie erwächst, ist die Sage und mehr noch der Mythos, für den, der die Sage zur Erzählung gestaltet und verkündet, nicht Fabel, sondern unerschütterliche Wirklichkeit.

Mythos, nach dem griechischem Wort Rede oder "Erzählung", bezeichnete im polytheistischen Griechenland die Erzählungen, die Geschichten, die Sagen von den Göttern, jener faszinierenden und zugleich erschreckenden heiligen Wesen, in denen das Unerklärliche, das Numinose des Weltursprungs als letzter Erklärungsgrund und Lebensbegründung seinen unmittelbaren Ausdruck fand. In einem weiteren Sinne bezeichnet Mythos jede Art der Überlieferung von der Existenz numinoser Wesen oder Kräfte als Formen und Möglichkeiten der Erklärung des Ursprungs der Existenz und des Schicksals der Welt. Mythos ist, wie die Religion, nicht privater, sondern gesellschaftlicher Natur. Beide fungieren als organisierende und essentiell integrierende Momente der Gesellschaften, in denen sie überliefert werden. Das Mythische, die mythische Dimension ist eine grundlegende Dimension menschlicher Existenz und menschlichen Denkens, weil sie Begründungen vermittelt, aus denen die Existenz in der Gemeinschaft derer, die den Mythos teilen, grundsätzlich Sinn und Bestimmung erhält.

Die Art der Sinngebung, die aus dem Mythos erwächst, führt zur Unterscheidung verschiedener Typen von Mythen. Man kann zum Beispiel solche unterscheiden, die die Entstehung der Götterwelt (*theogonische*) von solchen, die den Ursprung des Kosmos und der Welt (*kosmogonische*), solche, die die Erschaffung des Menschen (*anthropogonische*) oder auch das Weltende (*eschatologische*) zum Inhalt haben. Von daher geben Mythen ein umfassendes Begründungs- und Sinnverständnis der Welt, das gegen alle Not, Bedrohung und Zufälligkeit der menschlichen Existenz als eine Art transzendentale, dem Zugriff des Menschen entzogene Referenz Orientierung und Halt zu vermitteln, die menschliche Existenz zugleich sinnhaft zu begründen vermag. Insofern sind Mythen umfassende Modelle der Weltdeutung, "Ur-Norm und Ur-Form des Lebens ... , zeitloses Schema und von je gegebene Formel, in die das Leben eingeht, indem es aus dem Unbewußten seine Züge reproduziert", wie es Thomas Mann formuliert hat (1942, S. 382).

Ur-Norm, *Ur*-Form verweist auf die Tatsache, daß menschliches Leben, menschliche Weltdeutung im zeitlos Mythischen wurzelt. Sein Ursprung ist nicht zu ergründen, er liegt weit vor der Zeit schriftlicher Überlieferung. Denn auch die ältesten uns bekannten Mythen sind bereits Ergebnisse eines viele tausend Jahre währenden Prozesses der Bearbeitung und Auslese, in dem die jeweils spezifischen historischen Interessen der Überlieferer mit eingegangen sind. "Ur-Norm" und "Ur-Form" mythischer Weltdeutung verweist aber auch auf die Grundsituation des Urmenschen, auf sein totales Ausgeliefertsein an die Natur und ihre überwältigende Macht, ihre alles Leben bestimmende rätselhafte Gewalt und Ordnung, wie sich diese dem Menschen im ewig gleichen, zeitlosen Wechsel von Tag und Nacht, Sommer und Winter, Geburt und Tod vorstellt. Mythische Weltdeutung ist somit ein Versuch, das Rätselhafte, Unheimliche, die Schrecken und Entsetzlichkeiten des menschlichen Daseins, der menschlichen Wirklichkeit erträglich zu machen und durch ordnende, Orientierung gebende mythische Begründung zu bewältigen. Dabei ist mit "Wirklichkeit" sowohl die menschliche Wirklichkeit "außen", die äußere Natur, wie auch die menschliche Wirklichkeit "innen", die innere Natur mit ihren archaischen, Kannibalismus, Inzest Vatermord, Muttermord und Geschwistermord ermöglichenden Mächten gemeint. Nietzsche setzt in seinem ersten großen Werk "Die Geburt der Tragödie aus dem Geiste der Musik" (1872) den Mythos gegen die vom Waldgott *Silen* mit höhnischem Gelächter ausgesprochene Wahrheit über die menschlicher Existenz: "Elendes Eintagsgeschlecht, des Zufalls Kinder und der Mühsal, was zwingst du mich dir zu sagen, was nicht zu hören für dich das Ersprießlichste ist? Das Allerbeste ist für dich gänzlich unerreichbar: nicht geboren zu sein, nicht zu *sein*, *nichts* zu sein. Das Zweitbeste aber ist für dich - bald zu sterben." (S. 38)

Den Mythos, die olympische Götterwelt sieht Nietzsche gegen die vom Waldgott als einer Personifizierung der Natur benannte menschliche Wirklichkeit gesetzt, "wie die entzückungsreiche Vision des gefolterten Märtyrers zu seinen Peinigungen" (ebenda). Um überhaupt leben zu können, stellt der Mensch vor das Grauen der Wirklichkeit

> "die glänzende Traumgeburt der Olympischen. (...) Jenes ungeheure Mißtrauen gegen die titanischen Mächte der Natur, jene über allen Erkenntnissen erbarmungslos thronende Moira, jener Geier des großen Menschenfreundes Prometheus, jenes Schreckenslos des weisen Ödipus, jener Geschlechtsfluch der Atriden, der Orest zum Muttermorde zwingt, kurz jene ganze Philosophie des Waldgottes, samt ihren mythischen Exempeln ... - wurde von den Griechen durch jene künstlerische Mittelwelt der Olympier fortwährend von neuem überwunden, jedenfalls verhüllt und dem Anblick entzogen. Um Leben zu können, mußten die Griechen diese Götter, aus tiefster Nötigung, schaffen: Welchen Hergang wir uns wohl so vorzustellen haben, daß aus der ursprünglichen titanischen Götterordnung des Schreckens durch jenen apollinischen Schönheitstrieb in langsamen Übergängen die olympische Götterordnung der Freude entwickelt wurde: Wie Rosen aus dornigem Gebüsch hervorbrechen" (ebenda).

Mythos wird so zur welterklärenden Setzung gegen eine überwältigende, in ihrer Allgewalt, ihrem Schrecken und in ihrer Unbekanntheit ohnmächtig machenden Übermacht der Natur. Die ursprüngliche Funktion des Mythos ist also, wie es Hans Blumenberg in seinem umfassenden Werk "Arbeit am Mythos" (1979) formuliert hat, der Abbau des Absolutismus der Wirklichkeit, indem numinose Unbestimmtheit in nominale Bestimmtheit umgewandelt wird. Alles in der Natur, die Erde, der Himmel, die Berge, die Quelle, der Fluß und das Meer, Blitz und Donner, Wind und Regen wird entweder als Zeichen für das Wirken eines Gottes oder personifizierend als Gott vorgestellt, der in der Natur in Erscheinung tritt, und zwar nach mythischen Ordnungen und Regeln, nach heiligem Ur-Geschehen, nach heiligen Ur-Normen, in denen sich die zeitlosen Ordnungen und Regeln der Natur wiederfinden. Die Wirklichkeit der Natur, des Kosmos, Geburt, Schicksal und Tod als eine nichtkontrollierbare Wirklichkeit wird somit in dem heiligen Wissen um die mythische Ordnung erklärbar und kontrollierbar. Dabei greift der Mensch auf jene grundlegende Möglichkeit seines Denkens zurück, die uns bereits an anderer Stelle im Zusammenhang mit dem Begriff der Metapher als der Möglichkeit des Benennens des Unvertrauten mit Hilfe des Vertrauten beschäftigt hat (vgl. Kapitel 8), nämlich, das Unvertraute mit Hilfe des Vertrauten zu denken, nach dem Prinzip der Analogie das Unerklärliche mit Hilfe des am Gang von Sonne und Mond, des Wechsels von Tag und Nacht, des zyklischen Wechsels der Jahreszeiten und Gezeiten, der Folge der Generationen usw. als regelhaft Beobachtetem zu ordnen, sich begreiflich zu machen und auf diese Weise Orientierung zu finden. Das heißt, Mythos, die mythische Welterklärung erfolgt immer nach dem Modell menschlicher Möglichkeiten des Wahrnehmens, des Vorstellens, des Erlebens und des Ordnens menschlichen Beziehungen.

Der Mythos selbst ist *ahistorisch*. Aber er erfährt in der Überlieferung, im historischen Prozeß eine fortwährende Entwicklung und Verwandlung, die Blumenberg "Arbeit am Mythos" nennt, eine Arbeit, die wissenschaftlicher, vor allem aber auch künstlerischer Natur sein kann. Insofern tritt der ahistorische Mythos in die Geschichte ein und erfährt durch diese eine geschichtlich begründete Bearbeitung, Gestaltung und Veränderung. Mythische Überlieferung ist somit Resultat eines sich fortsetzenden dialektischen Prozesses ahistorischer Unbedingtheit und historischer Bedingtheit.

Als "irgendwann" gesetzte mythische Welterklärung und Ursprungserklärung ist Mythos *wahr* und keine *graecia mendax*, keine griechische Lüge, als die Christian August Lobeck 1829 den Mythos aus dem Geiste der Aufklärung bezeichnet hat. Diese Wahrheit erwächst aus anderen Begründungszusammenhängen als die Wahrheit der Wissenschaft, aus einer anderen Ontologie (vgl. Hübner, 1985, 1989). Insofern läßt sich die Wahrheit des Mythos nicht mit Wahrheitskriterien der Wissenschaft bestätigen oder widerlegen; denn es handelt sich um eine Wahrheit eigener, das heißt gegenüber der Wahrheit der Wissenschaft anderer Art. Deshalb kann die Wahrheit der Wissenschaft, die vordergründig unsere moderne Realität völlig zu bestimmen scheint, auch nicht die Wahrheit des Mythos überwinden und aufheben, gleichsam kraft wissenschaftlicher Argumentation und Erkenntnis unsere Wirklichkeit von mythischen Elementen entrümpeln und reinigen. Diese Frage hat zum Beispiel auch in der theologischen Auseinandersetzung um die mythischen Elemente des Neuen Testaments eine nicht unerhebliche Rolle gespielt. So meinte Rudolf Bultmann: "Man kann nicht elektrisches Licht und Radioapparat benutzen, in Krankheitsfällen moderne medizinische und klinische Mittel in Anspruch nehmen und gleichzeitig an die Geistes- und Wunderwelt des

Neuen Testaments glauben" (zit. b. Hübner, S. 330). Eine solche Überlegung verkennt den besonderen existentiellen Charakter des Mythischen als einer essentiellen Dimension menschlichen Erfahrens und Denkens, die man nicht im Zuge des Fortschreitens "wissenschaftlicher" Erkenntnis einfach über Bord werfen kann.

Mythos *ist*, und zwar in einem existentiellen Sinne. Er ist somit nicht "uneigentlich", allegorischer Ausdruck von etwas anderem, etwa bloß in die äußere Welt projizierte Psychologie, die in der dann so verstandenen "uneigentlichen" Mythologie als deren "eigentliche" Bedeutung zu objektivieren sei, oder bloß Widerspiegelung historisch politischer Verhältnisse, die deren "eigentlichen" Sinn ausmachen würden. Insofern ist Mythos auch nicht Träger oder Vermittler "archetypischer" Konfigurationen, die ahistorisch, als quasi eingeborene Ideen den "eigentlichen" Urgrund und Inhalt des Mythischen bilden. Mythos als existentielle Aussage ist unhintergehbar, er *stellt* nicht etwas anderes *dar*, sondern er *zeigt*, wie es Ludwig Wittgenstein in diesem Sinne im "Tractatus logico-philosophicus" sagt (6.522): "Es gibt allerdings Unaussprechliches. Dies zeigt sich, es ist das Mystische."

Wenn man den Mythos, seine Wahrheit verstehen will, was er für Menschen bedeutet, die ihm verpflichtet sind, die mit ihm, in ihm und durch ihn leben, dann darf man ihn nicht gleichsam objektivierend betrachten, sondern man muß *deutend* vorgehen; das heißt, der Mythos läßt sich nicht herausgelöst und gleichsam objektiviert verstehen, sondern nur in seiner Beziehung zu dem, dem er *be*-deutet. Deshalb verfehlt eine abstrahierende Deutung von Mythen, die aus einer Vielzahl von Mythen mit analoger Erzählstruktur abstrahierend einen Typus herausdestilliert, wie etwa bei Otto Rank in seinem Versuch über den Mythos von der Geburt des Helden (1909), das Wesen des Mythos ebenso wie das Herauslösen einzelner mythischer Motive, denen man dann einen "eigentlichen" Sinn des Mythos zuschreiben möchte. Eine solche Praxis verbietet sich beim "mythischen Diskurs" ebenso, wie wir dies bereits bei den ästhetischen Diskursen und beim Märchen diskutiert haben.

Der Mythos bringt zu der Zeit, zu der er unumschränkt geltungsmächtig ist, andere Formen des Diskurses hervor als zu anderen Zeiten. Für den Empfänger eines delphischen Orakelspruchs in der Blütezeit der griechischen Antike bedeutete dieser etwas völlig anderes als für jenen Besucher Delphis, der zur Zeit des Untergangs der antiken Welt das Verlöschen der mythischen Macht dieser heiligen Stätte erlebte, worüber wir bewegende Zeugnisse haben. Für uns heute ist das delphische Orakel, seine mythische Welt und seine Sprache nur noch als ein vergangenes, historisches Geschehen zugänglich, das wir in seiner ursprünglichen Bedeutung nur sehr begrenzt in unserer Vorstellung empathisch wiederzubeleben vermögen. Dennoch müssen wir uns, wenn wir eine Ahnung von dem gewinnen wollen, was diese mythische Welt für die Menschen damals als essentielle Bedingung ihrer Existenz bedeutet hat, erst in die damalige mythische Welt, in die mythischen Vorstellungen, Bedeutungen, in die mythische Wirklichkeit von damals hineinversetzen. Als ich mich vor einiger Zeit im Museum Delphis den beiden bei Ausgrabungen wieder freigelegten, durch die vielen Jahrhunderte in der Erde schwarz gewordenen, mit Vergoldungen verzierten elfenbeinernen Köpfen von *Apollo* und *Artemis* gegenübersah und ich mich, angeregt durch die vielen anderen großartigen Exponate aus diesem größten Heiligtum der griechischen Antike, in das Erleben eines griechischen Besuchers dieser heiligen Stätte, in die antike Vorstellungs- und Erlebniswelt hineinzuversetzen versuchte, nahmen für mich beide Göttergesichter in ihrem menschlichen Gesichtsausdruck nach einiger Zeit des Betrachtens ganz plötzlich etwas überwältigend Unheimliches an, so, als habe sich in mir für einen Augenblick eine gefühlshafte Ahnung von der göttlich-menschlichen Doppelnatur der Masken und mit ihr etwas von deren Götterrealität eingestellt. Zugleich wurde mir aber auch schlaglichtartig in einer mir bisher nicht vorstellbaren Weise deutlich (als wollte ich mich mit Hilfe dieses Einfalls der überwältigenden Konfrontation mit dieser mythischen Welt schleunigst entziehen) welch ungeheure religiöse Andersheit in jenem Gebot des "Du sollst dir kein Bild machen" des jüdischen Gesetzes enthalten ist, aber auch, welche ungeheure Provokation dieses religiöse Gebot für den Göttergläubigen, sich Gottheit bildlich vorstellenden antiken Menschen darstellen mußte. Gerade dies aber erlaubte mir, die Bedeutungstiefe beider Welten noch mehr zu erschließen.

Indem mit dem Mythos die objektive Wirklichkeit mit Namen, Willen und Bewußtsein ausgestattet wird und menschliche Ordnung der mythischen Ordnung entsprechend in mythischer Praxis, im zeitlosen Ritual und in gleichförmig immer wiederkehrenden *Festen* gestaltet und immer wieder bekräftigt wird, wird Mythos zum Mittel, auf die Wirklichkeit der Menschen, in der diese leben, auf die Gesellschaft einzuwirken. Die Bühne des Mythos ist deshalb die wirkliche Welt, die menschliche Gesellschaft. Das heißt, dem Mythos kommt zugleich eine die Gesellschaft und ihre Kultur gestaltende Macht zu, die der Mythenüberlieferung, der Mythenerzählung, der Sage anders, als wir dies beim Märchen gesehen hatten, eine affirmierende, den Mythos in der Gesellschaft bekräftigende Funktion zuweist. Deshalb lassen sich die Sagenmotive auch nicht aus ihrem Kontext herauslösen. Sie verlieren ohne diesen Kontext ihren essentiellen Sinn.

Mythisches Denken und mythische Welterklärung haben in der Geschichte der Menscheit über Jahrtausende hinweg das Leben des Menschen bestimmt und eine ungeheure, aus dem mythischen Denken begründete Entwicklung und Differenzierung menschlicher Lebensformen hervorgebracht, von den Ur-Horden der Jäger und Sammler bis zu den Hochkulturen der vorchristlichen Antike im Zweistromland, in Ägypten und in Griechenland wie auch zu den aus anderen historischen und geographischen Kontexten hervorgegangenen Hochkulturen in Zentralamerika. Es war die griechische Welt, die schließlich Ansätze unternahm, die Welt des Mythos zu verlassen, als mit den ersten Vorsokratikern im 6. Jahrhundert vor unserer Zeitrechnung der Versuch begann, die Beziehung des Menschen zur Welt und seine Beziehung zu dieser Beziehung zu reflektieren und die Beziehung der Dinge zueinander sowie die Ordnungen dieser Beziehung und deren Begründungszusammenhänge systematisch zu erfassen. Diese gegenüber dem Mythos neue, kritische, das heißt unterscheidende und differenzierende Art der Selbst- und Weltsicht, die schließlich zum Begriff des *Logos* führte, läßt sich als eine neue Form des Abarbeitens des "Absolutismus der Wirklichkeit", als eine neue Art der Weltbewältigung begreifen, letztlich mit einem dem Mythos gleichen Ziel. Der Logos suchte dieses Ziel allerdings, anders als der Mythos, mit den Mitteln der Systematisierung, der logischen Ordnung, der abstrakten Begrifflichkeit, durch das abstrahierende Denken zu erreichen, während der Mythos ganz auf das Sinnliche, auf unmittelbare sinnliche Erfahrung und Anschauung gerichtet blieb. Indem nun der Logos so, wie er schließlich von Platon und Aristoteles gedacht wurde, den Mythos selbst zum Gegenstand des Denkens nahm, wurde die letzte Begründung menschlicher Existenz zunehmend aus der realen Welt, in der er sich verwirklichte, in eine Welt der Transzendenz entrückt, in Platons Vorstellung zur höchsten Idee, des Guten, bei Aristoteles zu jener letzten Ursache aller Bewegung, dem *unbewegten Beweger*, für dessen Existenz nun Beweise und logische Begründungszusammenhänge zu suchen waren - Grundlage dessen, was schließlich mit dem Begriff der *Metaphysik* umrissen wurde. Andererseits ging aus dem Logos das wissenschaftliche Denken, die Wissenschaft hervor, die gemäß der ihr eigenen Struktur und Systematik ihres Begründens und Beweisens in ihrem Vorgehen und Denken die Dimension des sinnlichen Erlebens und Erfahrens sowie Annahmen einer Transzendenz möglichst auszuschließen suchte.

Von dieser geschichtlichen Entwicklung und vom Ansatz des wissenschaftlich geprägten Denkens her ergibt sich nun die weit verbreitete Annahme, daß diese historische Entwicklung vom Mythos über den Logos zur Wissenschaft im Sinne einer Abkehr von der mythischen Dimension menschlichen Denkens eine Entwicklung des menschlichen Fortschritts vom "primitiven", archaischen Mythos über den Logos hin zum Gipfel der wissenschaftlichen Vernunft widerspiegele. Dies ist, wie uns die Entwicklung der abendländischen Geschichte schnell deutlich machen kann, ein grundlegender Irrtum. Mythos, Metaphysik und Wissenschaft verkörpern vielmehr jeweils unterschiedliche Formen des menschlichen Denkens, der menschlichen Weltsicht, die jede auf ihre Weise ihre Gegenstände und die Gegenstandsbeziehungen im Sinne einer je spezifischen Ontologie systematisiert (vgl. Hübner, 1989). So ist etwa der Zeitbegriff im Mythos absolut eindeutig, während dieser in der Wissenschaft, wie wir vor allem von der modernen Atomphysik und Astrophysik wissen, alles andere als eindeutig ist. Der Physiker Stephen Hawking, Inhaber des Lucasian Professorship in Cambridge, ein Lehramt, das vor ihm unter anderen schon Newton innehatte, hat in seinem auch für den physikalischen Laien noch verständlichen Buch "Eine kurze Geschichte der Zeit. Die Suche nach der Urkraft des Universums" (1988) dargelegt, wie es aus der Sicht der modernen physikalischen Wissenschaft mit unseren Vorstellungen über die Zeit bestellt ist. Diese enthält etwa Annahmen über ein Raum-/Zeitkontinuum, Annahmen über eine Zirkularität der Zeit und sogar, um einige Befunde der Teilchenphysik erklären zu können, Annahmen über eine mögliche Umkehr der Zeitrichtung, und das heißt, auch Annahmen über eine "negative" Zeit.

Von ihren Grundannahmen her ist aber letztlich auch diese Wissenschaft Ergebnis von Setzungen, von gesetzten Grundannahmen, und zwar in einer gleichen

Weise wie beim Mythos. Von daher ist Wissenschaft, ist wissenschaftliches Denken dem Mythos nicht etwa überlegen (vgl. Hübner, 1989). Die vom Mythos geleiteten Griechen haben nicht primitiver gedacht als wir dies heute tun, sie haben *anders* gedacht. Auch hat die Entwicklung der Wissenschaft, des wissenschaftlichen Denkens nicht, wie dies in wissenschaftspositivistischer Tradition behauptet wurde, eine Abkehr vom mythischen Denken mit sich gebracht. Eine solche positivistische Position stellt selbst einen Mythos dar. Mythos und Wissenschaft stehen vielmehr, wie uns Horkheimer und Adorno in der "Dialektik der Aufklärung" (1947) gezeigt haben, in einem dialektischen Verhältnis zueinander. Schon der Versuch, die Welt sich mythisch begreiflich zu machen, stellt ein Stück "Aufklärung" und so verstanden einen Ansatz von "Wissenschaft" dar, während die fortschreitende Aufklärung zum Mythos umschlägt. Wissenschaft hat sich in diesem Sinne ihrer gleichsam "mythischen" Setzungen bewußt zu bleiben. Von diesem Verständnis her schrieb Freud in seinem Brief an Albert Einstein "Warum Krieg?" (1933b, S. 22): "Vielleicht haben Sie den Eindruck, unsere Theorien seien eine Art von Mythologie, nicht einmal eine erfreuliche in diesem Fall. Aber läuft nicht jede Naturwissenschaft auf eine solche Art von Mythologie hinaus? Geht es ihnen heute in der Physik anders?". Und in bezug auf den psychoanalytischen Begriff des Triebes (vgl. Kapitel 3) meinte Freud: "*Die Trieblehre ist sozusagen unsere Mythologie*. Die Triebe sind mythische Wesen, großartig in ihrer Unbestimmtheit. Wir können in unserer Arbeit keinen Augenblick von ihnen absehen und sind dabei nie sicher, sie scharf zu sehen." (1933a, S. 101, Hervorhebung L.H.)

Hier hat Freud das Mythische nicht etwa als einen zu eliminierenden Rest auf dem Weg zu "endgültiger" wissenschaftlicher Klarheit gedacht, sondern als etwas, das der Dimension einer Art mythischer Setzung einen zentralen Platz einräumt, gleichsam als eine letzte, "gesetzte" Annahme, die in ihrem spekulativ modellhaften Charakter in nichts jenen spekulativ modellhaften Annahmen nachsteht, wie sie etwa die Kernphysik und die Astrophysik mit ihren Modellen über die negative Zeit und, grundlegender noch, über die Welt und ihre Entstehung im Urknall vorgelegt hat.

Die dialektische Beziehung von Mythos und Wissenschaft zu vernachlässigen, rächt sich. Denn die ausgeblendete mythische Dimension setzt sich mit der zunehmenden Verabsolutierung von Wissenschaft und Aufklärung mehr und mehr durch. Die Vergötterung der Wissenschaft läßt diese zunehmend selbst zum Mythos werden, und Wissenschaftsgläubigkeit tritt an die Stelle kritischen Denkens und Bedenkens gerade und vor allem auch des Setzungscharakters ihrer Prämissen sowie der Begrenztheit ihrer Aussagen wegen. Wissenschaft wird damit zum geschlossenen System, zu einer nicht mehr reflektierten wissenschaftlichen Ideologie, die uns die Möglichkeit vorenthält, die Grundannahmen unseres Denkens und die daraus abzuleitenden und abgeleiteten Folgen noch ausreichend kritisch zu bedenken. So hat uns gerade jener eng mit dem Absolutheitsanspruch wissenschaftlichen Denkens verbundene Glaube an den technologischen Fortschritt, an die technische Machbarkeit aller Dinge und an die grenzenlose Verfügbarkeit über die Natur mehr und mehr in eine Situation geführt, die die Bedrohung unserer menschlichen Existenz durch eine ökologische Katastrophe ungeheuren Ausmaßes zunehmend denkbar und möglich erscheinen läßt - als fände der antike mythische Glaube an die vernichtenden Folgen menschlicher Hybris über die Natur und damit gegenüber den Göttern eine späte, schreckliche Bestätigung.

Allerdings ist die Abkehr von der Wissenschaft, wie sie etwa die modernen New-Age- und Esoterikbewegungungen mit ihren buntgewürfelten Möglichkeiten und Hilfsmitteln predigen, von der Homöopathie und Kräuterkunde über die Chiromantik und Tarot-Lehre bis zu Abwehrtechniken gegenüber unheimlichen, unkontrolliert wirkenden Wasseradern und Erdstrahleinflüssen, oder jene in die ungeheuerlichste moralische und materielle Katastrophe unseres Landes führende, von mißverstandenem Germanenmythos bewegte Herrenmenschenideologie unserer jüngsten deutschen Nazi-Vergangenheit offensichtlich ein ebensowenig tragfähiger Weg, die vor uns liegenden Probleme der Welt in einer humanistischen Weise zu bewältigen, wie sie die drohende ökologische und Klimakatastrophe, vor allem aber das bisher in seinen apokalyptischen Auswirkungen öffentlich noch überhaupt nicht ausreichend bedachte Problem der Bevölkerungsexplosion auf dieser Erde mit sich bringt. Eine solche Rückwendung ins so verstanden mythisch Irrationale, eine solche Aufkündigung menschlicher kritischer Rationalität erliegt dem gerade auch von der Wissenschaftsgläubigkeit geteilten Mißverständnis, daß Wissenschaft und Mythos einander ausschlössen, so daß der Marsch ins Irrationale am Ende jene Begründungen des Szientismus perpetuiert, von denen er sich mit seiner mißverstandenen "Hinwendung zum Mythischen" abzukehren meint, unter Umständen, wie uns die Pseudo-Mythen des Nationalsozialismus vorgeführt haben, mit den fürchterlichsten Folgen.

Der Dialektik von Mythos und Aufklärung ist nicht zu entkommen. Deshalb können uns die modischen New-Age- und Esoterikbewegungen ebensowenig helfen, unser Verständnis von uns selbst als Menschen und von unseren Möglichkeiten und Grenzen bei der Bewältigung der Schwierigkeiten und Gefährdungen in unserer Welt zu erweitern, sowie das im Jahre 1792 in einem sichtlich mythischen Umschlag erfolgte Aufstellen von Vernunftaltären und Freiheitsbäumen in Frankreich das nicht sehr viel später folgende Schreckensregime Robespierres nicht verhindern konnte. Nur wenn wir uns über die Kenntnis des Vergangenen den Zugang zu den verschiedenen, uns zuhandenen Möglichkeiten der Weltsicht offenhalten, kann es uns gelingen, ausreichend kritische Distanz gegenüber unserem gegenwärtigen Tun und Denken zu gewinnen und zu vermeiden, daß wir einer sich letztlich immer gegen den Menschen destruktiv wendenden mythisch-ideologischen Verblendung verfallen.

Die Dialektik von Mythos und Aufklärung korreliert mit jener, die das Verhältnis zwischen der Zeitlosigkeit des Mythos und seiner Geschichtlichkeit bestimmt. Mythisches Denken ist wie der Mythos selbst zeitlos. Aber der zeitlose Mythos geht auch, so hatten wir gesehen, in die Geschichte ein. Dies verbietet polarisierende Auffassungen, nach denen der Mythos entweder bloß als eine Widerspiegelung historisch politischer Verhältnisse zu begreifen sei oder aber sich ahistorisch auf bloße anthropologische oder psychologische Typen oder Schemata reduzieren lasse. Die Zeitlichkeit des Menschen ist in der ewig zeitlosen Ordnung des Mythischen im doppelten Sinne des Wortes *aufgehoben*. Erst wenn die Macht und Erklärungskraft eines Mythos in der geschichtlichen Veränderung schwindet, etwa im Gefolge historisch ökonomischer Veränderungen, durch Machtkämpfe mit eindringenden fremden Völkern und deren Kulturen und Mythen oder durch die Entwicklung kritischer, die Macht des jeweiligen Mythos relativierender oder aufhebender Weltsicht, wird dieser Mythos und mit ihm die Dimension seiner Zeitlosigkeit relativiert und aufgehoben und unter Integration neuer, anderer, ihm bisher fremder Elemente umgestaltet, in anderer Gestalt erneuert. Insofern schlägt sich in der Mythenüberlieferung und ihren Gestaltungen auch das jeweilige politisch-ökonomische Interesse einer Epoche und die Auseinandersetzungen darum nieder.

Kulturen und ihre Mythen sind in der Geschichte gewandert, andere traten hinzu, setzten sich durch und wurden integriert oder aber geschwächt und schließlich unter Hinterlassung von Spuren eliminiert. Von daher läßt sich etwa die griechische Mythologie auch als eine Verdichtung einer viele Jahrhunderte währenden Auseinandersetzung zwischen archaischen, mutterrechtlich organisierten Kulturen und Mythen, wie sie im Mittelmeerraum weit verbreitet waren, mit aus dem Norden gewaltsam eingedrungenen, vaterrechtlich organisierten Kulturen und Mythen lesen (vgl. z.B. Ranke-Graves, 1955). Viele Gottheiten erscheinen so mit ihren vielfach außerordentlich komplexen und zum Teil widersprüchlichen Seiten als "kompositionsmythische" *Figuren*. So ist zum Beispiel eine der ältesten Bezeichnungen des Gottes Apollo *Apollo smintheos*, "Mäuse-Apollo", der als solcher ursprünglich nicht nur auf Kreta, sondern auch in Palästina verehrt wurde und dort in die Auseinandersetzung mit dem auf Abgrenzung bestehenden Judentum geriet, wie wir dies zum Beispiel bei *Jesaja* 66, Vers 17 lesen können: "Die sich heiligen und reinigen in den Gärten, einer hier, der andere da, und essen Schweinefleisch, Greuel und Mäuse, sollen weggerafft werden miteinander, spricht der Herr."

In diesem Sinne dürften auch der Mythos vom Umsturz der delphischen Schlange Pythia durch Apollo, durch den das antike delphische Heiligtum zum heiligen Ort seiner Verehrung wurde, aber auch die spätere Auseinandersetzung Apollos mit dem in seinen Ursprüngen nach Kleinasien weisenden Dionysos-Kult, der schließlich in die delphischen Kulte integriert wurde, als das Ergebnis solcher mythisch kulturellen Auseinandersetzungen in der Zeitlichkeit, in der Geschichte zu verstehen sein. Ähnliches dürfte für den Ödipus-Mythos und seine mehrfachen Varianten (vgl. Vogt, 1989), aber auch für den Mythos des Orpheus gelten, über den wir im folgenden Kapitel Näheres hören werden. Jenes auf zeitlose Ursprünge weisende *in illo tempore*, jenes "Es begab sich aber zu der Zeit ..." ist eben immer in einem doppelten Sinne zeitlos und geschichtlich, es ist eben mythisch zu lesen: "Tief ist der Brunnen der Vergangenheit. Sollte man ihn nicht unergründlich nennen?", heißt es in diesem Sinne zu Beginn des Joseph-Romans, womit Thomas Mann die "Brunnentiefe der Zeiten" und mit ihr die mythische

Dimension seines Romans setzt (vgl. auch Thomas Manns zum 80. Geburtstag Sigmund Freuds gehaltene Festrede "Freud und die Zukunft", 1936, S. 213, vor allem S. 225 f).

Für die Psychoanalyse und ihre Theorieentwicklung war die Auseinandersetzung mit dem Mythos und dessen Deutung von Anfang an von besonderem Gewicht. Der Mythos war das kollektive Phänomen *par excellence*, an dem die kollektive Dimension des Unbewußten und deren Beziehung zum Individuellen aufzuzeigen war. Aus Analogien von Inhalten des Traumes und des Tagtraumes mit bekannten mythischen Motiven, allen voran dem des vatermörderischen, Inzest begehenden König Ödipus und des muttermörderischen Orest der Atriden-Sage ergab sich für Sigmund Freud, Karl Abraham und viele nach ihnen der Schluß, daß diese Analogien auf einen inhärenten Zusammenhang zwischen beiden weise. Der Mythos sei folglich als ein aus der Vorzeit überkommenes kollektives Phänomen, in Analogie zum Individuum als "ein Stück überwundenen infantilen Seelenlebens des Volkes" zu verstehen, der "(in verschleierter Form) die Kindheitswünsche des Volkes" enthalte, wie Karl Abraham (1909, S. 291) diese Position präzise umrissen hat. Freud sah seine Annahmen über das Unbewußte durch die Existenz der mythischen Motive bestätigt, wie für ihn auch umgekehrt die kollektive Unbewußtheit dieser Motive durch die Befunde beim Individuum Bestätigung fanden.

Die Zirkularität dieses Schlusses ist aber nicht etwa das Resultat schlampigen Denkens. Vielmehr geht sie zwangsläufig aus der Übertragung biologischer Annahmen über die Evolution auf psychische und kulturelle Sachverhalte zurück, in erster Linie auf Ernst Haeckels biogenetisches Grundgesetz, das die in der Natur häufig zu beobachtende Tendenz zu einem nach heutiger evolutionsbiologischer Erkenntnis mehr als fragwürdig gewordenen "Grundgesetz" formulierte, nach dem die Ontogenese, das heißt die Entwicklung des Individuums, die Phylogenese, das heißt die evolutionäre Entwicklung der Menscheit, gleichsam zeitgerafft wiederhole. Wenn nun die Ontogenese des Individuums tatsächlich die Phylogenese der Menschheit wiederholt, dann läßt sich im Umkehrschluß mit gleicher Berechtigung sagen, daß sich die Frühformen der kollektiven Menschheitsentwicklung aus den Frühformen der individuellen Entwicklung ableiten lassen, daß also, und hier wird es tatsächlich zirkulär, sowohl von der individuellen Entwicklung auf die kollektive Entwicklung wie auch umgekehrt von der kollektiven auf die individuelle rückgeschlossen werden könne. Und in Verbindung mit heute völlig unhaltbar gewordenen *lamarckistischen* und *psycho-lamarckistischen*, auf den Biologen August Pauly (1905) zurückgehenden spekulativen Positionen, an denen Freud aus spezifischen, in diesem Rahmen hier nicht weiter entfaltbaren Gründen seiner biologistischen Orientierung bis zuletzt hartnäckig festhielt (vgl. Haesler, 1989b), konnte Freud folglich postulieren, daß die kollektiven Frühformen, das heißt die mythischen Inhalte, irgendwann einmal als *reale Erfahrung* ins Genom gekommen und dann, etwa in Gestalt jener uns bereits bekannten Urphantasien, gleichsam biologisch an die späteren Generationen vererbt worden sein müßten, um nun in der Individualentwicklung aktiviert zu werden und ihre spezifischen Wirkungen zu entfalten. Von daher wird der Mythos analog dem individuellen Tagtraum zu einer Art Säkulartraum der jungen Menschheit, in dem die allen Menschen gemeinsamen Wunschregungen bearbeitet und wie im Traum, dem Tagtraum und in der Neurose gleichsam kollektiv umwegig befriedigt würden. In diesem Sinne haben viele psychoanalytische Theoretiker nach Freud in direkter Analogisierung der individuellen mit den kollektiven Verhältnissen den Mythos als eine Art kollektiv geteilte Phantasie verstanden, die aufgrund ihres Charakters einer umwegigen Form der Triebbefriedigung eine strukturierende und stabilisierende Funktion für die Gesellschaft in einer gleichen Weise wie für das Individuum habe.

Diese Auffassungen lassen sich nicht ohne weiteres in die übrigen hier diskutierten Überlegungen zum Mythos integrieren, ebensowenig andere von psychoanalytischer Seite vorgetragene Auffassungen vom Mythos, die hier bereits angesprochen wurden. Die Reduktion des Mythos auf angeblich "infantile", archaisch-"primitive" mythische Motive, denen das geschichtlich und lebensgeschichtlich spätere, "reifere" Denken gegenüberzustellen sei, die Herauslösung dieser Motive aus dem geschichtlich gewachsenen "mythischen Diskurs" mit dem Ziel einer quasi Mythenmotive und Mythenthemen abstrahierenden und isolierenden Betrachtung, die Reduktion der Mythen auf angebliche historische, tatsächlich einmal geschehene und dann als "kollektiver Besitz" in lamarckistischer Weise unabänderlich weitervererbte "Grundmotive", die die spezifische geschichtliche Dimension der Mythenüberlieferung im historischen Prozeß vernachlässigt, sowie die auf Haeckel und Lamarck gestützten, nach heutiger biologischer Erkenntnis unhaltbar gewordenen biologistischen Begründungen Freuds erfordern deshalb eine kritische Revision.

Die Vernachlässigung der geschichtlichen Dimension des Mythos und die von der Psychoanalyse lange Zeit und vielfach noch bis heute geübte Deutung von Mythen mit Hilfe einer Referenz des Deutens, die sich vor allem an den aus Mythen herausdestillierten "Grundstrukturen", etwa am "ödipalen Konflikt", orientiert, hat letztlich eine Zirkularität des Denkens und Begründens zur Folge, aufgrund derer man in der Deutung mythischer Inhalte am Ende immer das aufzufinden vermag, was man schon weiß. Mythos wird auf diese Weise zirkulär mit Mythos "erklärt", so daß etwa die unter der Referenz der ödipalen Struktur erfolgte Untersuchung von Mythen auf diese Weise immer nur zur Wiederentdeckung ödipaler Strukturen führen kann (vgl. Schmid Noerr, 1982, Vogt, 1989), die dann die Richtigkeit der eigenen theoretischen Annahmen vermeintlich zu bestätigen vermag. Der Mythos gerät so zum Betätigungs- und Bestätigungsfeld der vorgegebenen psychoanalytischen Theorie und wird damit zirkulär zum "angewandten Mythos".

Die psychoanalytische Begründung des Mythos in den Strukturen und Modi des unbewußten Denkens mit seinen letztlich auf die infantile psychische Organisation verweisenden Wurzeln hat darüber hinaus der fälschlichen Auffassung Vorschub geleistet, daß Mythos, wie dies der Wissenschaftspositivismus immer behauptet hat, tatsächlich "archaisch", "primitiv" und "infantil" sei und daß der

Rückgriff auf mythisches Denken einer dem Klinischen vergleichbaren Art der Regression entspreche. Mythen sind aber, wie wir gesehen haben, gerade nicht als infantile, archaisch-primitive "Vorstufen" des Denkens anzusehen, und somit sind sie auch in keiner Weise "infantil", "primitiv" oder "regressiv". Vielmehr stellen sie unaufkündbare elementare Strukturen der Selbst- und Welterfahrung vor, nach denen wir, gewiß nicht nur auf einer "infantilen" Ebene, unser Denken und Handeln als Menschen bestimmen. Die Reduktion des Mythischen auf das "Infantile", "Primitive" sitzt letztlich dem gleichen Zirkelschluß ihrer Kriterien auf, mit dem auch die positivistische Wissenschaft die Überlegenheit des rationalen wissenschaftlichen Denkens über das mythische Denken begründen zu können meinte.

Der psychoanalytische Zugang zum Mythos muß sich an den mythischen Diskurs als Diskurs wenden. Er muß den Mythos als Text, und zwar in und mit seinen vielfältigen Kontexten lesen und von dort interpretieren. Auf diese Weise kann die Psychoanalyse aus ihrer umfassenden Kenntnis zwischenmenschlicher Verständigungsprozesse unser Verständnis vom Mythos, von der mythischen Dimension unseres Erlebens und Denkens entscheidend vertiefen und auf diese Weise zur kritischen Vernunft beitragen.

21. Der Mythos des Orpheus und seine Beziehung zur Mythologie der Musik der griechischen Antike

Der Mythos des Orpheus, des Sängers, der mit seinem Gesang die Natur und sogar das Totenreich zu beeinflussen vermochte, hat die Menschen seit der Zeit seiner Entstehung immer wieder tief bewegt und in der nachgriechischen, römischen und römisch-christlich abendländischen Tradition zu ungezählten künstlerischen Bearbeitungen und mehr oder weniger verhüllten Varianten des Stoffs geführt. Naturgemäß hat sich vor allem das Musiktheater mit diesem Stoff befaßt, in verschiedenen Varianten auch der Film. Allein etwa 40 Opern greifen diesen Stoff auf (vgl. Klausmeier, 1986). Jean Cocteau hat ihm explizit einen Film gewidmet, während andere ihn auf allegorische Weise behandelt haben, wie etwa Bertolucci mit seinem Film "Der letzte Tango von Paris". Auch Thomas Manns Novelle "Der Tod in Venedig" läßt sich als eine Variante des Orpheus-Mythos lesen (vgl. Haesler, 1993b). Dieses nachhaltige Interesse am Orpheus-Mythos auch noch in Zeiten, die weit jenseits der mythischen Realität der griechischen Antike liegen, ist ein bemerkenswertes Phänomen, das selbst einer gründlichen Untersuchung der spezifischen und übergeordneten Interessen, Bedingungen und Kontexte bedürfte, innerhalb derer dieser Stoff jeweils aufgenommen wurde. Diese dürften etwa für Monteverdi und seinen "Orfeo" andere sein als für Gluck und seine Oper "Orpheus und Eurydike". Und dies gilt sicher noch mehr für Cocteaus, Bertoluccis und Thomas Manns Version dieses Stoffs. Deshalb ist es nicht zulässig, nach Art der Rankschen Untersuchung zur Geburt des Helden alle diese Versionen einfach in der Meinung zusammenzuwürfeln, man könne daraus *den* Orpheusmythos als einen aus allen Kontexten herausgelösten Idealtypus gleichsam herausdestillieren und abstrahieren, um diesen zum Objekt des psychoanalytischen Untersuchens zu machen. Das Übergreifende und Allgemeine, das sich gerade durch die vielen Varianten der Behandlung dieses Stoffs vermittelt, wird man auf diese Weise schwerlich erfassen können.

Orpheus geht als ein lebendiger Mensch in die Unterwelt, ins Totenreich, um seine verlorene Eurydike zu sich ins Leben zurückzuholen. Er bewegt sich damit, in der Tat mythisch, in der Grenzzone zwischen Leben und Tod, um mit seiner Kunst den Tod, die Macht des Totenreiches und der hier regierenden Gottheiten zu überwinden. Aber er wird scheitern und, wie viele antike Varianten des Mythos dies erzählen, daran auch untergehen. Es handelt sich um eine mythische Exemplifizierung des elementarsten Themas menschlicher Existenz, nämlich der Begegnung und der Auseinandersetzung des Menschen mit der Wirklichkeit des Todes, in deren Mittelpunkt die Kunst als Mittel des Versuchs zu seiner Überwindung steht. Orpheus, der *Musaios*, die bedeutendste mit der Musik verbundene mythische Figur der griechischen Antike, wird erstmals im sechsten, frühestens im ausgehenden siebten Jahrhundert vor unserer Zeitrechnung erwähnt. Das heißt, daß Orpheus erst in nachhomerischer Zeit auftaucht, und zwar in einer Zeit, in der, wie Erwin Rohde (1898) deutlich gemacht hat, in der griechischen Religionsentwicklung viele lokale chthonische Kulte, das heißt Kulte der im Inneren der Erde hausenden erdgebundenen Götter, wieder auftauchten, die eigentlich zum ältesten Besitz des griechischen religiösen Glaubens gehörten - ein bedeutsames Phänomen des Rückgriffs, der Rückbesinnung auf archaische mythische Vorstellungen in einer Zeit, in der zugleich der Beginn des Aufbruchs, der Beginn des alles revolutionierenden Umbruchs des Denkens vom Mythos hin zum Logos vor der Tür stand. Der Orpheus-Mythos, seine Kulte verbreiteten sich schnell im antiken Griechenland, und es kam bald zu einer Verschränkung und Verflechtung mit vielen anderen Kulten und deren Mythen, so daß man sich heute einer verwirrenden Vielfalt von Varianten des Mythos gegenübersieht, die schwer zu einem einheitlichen Bild zusammenzufassen sind. Aus diesem Grunde griffen manche Mythographen zu dem Kunstgriff, eine polytope Entstehung des Orpheus-Mythos, das heißt, mehrere verschiedene Orpheus-Figuren, anzunehmen, wenngleich nach den antiken Zeugnissen die Heimat des Orpheus offensichtlich das im Norden Griechenlands gelegene Thrakien ist. Aber auch wenn sich der genaue Ort der Herkunft des Orpheus eindeutig bestimmen läßt, wurde doch durch die rasche Ausbreitung seiner Kulte der örtliche Charakter der Verehrung sehr bald aufgehoben und der Mythos völlig hellenisiert (vgl. die ausgezeichnete Übersicht in "Der kleine Pauly. Lexikon der Antike", 1979, Bd. 4, S. 351 f).

Als Vater wird König Oiagros, als seine Mutter die Muse Kalliope genannt. In einer anderen Version des Mythos gilt er auch als der Sohn Apollons. Ob dies eine konkrete Abstammung oder eine bloß metaphorische meint, muß offenbleiben. Auf jeden Fall gab ihm Apollon aber jenes Instrument, die (griechische) Leier, die ihn als Sänger berühmt gemacht hat. Seine Musik und die überwältigende Macht, die er ihr verlieh, bilden den eigentlichen Wesenskern dessen, was den Orpheus-Mythos ausmacht. Mit seinem von der griechischen Leier begleiteten Gesang vermochte Orpheus nicht nur Menschen, zahme und wilde Landtiere, Vögel und Fische friedlich um sich zu versammeln, sondern auch Pflanzen und Bäume, Schnee zu schmelzen, wilde Wasser und Winde zu beherrschen, ja, seine Musik vermochte sogar Steine zu bewegen. Sein Spiel, das musikalisch Rhythmus und Ordnung unter die Menschen brachte, galt als derart göttlich, daß er sogar in Konkurrenz zu Apollon geriet, allerdings ohne dadurch mit ihm in Konflikt zu geraten. Deshalb kann man ihn, wie Karl Kerényi (1966) gezeigt hat, auf manchen Abbildungen nur dadurch von Apollon unterscheiden, daß sein Name der abgebildeten Figur beigeschrieben ist.

Die alles bezwingende Macht seiner Musik begründet auch den einen umfangreichen Bereich von Heldentaten, die ihm als Teilnehmer der Argonautenfahrt zugeschrieben werden. Diese Argonautenfahrt ist gewiß sehr viel älter als der Orpheus-Mythos. Sie findet bereits bei Homer Erwähnung, während Orpheus erst später in diese Sage eingetragen wurde, ein anschauliches Beispiel für die Wandlung und Integration der mythischen Überlieferung im historischen Prozeß. Der Bereich mythischer Heldentaten im Zusammenhang mit der Argonautenfahrt hatte für die griechische Antike offensichtlich ein wesentlich größeres Gewicht als für die nachgriechische Zeit, für die *Orpheus als heldenhafter Argonaut* gegenüber dem *Orpheus, der in den Hades fährt,* mehr und mehr in den Hintergrund trat. Eines der ältesten Bildwerke, das ihn zeigt, findet sich in Delphi, in der Metope des Schatzhauses der Syrakuser, wo er als Teilnehmer der Argonautenfahrt zu sehen ist. Die Berühmtheit seiner Taten erwuchs demzufolge aus zwei Feldern, die in der einen mythischen Person zusammengefaßt sind. Allerdings übersteigt die Fahrt in den Hades, die *Katabasis*, wie sie auch genannt wird, die später, vor allem durch die literarische Behandlung Vergils, ihre uns bis heute überlieferte Gestalt gewann, die mythische Person des Orpheus und ließ ihn als Grenzgänger bald zu einem Menschen mit besonderen göttlichen Fähigkeiten werden, der aus der Grenzerfahrung, aus der Begegnung mit dem Totenreich als Seher, als ein Weiser, als ein in die Geheimnisse der Götterwelt Eingeweihter hervorging und schließlich zu einer Art Religionsstifter wurde, dessen Anhänger in orphischen Mysterien und in orphischer Dichtung zeitweise weitverbreitete orphische Lehren verkündeten.

Wenn wir von der Macht der Musik des Orpheus sprechen, dürfen wir nicht ohne weiteres unser heutiges Verständnis von Musik mit dem gleichsetzen, was die griechische Antike mit dem Begriff Musik bzw. musiké verband. Unsere abendländische Musik, wie wir sie heute kennen, ist das Ergebnis eines komplexen geschichtlichen Prozesses, dessen Ursprünge ja weit über die frühe christliche sakrale, liturgische Musik des Gregorianischen Gesangs hinaus zurückreicht, letztlich bis in die komplexe Theorie und Praxis der musiké der griechischen Antike, wie sie uns Homer in klassischer Weise vorgestellt hat und wie sie auch noch Orpheus vertrat. Bei dieser handelt es sich um etwas völlig anderes als das, was wir seit den Anfängen der abendländischen Musik mit diesem Begriff zu verbinden gelernt haben. Für die Griechen existierte Musik, wie uns die ausführlichen Untersuchungen von Th. Georgiades (1974) gezeigt haben und auf die ich mich hier im wesentlichen stützen kann, ursprünglich vor allem im Vers, und musiké im Griechenland der Antike war deshalb ihrem Wesen nach Gesang, gesungenes Wort, ein Gesang, der sich auf die komplexe, musikalisch-rhythmische Struktur des griechischen Verses stützte. Dieser war eine sprachliche und aufgrund seines spezifisch ihm eigenen Charakters zugleich eine musikalische Wirklichkeit, die vor allem durch den Sprachrhythmus begründet und bestimmt war. Dieser Rhythmus des griechischen Verses war grundsätzlich anderer Natur als der uns vertraute Rhythmus der abendländischen Sprachen, die rhythmische Strukturen und Takt aus unterschiedlichen, nicht absolut festgelegten Wortsilben und Betonungen entwickeln können, wobei die jeweilige Betonung und Deklamation, die Metrik und Sprachmelodie in ihren möglichen Varianten selbst Ausdrücklichkeit und Bedeutung annehmen kann. Der altgriechische Vers enthielt dagegen keinerlei Ansätze zu einer Ordnung unterschiedlicher Betonungen, sondern er war definiert durch die Ordnung der eigenständigen rhythmischen Quantitäten der Wortsilben und deren zeitlicher Abfolge im Vers, das heißt durch die von den Längen und Kürzen der einzelnen Silben bestimmte rhythmische Struktur. Damit war der Vers Sprache und Musik zugleich, die, von der musikalisch-rhythmischen Anordnung der jeweiligen Silben bestimmt, vom Dichter zur musiké geformt wurde.

Somit war die griechische musiké ein integraler sprachlich-rhythmischer Körper, der begleitet vom Instrument, der Lyra, bei Homer Kithara und Phorminx genannt, als Gesang vorgetragen wurde, wie wir dies bei Homer beschrieben finden. Aus diesem integralen, sprachlich-musikalischen Körper des griechischen Verses, der gleichsam Musik und Dichtung in einem war, hat sich, wie Georgiades (a.a.O.) dargestellt hat, in der späteren abendländischen Entwicklung das "Musikalische" vom "Sprachlichen" getrennt und zu dem verselbständigt, was wir heute "Musik" nennen, während eine andere Entwicklungslinie aus der musiké der Griechen zur Prosa und zur sprachlichen Dichtung führt, wobei die sprachliche Dichtung Sprachinhalt und Sprachrhythmus zu einer spezifischen, quasi musikalische Elemente der Sprache verwendenden Struktur eigner Art verdichtet. In der Dichtung Hölderlins kommt diese sprachlich-rhythmisch-musikalische Einheit des Verses, vielfach im Sinne einer Annäherung an die sprachliche Struktur des griechischen Verses, in einer besonderen Weise zum Tragen, aufgrund derer im einzelnen Vers etwa auch die übliche syntaktische Folge um des musikalisch-rhythmischen Prinzips Willen aufgehoben oder umgestellt werden kann. So kann, um ein erfundenes Beispiel zu nennen, aus "Du schöne Blüte des grünen Baumes" "Blüte des Baumes, grüner, du schöne" werden.

Die musiké der Griechen als Ursprung der abendländischen Musik ist mit ihrem musikalisch-rhythmischen Prinzip deshalb mit der uns vertrauten Musik des Abendlandes nicht identisch und vergleichbar. Dies ist bei jeder Interpretation, auch der psychoanalytischen Interpretation "musikalischer Mythen" der griechischen Antike, unbedingt zu bedenken, da sich sonst Mißverständnisse und Fehlschlüsse ergeben, etwa, wenn man meint, gerade die besondere Art der Affinität des Charakters abendländischer Musik zu den Affekten unmittelbar auf die musiké der Griechen übertragen zu können. Die Verhältnisse bei der Musik der griechischen Antike sind darüber hinaus, wie wir sehen werden, nicht zuletzt auch aufgrund der spezifischen mythologischen Begründungen dieser Musik und ihrer unterschiedlichen Formen sehr viel komplizierter und erlauben auch aus diesem Grunde keine einfache Gleichsetzung von musiké und abendländischer Musik.

Die Anfänge der griechischen Musik liegen völlig im Dunkeln. Sie sind uns ebenso unbekannt wie die musiké selbst, von der wir zwar noch einige Zeugnisse ihrer theoretischen Systematik und Notierung haben - einige Beispiele griechischer Notenschrift finden sich zum Beispiel in Form von Inschriften auf Mauerquadern in Delphi -, nicht aber klangliche Vorstellungen, so daß wir sie nicht mehr rekonstruieren können. Die Griechen waren von der göttlichen Abkunft der Tonkunst überzeugt, was sich in vielfältigen mythologischen Darstellungen und mythischen Personifikationen widerspiegelt: Apollon, der mantische Gott des Maßes, der Ordnung und Besinnung, war unter anderem auch der Gott der Musik, der die von Hermes erfundene Leier übernahm und zu seinem Instrument machte. Kithara und Gesang, die Musik von Orpheus, verbinden sich folglich mit der Gottheit Apollon und seiner "apollinischen" Welt. Eine andere mythologische

Linie, die zur musiké im homerischen Sinne später hinzutrat, führt zur Begründung einer völlig anderen Art von Musik, in der nicht die Kithara, ein Saiteninstrument, sondern der *Aulos*, ein geblasenes Instrument, im Vordergrund stand. In mythologischer Erklärung geht die Erfindung des *Aulos* auf die Göttin Athene zurück, wenngleich die *Aulodik* auf eine kleinasiatische Herkunft verweist und deren Verbreitung im antiken Griechenland erst etwa im siebten vorchristlichen Jahrhundert erfolgt ist und dem sagenhaften Phrygier Olympos zugeschrieben wird. Der griechischen Mythologie zufolge erfand *Athene* die "Flöte", den Aulos: Sie war so tief bewegt vom Wehklagen der Medusenschwester *Euryale* über einen schmerzlichen Verlust, daß sie nicht anders konnte, als dieses Wehklagen festzuhalten: Mit dem Aulos, das wie ein Blattinstrument, also etwa wie eine Klarinette oder Oboe, geblasen wurde, vermochte sie den schmerzlich überwältigenden Eindruck des zur Wehklage werdenden Leides darzustellen und zum Aulosspiel in Musik zu verwandeln. So wurde das Instrument durch die Kunstfertigkeit des Spielers zur Musik des subjektiven, menschlichen Affektausdrucks in der musikalischen Kunst.

Dies findet sich in vergleichbarer Weise in dem Mythos von der Erfindung der Flöte durch Pan wieder. Hier bildet Pan sein Blasinstrument aus Schilfrohr, um seiner Klage um Verlust, seinem "Ruf ins Entbehrte" (vgl. Bloch 1959, S. 1245) angesichts der sich seinem Zugriff zu ihren *liquidas sorores* flüchtenden Nymphe Syrinx Ausdruck zu geben (vgl. Ovid, Metamorphosen I, 689 - 712).

Subjektiver Affekt, die Klage um Verlust durch das geblasene Instrument, erfuhr diesem eine ähnliche Begründung, wie in dem Mythos, die wiedergibt, in dem , , "Pathos der Vermissung", wie es Ernst nannte, gegenüber der vor dem Pans rettenden Möglichkeiten des Ausdrucks Athene entledigte sich aber bald des von ihr erfundenen Blasinstruments, als sie gewahr wurde, wie das Blasen der Flöte ihr Gesicht entstellte - wie das dem Gefühlshaften Ausdruck zu geben ihre göttliche Gestalt veränderte und damit zugleich ihre Schönheit, Form und Ordnung, die sich mit ihrem zwischen der weiblich-mütterlichen und der männlich-väterlichen Götterwelt stehenden mythischen Wesen verbinden. 'Dem Gefühlshaften Ausdruck zu geben erschüttert und zerstört Form und Ordnung' ist aber eine hier "musikalisch mythologisch" verdichtete Aussage, die von besonderem Gewicht auch für das Verständnis des Orpheus-Mythos ist. Der Satyr Marsyas, ein Anhänger der in Kleinasien beheimateten Mutter-Göttin Kybele, griff den weggeworfenen Aulos auf und machte ihn zu seinem Instrument, auf dem er später im Wettstreit gegen Apollon und dessen Instrument spielte. In diesem Wettstreit erwies sich nach dem Urteil der Musen die Musik beider als gleichrangig. Dennoch konnte Apollon den Wettstreit für sich entscheiden, allerdings, was auch für den Orpheus-Mythos und die Grenzen der Macht der apollinischen Musik von Bedeutung ist, nicht mit den Mitteln seiner Musik, sondern nur durch List.

In diesem für das Verständnis der griechischen Musik und der durch sie repräsentierten mythischen Welten entscheidenden Mythos des Wettstreits von Apollon gegen Marsyas spiegeln sich die Gegensetzlichkeiten und der Widerstreit vater- und mutterorientierter mythologischer Strukturen wider, die in spezifischer Weise auch von den im Wettstreit verwendeten musikalischen Instrumenten verkörpert werden: Die Kithara war das Instrument von Apollo, dem Gott der Ordnung, des Maßes und der Erkenntnis, das Instrument Homers, d.h. das Instrument des Epos, des Wortes, der ruhigen Weltbetrachtung, der apollinischen Welt und ihrer Kulte, die sich in der zahlenmäßigen Ordnung der Töne und Saiten widerspiegelte. Dagegen waren die Blasinstrumente, vor allem aber der Aulos, eher mit den chthonisch-mütterlich orienterten Gottheiten und deren Kulten und Mysterien, vor allem aber auch mit dem wohl ebenfalls wie der Aulos aus Kleinasien in das antike Griechenland eingewanderten Gott Dionysos verbunden. Wegen seiner orgiastischen Wirkung wählte man den Aulos unter anderem zur Begleitung des Dithyrambus, der bedeutendsten Form griechischer Chorlyrik, wie sie vor allem in den orgiastischen Kulten des Dionysos angestimmt wurde, als Instrument des berauschten, berauschenden Affektausdrucks, der ekstatischen Begeisterung der dionysischen Welt. Dagegen war das Instrument der Kithara, der Lyra oder des Phorminx ein Instrument des Zusammenklangs, der durch Anreißen oder Schlagen der mehrfach vorhandenen Saiten entstehen konnte. Das Erklingen der Kithara war Begleitung durch klangliche Figuren der Konsonanz, die von den Pythagoräern später als Spiel der Weltharmonie, als Ausdruck kosmischer Ordnung im Einklang mit der dem menschlichen Ohr nicht zugänglichen Sphärenharmonie galt. Anklingen und Wiedererklingen der Kithara als Abbild der Welt entbehrt aber im wesentlichen der musikalischen Dimension des subjektiven Ausdrucks. Dieser hatte im Aulos Spielraum, dessen mythologische Entstehung als Affektausdruck der Wehklage die Ausdrucksdarstellung subjektiven Erfahrens begründete. Kithara und Aulos repräsentieren somit verschiedene musikalische Grundhaltungen der griechischen Antike, die in der weiteren Entwicklung getrennt oder später schließlich auch miteinander verbunden erklingen konnten, wenngleich der Aulos vielfach, etwa besonders unter den vornehmen Athenern, nicht geschätzt oder gar als nutzlos für die sittliche Bildung angesehen und, wie von der Göttin *Athene*, verworfen wurde.

Mythos und mythologische Begründung von Musik und ihrer Instrumente bestimmten somit zugleich auch deren historische Entwicklung im antiken Griechenland im Sinne zweier entgegengesetzter mythologischer/musikalischer Prinzipien musikalischer Theorie und Praxis. Musik stand für die Griechen zu allererst im Dienste der Religion, der religiösen Feste. Später, als in der klassischen Zeit neben die Religion das Gemeinwesen, der Staat trat, erhielt der Musiker zugleich eine Aufgabe, mit seiner Kunst zur Ordnung des Staates beizutragen, indem diese in ihrer religiösen, gottesdienstlichen Verwendung das Gemeinsame, Verbindende, einem Ganzen Dienende zu fördern hatte, was sich auf Vorstellungen gründete, daß der Musik in diesem Sinne eine grenzenlose Macht zur Erhaltung, aber auch zur Zerstörung von Ordnung zukommen könnte. Von daher hatte Musik eine den Bestand des Gemeinwesens erhaltende Funktion. Den Niederschlag dieser Anschauung von der religiösen und politischen Aufgabe der Musik bildete die *Ethos-Lehre*, die einen Versuch darstellte, die in der Musik enthaltenen Kräfte systematisch für die Zwecke und Ziele des Staates und der sittlichen Bildung seiner Menschen zu nutzen, wie dies etwa auch bei Platon, in Platons Denken über Musik seinen Niederschlag gefunden hat, etwa in der "Politeia", im "Timaios" oder im "Nomoi". Der Musiker sollte bereits durch die Wahl der Tonart, der Rhythmen und des Instrumentes einen ganz bestimmten, die Sittlichkeit fördernden Affekt erzeugen und aller Versuchung entsagen, durch allzu persönlichen, aufregenden Ausdruck, durch "unsittliche", und das hieß auch durch "weibische" Tonarten zum Verderbnis der Sitten beizutragen. Die Ethos-Lehre, das Verständnis von der ordnenden Macht der Musik über die Seele und Sinnesart durch ein ordnendes Moment der Musik in der von fester Sprachordnung, vom Sprachrhythmus bestimmten Tonbewegung, wurde zur Hauptträgerin der griechischen Anschauung von der bindenden und vereinigenden Macht der Musik. Dagegen wurde die sinnliche Ausdrucksmusik, die mit der dionysischen Rauschwelt der apollinischen Welt von Ordnung und Besonnenheit gegenüberstand, von Platon und von den Pythagoräern auf das Schärfste verurteilt und verworfen. "Die Musik des Apollo war dorische Architektonik in Tönen", wie Nietzsche dies in seinem Aufsatz über die "Geburt der Tragödie aus dem Geist der Musik" sagte. Dieser stand die nicht-apollinische, dionysische Musik, die erschütternde Gewalt des Tones, der einheitliche Strom des Melos in der Symbolik von Gesang und Tanz im Chor gegenüber, wobei es in der griechischen Tragödie, die aus dem dionysischen dithyrambischen Vers hervorging, wie im Mythos des delphischen Apollo, der das Dionysische in seinen Kult schließlich aufnahm, allmählich zu einer dialektischen Integration, zu einer Verbindung der dionysichen und apollinischen Dimension kam, eine Integration einander entgegengesetzter, in der weiteren Musikgeschichte zunehmend einander ergänzender und aufeinander bezogener Prinzipien, die in der späteren musikästhetischen Diskussion des Abendlandes als Polarisierung von Ausdruck gegen Form, von Inhaltsästhetik gegen Formalästhetik ihren Niederschlag gefunden hat.

Ich habe diese Überlegungen zur griechischen Musik hier deshalb ausführlicher dargestellt, weil uns der Kern des Orpheus-Mythos ohne die Kenntnis dieser "musikalischen" Zusammenhänge der Musik der griechischen Antike verborgen bleiben müßte. Denn Orpheus ist Kitharode, Sänger der apollinischen musiké, die aus diesem mythologischen Hintergrund ihre Ordnung stiftende Macht erhält, eine Macht, die die Herrschaft ordnenden und geordneten Denkens aus ihrer Beziehung zur kosmischen Ordnung und, wie die Pythagorärer später meinten, zur Ordnung der Sphärenharmonie bezieht. In diesem Sinne nimmt Orpheus das apollinische Instrument musiké zu Hilfe, um den unendlich schmerzlichen Verlust seiner geliebten Eurydike ungeschehen zu machen, die einem Schlangenbiß zum Opfer gefallen und in die Unterwelt, ins Totenreich entschwunden ist. Dieses ist eine Welt, in der nicht apollinische, sondern chthonische Gottheiten wohnen und herrschen. Denn Hades, der Gott der Unterwelt, hat Persephone zur Frau, die er ihrer Mutter, der Mutter- und Fruchtbarkeitsgöttin Demeter, entführt hatte. Persephone verweist in ihrer mythischen Gestalt noch auf diesen Urbezug zur mythischen Begründung der Fruchtbarkeit, indem sie in der Verkörperung der Jahreszeiten die Hälfte des Jahres, den Winter, im Hades, die andere Hälfte im Frühling und Sommer auf der Erde verbringt und auf diese Weise mit ihrem Fruchtbarkeit stiftenden zirkulären Wechsel der Jahreszeiten zugleich mit ihrer Mutter auf das engste verbunden bleibt, zugleich aber auch die enge Verbindung von Fruchtbarkeit und Tod mythisch verdichtet.

Der Ursprung dieses Mythos von der Fahrt des Orpheus in die Unterwelt ist unklar. Möglicherweise handelt es sich um einen in seiner Herkunft nicht bestimmbaren, uralten antiken Topos, der erst im siebten oder sechsten Jahrhundert aus den spezifischen Bedingungen der nachhomerischen Zeit in der Person des Orpheus eine mythisch-personifizierende Verdichtung erfahren hat. Seine allmächtige apollinische Musik, mit der er als Kitharode der chthonischen Welt des Totenreichs gegenübertritt - Monteverdi wird diesen Gegensatz in seinem "Orfeo" in getreuer instrumentaler Tradition als instrumentalen Gegensatz formulieren und die Unterwelt mit geblasener Musik vorstellen -, vermag Charon, den Fährmann, für die letzte Überfahrt der ins Totenreich gelangenden Verstorbenen zum Fährdienst über den Styx, den Totenfluß, zu erweichen und den schrecklichen Höllenhund Kerberos zu zähmen. Die in der Unterwelt unter ewigen Strafen Leidenden, wie Sisyphos und die Töchter des Danaos, setzen durch die Kraft seines Gesangs ihr ewiges, vergebliches Tun aus, und auch Tantalus leidet unter den Klängen von Orpheus' Gesang keine Qualen mehr. Selbst die Totenrichter weinen. Orpheus erhält schließlich von der Göttin Persephone die Erlaubnis, Eurydike mit sich zur Welt zurückzuführen, allerdings unter der Auflage, seinen Blick nicht zur Unterwelt, zur chthonisch-mütterlichen Welt des Todes und der Fruchtbarkeit zurückzuwenden - der man auch in den Kulten der Oberwelt nur mit abgewandtem Blick entgegentreten durfte -, da er sonst Eurydike endgültig verlieren werde.

So zieht er, gefolgt von Eurydike, wieder zurück zur Oberwelt. Aber die Sehnsucht nach Eurydike und sein Zweifel, ob sie ihm denn auch wirklich folge, beginnen in ihm zu nagen und drohen, ihn zu überwältigen. Mit seinem Instrument und seinem Singen, mit seiner apollinisch vaterrechtlich orientierten *musiké*, mit der Ordnung seiner Musik vermochte er bis jetzt die ganze Unterwelt, selbst ihre chthonischen, erd- und fruchtbarkeitsverbundenen Gottheiten singend und ordnend zu beherrschen. Gegenüber seiner eigenen inneren Welt aber, gegenüber seiner inneren Natur, gegen das Erleben seiner *Sehnsucht*, seines Zweifels und seiner Furcht vor endgültigem Verlust droht die Macht dieser musikalischen Welt der apollinischen Ordnung und des Denkens, droht die in Musik gedachte Ordnung und Naturbeherrschung zu versagen. *Das Denken kann offensichtlich die von überwältigendem Verlust und Sehnsucht bestimmte Gefühlswelt nicht wirklich beherrschen.* Und so bricht schließlich Orpheus' Macht unter dem Druck seiner überwältigenden Sehnsucht gegen das hin zur Oberwelt, hin zur Wirklichkeit der Lebenden gerichtete Blickrichtungsgebot, bricht die Macht seiner Musik endgültig zusammen. Trennungsangst und Wiedervereinigungsehnsucht siegen über das Gebot der Hinwendung zur Wirklichkeit. Orpheus erliegt machtlos seiner Sehnsucht und verfällt somit der Todes- und Mutterwelt: Er schaut zurück, im

Blick zurück auf Eurydike, die schon von Hermes, dem *Psychagogos*, dem Seelengeleiter zurückgezogen wird, seine Blickachse zugleich über sie hinaus zurück zur Todes- und Mutterwelt gerichtet, die ihn, den trotz aller Macht seiner apollinischen Musik gegenüber seiner Gefühlswelt machtlos gewordenen vernichten wird: rasende, der dionysischen Welt rauschhafter Entgrenzung entstammende Mänaden stürzen sich auf ihn und reißen ihn in Stücke.

Dieser bekanntesten Version des Mythos vom Ende des Orpheus in einer der Realisierung seiner Wiedervereinigungssehnsucht folgenden rauschhaften Zerstückelung lassen sich eine Reihe anderer Versionen gegenüberstellen, die das im Kern der Hadesfahrt verhandelte mythische Thema variierend fortführen. So kehrt er in einer anderen Version zur Oberwelt nach Thrakien zurück, wo er zurückgezogen und einsiedlerisch lebt und als Weiser andere Männer in göttliche Geheimnisse einweiht, wobei er zugleich alle Frauen, die um ihn werben, verschmäht (als werde hier die Thematik der Angst vor der Vereinigungssehnsucht mit der Welt der Frauen und Mütter mythologisch forterzählt), bis sich die Frauen deshalb schließlich in überwältigendem Zorn auf ihn stürzen und ihn zerreißen. In einer anderen Version wird er zerrissen, weil er nach seiner Rückkehr zur Oberwelt nicht mehr, wie früher, den Gott Dionysos verehrt, sondern zum Priester des Helios-Appollon wird, so daß der beleidigte Dionysos, der den chthonischen Gottheiten nahesteht, die rasenden Mänaden auf ihn hetzt, was mythenhistorisch gesehen zugleich die anfänglich noch erbitterte Auseinandersetzung des apollinischen mit dem dionysischen Kult widerspiegeln mag, die, wie wir gehört hatten, erst später zu einer allmählichen Integration beider, etwa im delphischen Heiligtum des Apollon, führen sollte. In einer weiteren Version zerreißen ihn die Mänaden, weil er, zum Priester Apollons geworden, die Knabenliebe predigt und lebt und damit wie in den bereits genannten anderen Versionen durch Enthaltsamkeit, durch Abweisung der Frauen, durch Hinwendung zur väterlich-männlichen homosexuellen Welt eine Schranke gegen die weiter drohende Wiedervereinigungssehnsucht errichtet - psychoanalytisch gesprochen in Abwehr der drohenden Angst, aufgrund des Mangels an ausreichend tragfähigen und gegen die innere Sehnsucht nach der mütterlichen Welt ausreichend wirksamen vaterorientierten Strukturen einer mit destruktiver Fusion drohenden Sehnsucht nach der mütterlichen Objektwelt zu erliegen. Eine wiederum andere Version läßt Orpheus im Selbstmord aus Verzweiflung enden, in einer weiteren vernichtet Zeus ihn mit dem Blitzstrahl, weil er als ein durch die Hadesfahrt sehend Gewordener, vergleichbar mit Prometheus, in seinen Mysterien den Menschen göttliche Weisheit verraten habe - etwa die von den Grenzen und der Machtlosigkeit väterlich göttlicher Ordnung gegen die chthonisch-mütterliche Göttwerwelt? -, während, um hier noch eine letzte Version des Endes von Orpheus zu nennen, Gegner der um ihn versammelten Anhänger ihn ermordet hätten.

Aber die Fortspinnung des mythischen Themas ist mit dem Tode des Orpheus noch nicht abgeschlossen. In einer Version werfen die Frauen, die Orpheus zerrissen haben, sein Haupt, das sie mit einem Nagel an seiner Kithara befestigt haben, ins Meer, von dem es singend nach der Insel Lesbos getragen wird, wo sein

Kopf im Heiligtum des Dionysos, seine Kithara aber im Heiligtum Apollons aufbewahrt und verehrt wird. Aber auch für diese Geschichte gibt es Varianten, in denen das Haupt noch weiter singt oder Orakelsprüche von sich gibt, das orphische Instrument in einer wiederum anderen Variante als Sternbild der Lyra an den Himmel gesetzt wird und mit seinen sieben Saiten die Harmonie der sieben Himmelskörper vertritt.

Diese geraffte Darstellung des uns allen in seinen Umrissen bestens bekannten Orpheus-Mythos und seiner Varianten, die hier in ihrer Fülle gar nicht alle erschöpfend referiert werden können und sollen, wie auch der mythologisch-kulturelle Hintergrund, vor allem die den Wesenskern von Orpheus ausmachende musiké der Griechen, kann uns eine Ahnung von der Komplexität der uns überlieferten mythischen Texte und Kontexte geben, die den Mythos des Orpheus bilden. In seiner mythologischen Aussage formuliert er letztlich eine existentielle menschliche Grundproblematik, nämlich die existentielle Auseinandersetzung um Leben und Tod, um die Realisierung von Trennung, Getrenntheit und Verlust, um Versuche der Todesüberwindung, der Notwendigkeit einer Anerkennung der Wirklichkeit des Todes und der Trauer. Es ist dies eine Auseinandersetzung, mit der wir als Menschen von Beginn unseres bewußten Denkens an, vom Augenblick der Loslösung aus der Geborgenheit der mütterlichen Welt, eines Paradieses vor jeder Erkenntnis, konfrontiert sind, und in das wir nicht, auch nicht angesichts überwältigenden Schmerzes um Verlust und Einsamkeit, zurückzukehren vermögen, ohne unser Ordnung und Orientierung stiftendes Denken und die dieses tragenden instrumentellen Mittel, damit aber unsere Existenz zu verlieren und unterzugehen. Wie die hier vorgeführten zahlreichen Varianten des Mythos zeigen können, suchen wir als Menschen auf höchst unterschiedliche Weise Lösungen zu dieser Auseinandersetzung, deren Möglichkeiten und Grenzen der Mythos und seine Varianten im Gewande der historischen Bedingungen seiner Entstehung und weiteren Bearbeitung auf seine spezifisch mythologische Weise vorzustellen scheint.

Solche hier nur ansatzweise formulierbaren Überlegungen machen aber deutlich, daß man die mythische Person des Orpheus zum Zwecke einer psychoanalytisch gemeinten Untersuchung des Mythos nicht einfach aus dem mythologischen Kontext lösen und wie einen psychoanalytischen Patienten auf die Couch legen kann. Wenn dies dennoch geschieht, kommen dabei mancherlei "Erkenntnisse" heraus, die nicht selten bis ans rührend Lächerliche grenzen, etwa wenn man meint, die Macht der Musikalität des Orpheus nicht etwa als ein mythisch gesetztes Faktum verstehen, sondern erst noch entwicklungspsychologisch aus der Kindheit des Orpheus, aus seiner besonderen Mutter-Kind-Interaktion mit seiner doch so musikalischen Musenmutter erklären zu müssen. Oder aber es ergibt sich die Erkenntnis, daß Orpheus "unfähig" sei, Trauerarbeit zu leisten und nicht ausreichend Geduld habe, um zu warten (vgl. Bonaparte, 1954), oder daß Orpheus eine zu große Ambivalenz gegenüber Eurydike zeige, die schließlich dazu führe, daß die aggressive Seite ihr gegenüber überwiege und von daher sein verhängnisvolles Sichumdrehen und Zurückblicken zu erklären sei, oder aber, daß Orpheus an narzißtischen Omnipotenzgefühlen leide, weil er die Realität des Todes verleugne (vgl. Gedo, 1970) oder aber, daß Orpheus mit seinem Gang in die Unterwelt nicht etwa eine Unfähigkeit, sondern, gerade umgekehrt, eine besondere Fähigkeit zur Trauer beweise (vgl. Haas, 1990) usw. Solche Feststellungen mögen in sich stimmig sein. Sie geben aber außer der Anwendung des Mythos als Exerzierfeld psychoanalytischen Theoretisierens und therapeutischen Wertens nach Kriterien von "pathologisch" und "gesund", "fähig" und "unfähig", das im Grunde genommen die Essenz des i.e.S. psychoanalytischen Denkens zugunsten eines therapeutischen Denkens eigentlich schon aufgekündigt hat, kaum eine relevante Aussage über das, was diesen Mythos seinem Wesen nach ausmacht und was seine ungeheure Wirkung in mythischer und in nachmythischer Zeit der griechisch-abendländischen Kultur bis auf den heutigen Tag begründet hat.

22. Psychoanalyse und Religion. Sigmund Freuds Religionskritik

Religion, in der mythisches Weltverständnis in einem umfassenderen Deutungs- und Sinnzusammenhang - vielfach in religiösen Lehrsätzen Dogmen und Katechismen systematisiert - zum System wird, ist als ein Aspekt der *conditio humana* ein ubiquitäres Phänomen menschlicher Gesellschaft; wie Freud (1927c, S. 335) sagte, "das vielleicht bedeutsamste Stück des psychischen Inventars einer Kultur". Es gibt keine Gesellschaft auf dieser Welt, die nicht auf irgendeine Weise Religion hat. Religion ist ein gesellschaftliches Phänomen, eine von einer Religionsgemeinschaft geteilte und geglaubte gemeinsame Sicht auf etwas, das über die konkret erfahrbare Wirklichkeit in eine transzendentale Dimension hinausgreift und mit der gemeinsam geteilten religiösen Überzeugung, mit dem religiösen Glauben, Rückversicherung und Trost, Halt und Orientierung gegenüber der Härte des Lebens, gegenüber der Ohnmacht angesichts der überwältigenden Kräfte der Natur, gegenüber Krankheit und vor allem gegenüber dem Tod, andererseits aber auch gegenüber den mächtigen triebhaften innerseelischen Kräften vermittelt, die das menschliche Zusammenleben bedrohen. Von daher ist offensichtlich, daß Religion nicht individualistisch, losgelöst von der religiösen Gemeinschaft, gleichsam privat, als ein privates Trost- und Orientierungssystemen denkbar ist. Solche Art "Privatreligion", die nicht mehr teilbar ist, die von der menschlichen Gesellschaft ausschließt, ist in letzter Konsequenz und Ausformung mit dem Wahn identisch.

Religion kann man nicht einfach abschaffen. Wenn man dies dennoch versucht, wird dieses Abschaffen selbst zur Religion. Erhellende Beispiele hierfür sind die "Religionisierung" der Vernunft in der Französischen Revolution oder etwa jene quasi religiöse Institutionalisierung des Marxismus-Leninismus, die diesem zunehmend Züge einer Kirche verlieh. Schleiermacher definierte Religion als ein "Gefühl schlechthinniger Abhängigkeit", Paul Tillich als ein "Ergriffensein von dem, was uns unbedingt angeht" - Deutungen der Religion, der *Re-Ligio*, als einer Rückbindung an eine Wirklichkeit außer uns selbst, die zugleich in einem existentiellen Sinne als die alles bestimmende Wirklichkeit gedacht ist und geglaubt wird.

Die Frage nach dem Warum der Religion als einem ubiquitären menschlichen Phänomen, nach dem Warum der Religion als einer essentiellen Dimension menschlicher Erfahrung, ist nicht leicht zu beantworten, und nur die Theologen haben hier unerschütterliche, geglaubte Gewißheit - wenn sie denn diese wirklich haben. Ihre Schutz- und Schildfunktion angesichts der äußeren und inneren Gefährdungen des Daseins ist offensichtlich. Religion beschwichtigt Angst vor Ohnmacht und vor der Begrenztheit menschlicher Möglichkeiten, ihr Trost, ihre Vertröstung steht, wie Hiob dies mit seiner Glaubensgewißheit des "Ich weiß, daß mein Erlöser lebt" vermittelt, gegen die Erfahrung der "Geworfenheit" menschlicher Existenz, gegen hilflos machendes Leid, gegen Unglück und Scheitern, vor allem aber gegen Schuld, existentiell erlebte Schuld und Tod. Und sie gibt Antworten auf die Grundfragen, auf die unlösbaren Grundfragen menschlicher Existenz. Indem sie aus ihrer Rückbindung an die Transzendenz menschliche Ordnung stiftet, begründet sie zugleich Ethik, Moral und Sittlichkeit, die die menschlichen Beziehungen, die menschliche Verständigung gegen störende destruktive innerseelische, und das heißt gegen die triebhaften Kräfte ihrer Tiernatur zu schützen hat. In dieser Funktion ist Religion zugleich ein Stabilisierungs- und Legitimationsfaktor in Gesellschaften, indem sie deren Ordnung aus einer transzendentalen, dem menschlichen Zugriff entzogenen Sphäre begründet und sichert. In diesem Sinne kann sie auch zur Bekräftigung und Legitimierung weltlicher Macht und Ordnung dienen, wie etwa bei der als göttlich begründet verstandenen *ordo*-Vorstellung des Mittelalters, durch die die herrschende hierarchische Gliederung der Gesellschaft, die Zuweisung jedes einzelnen zu einer der streng hierarchisch gegliederten und undurchlässig abgegrenzten Schichten der gesellschaftlichen Ordnung als Widerspiegelung der göttlichen Ordnung legitimiert wurde.

Religion hat in kultureller Hinsicht eine identitätsstiftende Funktion, weil sie mit der gemeinsam geteilten religiösen Überzeugung eine Gemeinsamkeit der Orientierung aller begründet und bekräftigt: "Und nun spricht der Herr, der dich geschaffen hat, Jakob, und dich gemacht hat, Israel: Fürchte dich nicht, denn ich habe dich erlöst; Ich habe dich bei deinem Namen gerufen; Du bist mein!", sagt in diesem Sinne der Prophet Jesaja (43,1). Religion kann aber auch zum Motor für Veränderungen im gesellschaftlichen Prozeß werden, wie dies etwa in der Zeit nach der Lutherschen Reformation, im "konfessionellen Zeitalter" in Deutschland der Fall war. Religion dient somit in ihrer ordnenden, Sinngebung vermittelnden Funktion als eine Art "Gefäß", aus dem und in dem sich eine Kultur, eine Gesellschaft oder eine religiöse Gemeinschaft kollektiv Sehnsucht nach Halt und Orientierung erfüllen und befriedigen kann.

Religion vermittelt zugleich eine umfassende Sinndeutung der Wirklichkeit. Diese ist religiös im Sinne der *re-ligio*, indem die Referenz dieser Sinndeutung "transzendiert" und in der *Rück-bindung* diese Transzendierung in einem grundlegenden, existentiellen Sinne als "wirklich" geglaubt wird. Dieser Glaube ist, vor allem im christlichen Protestantismus Luthers, nicht durch verstandesmäßige Akte herbeiführbar:

> "Ich glaube, daß ich nicht aus eigener Vernunft noch Kraft an Jesum Christum, meinen Herrn, glauben oder zu ihm kommen kann; sondern der Heilige Geist hat mich durch das Evangelium berufen, mit seinen Gaben erleuchtet, im rechten Glauben geheiliget und erhalten; gleichwie er die ganze Christenheit auf Erden beruft, sammelt, erleuchtet und heiliget und bei Jesu Christo erhält im rechten einigen Glauben; in welcher Christenheit er mir und allen Gläubigen täglich alle Sünden reichlich vergibt und am Jüngsten Tage mich und alle Toten auferwecken wird und mir samt allen Gläubigen in Christo ein ewiges Leben geben wird. Das ist gewißlich wahr",

heißt es in diesem Sinne in Luthers "Kleinem Katechismus" (II,3). Religion macht die Unbegreifbarkeit der komplexen Weltzusammenhänge für den einzelnen aus ihrer Kraft, mit ihren Grundannahmen zu erklären, durchsichtig. Diese religiösen Grundannahmen und Reduktionen vermitteln Einsichten und Erklärungen, mit Hilfe derer der religiös gebundene Mensch die Ungewißheit seines Daseins in Glaubensgewißheit zu ertragen vermag, wenn er denn diese Glaubensgewißheit findet und in ihr bleiben kann. Thomas Mann hat dies an der Figur des Thomas Buddenbrook auf anschauliche Weise verdeutlicht. Nachdem dieser versucht hat, sich mit Schopenhauers "Welt als Wille und Vorstellung" auseinanderzusetzen, legt er das Buch beunruhigt und in seinem bürgerlich-christlichen Sinn verwirrt zur Seite, läßt es vom Mädchen wieder in die Bibliothek des Hauses zurückbringen und sucht neuerlich Halt in der ihm noch aus seiner Kindheit vertrauten religiösen Tröstung:

"So aber geschah es, daß Thomas Buddenbrook, der die Hände verlangend nach hohen und letzten Wahrheiten ausgestreckt hatte, matt zurücksank zu den Begriffen und Bildern, in deren gläubigem Brauch man seine Kindheit geübt hatte. Er ging umher und erinnerte sich des einigen und persönlichen Gottes, des Vaters der Menschenkinder, der einen persönlichen Teil seines Selbst auf die Erde entsandt hatte, damit er für uns leide und blute, der am Jüngsten Tage Gericht halten würde, und zu dessen Füße die Gerechten im Laufe der dann ihren Anfang nehmenden Ewigkeit für die Kümmernisse dieses Jammertales entschädigt werden würden ... dieser ganzen, ein wenig unklaren und ein wenig absurden Geschichte, die aber kein Verständnis, sondern nur gehorsamen Glauben beanspruchte und die in feststehenden und kindlichen Worten zu Hand sein würde, wenn die letzten Ängste kamen ... Wirklich ?" (X, 5, S. 450)

Es sind diese religiösen Reduktionen, die es dem Menschen möglich machen, sich in der Ungewißheit seiner Existenz gehalten und gesichert zu erleben und Antworten auf die unlösbaren Grundfragen, Grundwahrheiten und Grundtatsachen seiner Existenz zu erhalten. Die Psychoanalyse Sigmund Freuds sieht diese religiösen Reduktionen, Vorstellungen und Erklärungen in der Tradition der Feuerbachschen Religionskritik als Ausdruck menschlicher Aktivität, als spezifische *Illusionen*, die sich der Mensch zu seiner Daseins- und Lebensbewältigung schafft.

Typologisch haben sich als Hauptformen menschlicher Religion zum einen *pantheistische* religiöse Vorstellungen herausentwickelt, bei denen Gott und die Welt eins sind, Gott sich in der Welt, in der Natur vermittelt und offenbart, etwa wie in der Vorstellung von der "Gottnatur" Goethes, zum anderen *polytheistische* Vorstellungen, wie zum Beispiel der griechische und römische Götterglaube, und *monotheistische* Religionen, wie das Judentum, das Christentum und der Islam, die in dem einen, einzigen Gott den Urgrund und Ursprung aller Welt sehen: "Am Anfang schuf Gott Himmel und Erde", wie es mit dem ersten Satz der hebräischen Bibel alles setzend heißt. Naturreligionen suchen das Heilige in gegebenen Naturdingen zu erfassen, während Offenbarungsreligionen sich auf historische Persönlichkeiten als ihre Stifter berufen, wie etwa auf Moses, Jesus, Buddha oder Mohammed. Volksreligionen bleiben an eine begrenzte religiöse Gemeinschaft, an einen Stamm, an ein Volk gebunden, wie etwa bei der religiösen Glaubens- und Geschichtsgemeinschaft des Judentums, während Universalreligionen ihrer Lehre nach nicht stammesmäßig oder volksmäßig gebunden sind, sondern im Sinne der Weltreligion über alle gesellschaftlichen und kulturellen

Grenzen hinweg alle Menschen der Welt mit ihrer religiösen Lehre und Verkündigung erreichen und in ihre Verheißungen einbinden wollen.

Verschiedentlich hat man versucht, diese unterschiedlichen Manifestationen des Religiösen in einer historischen Entwicklungsreihe zu ordnen, vom Dynamismus und seiner Annahmen einer Belebung der Natur durch unpersönliche Kräfte zum Animismus, der von der Annahme einer Beseeltheit der Natur und der in ihr wirkenden Kräfte ausgeht, zum Polytheismus und dann zum Monotheismus und schließlich zum Monismus, der sich im Sinne einer dem Monotheismus noch übergeordneten Form der Abstraktion auf die Annahme eines in der Welt allein wirkenden depersonifizierten "Prinzips" beruft, das nicht mehr an den Namen *Gott* gebunden ist. Eine solche Annahme einer historischen Entwicklungsreihe läßt sich aber nicht halten. Denn die verschiedensten Typen von Religion reichen in unterschiedlicher Weise bis in die ältesten Stufen der Menschheitsgeschichte zurück, und umgekehrt findet man auch in den sogenannten "Hochreligionen" die verschiedensten dynamistischen, magisch-animistischen und polytheistischen Elemente, die im Falle der monotheistischen christlichen und islamischen Religionen entweder als elementare Bestandteile der religiösen Lehre und Praxis oder aber als Reste, als Relikte aus der historischen Entwicklung der Religion gleichsam übriggeblieben sind, schließlich auch im Laufe der historischen Entwicklung im Sinne einer Art "kompositionsreligiösem" Mechanismus in vorhandene religiösen Strukturen integriert worden sein können.

Ein besonders anschauliches Beispiel hierfür ist die Entwicklung des Christentums aus dem Judentum in der Spätantike, das "heidnische", sinnlich-religiöse Elemente von anderen, im Mittelmeerraum unterschiedlich verbreiteten religiösen Kulten in sich aufgenommen und in die jüdisch-monotheistische Grundstruktur integriert hat, so daß es zu einer in den folgenden Jahrhunderten sich erweiternden und verfestigenden Aufweichung von deren streng monotheistischen Ausrichtung kommen mußte. So wurde aus dem einzigen, alleinigen Gott des Judentums, der keine anderen Götter neben sich duldete, ein dreifaltiger Gott aus Vater, Sohn und Heiligem Geist, in der Gestalt Marias wurde die große Muttergottheit belebt, und in der Gestalt zahlreicher Heiliger wurden weitere Quasi-Gottheiten hinzugenommen. Die Reliquienverehrung mit ihren jeweils lokalen Besonderheiten belebte neuerlich magisch konkretistische religiöse Vorstellungen und religiöse Praxis, die besonders im Mittelmeeraum, aber nicht nur dort, die heidnischen Formen religiösen Kultes direkt und zum Teil fast ungebrochen, wenngleich christlich gewendet, weiterzuführen erlaubte. Man denke etwa an das regelmäßig zum begeisternden Volksfest geratende "Blutwunder" der Verflüssigung eines geheiligten Blutstropfens in Neapel oder an die Verehrung des Heiligen Rocks in Trier. Und in dem zentralen Ritual des Christentums, dem Heiligen Abendmahl, erstand ein Transsubstantiations- und Opferritus, eine, wie es der achtzehnjährige Freud an seinen Freund Silberstein (28.9.1874, S. 75) schrieb, "Allianz zwischen Erbauung und Verdauung", die das Opfer und dessen kollektive Verspeisung gegen den im Judentum sich zunehmend festigenden Opferungsverzicht als essentielles, die Religion konstituierendes Element wiederbelebt hat.

Durch eine solche vielartige christliche Integration sinnlich-heidnischer Elemente verlor die christliche Religion als eine "Hochreligion" ihren Bezug zum streng monotheistisch bestimmten Wort und Gesetz der Heiligen Schrift des Judentums, zu ihrem eigentlichen Ursprung, dem "Alten Bund" des "Alten Testaments", auf den sich das Judentum auch weiterhin unbeirrbar stützt. In diesem Sinne konnte Sigmund Freud, der von der Perspektive seines Vernunft- und Wissenschaftsverständnisses her ein Anhänger der Vorstellung von einer der menschlichen Kindheitsentwicklung analogen linearen Entwicklung der Religionen war, in seinem letzten großen Buch "Der Mann Moses und die monotheistische Religion" (1939) mit Recht sagen, daß die neue Religion des Christentums gegenüber der älteren jüdischen eine kulturelle Regression mit sich gebracht habe:

"Die christliche Religion hielt die Höhe der Vergeistigung nicht ein, zu der sich das Judentum aufgeschwungen hatte. Sie war nicht mehr streng monotheistisch, übernahm von den umgebenden Völkern zahlreiche symbolische Riten, stellte die große Muttergottheit wieder her und fand Platz zur Unterbringung vieler Göttergestalten des Polytheismus in durchsichtiger Verhüllung, obzwar in untergeordneten Stellungen. Vor allem verschloß sie sich nicht, wie die Atonreligion und die ihr nachfolgende mosaische dem Eindringen abergläubischer, magischer und mystischer Elemente, die für die geistige Entwicklung der nächsten zwei Jahrtausende eine schwere Hemmung bedeuten sollten" (1939, S. 194).

Diese vom Wissenschaftsverständnis seiner Zeit und von seinem aufklärerischen, nicht atheistischen, vielmehr agnostischen Ethos bestimmte Auffassung Freuds von der "kulturellen Regression" setzt die Annahme einer kulturellen Progression im Sinne einer historischen Entwicklungsreihe voraus, an deren Ende in einer Art Sieg der Vernuft die absolute Vergeistigung der religiösen Erfahrung, die Enthüllung der Religion als einer Illusion, als eines Produktes eines sinnlich triebhaft begründeten Umlügens der Wirklichkeit stehen sollte, mit dem Ziel, den Menschen in einer "Erziehung zur Realität" (Freud, 1927c, G.W. 14, S. 372) sich selbst zu enthüllen und alle derzeit noch an das Jenseits gebundenen Kräfte des Menschen auf das irdische Leben zu konzentrieren, um zu erreichen, "daß das Leben für alle erträglich wird und die Kultur keinen mehr erdrückt" (ebenda, S.373), ein vernunftgeleiteter frommer Wunsch auf eine Befreiung des Menschen aus religiös bestimmter Herrschaft, Fesselung und Beschränkung seiner Kräfte, dessen tieferen Hintergrund wir später noch näher zu betrachten haben.

Religion, religiöses Erleben verwirklicht sich in der Verehrung, im Gebet, als Anrufung und als Gespräch, im Opfer, in religiösen Handlungen, im Kult, in Riten und in Festen. Diese finden sich der Struktur nach auch im außerreligiösen Bereich einer Kultur, in säkularen Ausgestaltungen wieder. Wo diese religiösen Äußerungen darauf abzielen, das Heilige für eigene Zwecke nutzbar zu machen, berührt sich Religion mit der *Magie,* oder sie geht in ihr auf, wie etwa bei der magisch-religiösen Beschwörung der Gottheit um Regen oder der Pilgerfahrt mit dem Ziel einer Herstellung der Fruchtbarkeit oder im Krieg, im beschwörenden Gebet um den Sieg, etwa, wenn der alte General Dessauer vor der Schlacht bei Kesseldorf (1795) betete: "Lieber Gott, steh mir heute gnädig bei, aber willst du nicht, so hilf wenigstens den Schurken, den Feinden, nicht, sondern siehe zu, wie es kommt." (zit.n. Hadank, 1936, S. 66)

Religiöser Kult, Ritus und religiöse Feste sind als reale Vergegenwärtigungen des Heiligen, des Göttlichen zu verstehen, als *Symbol* in einem unmittelbaren Sinne des Begriffs, das Versuche des Glaubens und Erkennens der Transzendenz sowie des Handelns in deren Sinne zum Ausdruck bringt. Dabei handelt es sich um vom Menschen unternommene Versuche, und deshalb lassen sich religiöser Kult, religiöser Ritus und religiöse Feste auch nie ohne die Dimension des Menschen verstehen und deuten. Religiöser Glaube besagt aber zugleich auch, daß in den auf das Heilige, Göttliche verweisenden religiösen Symbolen etwas geoffenbart wird, was dem Menschen *in* der religiösen Handlung, im Kult, im Ritus und im Fest als erkennbarer Teil des Heiligen und Göttlichen *jetzt* dadurch erscheint, daß in dem religiösen Symbol zugleich das Symbolisierte gegenwärtig wird, allerdings im Sinne einer für den Menschen jetzt nur "stückweise" ahnbaren Verweisungsrelation. In diesem Sinne heißt es im 13. Kapitel des ersten Korintherbriefs (9 - 12):

"Denn unser Wissen ist Stückwerk, und unser Weissagen ist Stückwerk. Wenn aber kommen wird das Vollkommmene, so wird das Stückwerk aufhören. Da ich ein Kind war, da redete ich wie ein Kind und war klug wie ein Kind und hatte kindische Anschläge; da ich aber ein Mann ward, tat ich ab, was kindisch war. Wir sehen jetzt durch einen Spiegel in einem dunklen Wort; dann aber von Angesicht zu Angesicht. Jetzt erkenne ich's stückweise; dann aber werde ich erkennen, gleich wie ich erkannt bin".

Mit der Erfahrung des religiösen Symbols, im religiösen Kult, im religiösen Ritus und Fest ist demzufolge, wie der Text es besagt, ein "stückweises Erkennen" gegeben. Es ist Menschenwerk und Offenbarung zugleich, so verstanden der Ort und Augenblick, in dem sich Mensch und Transzendenz berühren und begegnen, wo Rückbindung, wo Re-ligio stattfindet und die ethische Begründung menschlicher Praxis aus der immer wieder belebten religiösen Überlieferung eine immer wieder neu bekräftigte Rückversicherung erfährt. Die Kraft dieser Überlieferung und der Rückversicherung, die sie liefert, kann aber auch deren eigentliche religiöse Begründung übersteigen und deshalb auch noch ohne religiösen Glauben am Fest und am Ritus festhalten lassen, einfach "weil es eben immer so war". Aber auch rein opportunistische Interessen können am Ende dafür Sorge tragen, daß an einer, dann allerdings entseelten religiösen Praxis festgehalten wird, wie bei jenem von Tolstoi in der "Auferstehung" beschriebenen Priester und seinem Küster:

"Der Priester verrichtete sein Amt mit ruhigem Gewissen, weil er von klein auf daran gewöhnt war, diese Religion für die einzig wahre Religion zu halten, an welche all die Heiligen des Altertums geglaubt hatten, und welche noch von der Kirche geglaubt und von der Obrigkeit verlangt wurde. Er glaubte nicht, daß sich das Brot in Fleisch verwandelte, daß es der Seele dienlich sei, so viele Worte zu machen, oder daß er wirklich ein Stück von Gott verzehrt habe; *das kann überhaupt niemand glauben. Aber er glaubte, daß man an diesem Glauben festhalten müsse*. Was ihn am meisten in diesem Glauben bestärkte, war der Umstand, daß er für die Vollziehung dieser gottesdienstlichen Handlungen seit achtzehn Jahren ein Einkommen bezog, das ihn in den Stand setzte, seine Familie zu unterhalten, seinen Sohn ins Gymnasium und seine Tochter in die geistliche Schule zu schicken. Der Küster glaubte ebenso und noch fester als der Priester an diese Religion, weil er das Wesen ihrer Dogmen vergessen hatte und nur wußte, daß das warme Wasser beim Abendmahl, die Totenmessen und Messen mit und ohne Akathistos, der Lobgesang zu Ehren Christi, der Jungfrau Maria und der Heiligen ihren bestimmten Preis hatten, den gute Christen gern bezahlten. Deswegen schrie er sein "Erbarme Dich! erbarme dich!" bereitwilligst heraus und las und sagte, was vorgeschrieben war, mit derselben ruhigen Überzeugung von seiner Notwendigkeit, mit der andre Menschen Brennholz, Mehl, Kartoffeln ausbieten." (S. 199/200, Hervorhebung L.H.)

Das religiöse Symbol ist als eine mit menschlichen Möglichkeiten formulierte symbolische Verweisung zugleich der Punkt, wo psychoanalytische Betrachtung der Religion und psychoanalytische Religionskritik ansetzen. Ihr aufklärerisches, kulturkritisches und emanzipatorisches Interesse, jenes von Freud formulierte emanzipatorische Programm des *Wo-Es-war-soll-Ich-werden* (1933a, S. 86) ist an die Religion als einer grundsätzlichen, als vom Menschen gemacht gedachten, aus äußeren wie aus inneren, aus bewußten wie vor allem aber auch aus unbewußten dynamischen Erfordernissen hervorgehenden Bedingung seiner Kultur gerichtet. Die psychoanalytische Religionskritik zielt darauf ab, die in der Religion bestimmenden und durch sie bestimmten Formen und Strukturen menschlichen Denkens und Erfahrens, ihre vielfach in Starrheit und Unduldsamkeit bis zum Denkverbot reichenden Begrenzungen, Einschränkungen und Verzerrungen des Denkens und der inneren Erlebniswelt aufzuzeigen und die Struktur ihrer, wenngleich als transzendental ausgegebenen, so doch von Menschen gemachten, vielfach menschliche Herrschaft über den Menschen befestigenden Begründungen sichtbar zu machen und von daher schließlich zu deren Überwindung zu gelangen. Wie wir bereits gesehen hatten, sah Freud in der Religion "das vielleicht bedeutsamste Stück des psychischen Inventars einer Kultur", die allerdings ihrer Aufgabe, den Menschen mit der Kultur zu versöhnen, nur unzureichend und nur unter erheblichen Opfern gerecht werde. Von daher bezog Freud, seinem wissenschaftlichen Verständnis und aufklärerischen Ethos entsprechend, nachdrücklich Position gegen die Religion. Er verstand Religion ihrer inneren Struktur und Dynamik nach als ein dem psychoneurotischen Symptom vergleichbares Phänomen und von daher die Psychoanalyse als das Instrument, das geeignet sei, dieses "Symptom" zu diagnostizieren und schließlich aufzulösen und zu überwinden.

Freud betrachtete seine Kritik an der Religion und an ihren Institutionen, wie er in seiner zentralen religionskritischen Schrift "Die Zukunft einer Illusion" (1927c) deutlich gemacht hat, nicht losgelöst und isoliert, sondern als in der Reihe einer religionskritischen Tradition stehend, der er mit seiner Kritik, wie er es meinte, lediglich "etwas psychologische Begründung hinzugefügt" habe (S. 358). Das Instrument seiner Religionskritik, die Psychoanalyse als eine Forschungsmethode, verstand er dabei als ein "parteiloses Instrument, wie etwa die Infinitesimalrechnung", aus dessen Anwendung zwar sicher weitere Argumente gegen den Wahrheitsgehalt der Religion zu gewinnen seien: *"tant pis* für die Religion, aber

Verteidiger der Religion werden sich mit dem selben Recht der Psychoanalyse bedienen, um die affektive Bedeutung der religiösen Lehre voll zu würdigen" (S. 360).

Freud verstand die Religion als eine *Illusion*, hervorgegangen aus menschlichen Wünschen, deren Ursprung und letzte Begründung, ähnlich wie bei der Neurose und anderen auch nichtneurotischen psychischen Strukturen, in der wunschbestimmten Vorstellungswelt des Kindes zu suchen sei, als die grundlegende, primordiale Folie, von der her, wie es uns die psychoanalytische Erkenntnis gelehrt hat, über vergleichbare grundlegende Mechanismen organisiert alle menschliche Erfahrung und Auseinandersetzung mit der Welt ihre Strukturierung erfährt. Von dieser grundlegenden Sicht her ist der Unterschied zwischen "Neurose" und "Nicht-Neurose" kein qualitativer, sondern lediglich einer der quantitativen dynamischen Gewichtung. Insofern handelt es sich nicht um eine "Pathologisierung" "normaler" menschlicher Phänomene, wenn man die aus dem Studium der psychoneurotischen Phänomene gewonnenen Einsichten und Erkenntnisse über die Struktur und Dynamik innerseelischer Prozesse des Menschen generalisiert betrachtet und etwa auch religiöse mit neurotischen Strukturen vergleicht, was sich, wie wir sehen werden, aus der in beiden erkennbaren strukturellen Isomorphie mehr als anbietet. Von daher ist es aber auch ein grobes, wenngleich vor allem von theologischer Seite häufig geäußertes Mißverständnis, wenn man Freuds Religionskritik als eine Art Versuch betrachtet, die Religion gleichsam als "neurotisch" zu "pathologisieren" und zugleich mit ihrer Verbindung zur vom Unbewußten beherrschten Organisation der infantilen Wunschwelt zu "infantilisieren". Im Mittelpunkt seines Interesses stand vielmehr das Bemühen, die grundlegenden Dispositionen und Strukturen zu erschließen, die das Fühlen, Erleben und Denken des Menschen in seiner Entwicklung und in seinen komplexen individuellen und kollektiven Beziehungen als Erwachsener bestimmen und formen und sich trotz aller Differenzierung gestaltend durchsetzen. Von daher mußte aber vor allem auch auch die Religion, die Gottesgläubigkeit, als eine universelle menschliche Disposition zum Gegenstand psychoanalytischer Untersuchung werden.

Die Psychoanalyse versteht die Religion und mit ihr die Gottesgläubigkeit als eine menschliche Reaktion, die die Grunderfahrung existentieller Hilflosigkeit und Ohnmacht der Struktur nach in einer gleichen Weise organisiert und bewältigt, wie wir dies beim Kind beobachten können und zwar bei seinem seinem Reagieren gegenüber Ohnmacht und Hilflosigkeit im Zusammenhang und im Gefolge von dessen Wahrnehmung seiner zunehmenden Getrenntheit von dem primären Objekt und in der Auseinandersetzung mit den elterlichen Autoritäten, insbesondere aber mit der Position und Struktur des "Dritten", des Vaters. Freud sagt in diesem Zusammenhang in seiner Schrift über "Eine Kindheitserinnerung des Leonardo das Vinci":

"Die Psychoanalyse hat uns den intimen Zusammenhang zwischen dem Vaterkomplex und der Gottesgläubigkeit kennen gelehrt, hat uns gezeigt, daß der persönliche Gott psychologisch nichts anderes ist als ein erhöhter Vater, und führt uns täglich vor Augen, wie jugendliche Personen den religiösen Glauben verlieren, sobald die Autorität des Vaters bei ihnen zusammenbricht. Im Elternkomplex erkennen wir so die Wurzeln des religiösen Bedürfnisses; der allmächtige, gerechte Gott und die gütige Natur erscheinen uns als große Sublimierung von Vater und Mutter, vielmehr als Erneuerung und Wiederherstellung der frühkindlichen Vorstellungen von beiden. Die Religiosität führt sich biologisch auf die lang anhaltende Hilflosigkeit und Hilfsbedürftigkeit des kleinen Menschenkindes zurück, welches, wenn es später seine wirkliche Verlassenheit und Schwäche gegen die großen Mächte des Lebens erkannt hat, seine Lage ähnlich wie in der Kindheit empfindet und deren Trostlosigkeit durch regressive Erneuerung der infantilen Schutzmächte zu verleugnen sucht. Der Schutz gegen die neurotische Erkrankung, den die Religion ihren Gläubigen gewährt, erklärt sich leicht daraus, daß sie ihnen den Elternkomplex abnimmt, an dem das Schuldbewußtsein des einzelnen wie der ganzen Menschheit hängt, und ihn für sie erledigt, während der Ungläubige mit dieser Aufgabe allein fertig werden muß." (1910c, S. 195)

Die Beziehung zum Gottesbild erwächst demzufolge aus einer Art kollektivem, kollektiv geteiltem Lösungsversuch der Auseinandersetzung mit der überwältigenden äußeren und mit Überwältigung drohenden inneren Realität, mit Hilfe eines Rückgriffs auf die primordialen, elementarsten existentiellen Erfahrungsmodi, die der Mensch in seinem Leben überhaupt erfährt. Von diesen her versucht er sich das Unbegreifliche im Sinne eines *Denkens des Unvertrauten mit Hilfe des Vertrauten* als irgendwie begreifbare existentielle Wirklichkeit zugänglich zu machen und mit daraus abgeleiteten Regeln, Ordnungen und Gesetzen zu beherrschen.

Die aus der Religion und aus ihren bei den "Hochreligionen" institutionalisierten Regeln, Ordnungen und Gesetzen hervorgehenden triebeinschränkenden Tendenzen enthalten allerdings den Keim des Überschießens, der Knechtung und der Unterdrückung in sich. So kann die gesellschaftliche Institution der Religion, die von ihrer Verkündigung her an sich Orientierung, Schutz und Befreiung und Entlastung von Schuld verspricht, selbst zu einem Instrument der Unfreiheit und der destruktiven Unterdrückung werden und mit der Drohung einer Verweigerung der Schuldentlastung die Einhaltung von Ritualen, Lebensformen und Vorschriften für das Denken erzwingen - vor allem dann, wenn sie sich mit der herrschenden weltlichen Macht und deren Interessen verbündet oder von der weltlichen Macht in Dienst genommen wird und dann mit weltlicher Gewalt die Einhaltung der Rituale und Denkverbote erzwungen wird. In diesem Zusammenhang wies Freud nicht ohne Sarkasmus darauf hin, daß dem Frager nach der Beglaubigung der Religion früher die allerhärtesten Strafen drohten und dem in dieser Richtung kritisch Denkenden und Fragenden oftmals gewaltsam und vorzeitig Gelegenheit gegeben wurde, konkret mit jener Ewigkeit Bekanntschaft zu machen, nach deren Beglaubigung er gefragt hatte (1927c, S. 359f).

Die Untersuchung religiöser Praxis führte Freud zu der Erkenntnis, daß das religiöse Ritual seiner Struktur nach in vielerlei Hinsicht dem Ritual der Zwangsneurose gleicht. Der an einer Zwangsneurose Leidende neigt dazu, zur Beherrschung seiner Schuld und seiner Ängste sich einem privaten Ritual zu unterwerfen, in dem bestimmte Tabuisierungen, Denkabläufe und Handlungsabläufe zwingend eingehalten werden müssen, wie etwa bei den Wasch-, Beachtungs-, Kontroll- und Denkzwängen, wobei, wie uns die psychoanalytische Untersuchung dieser Phänomene gezeigt hat, diese zwangsneurotische Schuld- und Angstentlastung dem Schutz vor einer phantasierten, zutiefst befürchteten Vergeltung durch Verletzung und Verstümmelung, durch Abweisung und Aussetzung oder gar durch Vernichtung und Auflösung gilt, so daß bei Nichtbefolgung des Rituals mitunter katastrophische Ängste freigesetzt werden können. In diesem Sinne dienen Zwangshandlungen der Angst- und Schuldentlastung in einer vergleichbaren Weise, wie dies bei der Ausübung und strikten Einhaltung religiöser Rituale geschieht. In beiden, im Zwangsritual wie im religiösen Ritual, bestimmt die gleiche Sorge, bei der Ausführung des Ritus alle Einzelheiten genauestens zu beachten und nichts auszulassen. Nicht selten kommt es auch in der historischen Entwicklung der Religion dazu, daß der Ritus durch weitere Riten, die die genaue Einhaltung des Ritus zu kontrollieren haben, abgesichert werden muß und damit die rituellen Vorschriften eine zunehmende Verkomplizierung erfahren. In beiden kommt es darüber hinaus zu vergleichbaren Gewissensqualen und Vergeltungsängsten, wenn irgendein Teil des Ritus verletzt und nicht ausreichend korrekt ausgeführt wurde. Es handelt sich um eine *strukturelle Analogie*, die Freud dazu veranlaßte, in seiner Arbeit "Zwangshandlungen und Religionsausübung" die Zwangsneurose als eine Art "halb komisches, halb trauriges Zerrbild einer Privatreligion", "als pathologisches Gegenstück zur Religionsbildung aufzufassen" und "die Neurose als eine individuelle Religiosität, die Religion als eine universelle Zwangsneurose zu bezeichnen" (1907b, S. 132, 139).

Freud sprach im übrigen in diesem Zusammenhang ausdrücklich nicht von Identität, sondern von *Analogie*: "Es sind eben nur Vergleichungen, mit denen wir uns um das Verständnis des sozialen Phänomens bemühen, die Individualpathologie gibt uns kein vollwertiges Gegenstück dazu" (1927c, S. 367).

Und in seiner Arbeit *Das Unbehagen in der Kultur* meinte er, daß man sehr vorsichtig sein müsse, nicht zu vergessen, "daß es sich doch nur um Analogien handelt, und daß es nicht nur bei Menschen, sondern auch bei Begriffen gefährlich ist, sie aus der Sphäre zu reißen, in der sie entstanden und entwickelt worden sind" (1930a, S. 504).

Ungeachtet dessen sieht Freud aber die religiösen Lehrsätze und ihre Konsequenzen in der religiösen Praxis als Erfolge einer Verdrängung, die in kritischer Auseinandersetzung mit der Religion schließlich "durch die Ergebnisse der rationellen Geistesarbeit zu ersetzen" sei (1927c, S. 368). Daß religiöse Praxis ausgeprägte Züge zwanghafter Rituale haben kann, ist wohl nicht zu bestreiten, wenn man etwa an die essentielle Rigidität liturgischer Regeln, an die Allmacht frommer Formeln und an die Schuldentlastung ritueller Bußhandlungen in der christlichen Tradition oder aber an die Fülle gesetzlicher Vorschriften, Reinigungsgebote, Berührungs- und Vermischungsverbote der jüdischen Tradition denkt, zum Beispiel an die komplizierten religiösen Speisevorschriften, oder an die zahlreichen Regeln und Gesetze, die zur Herstellung von Abschriften heiliger Texte eingehalten werden müssen, wie etwa jene 4649 heiligen Vorschriften, die bei der regelgetreuen Herstellung einer den heiligen Text des "Sch'ma Israel", des "Höre Israel" eingekapselt enthaltenden *Mezuzah* zu befolgen sind, um jenem an Türpfosten jüdischer Häuser zu befestigenden Zeichen seine Zugehörigkeit und Schutz vermittelnde heiligende Kraft zu verleihen.

Allerdings bleibt bei allem Analogisieren die Frage offen, ob das Zwanghafte der Religionsausübung und der "Privatreligion Zwangsneurose" tatsächlich auf den Kern eines beiden gemeinsamen Ursprungs verweist oder ob die Zwangsneurose nicht als eine Art Degeneration zu verstehen ist, in deren Gefolge dann die zwanghaften Rituale quasi privatreligiös vom interpersonellen Kontext abgekoppelt und ausgeschlossen werden. Ebenso könnte man aber auch manche als Übertreibung, Verzerrung oder gar als frommen Wahn erscheinende Entwicklung der Religionsausübung als eine Art kollektive neurotische Degeneration des Religiösen auffassen, als eine Art "Psychopathologie der Religion", die die Menschen krank und verrückt werden läßt. Und in der Tat geben hierfür nicht nur die individuelle, bei kirchlichen Amtsträgern nicht so selten zu beobachtende sog. "ecclesiogene Neurose", sondern auch mancher kollektive religiöse Wahn der Kirchengeschichte anschauliche Beispiele, etwa die Inquisition, das Flagellantentum des Mittelalters, manche Begleiterscheinungen der Kreuzzüge und letztlich auch diese selbst, schließlich und vor allem das schrecklichste aller Vorurteile, der zweitausendjährige christliche Antisemitismus mit seinen entsetzlichen Folgen. Abgesehen von diesen barbarischen, offenkundigen Degenerationsformen des Religiösen, in denen religiöses Ethos in sein Gegenteil umgeschlagen ist und dieser Umschlag mit religiöser Argumentation rationalisiert und gerechtfertigt wird, gibt es auch in der alltäglichen religiösen Praxis manche Manifestation psychoneurotischer religiöser Degeneration, allen voran ein eigentümliches Persistieren von aus der religiösen Kindererziehung entstammenden infantilen religiösen Vorstellungen, die jenen Vers aus dem Gedicht von Mathias Claudius "Der Mond ist aufgegangen" allzu wörtlich nehmen:

> "Gott, laß uns dein Heil schauen,
> Auf nichts Vergänglichs trauen,
> Nicht Eitelkeit uns freuen!
> Laß uns einfältig werden,
> Und vor dir hier auf Erden
> Wie Kinder fromm und fröhlich sein!"

Nicht selten steht eine solche nicht reflektierte kindliche Schlichtheit der religiösen Vorstellungen in einem bemerkenswerten Gegensatz zur sonstigen intellektuellen Differenzierung eines religiös gläubigen Menschen, wie eine Art Denktabu, das mit dem Gebot, die Frage nach der Begründung des Glaubens letztlich nur zirkulär, mit diesem Glauben selbst beantworten zu dürfen, über alles Denken und Zweifeln in dieser Hinsicht gelegt ist.

Die Freudsche Religionskritik suchte ja nicht so sehr wie vor allem der szientistische Materialismus die Nichtexistenz Gottes zu erklären und zu erweisen, sondern wollte ganz im Geiste der Aufklärung mit ihrer Kritik der Religion in erster Linie den Menschen von Verblendung und Abhängigkeiten zum kritischen Subjekt unter gleichen Subjekten befreien, indem sie gleichsam Exegese des "falschen Bewußtseins" übte. Mit dieser Intention ist sie erstaunlicherweise in religiös-kirchlichen Kreisen nicht immer nur auf Zurückweisung gestoßen. Vielmehr ist von ihr manche Anregung zu einer kritischen Reflexion des Selbstverständnisses kirchlich religiöser Praxis im Sinne eines Bemühens um eine psychologisch begründete "Läuterung der Religion" ausgegangen, vor allem dort, wo es, wie in der Pastoralpsychologie, um die konkrete praktische seelsorgerische Tätigkeit und ihre Konzeptualisierung ging. Allerdings hat diese Rezeption auch die Grenzen der Dialogfähigkeit zwischen Theologie und Psychoanalyse deutlich gemacht: Über das, was der Theologe "Gott", "Glaube" und "glauben" nennt, kann der Psychoanalytiker nur psychologisch, d.h. psychoanalytisch, nicht aber theologisch sprechen - und umgekehrt!

Darüber hinaus ist das von Religion befreite Subjekt, das die Freudsche Religionskritik im Auge hat, unbedingt ein anderes als jenes, das etwa die Theologie Paul Tillichs vertritt, die in einer besonderen Weise eine Integration der psychologischen Dimension in theologisches Denken versucht hat. Hier ist ein durch psychologische Aufklärung und Befreiung von diesseitigen Zwängen, von einem diesseitigen "schlechten moralischen Gewissen" befreites Subjekt gemeint, dem diese Befreiung eine Befreiung zur Freiheit des Gottesglaubens wird, zu einer so verstandenen befreiten Erfahrung existentieller religiöser Wirklichkeit und damit zu dem, was gleichsam nach der Arbeit der Aufklärung "übrigbleibt", im Sinne einer mit Hilfe der Psychologie und Psychoanalyse gleichsam "gereinigten" religiösen Erfahrungsmöglichkeit. Dies ist allerdings etwas völlig anderes als das befreite Subjekt, auf das die agnostische Freudsche Religionskritik abzielt.

Freud, der sich als nichtgläubiger Jude verstand - in einem Brief an den Schweizer Pfarrer Oskar Pfister bezeichnete er sich als "ganz und gar gottloser Jude" (vgl. Gay, 1988, S. 192) -, war "ein Meister des Zweifels", wie ihn einmal Paul Ricoeur in seinem bemerkenswerten Aufsatz "Der Atheismus der Psychoanalyse Freuds" (1966) bezeichnet hat, in seinem Agnostizismus der "leisen Stimme des Intellekts" (1927c, S. 377) unbeirrbar verpflichtet und von daher bereit, die Last der Erkenntnis über die Wirklichkeit menschlicher Begrenztheit, Kleinheit und Ohnmacht ohne die Vertröstungen der Religion anzunehmen:

"Kritiker beharren darauf, einen Menschen, der sich zum Gefühl der menschlichen Kleinheit und Ohnmacht vor dem Ganzen der Welt bekannt, für "tief religiös" zu erklären, *obwohl nicht dieses Gefühl das Wesen der Religiosität ausmacht, sondern erst der nächste Schritt, die Reaktion darauf, die gegen dies Gefühl eine Abhilfe sucht.* Wer nicht weitergeht, wer sich demütig mit der geringfügigen Rolle des Menschen in der großen Welt bescheidet, der ist vielmehr irreligiös im wahrsten Sinne des Wortes" (1927c, S. 356, Hervorhebung L.H.).

Von daher setzte er auf die Vernunft, auf die Utopie des befreiten, zur Realität erzogenen Menschen, der sein Diesseits nicht mit der "Vorspiegelung eines

Großgrundbesitzes auf dem Mond, von dessen Ertrag doch noch nie jemand etwas gesehen hat" gestalten, sondern als "ehrlicher Kleinbauer auf dieser Erde" (1927c, S. 373) leben werde, als der er seine Scholle so zu bearbeiten wisse, daß sie ihn redlich nähre, ganz im Sinne von Voltaires "Candide" (1759/1957, S. 113), der am Ende die Quintessenz aus seiner komplexen und vielfältig verwirrenden Welterfahrung, aus seiner Suche nach der besten der möglichen Welten mit der abschließenden lebenspraktischen Aufforderung zieht: "... *mais il faut cultiver notre jardin*" (aber es gilt, unseren Garten zu bestellen): "Dadurch, daß er seine Erwartungen vom Jenseits abzieht und alle freigewordenen Kräfte auf das irdische Leben konzentriert, wird er wahrscheinlich erreichen können, daß das Leben für alle erträglich wird und die Kultur keinen mehr erdrückt" (1927c, S. 373).

Es ist eine Utopie ganz im Sinne des von Heinrich Heine in "Deutschland. Ein Wintermärchen" formulierten "Wir wollen hier auf Erden schon/Das Himmelreich errichten" (Caput I), die Utopie einer sich ihrer Ohnmacht, Grenzen und Möglichkeiten kritisch bewußten menschlichen Gesellschaft, deren Referenz im Menschenbild der hebräischen Bibel, in der Gottesebenbildlichkeit des Menschen und der sich daraus zwingend ableitenden radikalen Gleichheit aller Menschen als menschliche Wesen begründet liegt. Es ist eine Utopie des Verzichts, des Verzichts auf kindlich magischen Trost, den Religion im Sinne des "Lieber Gott mach, daß ich ... " als erbetete göttliche Hilfe für das Alltägliche zu vermitteln verspricht, ein Verzicht, der ganz im Sinne der Kierkegaardschen "Hoffnung, die wider hoffen ist" (zit. n. E. Bloch, 1959, S. 1298) einen "Trost dem Geiste nach" (Ricoeur, a.a.O.) vermittelt, eine andere Art des Trostes als der des kindlich magischen Trostes, ein Trost, der

> "nichts Narzißtisches und Eigennütziges mehr an sich trägt, der gegen die Widerwärtigkeiten des Daseins keinen Schutz und vor der Härte des Lebens keine Zuflucht mehr bietet. Dieser Trost steht nur dem höchsten Grad von Gehorsam gegenüber der Wirklichkeit offen, und er muß durch die Trauer des ersten Trostes hindurch. Derjenige jedoch, der diesen Weg bis zum Ende gegangen wäre, hätte wahrhaft den Freudschen Ikonoklasmus in die Bewegung des Glaubens selbst hineingenommen" (Ricoeur, 1966, S. 218).

Es ist eine Vorstellung von Trost, von der der ganz und gar gottlose Jude Freud, gottlos zwar, aber in seinem Denken ganz und gar Jude, zutiefst geprägt und durchdrungen war.

23. Psychoanalyse und Antisemitismus

Die der psychoanalytischen Religionskritik Freuds zugrundeliegenden Überlegungen zur Psychologie des Religiösen sind von besonderem Interesse vor allem für die Untersuchung jener Entwicklungen innerhalb der Geschichte des Christentums, bei denen im Namen des Christentums christliches Ethos aufgekündigt und unchristliches Handeln christlich gerechtfertigt wurde, wie dies etwa im Verlauf der Kreuzzüge oder bei der Inquisition geschehen konnte. In besonderer Weise gilt dies aber für den christlichen Antisemitismus. Dieser zieht sich wie ein blutiger, roter Faden durch die zweitausendjährige Geschichte des Christentums, als sei er eine von dessen konstitutiven Bedingungen. Mit immer wiederkehrenden Ausgrenzungen, Verfolgungen und Versuchen der Vernichtung führte er schließlich hin zum säkular gewendeten antijudaischen Vernichtungsprogramm der nationalsozialistischen "Endlösung der Judenfrage", der geplanten Ermordung und Vernichtung von 11 Millionen Juden Europas, der am Ende mehr als 6 Millionen Juden zum Opfer fielen. Dieses letzte, von Deutschland ausgehende ungeheuerlichste antisemitische Verbrechen der Geschichte, die Shoa, wie es im Hebräischen genannt wird, hat eine bis dahin unvorstellbare Dimension menschlicher Gewalttätigkeit und Zerstörung eröffnet, deren Einmaligkeit eine Wiederholung nicht unbedingt ausschließt und ein kritisches Überdenken der zweitausendjährigen christlich-antijudaischen Traditionen zwingend macht.

Vergegenwärtigt man sich die zweitausendjährige Geschichte des christlichen Antisemitismus und seiner schrecklichen Konsequenzen, dann wird man sich zunächst zu fragen haben, ob überhaupt und inwieweit die psychologisch-psychoanalytische Perspektive zur Klärung dieses Phänomens beitragen kann. Wenn das Christentum über einen Zeitraum von fast zweitausend Jahren dem Judentum in einer derartig heftigen, irrationalen Ablehnung gegenübergestanden hat und dieser Ablehnung immer wieder in Gestalt schrecklichster Verfolgungungen Ausdruck geben konnte, dann drängt die Irrationalität dieses Vorgangs allerdings die Frage auch nach der psychologischen Dimension dieses kollektiven Phänomens auf. Es gilt die spezifischen Bedingungen der destruktiven Affinität zu untersuchen, die das Verhältnis des Christentums zum Judentum in den zweitausend Jahren seiner Geschichte im Sinne einer negativen affektiven Bindung bestimmt hat. Diese destruktive Affinität ist in der Tat nicht nur historisch oder theologisch zu begründen. Sie hat auch religiös-psychologische Dimensionen, und zwar sowohl bewußter als auch unbewußter Natur, die an dieser Stelle näher zu untersuchen und darzustellen sind.

Für die nationalsozialistische Judenverfolgung und Judenvernichtung gibt es gewiß spezifische deutsche Ursachen, die aus der deutschen Geschichte, aus der deutschen Kultur, aus deutschem Denken und von daher aus für den Antisemitismus in Deutschland spezifisch deutschen Zuflüssen hervorgegangen sind. Diese haben wir in erster Linie aus der deutschen Perspektive, vor allem aus der Perspektive der deutschen Geschichte und der über mehrere Jahrhunderte vom konfessionellen Gegensatz und dessen weitreichenden Auswirkungen geprägten deutschen Kultur zu reflektieren. Aber die Shoa ist nur der von Deutschen verursachte und zu verantwortende Kulminationspunkt einer fast zweitausend Jahre währenden christlich-antisemitischen Tradition, die letztlich in allen christlich geprägten Gesellschaften zu unterschiedlichsten Formen antisemitischer Erscheinungen geführt hat, so daß es für den Antisemitismus auch übergeordnete, in der christlichen Religion und in deren Selbstverständnis verwurzelte Ursachen und Begründungen geben muß.

Eigentlich könnte man ja meinen, es sei rätselhaft und unerklärbar, daß das Christentum jenes Volk und jene Kultur, aus der es selbst hervorgegangen ist, in dem es wurzelt und ohne das es überhaupt nicht existieren würde, in seiner zweitausendjährigen Geschichte immer wieder mit solch ungeheurem Haß und tödlicher Verfolgung bedacht hat - dasselbe Christentum, das sich die Liebe Jesu Christi, die Nächstenliebe und die Feindesliebe aufs Panier geschrieben hat. Die bedeutsamstem Gründe für dieses irrationale Phänomen dürften aber gerade in der besonderen und unauflösbaren Nähe und Verwandtschaft des Christentums mit dem Judentum liegen, in der besonderen Dynamik, die sich für das Christentum aus dem unauflöslichen Dilemma ergibt, gleichen Ursprungs, gleich und doch verschieden sein zu wollen und zu müssen, ein Dilemma, das spezifische individuelle und kollektive psychologische Konsequenzen nach sich gezogen hat.

Das Christentum ist aus dem Judentum hervorgegangen, - herausgewachsen, und zwar in einem doppelten Sinn des Wortes, d. h., seine Wurzeln liegen im Judentum, auch wenn das Christentum im Laufe seiner Geschichte diesen jüdischen Grund seiner selbst immer wieder auszublenden versucht hat. Die ersten Christen waren, wie auch Jesus von Nazareth, Juden, und diese jüdische messianische oder "christliche" Verkündigung ("*christós*" ist die griechische Übersetzung des hebräischen "*maschiach*" = griechisch "*Messias*"), die das Judentum fundamentalistisch zu verändern intendierte, galt ursprünglich ausschließlich den Juden. Erst mit dem Apostel Paulus wurde die christliche Mission systematisch auch in die Nichtchristenheit, in die Welt der nichtjüdischen "Heiden" hineingetragen. So gab es über einen längeren Zeitraum zweierlei Kategorien von Christen, einerseits die Judenchristen, die jüdischer Tradition und jüdischem Gesetz verpflichtet blieben und die die christlich religiöse Botschaft zum Jüdischen gleichsam hinzunahmen, und andererseits die Heidenchristen, die nicht wie die Juden durch Geburt und Abstammung sondern lediglich durch ihren Glauben in den "Bund Gottes" aufgenommen wurden, ohne allerdings dadurch sogleich schon zu Juden zu werden. Mit der Gründung der römischen Kirche kam es schließlich zur Entstehung der Lehre von den zwei Israel, dem "fleischlichen Israel" der Juden und dem "geistlichen Israel der Kirche". Diese Entwicklung führte letztlich dazu, daß das Judentum seiner geistigen Traditionen beraubt wurde und jene Christen, die nicht mehr nach dem Blut, sondern nur noch nach dem Glauben zu Gottes Bund gehörten, zu den wahren Hütern der Lehren Jesu Christi und seiner Begründungen in der hebräischen Tradition, der hebräischen Bibel erklärt wurden. Die Kirche machte sich so zur eigentlichen Verwalterin des jüdischen Erbes, während sie das Judentum, das sich weigerte, die christliche Lehre anzunehmen, für blind gegenüber dem ihm angeboten christlichen Heil erklärte, eine Auffassung, die sich in der christlichen Kunst in vielen personifizierenden bildlichen und figürlichen allegorischen Darstellungen der 'sehenden Kirche' und der 'blinden Synagoge' wiederfinden läßt, besonders anschaulich etwa im Bamberger Dom oder am Südportal des Straßburger Münsters, wo die "Synagoge" gegenüber der "Kirche" mit verbundenen Augen dargestellt ist.

So entstanden zwei selbständige, einander gegenüberstehende Religionen, die aber nach wie vor eine grundlegende, unauflösbare, beide verbindende Gemeinsamkeit aufweisen: Die hebräische Bibel, das "Alte Testament", das "Buch des alten Bundes". Damit ergab sich aber ein grundsätzlicher Konflikt, ein Gegensatz, der die Begründungsfundamente des Christlichen zutiefst berührt und immer wieder infragestellt. Wie ist die Bibel zu verstehen und auszulegen? Ist sie, wie es die Juden sehen, ein *ursprünglicher Text*, der von den Vätern Israels als Zeugnis der auf den hebräischen Gott bezogenen Geschichtsgemeinschaft überliefert wurde, als ein Zeugnis, das den Bund des Volkes Israel mit seinem Gott bezeugt, ein Bund, der nie aufgekündigt wurde? Oder ist die hebräische Bibel, das Alte Testament, lediglich als ein Text zu verstehen und auszulegen, der erst durch die christliche Heilsbotschaft des Neuen Testaments seine eigentliche Begründung erfuhr, gleichsam eine Art *allegorischer Text*, der erst durch das Neue Testament als seinem "allegorischem Prätext" seine eigentliche religiöse Begründung und Erfüllung, seinen eigentlichen Sinn erhalten würde, so daß demzufolge den Juden das Recht zu bestreiten sei, das Alte Testament nicht christlich, sondern in eigener hebräischer Tradition zu begreifen und auszulegen. Aus solchen grundsätzlichen Gegensätzen, die tief in die Begründungen des Christentums und seine Anstrengungen reichen, sich gegenüber dem Judentum abzugrenzen und eigenständig Profil zu gewinnen, hat sich im Wesentlichen die lange Tradition christlich religiös begründeter Judenfeindschaft und Judenverfolgung aufgebaut.

Von Beginn des Bestehens der christlichen Gemeinschaften an haben sich die Heiden-Christen mit der Frage auseinanderzusetzen gehabt, was es denn mit dem eigenen Heils-und Erlösungsversprechen auf sich habe, wenn sich Juden weigerten, dieses allen christlich Getauften Erlösung versprechende Heil anzunehmen. Blieben sie dennoch auch weiterhin allein aufgrund ihrer Abstammung, "von Abrahams Samen", in Gottes Bund einbezogen und am Heil beteiligt? Stellten die ungetauften Juden mit ihrer Weigerung nicht dieses Heil und die mit ihm verbundene existentielle Erlösung und Schuldentlastung immer wieder infrage und bedrohten damit die religiöse Erlösungsversprechung und müßten deshalb verdammt und aus dem Bund Gottes ausgeschlossen werden? Um diese Fragen hat es vor allem in den jungen christlichen Gemeinden der Antike heftige Auseinandersetzung gegeben. Paulus hat sie in seinen Römerbriefen aufgegriffen und recht eindeutig beantwortet. So machte er im elften Römerbrief unzweifelhaft deutlich, daß die Heiden-Christen, als ein "wildes Reis" auf den "edlen Stamm" des Judentums gepropft d.h., von der Wurzel des Judentums getragen würden und nicht umgekehrt, daß sie dies immer bedenken und nicht "wider die ausgebrochenen Reiser rühmen und an der Güte bleiben sollten" (Vers 18), daß sie sonst von der

Teilhabe an Gottes Bund wieder ausgeschlossen, als aufgepfropftes wildes Reis wieder "herausgehauen" würden (Vers 22), daß es folglich keinen heidenchristlichen Antisemitismus geben dürfe. Das bedeutet aber in letzter Konsequenz, daß der christliche Antisemitismus der vergangenen zweitausend Jahre letztlich wohl nicht christlich-theologisch zu begründen ist (vgl. dazu aber auch Wilckens, 1974, und seine wohl unauflösbare Schwierigkeit, eine originäre christliche Theologie zu formulieren, die ihrem Wesen und ihrer Logik nach "antijudaisch" sein soll, ohne zugleich "antisemitisch" zu werden). Der christliche Antisemitismus scheint vielmehr aus Gründen hervorgegangen zu sein, die vor allem in der spezifischen religiös-psychologischen Dynamik des Verhältnisses der Christen zu den Juden, begründet ist.

Zum Antisemitismus gibt es eine Fülle von Theorien, die jede für sich immer nur Teilaspekte dieses komplexen kollektiven Phänomens zu erfassen vermochten. Auch aus psychoanalytischer Perspektive wurden eine Reihe von psychodynamischen Thesen formuliert von denen ich an dieser Stelle nur einige besonders relevante Gesichtspunkte herausgreifen kann, um die Bedeutung psychoanalytischer Perspektiven für diese äußerst bedeutsame kulturtheoretische Frage des christlichen Abendlandes darzustellen.

Neben der *Verweigerung der Taufe* und damit der grundsätzlichen Nichtanerkennung der Heilsmöglichkeit und Erlösungsnotwendigkeit des christlichen Glaubens durch die Juden, der zum Ausgangspunkt der antisemitischen Ausbrüche vor allem Martin Luthers in seiner bekannten antisemitischen Schmähschrift "Von den Juden und ihren Lügen" (1543) wurde, erscheint als ein wesentlicher, ursächlicher Aspekt des Antisemitismus vor allem das Moment des *Opferungsverzichts* des Judentums, der nach der Zerstörung des Jerusalemer Tempels im Jahre 70 im Judentum zur verbindlichen religiösen Lehre und Praxis wurde. Der Opferungsverzicht der Juden mußte, wie auch das jüdische Bilderverbot des "Du sollst dir kein Bild machen", in der gesamten spätantiken Welt, deren Religion vom Opfern und vom konkreten Abbilden der Götterwelt in personifizierender Menschengestalt geprägt war, allein schon durch seine bloße Existenz grundsätzlich irritieren und zutiefst die eigene religiöse Praxis in ihrer existentiellen Begründung und Funktion infragestellen. Dies dürfte den in der antiken Welt auch bei den Nichtchristen aufbrechenden Antisemitismus begründet haben, der dort in Erscheinung trat, wo Juden in abgegrenzten Gemeinschaften mit ihrer der übrigen antiken Welt fremden Religion unter den anderen Völkern zu leben begannen, verstärkt vor allem nach der Zerstörung des Tempels in Jerusalem im Jahre 70 n.Chr. und der Zerstreuung der Juden über das ganze Römische Reich.

Der Opferungsverzicht des Judentums bedrohte aber in einer besonderen Weise die sich gerade erst formierende christliche Religion, für die der Opferungsverzicht des Judentums die Schuldentlastungs- und Erlösungsfunktion des in der Eucharistie, im Abendmahl gefeierten christlichen Opfers, und damit zugleich die religiöse Rückbindung und Geborgenheit in diesem zentralen religiösen Symbol der Christenheit grundsätzlich in Zweifel ziehen mußte. Denn Heil und Erlösung im religiösen Ritus kann in einer allverbindlichen Weise wohl kaum möglich werden, wenn eine religiöse Gruppierung, vor allem eine, der man durch die gemeinsame Wurzel zugleich zutiefst verbunden ist, mit ihrem Opferungsverzicht die heilsstiftende und erlösende Macht des Ritus negiert.

Als ein weiteres Moment christlichen Antisemitismus ist das Problem der sogenannten *Auserwähltheit* zu nennen, demzufolge die Juden sich als das von Gott zum Bund mit ihm auserwählte Volk verstehen, das den anderen Völkern in dieser Besonderheit gegenüberstehe. Von christlicher Seite wurde dies immer wieder als eine Anmaßung des jüdischen Volkes seiner Privilegierung mißverstanden und dementsprechend zur Begründung antisemitischer Haltungen herangezogen. Freud schreibt in diesem Zusammenhang im "Mann Moses" (1939a, S.197): "Ich wage die Behauptung, daß die Eifersucht auf das Volk, welches sich für das erstgeborene, bevorzugte Kind Gottvaters ausgab, bei den anderen heute noch nicht überwunden ist, als ob sie dem Anspruch Glauben geschenkt hätten."

Freud weist hier, indem er die individuelle Psychologie der Geschwisterrivalität mit den Verhältnissen der kollektiven Psychologie parallelisiert, auf das Motiv der Eifersucht, des Neides und der narzißtischen Kränkung der nicht Auserwählten durch Gottes Bevorzugung des "auserwählten Volkes" hin, wobei die diesen Auserwähltheitsanspruch Angreifenden gerade dadurch sichtbar machen würden, daß sie ihn irgendwie doch anerkennen. Dieser Auffassung der Christen von der Anmaßung einer Privilegierung liegt allerdings ein fundamentales Mißverstehen zugrunde. Denn die Auserwähltheit bezieht sich nicht auf Privilegien, die das jüdische Volk gegenüber den anderen zu beanspruchen habe, sondern vielmehr darauf, daß Israel gleichsam zum Knecht Gottes zur Erfüllung des Auftrages auserwählt sei, den Völkern das Licht zu bringen, den Menschen als Lehrer zu dienen, ihnen Vorbild im Gottesglauben an den einzigen und unsichtbaren Gott zu sein. Es ist somit eine Auserwähltheit nicht des Privilegs, sondern eine des Auftrags. Diese kehrt letztlich, christlich gewendet, im Taufgebot des "Gehet hin in alle Welt und lehret alle Völker ... " wieder, eine Auserwähltheit des Auftrags, in die sich letztlich auch die Christen hineingenommen verstehen müßten, wenn sie sich nicht aus vielfältigen anderen antijüdischen Motiven davon ausschließen müßten.

Ein weiteres gewichtiges Moment vor allem des Antisemitismus in Deutschland, den Freud gerade zur Zeit der Niederschrift seines "Mann Moses"(1939a) vor Augen hatte, sieht Freud in der Tatsache begründet, daß die relativ spät zum Christentum bekehrten und getauften Völker wie das deutsche, die oft erst durch blutigen Zwang dazu getrieben werden mußten, mit der Taufe ihre zahlreichen Gottheiten aufzugeben gezwungen wurden. Dies sei, wie Freud in diesem Zusammenhang meinte, nur unzulänglich gelungen (1939a, S.198, Hervorhebung L.H.):

"Man könnte sagen, sie sind alle »schlecht getauft«, unter einen dünnen Tünche von Christentum sind sie geblieben, was ihre Ahnen waren, die einem barbarischen Polytheismus huldigten. Sie haben ihren Groll gegen die neue, ihnen aufgedrängte Religion nicht überwunden, aber sie haben ihn auf die Quelle verschoben, von der das Christentum zu ihnen kam. Die Tatsache, daß die Evangelien eine Geschichte erzählen, die unter Juden und eigentlich nur von Juden handelt, hat ihnen eine solche Verschiebung erleichtert. *Ihr Judenhaß ist im Grunde Christenhaß*, und man braucht sich nicht zu wundern, daß in der deutschen nationalsozialistischen Revolution diese innige Beziehung der zwei monotheistischen Religionen in der feindseligen Behandlung beider so deutlich Ausdruck findet."

Abgesehen von diesem letztgenannten, vor allem auf den Antisemitismus im nationalsozialistischen Deutschland abzielenden Aspekt des christlichen Antisemitismus machen die hier aufgeführten psychoanalytischen Argumente zum christlichen Antisemitismus deutlich, daß der eigentliche "Stein des Anstoßes" antijüdischer Tendenzen vor allem in der nachdrücklich behaupteten Andersheit des Judentums gegenüber den Christen begründet liegt, eine Eigenständigkeit, die aufgrund der gleichzeitig gegebenen besonderen Nähe und Affinität des Christentums zum Judentum einen scheinbar unauflösbaren Widerspruch zwischen einer Grenzen aufhebenden Gemeinsamkeit und einer grundsätzlichen Verschiedenheit erzwingt. Dieser Widerspruch hat aber die Entwicklung einer konstruktive Eigenständigkeit der Christen gegenüber den Juden zutiefst erschwert. Die kollektiven psychologischen Konsequenzen hieraus dürften strukturell gesehen jenen entsprechen, wie man sie entwicklungspsychologisch bei Individuen beobachten kann, die in einer vergleichbaren individuellen Situation zur Entwicklung einer ausreichend tragfähigen Separation und Individuation nicht finden können.

Solche Schwierigkeiten der Abgrenzung und Konstituierung der eigenen Identität führen beim Individuum vielfach, wie dies in anderen Kapiteln bereits dargestellt wurde (vgl. Kapitel 4, 5, 14), zu erheblichen, oftmals außerordentlich aggressiv bestimmten Abgrenzungs- und Beziehungsstörungen. Dies geschieht in erster Linie dann, wenn aufgrund einer nur schwer auflösbarem Verklammerung des heranwachsenden Kindes mit dem elterlichen Primärobjekt das Selbstverständnis der eigenen Andersheit gegenüber dem Elternobjekt in keiner ausreichend stabilen Weise entwickelt und anerkannt werden kann. So entsteht oftmals eine Dilemmasituation zwischen einer unauflösbaren Verklammerung einerseits und einer entgegengerichteten Tendenz zur Entwicklung eigenständiger Positionen andererseits. Eine solche Dilemmasituation hat nicht selten zur Folge, daß die Beziehung zum Objekt mit Hilfe von Mechanismen der Verleugnung der Andersheit des Anderen sowie durch eine Art phantasierte narzißtisch-beherrschende Omnipotenz aufgehoben wird. Mit Hilfe dieser wird der sich eigenständig gebende Andere gemäß den eigenen Vorstellungen und Bedürfnissen phantasiert, manipuliert und in seinem Verhalten für die eigenen Ziele instrumentalisiert, nicht selten in der Befürchtung, ohne eine solche aktive narzißtisch omnipotente Kontrolle in eine Position des Ausgeliefertseins an den Anderen zu geraten und auf eine gleiche Weise beherrscht, überwältigt und in der eigenen Eigenständigkeit ausgelöscht zu werden. Mißlingt dies aber, weil in der eigenen Vorstellung die Andersheit des begehrten Objektes nicht ausreichend aufgehoben werden kann, vor allem aber, wenn dieses Objekt sich weigert, sich in der gewünschten Weise benutzen, instrumentalisieren und gleichmachen zu lassen, sondern sich vielmehr unmißverständlich in eigenen Rechten konturiert und behauptet, dann kann dies die Stabilität der narzißtischen Abwehrstruktur zutiefst erschüttern und eine so erlebte Situation der tiefen existentiellen Bedrohung, eine phantasierte drohende Auflösung und Vernichtung der eigenen Existenz herbeiführen. Dies geht nicht selten mit destruktivsten Affekten gegenüber dem sich in seiner Andersheit behauptende Objekt einher, mit allen daraus erwachsenden psychodynamischen Konsequenzen. Wenn es in dieser Situation zu keiner konstruktiven Verständigung kommen kann, dann ist die Wiederhestellung der verlorenen narzißtischen Omnipotenz oft nur durch eine Verstärkung der Distanzierungsanstrengungen gegenüber dem Objekt möglich, vor allem aber durch eine narzißtisch destruktive Entwertung des so anders erlebten "Anderen". Wenn die Beziehung zum bedrohlich werdenden Objekt in dieser Weise aber nicht beherrscht werden kann, dann bleibt in der Regel nur der Weg "apokalyptisch" strukturierter Bewältigungsmodi offen. Das heißt: destruktive Spaltung in absolute Kategorien von "Gut" und "Böse", Projektion alles "Bösen" auf den sich der omnmipotenten Beherrschung, der Teilnahme am "Heil der "guten" eigenen Vorstellungen verweigernden "Anderen" sowie schließlich, und dies ist abhängig von der Intensität der erlebten existentiellen Bedrohung, ein von solchen apokalyptischen Mechanismen motiviertes destruktiv-narzißtisches Handeln gegen diesen Anderen, was naturgemäß mit dem Verlust jeden mitmenschlichen Realitätsbezuges einhergeht.

Als psychische Struktur läßt sich diese individuelle Konstellation durchaus auf kollektive psychologische Verhältnisse übertragen. Auf die Beziehung des Christentums zum Judentum angewendet mag man erkennen, daß das Christentum trotz aller Anstrengungen, ein eigenständiges Profil gegenüber dem Judentum zu gewinnen, letztlich zu einer konstruktiven Abgrenzung und Eigenständigkeit gegenüber dem Judentum nicht wirklich hat finden können. Denn die Beziehung des Christentums zu dem sich in seiner Andersheit nachdrücklich in eigenem Recht behauptenden Judentum läßt sich aufgrund der Verankerung im gemeinsamen Ursprung grundsätzlich nicht aufkündigen. Auf diese Weise mußte sich ein unlösbares Abgrenzungsdilemma ergeben, das bis heute jene leidvolle Verklammerung und Verschränkung zementiert hat, aufgrund derer die Konstituierung des Eigenen und die Profilierung und Sicherung der eigenen existentiellen Glaubenspositionen letztlich immer wieder nur unter antisemitischer Entwertung, apokalyptischer Abspaltung und Projektion, und oftmals auch mit daraus hervorgehendem destruktivem Handeln gegen die Juden erfolgte.

In diesem Sinne hat das Christentum in seiner Geschichte immer wieder versucht, die besondere Andersheit des Judentums im Sinne eines "den anderen sich identisch Machens" aufzuheben, vor allem durch Bekehrung, durch den Versuch, die "Anderen" zur Aufgabe ihrer Eigenständigkeit zu überreden oder schließlich gar zu zwingen. So gibt es in der Geschichte des christlichen Antisemisimus ungezählte Beispiele für Zwangsbekehrungen von Juden. Zum destruktiven Handeln im Sinne antijüdischer Pogrome geriet das christliche Dilemma gegenüber dem Judentum vor allem immer dann, wenn innere und äußere Anlässe, etwa eine als "Gottes Strafgericht" erlebte existentielle Bedrohung wie zum Beispiel durch Hungersnöte oder Krankheitsepidemien, die eigene Glaubens- und Erlösungsgewißtheit infragezustellen vermochten. Die Juden, die "bösen Anderen" wurden dann projektiv zu den hierfür "eigentlich" Schuldigen erklärt, die Pestilenz und

Hunger etwa durch Brunnenvergiftung zu verantworten hätten und die man dann meinte, in antisemitischen Pogromen "gerechterweise" verfolgen und und am Ende im Sinne der eigenen apokalyptischen Vorstellungen zur Sicherung der eigenen "guten" Sache vernichten zu müssen. Die existentiellen Notsituationen und Krisen in der Geschichte des christlichen Abendlandes sind auf diese Weise von antisemitischen Pogromen gesäumt, (vgl. zum Beispiel die Pogrome in der Zeit der europäischen Pestepidemie in der Mitte des vierzehnten Jahrhunderts).

Antisemitische Haltungen und Handlungen sind offensichtlich von einer tiefgreifenden, in die existentielle Essenz der religiösen Erfahrung hineinreichenden psychischen Dynamik getragen, die in der Lage ist, zur Aufrechterhaltung religiös vermittelter Gefühle existentieller Sicherheit die irrationalsten antihumanen Tendenzen zu mobilisieren und diese vom religiösen Selbstverständnis her rationalisierend zu motivieren. Dies legt die Annahme eines das religiöse Erleben begründenden existentiellen Sicherheitsbedürfnisses unabhängig von dem jeweils gegebenen System religiöser Überzeugungen nahe, als eine Art anthropologische, letztlich in der oral-narzißtischen Organisation des Psychischen verwurzelte Bedingung der religiösen Erfahrung, der die jeweils geglaubten religiösen Heils- und Erlösungsvorstellung gleichsam nur angeheftet sind. Wird die existentielle religiöse Heils- und Erlösungsversicherung aus inneren oder äußeren Bedingungen grundsätzlich infragegestellt, dann scheint die Bereitschaft zu wachsen, im Sinne einer aggressiv-destruktiven Degeneration des Religiösen in Richtung auf einen von Projektionen und Spaltungen beherrschten archaischen Untergrund, unter Rückgriff auf archaische defensive Operationen die bedrohte religiöse Heils- und Erlösungssicherheit um jeden Preis zurückzugewinnen und zu sichern, auch wenn das bedeutet, daß das bisher in seinen ethischen Normen anerkannte religiöse Orientierungssystem relativiert und dessen Regeln und Ordnungen partiell oder vollständig außer Kraft gesetzt oder ins Gegenteil verkehrt werden. Dies läßt sich nicht nur an den antichristlichen Exzessen des christlichen Antisemitismus der vergangenen Jahrhunderte bis in unsere Zeit ablesen, sondern auch an anderen religiös-fundamentalistisch motivierten Auseinandersetzungen, die zwischen Gruppen und Großgruppen anderer Religionsgemeinschaften in der Welt immer wieder zu beobachten sind.

Die unlauföslbare Verschränkung und Verklammerung des Christentums mit dem Judentum in dem gemeinsamen Ursprung hat aber über die bereits angesprochenen Gesichtspunkte hinaus noch weitere intrinsische Gründe, die aus der Tatsache erwachsen, daß beide, Judentum und Christentum, in einer spezifischen, einander entgegengesetzten religiösen Beziehung zum gemeinsamen Vatergott ihres Ursprungs stehen, in der Auseinandersetzung um die konflikthafte Vater-Sohn Beziehung, wie sie in der *Akedah*, in der Bindung und Opferung bzw. Nicht-Opferung Isaaks durch Abraham ihren mythisch-religiösen Ausdruck gefunden hat. Diese gegensätzliche Bezogenheit zum gemeinsamen Gott-Vater scheint in der Geschichte beider Religionen Tendenzen gebahnt zu haben, jeweils den anderen als eine Art Negativbild, als Projektionsmöglichkeit zur Entledigung von Tendenzen zu instrumentalisieren, die mit den eigenen Positionen unvereinbar sind (vgl. Stein, 1977). Denn nicht nur Christen haben antijüdische Affekte. Auch im Judentum lassen sich starke negative Affekte gegen Nicht-Juden, gegen die *Gojim* beobachten. In diesem Zusammenhang spricht R.M.Loewenstein (1968) vom Judentum und Christentum als von einem Kulturpaar.

Die für die monotheistischen Religionen des Judentums und des Christentums gleichermaßen zentrale Vater-Sohn Thematik hat Freud in seinen religionspsychologischen Studien, in erster Linie in seinem Buch "Totem und Tabu" (1912-13) sowie vor allem im "Mann Moses und die monotheistische Religion" (1939a) aufgenommen und in Beziehung zu seinen spekulativen kulturanthropologischen Vorstellungen über den Ursprung der Totemreligion in der Urhorde entwickelt. Diese Urhordenthese stützt sich auf Darwins Theorie von der Urhorde, die sicher nicht, wie Freud es überwiegend zu sehen tendierte, als eine Beschreibung *realer* historischer Vorgänge vor vielen zehntausenden von Jahren zu verstehen ist. Sie ist vielmehr als eine fundamentale Struktur anzusehen, nach der die Beziehungen in der menschlichen Gesellschaft, die Regulierung des Verhältnisses zwischen den Generationen, zwischen "Vätern" und "Söhnen" und zwischen den "Söhnen" untereinander organisiert erscheinen. In deren Kern steht die Verarbeitung der Schuld um den Mord an dem alles und alle beherrschenden Vater durch die Bruderhorde, die zur Einsetzung des Totemtiers stellvertretend für den ermordeten Vater als väterlicher Struktur führt, als einer Vorstufe späterer Gottesvorstellungen. In immer wiederkehrenden Gedächtnisritualen werde in den nachfolgenden Generationen letztlich bis heute die Urschuld um den Vatermord in der Verehrung des Totemtiers realisiert und mit dessen Opferung und Verspeisung zugleich deren rituelle Darstellung und Bewältigung gefeiert. Freud sah hierin ein Ritual, das sich der Struktur nach noch in der religiösen Praxis der christlichen Eucharistie, im christlichen Abendmahl wiederfinde. Ein Mord am Vater, am Stammvater Moses steht auch, wie Freud im "Mann Moses" entwickelt, am Anfang der Geschichte des Judentums, für das die Auseinandersetzung um die daraus erwachsene Schuld, von Generation zu Generation überliefert, zur Grundlage der jüdischen *Vaterreligion* wurde, in der das Volk Israel als auserwählter Sohn Gottes seinem Gottvater gegenübersteht, und sich ihm als Sohnesvolk gleichsam zum Opfer anbietet. Mit der Akedah und der Nichtopferung Isaaks wird aber zugleich eine neue Beziehung des Sohnesvolks zum Gott-Vater begründet, die fortan nicht mehr das konkrete, später dann nicht einmal mehr, wie beim Christentum, das symbolische Opfer im Ritual in den Mittelpunkt der Gottesverehrung zu stellen erfordert.

Im Christentum gewinnt diese auf die Akedah zurückführende Thematik mit der Opferung des Gottessohns am Kreuz eine gegenüber dem Judentum grundsätzlich andere Gewichtung. Das Christentum, das den am Kreuz geopferten Gottessohn verehrt, wird so zur *Sohnesreligion*, die diese Opferung als Grundlage der Schuldentlastung, des Heils und der Versöhnung in den Mittelpunkt rückt und in seinen Riten feiert. Im Christentum wird der Vater durch den am Kreuz geopferten Sohn zwar nicht ersetzt. Dieser rückt aber in den Mittelpunkt der Verehrung. Nur durch den Sohn kann man zum Vater gelangen: "niemand kommt zum Vater, denn durch mich", wie es Jesus in diesem Sinne sagt (Joh.14,6). Diese Verschiebung des Zentrums der Verehrung vom Vater zum Sohn, die mit der Veränderung des Zentrums der Verehrung zugleich die strenge Vaterforderung des Ersten Gebotes "Ich bin der Herr dein Gott, du sollst nicht andere Götter haben neben mir" relativierte, ging, wie wir dies im vorigen Kapitel im Zusammenhang mit Freuds Religionskrik gesehen hatten (vgl. Kap. 22), im Laufe der Entwicklung des Christentums mit einer zunehmenden Hineinnahme "heidnischer", sinnlich-religiöser Elemente einher. Der streng monotheistisch Charakter des Judentums wurde damit relativiert, es kam zur Übernahme zahlreicher, aus nichtjüdischer Tradition stammender "heidnischer" symbolischer Riten, zur Wiedereinführung der Muttergottheit und mit der Heiligenverehrung zu quasipolytheistischen Tendenzen, so daß der vom Judentum, geäußerte Vorwurf, das Erste Gebot des mosaischen Gesetzes, jenes "Du sollst keine anderen Götter haben neben mir" nicht mehr ausreichend zu befolgen, nicht ohne Berechtigung erscheint.

In seiner psychoanalytisch-kulturanthropologischen Untersuchung zur religiös-kulturellen Verschränkung des Christentums mit dem Judentum vertritt nun der amerikanische Anthropologe Howard Stein (1977) die Auffassung, Juden und Christen seien in ihren Religionen in einer verhängnisvollen Weise in der Auseinandersetzung um diese Vater-Sohn Thematik aufeinander angewiesen und miteinander gleichsam verklammert geblieben. Jede Seite habe die eigenen, für sich unzulässigen Anteile der konflikthaften Beziehung im religiösen Vater-Sohn Verhältnis jeweils der anderen Seite zuzuschreiben und an ihr zu bekämpfen gesucht und tue dies bis heute. Bezogen auf das von Freud angesprochene Verhältnis der bekehrten Germanen zum Christentum und zum Judentum sowie bezogen auf die in Haß dem mit sozialer Not und Pestilenz so grausam strafenden Vater-Sohnes-Gott gegenüberstehenden Christen würde dies bedeuten, daß der mit der Taufe auferlegte Zwang zur Annahme und Anerkennung der Sohnesreligion, des Sohnes, in die Abspaltung und Projektion des Hasses gegen den so aufgezwungenen Sohn, gegen den zugleich so grausam strafenden Sohnesgott treibt. Hieraus ergibt sich schließlich, daß die diesen Sohnesgott infragestellenden, ausschließlich dem Vatergott huldigenden Juden als diejenigen angeschuldigt werden müssen, die das tun, was man als eigene Strebung um der Bewahrung religiös vermittelter Sicherheit willen bei sich selbst nicht wahrnehmen oder gar anerkennen darf: den zu verehrenden aber zugeich strafenden Sohnesgott anzugreifen und zu hassen. Hierin liegt die Grundlage jener bekannten Vorwürfe gegen die Juden, daß sie die Hostie zu entweihen und zu schänden trachteten, und zu ihren Pessachfesten Christen-Knaben, das heißt Söhne schlachteten und deren Blut in ihren antichristlichen Ritualen verwendeten, usw., - Heinrich Heine hat uns zu dieser Art christlichen Vorwurfs gegen die Juden in dem erzählerischen Fragment des "Rabbi von Bacharach" eine bewegende poetische Illustration gegeben.

Und umgekehrt suchten dann die Juden alle mit ihrer Vaterreligion unvereinbaren Anteile, ihre Auseinandersetzung mit dem Vater, ihre Auflehnung als nicht immer treues Sohnesvolk gegen den grausam strafenden Vatergott und seine fortwährenden Auferlegungen und Prüfungen durch Entbehrungen, Pogrome und Verfolgungen, die zu immer neuen Anstrengungen der Schuldentlastung durch immer neue Verfeinerungen gesetzesreligiöser Regeln und Bestimmungen treiben, abzuspalten und an den Christen als den die Vaterreligion Infragestellenden projektiv zu verhandeln, - im Sinne von Vorwürfen gegen die Christen, sie würden mit ihrer Religion den Vatergott verraten, dem falschen Propheten, dem falschen Messias huldigen, Vielgötterei treiben, usw.. So führt, wie Stein meint, jeder dem anderen gerade diejenige unbewußte Seite seiner selbst vor, die mit der eigenen bewußt vertretenen Position unvereinbar ist, - ein System, scheinbar unlösbar konflikthafter und oftmals destruktiv sich auswirkender projektiver Verklammerung zwischen Christen und Juden, bei dem allerdings das Christentum sich den Vorwurf gefallen lassen muß und sich mit diesem grundsätzlich auseinanderzusetzen hat, daß es seine Konflikte mit dem Judentum nicht auf die geistige und geistliche Auseinandersetzung beschränkt, sondern oftmals mit barbarischstem Handeln ausgetragen hat.

Zweitausend Jahre Geschichte eines destruktiven Vorurteils und kein Ende? Man könnte meinen, der in christlich-religiösem Irrationalismus begründeten Antisemitismus in den christlichen Gesellschaften, und im letzten Jahrhundert auch der islamische Antisemitismus, der mit der Wiederbesiedlung Palästinas durch die Juden und der Gründung des Staates Israel nach fast zweitausendjähriger Judenverfolgung in einer neuen, archaisch destruktiven Spielart hinzugekommen ist, sei unausrottbar. Wir haben alle Anstrengung zu unternehmen, daß auch in dieses finstere Kapitel persistierender Unaufgeklärtheit Licht gelangt und der Weg aus projektiver Verklammerung zur Entwicklung einer tragfähigen Position der Andersheit möglich wird, aus der konstruktive Möglichkeiten der Verständigung erwachsen können, ohne daß der andere bekehrt und instrumentalisiert oder verteufelt, verfolgt und zerstört werden muß.

24. Die Kulturkritik Sigmund Freuds

Mit der systematischen Untersuchung und Erfassung der irrationalen Wurzeln psychoneurotischer Störungen als individueller Phänomene, die in lebensgeschichtlichen Zusammenhängen begründet sind und die innerhalb der Auseinandersetzung des heranwachsenden Individuums mit seiner Umwelt, im Sozialisationsprozeß erworben worden sein mußten, rückten zunehmend auch die lebensgeschichtlich bestimmenden Bedingungen der gesellschaftlichen Umwelt in den Mittelpunkt des psychoanalytischen Interesses. Es handelt sich dabei um die sozialen Konstellationen, die das Individuum innerhalb des komplexen Prozesses seiner Entwicklung prägen und formen und ihm abverlangen, die in seiner animalischen Natur begründeten triebhaften Wünsche gemäß den Forderungen seiner gesellschaftlichen Umwelt zu zähmen und einzupassen. Neurose als eine aus diesem Formungsprozeß hervorgehende Störung ist somit zugleich eine Art gesellschaftlicher Krankheit, ein Ausdruck der Unmöglichkeit des Individuums, den Antagonismus zwischen Triebleben und gesellschaftlich-kulturellen Forderungen in einer ausreichenden Weise zu integrieren. Damit mußte aber auch die Dimension der gesellschaftlich-kulturellen Forderungen, die *Kultur* zum Gegenstand psychoanalytischer Untersuchung und Kritik werden.

Die kulturtheoretischen und kulturkritischen Überlegungen Sigmund Freuds gingen dabei zwei Wege: zum einen in Richtung auf eine psychoanalytische Gesellschaftstheorie, die den Antagonismus zwischen Trieb und Gesellschaft und seine komplexen Wirkungen und Weiterungen zum Gegenstand nimmt, zum anderen in Richtung auf eine allgemeinere, anthropologische Theorie der Kultur, ihrer Ursprünge und Entwicklungsprozesse in der Evolutionsgeschichte sowie ihrer Überlieferung, Wandlung und Bekräftigung in den komplexen Prozessen der transgenerationalen Transmission. Freud verstand unter dem Begriff der menschlichen Kultur "all das, worin sich das menschliche Leben über seine animalischen Bedingungen erhoben hat und worin es sich vom Leben der Tiere unterscheidet" (1927c, S. 326). Es ist dies ein umfassender Kulturbegriff, der die im deutschen Kulturraum seit Herder üblich gewordene, in der deutschen Geschichte sich in verhängnisvoller Weise destruktiv auswirkende Unterscheidung von Kultur und Zivilisation "verschmäht", wie Freud explizit sagte (1927c, S. 326). Freud verstand unter Kultur

"einerseits all das Wissen und Können, das die Menschen erworben haben, um die Kräfte der Natur zu beherrschen und ihr Güter zur Befriedigung der menschlichen Bedürfnisse abzugewinnen, andererseits alle die Einrichtungen, die notwendig sind, um die Beziehungen der Menschen zueinander, und besonders die Verteilung der erreichbaren Güter zu regeln. Die beiden Richtungen der Kultur sind nicht unabhängig voneinander, erstens, weil die gegenseitigen Beziehungen der Menschen durch das Maß der Triebbefriedigung, das die vorhandenen Güter ermöglichen, tiefgreifend beeinflußt werden, zweitens weil der einzelne Mensch selbst zu einem anderen in die Beziehung eines Gutes treten kann, insofern dieser seine Arbeitskraft benützt oder ihn zum Sexualobjekt nimmt, drittens aber, weil jeder einzelne virtuell ein Feind der Kultur ist, die doch ein allgemeinmenschliches Interesse sein soll. Es ist merkwürdig, daß die Menschen, so wenig sie auch in der Vereinzelung existieren können, doch die Opfer, welche ihnen von der Kultur zugemutet werden, um ein Zusammenleben zu ermöglichen, als schwer drückend empfinden. Die Kultur muß also gegen den Einzelnen verteidigt werden, und ihre Einrichtungen, Institutionen und Gebote stellen sich in den Dienst dieser Aufgabe; sie bezwecken nicht nur, eine gewisse Güterverteilung herzustellen, sondern auch diese aufrechtzuerhalten, ja sie müssen gegen die feindseligen Regungen der Menschen all das beschützen, was der Bezwingung der Natur und der Erzeugung von Gütern dient. Menschliche Schöpfungen sind leicht zu zerstören, und Wissenschaft und Technik, die sie aufgebaut haben, können auch zu ihrer Vernichtung verwendet werden." (1927c, S. 327)

Insofern ist Kultur etwas, was nur gegen ein inneres Widerstreben der Menschen angenommen wird, das aus dem Zwang zur Triebunterdrückung erwächst.

"Es scheint vielmehr, daß sich jede Kultur auf Zwang und Triebverzicht aufbauen muß; es scheint nicht einmal gesichert, daß beim Aufhören des Zwangs die Mehrzahl der menschlichen Individuen bereit sein wird, die Arbeitsleistung auf sich zunehmen, deren es zur Gewinnung neuer Lebensgüter bedarf. Man hat, meine ich, mit der Tatsache zu rechnen, daß bei allen Menschen destruktive, also antisoziale und antikulturelle Tendenzen vorhanden sind und daß diese bei einer großen Anzahl von Personen stark genug sind, um ihr Verhalten in der menschlichen Gesellschaft zu bestimmen" (S. 328), und von daher werde es für die weitere Kulturentwicklung entscheidend sein, "ob und inwieweit es gelingt, die Last der den Menschen auferlegten Triebopfer zu verringern, sie mit den notwendig verbleibenden zu versöhnen und dafür zu entschädigen" (ebenda, S. 328).

Den Kern der Kultur bilden für Freud nicht nur die Verinnerlichung der Kulturvorschriften, "populär und unpsychologisch ausgedrückt: das moralische Niveau der Teilnehmer" (ebenda, S. 334), sondern vor allem die Kulturideale, die in der transgenerationalen Überlieferung zum gemeinsamen Besitz aller werden und in besonderer Weise, vor allem auf dem Wege narzißtischer Befriedigung für den von der Kultur abgeforderten Triebverzicht entschädigen, aber auch die Kunst und jenes "vielleicht bedeutsamste Stück des psychischen Inventars einer Kultur, ... ihre im weitesten Sinne religiösen Vorstellungen, ... ihre Illusionen" (ebenda, S. 335).

Von daher haben wir mit Freuds eigenen Worten seinen Kulturbegriff wie auch die Ansatzpunkte seiner kulturtheoretischen und kulturkritischen Überlegungen umrissen. Er hat seine kulturtheoretischen und kulturkritischen Auffassungen in verschiedensten Zusammenhängen in seinem umfangreichen Werk diskutiert. Aber er hat diese Auffassungen auch in gesonderten Arbeiten explizit dargestellt, so zum Beispiel in der Arbeit "Die kulturelle Sexualmoral und die moderne Nervosität" (1908d), in seinem Buch "Totem und Tabu *(Über einige Übereinstimmungen im Seelenleben der Wilden und der Neurotiker)"* (1912-13), in seinem Essay "Zeitgemäßes über Krieg und Tod" (1915b), in seiner bedeutenden und umfassenden Untersuchung von Massenphänomenen "Massenpsychologie und Ich-Analyse" (1921c), in seiner religionskritischen Schrift, die wir bereits im Zusammenhang mit der Diskussion psychoanalytischer Perspektiven der Religion kennengelernt haben, "Die Zukunft einer Illusion" (1927c), in seiner Schrift "Das

Unbehagen in der Kultur" (1930a), in seinem später in Buchform veröffentlichten Brief an den Physiker Albert Einstein zur Frage "Warum Krieg?" (1933b), schließlich in seiner umfassenden, mehrteiligen Studie "Der Mann Moses und die monotheistische Religion: Drei Abhandlungen" (1939a (1934-38)), aus denen sowohl in der Diskussion psychoanalytischer Perspektiven der Religion als auch der des Antisemitismus bereits einige relevante Gesichtspunkte aufgenommen worden sind.

In dem erstgenannten Aufsatz "Die »kulturelle« Sexualmoral und die moderne Nervosität" greift Freud den Antagonismus zwischen Kultur und Triebleben zum ersten Mal in einer Weise auf, die das Problem der Sexualmoral über das bloß Klinische hinaus in dessen gesellschaftlichen Kontext sieht. Freud kritisiert in dieser Schrift die übermäßigen Forderungen, die die Gesellschaft seinerzeit in Hinblick auf die Einschränkung und Unterdrückung der Sexualität an das Individuum richtete. Diese führten, wie die Häufung der Neurosen zeige, zu Konsequenzen, die die Frage aufwürfen, "ob unsere »kulturelle« Sexualmoral der Opfer wert ist, welche sie uns auferlegt, zumal, wenn man sich vom Hedonismus nicht genug freigemacht hat, um nicht ein gewisses Maß von individueller Glücksbefriedigung unter die Ziele unserer Kulturentwicklung aufzunehmen" (1908d, S. 167).

Dieses Thema des unversöhnlichen Antagonismus zwischen den Triebforderungen und den von der Zivilisation auferlegten Einschränkungen greift Freud auch in seiner ausgreifenden Studie über "Das Unbehagen in der Kultur" auf und stellt es in einen umfassenderen Zusammenhang seiner bis dahin (1930a) entwikkelten theoretischen Vorstellungen. Hierzu gehören insbesondere die Frage der Beziehung nicht nur zwischen Kultur und Sexualität, sondern auch der zwischen Kultur und der menschlichen Aggressionsneigung sowie deren Beziehung zu den Selbsterhaltungs- und Sexualtrieben. In der Auseinandersetzung mit der Frage, "was die Menschen selbst durch ihr Verhalten als Zweck und Absicht ihres Lebens erkennen lassen, was sie vom Leben fordern, in ihm erreichen wollen" (1930a, S. 434), gibt er die Antwort:

" ... sie streben nach dem Glück, sie wollen glücklich werden und so bleiben. Dies Streben hat zwei Seiten, ein positives und ein negatives Ziel, es will einerseits die Abwesenheit von Schmerz und Unlust, andererseits das Erleben starker Lustgefühle. Im engeren Wortsinne wird "Glück" nur auf das letztere bezogen. Entsprechend dieser Zweiteilung der Ziele entfaltet sich die Tätigkeit der Menschen nach zwei Richtungen, je nachdem sie das eine oder das andere dieser Ziele - vorwiegend oder selbst ausschließlich - zu verwirklichen sucht.

Es ist, wie man merkt, einfach das Programm des Lustprinzips, das den Lebenszweck setzt. Dies Prinzip beherrscht die Leistung des seelischen Apparates von Anfang an; an seiner Zweckdienlichkeit kann kein Zweifel sein, und doch ist sein Programm im Hader mit der ganzen Welt, mit dem Makrokosmos ebensowohl wie mit dem Mikrokosmos. Es ist überhaupt nicht durchführbar, alle Einrichtungen des Alls widerstreben ihnen; *man möchte sagen, die Absicht, daß der Mensch »glücklich« sei, ist im Plan der »Schöpfung« nicht enthalten."* (1930a, S. 434, Hervorhebung L.H.)

Von daher greift Freud auch die zu dieser Zeit in Westeuropa immer wieder diskutierte Frage um das große sowjetisch-russische Gesellschaftsexperiment auf, vor allem den Gedanken, daß die Beseitigung des Privateigentums der geeignete Weg zur Erlösung vom Übel und zum Glück der Menschen sei. Er hält diese Vorstellung, vor allem deren psychologische Voraussetzung, für eine "haltlose Illusion" (S. 473):

"Mit der Aufhebung des Privateigentums entzieht man der menschlichen Aggressionslust eines ihrer Werkzeuge, gewiß ein starkes und gewiß nicht das stärkste. An den Unterschieden von Macht und Einfluß, welche die Aggression für ihre Absichten mißbraucht, daran hat man nichts geändert, auch an ihrem Wesen nicht. Sie ist nicht durch das Eigentum geschaffen worden, herrschte fast uneingeschränkt in Urzeiten, als das Eigentum noch sehr armselig war, zeigt sich bereits in der Kinderstube, kaum daß das Eigentum seine anale Urform aufgegeben hat, bildet den Bodensatz aller zärtlichen und Liebesbeziehungen unter den Menschen, vielleicht mit alleiniger Ausnahme der einer Mutter zu ihrem männlichen Kind. Räumt man das persönliche Anrecht auf dingliche Güter weg, so bleibt noch das Vorrecht aus sexuellen Beziehungen, das die Quelle der stärksten Mißgunst und der heftigsten Feindseligkeit unter den sonst gleichgestellten Menschen werden muß. Hebt man auch dieses auf durch die völlige Befreiung des Sexuallebens, beseitigt also die Familie, die Keimzelle der Kultur, so läßt sich zwar nicht vorhersehen, welchen neuen Wege die Kulturentwicklung einschlagen kann, aber eines darf man erwarten, daß der unzerstörbare Zug der menschlichen Natur ihr auch dorthin folgen wird." (ebenda, S. 473)

Von solcher skeptischen Position her bleibt für Freud zum Abschluß dieser Abhandlung die "Schicksalsfrage der Menschenart", "ob und in welchem Maße es ihrer Kulturentwicklung gelingen wird, der Störung des Zusammenlebens durch den menschlichen Aggressions- und Selbstvernichtungstrieb Herr zu werden" (ebenda, S. 506). Und unter Bezugnahme auf die zur Zeit der Niederschrift und Drucklegung dieses Aufsatzes erkennbaren politischen Entwicklung fügte er hinzu:

"Die Menschen haben es jetzt in der Beherrschung der Naturkräfte soweit gebracht, daß sie es mit deren Hilfe leicht haben, einander bis auf den letzten Mann auszurotten. Sie wissen das, daher ein gutes Stück ihrer gegenwärtigen Unruhe, ihres Unglücks, ihrer Angststimmung. Und nun ist zu erwarten, daß die andere der beiden "himmlischen Mächte", der ewige Eros, eine Anstrengung machen wird, um sich im Kampf mit seinem ebenso unsterblichen Gegner zu behaupten. Aber wer kann den Erfolg und Ausgang voraussehen?" (ebenda, S. 506)

Bereits in seinem Aufsatz "Zeitgemäßes über Krieg und Tod" (1915b) war Freud unter dem Eindruck des sich überwältigend destruktiv entwickelnden "Großen Krieges", des Ersten Weltkrieges, auf die Frage der menschlichen Destruktivität, auf die Frage, "warum die Völkerindividuen einander eigentlich geringschätzen, hassen, verabscheuen, und zwar auch in Friedenszeiten, und jede Nation die andere" (1915b, S. 339), eingegangen. Er schreibt:

"Ich weiß es nicht zu sagen. Es ist in diesem Falle geradeso, als ob sich alle sittlichen Erwerbungen der Einzelnen auslöschten, wenn man eine Mehrheit oder gar Millionen

Menschen zusammennimmt, und nur die primitivsten, ältesten und rohesten seelischen Einstellungen übrigblieben" (ebenda, S. 340) ... "[Der Krieg] streift uns die späteren Kulturauflagerungen ab und läßt den Urmenschen in uns wieder zum Vorschein kommen. Er zwingt uns wieder, Helden zu sein, die an den eigenen Tod nicht glauben können; er bezeichnet uns die Fremden als Feinde, deren Tod man herbeiführen oder herbeiwünschen soll; er rät uns, uns über den Tod geliebter Personen hinwegzusetzen. *Der Krieg ist aber nicht abzuschaffen*; solange die Existenzbedingungen der Völker so verschieden sind und die Abstoßungen unter ihnen so heftig sind, wird es Kriege geben müssen" (ebenda, S. 354, Hervorhebung L.H.). Und er meint zu dieser Zeit fast noch optimistisch: "An diesen bedauerlichen Verhältnissen werden vielleicht erst späte Entwicklungen etwas ändern können. Aber etwas mehr Wahrhaftigkeit und Aufrichtigkeit allerseits, in den Beziehungen der Menschen zueinander und zwischen ihnen und den sie Regierenden, dürfte auch für diese Umwandlung die Wege ebnen" (ebenda, S. 340).

Im zweiten Teil dieses Essays setzt sich Freud mit unserem Verhältnis zum Tode auseinander, und er meint, daß "unser Unbewußtes ... gegen die Vorstellung des eigenen Todes ebenso unzugänglich [ist], gegen den Fremden ebenso mordlustig, gegen die geliebte Person ebenso zwiespältig (ambivalent) wie der Mensch der Urzeit. Wie weit haben wir uns aber in der konventionell-kulturellen Einstellung gegen den Tod von diesem Urzustand entfernt!" (ebenda, S. 354)

Und er stellt die Frage, ob es nicht so sei, "daß wir mit unserer kulturellen Einstellung zum Tode psychologisch wieder einmal über unseren Stand gelebt haben" und ob es nicht besser sei, "*dem Tode den Platz in der Wirklichkeit und in unseren Gedanken einzuräumen*, der ihm gebührt, und unsere unbewußte Einstellung zum Tode, die wir bisher so sorgfältig unterdrückt haben, ein wenig mehr hervorzukehren? Es scheint das keine Höherleistung zu sein, eher ein Rückschritt in manchen Stücken, eine Regression, aber es hat den Vorteil, der Wahrhaftigkeit mehr Rechnung zu tragen und uns das Leben wieder erträglicher zu machen" (ebenda, S. 354, Hervorhebung L.H.).

Und mit der uns aus anderem Zusammenhang bereits vertrauten Feststellung, daß "das Leben zu ertragen ... ja doch die erste Pflicht aller Lebenden" [bleibt], und daß "die Illusion ... wertlos [wird], wenn sie uns darin stört", resümiert er: "*Wenn du das Leben aushalten willst, richte dich auf den Tod ein*" (ebenda, S. 355, Hervorhebung L.H.), eine düstere Erkenntnis ganz im Geiste des "Herr, lehre uns bedenken, daß wir sterben müssen, auf daß wir klug werden" des 90. Psalms der hebräischen Bibel.

In seinem 1933 veröffentlichten Brief an Albert Einstein "Warum Krieg?" nimmt er diese Gedanken über den Krieg unter Einbeziehung seiner inzwischen entwickelten Überlegungen zum Todestrieb und zur menschlichen Aggression wieder auf. Und er meint,

"daß es keine Aussicht hat, die aggressiven Neigungen der Menschen abschaffen zu wollen. Es soll in glücklichen Gegenden der Erde, wo die Natur alles, was der Mensch braucht, überreichlich zur Verfügung stellt, Völkerstämme geben, deren Leben in Sanftmut verläuft, bei denen Zwang und Aggression unbekannt sind. Ich kann es kaum glauben, möchte gern mehr über diese Glücklichen erfahren. Auch die Bolschewisten hoffen, daß sie die menschliche Aggression zum Verschwinden bringen können dadurch, daß sie die Befriedigung der materiellen Bedürfnisse verbürgen und sonst Gleichheit unter den Teilnehmern an der Gemeinschaft herstellen. Ich halte das für eine Illusion. Vorläufig sind sie auf das sorgfältigste bewaffnet und halten ihre Anhänger nicht zum mindesten durch den Haß gegen alle Außenstehenden zusammen. Übrigens handelt es sich, wie Sie selbst bemerken, nicht darum, die menschliche Aggressionsneigung völlig zu beseitigen; man kann versuchen, sie soweit abzulenken, daß sie nicht ihren Ausdruck im Kriege finden muß" (1933b, S. 23).

Und mit dem Gedanken, daß alles, was die Gefühlsbindungen unter den Menschen herstelle, dem Krieg entgegenwirken müsse, resümiert er: "Alles, was die Kulturentwicklung fördert, arbeitet auch gegen den Krieg" (ebenda, S. 27).

In seiner 1921 erschienen Schrift "Massenpsychologie und Ich-Analyse" greift Freud ebenfalls unter dem Eindruck herrschender und sich zuspitzender gesellschaftlicher und politischer Entwicklungen das seit dem ausgehenden 19. Jahrhundert immer wieder diskutierte Problem der Massenpsychologie auf. Zunächst erörtert er unter Rückgriff auf ihm zu diesem Thema vorliegende Untersuchungen zur Massenpsychologie, vor allem auf jene des französischen Autors Le Bon ("Psychologie des Foules", 1895), die Art der Beziehungen, die innerhalb einer Masse entstehen, wobei er zwischen unorganisierten, spontanen, instabilen Massen und organisierten, stabileren Massen, wie die Institutionen Kirche und Heer, unterscheidet. Für Freud ist eindeutig, daß diese Massen nicht nur nach dem Prinzip der Nützlichkeit zusammenkommen und unter Verfolgung gemeinsamer Ziele zusammenhalten, sondern daß hier spezifische seelische Momente eine wesentliche Rolle spielen müßten, die dafür verantwortlich sind, daß sich das einzelne Individuum innerhalb der Masse gänzlich anders verhalte, als wenn es für sich allein oder nur in einer kleinen Gruppe bleibe. Die Massenbildung fördere "die Affektladung der Einzelnen durch gegenseitige Induktion. Es ist unverkennbar etwas wie ein Zwang dabei wirksam, es den anderen gleich zu tun, im Einklang mit den vielen zu bleiben. Die gröberen und einfacheren Gefühlsregungen haben die größere Aussicht, sich auf solche Weise in einer Masse zu verbreiten" (1921c, S. 91).

Darüber hinaus führe die Masse zu einer Unduldsamkeit, Reizbarkeit sowie zu einer Schwächung des logischen Denkens und zu einer Herabsetzung des moralischen Bewußtseins und Verhaltens, so daß der Eindruck nahe liege, daß das Individuum innerhalb der Masse eine Art regressiven Prozeß durchmache. Zu der religiösen "Masse" und der in ihr gebundenen Individuen sowie auf deren Verhältnis zu den dieser Masse nicht angehörenden anderen meint er, bezogen auf das Christentum:

"Außerhalb dieser Bindung stehen aber auch während des Reiches Christi jene Individuen, die nicht zur Glaubensgemeinschaft gehören, die ihn nicht lieben und die er nicht liebt; *darum muß eine Religion, auch wenn sie sich die Religion der Liebe heißt, hart und lieblos gegen diejenigen sein, die ihr nicht angehören.* Im Grunde ist ja jede Religion eine solche Religion der Liebe für alle, die sie umfaßt, und jeder liegt Grausamkeit und Intoleranz gegen die Nichtdazugehörigen nahe" ... "Wenn eine andere Massenbindung an die Stelle der religiösen tritt, wie es jetzt der sozialistischen zu gelingen scheint, so wird sich dieselbe Intoleranz gegen die Außenstehenden ergeben, wie im Zeitalter der Religionskämpfe, und wenn die Differenzen wissenschaftlicher Anschauungen je eine ähnliche Bedeutung für die Massen gewinnen könnten, würde sich dasselbe Resultat auch für diese Motivierung wiederholen" (ebenda, S. 108).

In einem wichtigen Teil dieser Untersuchung zur Massenpsychologie entwikkelt Freud wesentliche Gedanken über die Rolle, die die Führer von Massen für diese einnehmen. Von daher entwickelt er seine Gedanken über die Rolle, die das von den Mitgliedern einer Masse geteilte *Massenideal* einnimmt. Der einzelne gebe in der Masse sein Ich-Ideal auf und vertausche es gegen das im Führer verkörperte Massenideal, so daß der einzelne Anteil an der "Massenseele" gewinne und das "Wunder" eintrete, daß individuelle Bildungen der Individuen in der Masse untergehen. Und er fügt hinzu:

"Das Wunder, dürfen wir berichtigend hinzufügen, ist nicht in allen Fällen gleich groß. Die Sonderung von Ich und Ichideal ist bei vielen Individuen nicht weit fortgeschritten, die beiden fallen noch leicht zusammen, das Ich hat sich oft die frühere narzißtische Selbstgefälligkeit bewahrt. Die Wahl des Führers wird durch dies Verhältnis sehr erleichtert. Er braucht oft nur die typischen Eigenschaften dieser Individuen in besonders scharfer und reiner Ausprägung zu besitzen und den Eindruck größerer Kraft und libidinöser Freiheit zu machen, so kommt ihm das Bedürfnis nach einem starken Oberhaupt entgegen und bekleidet ihn mit der Übermacht, auf die er sonst vielleicht keinen Anspruch hätte. Die anderen, deren Ichideal sich in seiner Person sonst nicht ohne Korrektur verkörpert hätten, werden dann "suggestiv", daß heißt durch Identifizierung mitgerissen" (ebenda, S. 144).

So kommt es zu einer doppelten Art der Bindung, bei der das individuelle Ichideal im vom Führer verkörperten Massenideal aufgeht und dies durch Identifizierung mit dem so idealisierten Führer, durch phantasierte Teilhabe an ihm bekräftigt und gesichert wird - eine psychische Dynamik, wie sie uns in den das kritische und moralische Denken aushöhlenden und schließlich aufhebenden Massenphänomenen der faschistischen und sozialistischen Massenbewegungen, in seiner krassesten Form aber im deutschen Nationalsozialismus vorgeführt worden ist.

In der Schrift "Die Zukunft einer Illusion", über die bereits im Zusammenhang mit der Diskussion von Sigmund Freuds Religionskritik gesprochen wurde, in "Totem und Tabu" und schließlich in "Der Mann Moses und die monotheistische Religion: Drei Abhandlungen" greift Freud, über den Versuch der Formulierung einer psychoanalytischen Gesellschaftstheorie hinausgehend, grundsätzlichere Fragen der Kultur, ihres Ursprungs und ihrer Entwicklung in der Evolutionsgeschichte im Sinne der Formulierung einer allgemeinen psychoanalytischen Kulturanthropologie auf. Die "Zukunft einer Illusion" verhandelt, wie dies bereits in der Untersuchung zum Verhältnis von Psychoanalyse und Religion deutlich geworden ist, das Phänomen der Religion als eine "Illusion", die die Menschheit mit dem Ziel der Schaffung eines bewohnbaren "Hause(s) einer freiern und klügeren Menscheit" (Th. Mann, 1929, S. 385) im Auge zu durchschauen und zu überwinden hätte. Über die 1912/13 erschienene Schrift "Totem und Tabu" und die darin entwickelten Gedanken zur Totemreligion und zur Urhorde und ihrer Entwicklung als einer grundlegenden, menschliche Gesellschaft bestimmenden Struktur haben wir bereits einiges im Zusammenhang mit unserer Diskussion des Antisemitismus und dessen Beziehung zum religiösen Vater-Sohn-Verhältnis angesprochen. "Totem und Tabu" war Freuds Lieblingswerk. Er verwies ständig darauf und zitierte immer wieder aus ihm, vor allem in seiner letzten großen Abhandlung, im "Mann Moses". Thomas Mann hat die Meinung Freuds über dieses Werk geteilt:

"Fragte man mich, welche unter den kühnen und umwälzenden Beiträgen Sigmund Freuds zur Erkenntnis des Menschlichen auf mich den stärksten Eindruck gemacht habe und welche seiner literarischen Arbeiten mir zuerst in den Sinn kommen, wenn sein Name fällt, so würde ich ohne Besinnen die große, viergeteilte Abhandlung über *Totem und Tabu* ... nennen" ..., "ohne Zweifel die rein künstlerisch höchststehende unter den Arbeiten Freuds, nach Aufbau und literarischer Form ein allen großen Beispielen deutscher Essayistik verwandtes und zugehöriges Meisterwerk" (1929, zit. n. Freud, Studienausgabe, 1974, Bd. IX, S. 289).

Die Überlegungen zur Totemreligion und deren Beziehung zur Entwicklung der monotheistischen Religion griff Freud, wie bereits erwähnt, in seinem letzten großen Buch über den "Mann Moses" (1939a) wieder auf. Dieses dreiteilige Werk entstand in den Jahren zwischen 1934 und 1938. Wie wir heute wissen, hatte Freud den Entwurf zum ersten Teil unter dem Titel "Der Mann Moses, ein historischer Roman" bereits abgeschlossen, zögerte aber, diese Abhandlung zu veröffentlichen, nicht nur, weil er Zweifel an der Stichhaltigkeit seiner Annahmen und Argumente über den Mann Moses hegte, sondern auch, weil er in Zeiten wachsender politischer Bedrängnis fürchtete, den Widerstand der römisch-katholischen Kirche zu wecken, die damals erheblichen politischen Einfluß auf die österreichische Staatsregierung hatte, so daß er fürchten mußte, den letzten Rückhalt in einer zunehmend autoritär gewalttätigen Welt, gerade auch in den Ländern um ihn herum, zu verlieren. Die Grundthese in diesem Buch über den Mann Moses lautete, daß Moses ein Ägypter und Anhänger der monotheistischen Atonreligion gewesen sei. Nachdem diese in Ägypten gewaltsam abgeschafft worden war, habe er die in Ägypten lebenden semitischen Stämmen der Leviter zu Anhängern der Atonreligion gemacht und diese dann aus Ägypten heraus in das Gelobte Land geführt. Er habe ihnen das mosaische Gesetz gegeben, sei dann aber von den Levitern vor Erreichen des Gelobten Landes ermordet worden. Die nachfolgende Religionsgeschichte des jüdischen Volkes stelle eine Auseinandersetzung mit dieser Vorgeschichte, vor allem mit der transgenerational vermittelten Ur-Schuld an dem "Vatermord" dar, seinem Stellenwert nach ein Vatermord nach Art jenes in "Totem und Tabu" beschriebenen Vatermordes durch die Brüderhorde.

In den folgenden Jahren setzte Freud seine Beschäftigung mit dieser Arbeit fort. So schrieb er noch in Wien vor dem "Anschluß" Österreichs an Deutschland:

"Wir leben in einer besonders merkwürdigen Zeit. Wir finden mit Erstaunen, daß der Fortschritt ein Bündnis mit der Barbarei geschlossen hat. In Sowjetrußland hat man es unternommen, etwa 100 Millionen in der Unterdrückung festgehaltener Menschen zu besseren Lebensformen zu erheben. Man war verwegen genug, ihnen das "Rauschgift" der Religion zu entziehen, und so weise, ihnen ein verständiges Maß von sexueller Freiheit zu geben, aber dabei unterwarf man sie dem grausamsten Zwang und raubte ihnen jede Möglichkeit der Denkfreiheit. Mit ähnlicher Gewalttätigkeit wird das italienische Volk zur Ordnung und Pflichtgefühl erzogen. Man empfindet es als Erleichterung von einer bedrückenden Sorge, wenn man *im Fall des deutschen Volkes* sieht, daß *der Rückfall in nahezu vorgeschichtliche Barbarei* auch ohne Anlehnung an irgendeine fortschrittliche Idee vor sich gehen kann. Immerhin hat es sich so gestaltet, daß heute die konservativen Demokratien die Hüter des kulturellen Fortschritts geworden sind und daß sonderbarer Weise gerade die Institution der katholischen Kirche der Ausbreitung jener kulturellen Gefahr eine kräftige Abwehr entgegensetzt. Sie, bisher die unerbittliche Feindin der Denkfreiheit und des Fortschritts zur Erkenntnis der Wahrheit!

Wir leben hier in einem katholischen Land unter dem Schutz dieser Kirche, unsicher, wie lange er vorhalten wird. Solange er aber besteht, haben wir natürlich Bedenken, etwas zu tun, was die Feindschaft der Kirche erwecken muß. Es ist nicht Feigheit sondern Vorsicht; der neue Feind, dem zu Dienste zu sein wir uns hüten wollen, ist gefährlicher als der alte, mit dem uns zu vertragen wir bereits gelernt haben" (1939a, S. 156-157, Hervorhebung, L.H.).

Der "neue Feind" brach dann, wie wir wissen, in Österreich ein. Freud konnte durch Intervention von politisch einflußreichen Freunden in verschiedenen Ländern nach London emigrieren, wo er schließlich seine Studie über den "Mann Moses" beendete, die im Sommer 1939 in Amsterdam in deutscher Sprache veröffentlicht wurde.

Neben den im "Mann Moses" ausführlich diskutierten Gedanken über die Entstehung der jüdischen monotheistischen Religion, der Beziehung des Judentums zu seinem einzigartigen, unsichtbaren, in nichts verkörperten Gott des "Ich bin der ich bin", der Beziehung dieser einzigartigen, vergeistigten monotheistischen Gottesvorstellung zum Christentum sowie von daher zu den Ursprüngen des christlichen Antisemitismus befaßt sich Freud in diesem Buch vor allem auch ausführlich mit Fragen der transgenerationalen Transmission von Trauma und Schuld, vor allem derjenigen Schuld, die aus der Ermordung des "Urvaters" Moses entstanden sei. Dabei greift er bereits in früheren Arbeiten geäußerte Vorstellungen auf, in denen lamarckistische, das heißt die unmittelbare Vererbung erworbener Eigenschaften postulierende biologische und nicht kulturelle Prozesse als erklärende Grundlage des Phänomens der transgenerationalen Transmission angeführt werden. Die ausführliche Darstellung dieser Position, deren Begründungshintergrund und -zusammenhang sowie deren Kritik würde den Rahmen dieses Kapitels bei weitem sprengen, weshalb hier nicht weiter darauf eingegangen werden kann. Sicher ist nur, daß sich Freud in diesem Punkte aus sehr spezifischen Gründen seines Theoretisierens der lamarckistischen Konstruktion bediente, daß aber diese Überlegungen von unseren heutigen Kenntnissen über die

Evolution nicht gestützt werden können. Es bleibt allerdings festzuhalten, daß trotz der unhaltbaren lamarckistischen Begründungsansätze die besondere Bedeutung von Freuds Denken in seinem konsequenten Beharren auf der biologischen Begründung individueller und kollektiver seelischer Prozesse des Menschen liegt, im Sinne einer *Psychobiologie*, die integrativ das psychisch Kulturelle mit dem psychisch Biologischen verbinden sollte, weder bloß Biologie, noch von der Dimension des Triebhaften losgelöst "Kulturtheorie". Wenn es um die grundsätzliche Beschreibung und Erklärung individueller wie kollektiver menschlicher Phänomene, von Phänomenen des "human animal" ging, mußte er auf der Verankerung alles Psychischen im Körperlichen, im menschliches Handeln wesentlich bestimmenden, Lusterleben vermittelnden, sterblichen biologisch-organischen Substrat bestehen. Er hat in diesem Sinne konsequent gedacht. Gebunden an die lamarckistischen Vorstellungen seiner Zeit und aus immanenten Gründen seines Theoretisierens hat er am Ende das *Richtige* gedacht, aber dieses Richtige lamarckistisch, d.h., aus unserer heutigen Erkenntnis gesehen, falsch begründet (vgl. Haesler, 1989b).

Wir können und sollten uns an dieses "Richtige" in Freuds Denken halten, das er gerade in seinen kulturtheoretischen und kulturkritischen Schriften im Streben nach unbeirrbarer Wahrhaftigkeit, nach Unbestechlichkeit des Beobachtens, nach Klarheit des induktiven Schließens und des deduktiven Denkens in Modellen, in seiner Freiheit und Offenheit des spekulativen wissenschaftlichen Phantasierens vor dem Hintergrund einer alles umfassenden Integration zu einer in den Werten und Idealen des Judentums verankerten umgreifenden Humanität hinterlassen hat, die uns und der Wirklichkeit in uns den Spiegel vorhält und uns bei allem Pessimismus auffordert, "die leise Stimme der Vernunft" (1927c, S. 377) nicht zu überhören und ihr unwiderrufbar Gehör zu verschaffen.

25. Zur Dialektik individueller und kollektiver psychischer Prozesse

Freuds Interesse an der Kultur erwuchs zum einen aus der Frage, was die Kultur aus den Menschen macht, wie sie deren individuelle Lebensgeschichten gestaltet, wie sie die Triebforderungen des einzelnen einschränkt und durch tradierte Verhaltensnormen strukturiert und organisiert, zum anderen aus der Frage, "welches fernere Schicksal dieser Kultur bevorsteht und welche Wandlungen durchzumachen ihr bestimmt ist", (1927c, S. 325), letztlich, wie die die Gesellschaft bildenden Subjekte den unversöhnlichen Antagonismus zwischen Trieb und Kultur zu bewältigen, zu gestalten und zu verändern vermögen. Hiermit ist zugleich die Frage nach der Dialektik der subjektiven und der gesellschaftlichen Dimension angerissen, innerhalb derer dieser Antagonismus zwischen Trieb und Kultur verhandelt wird, im Grunde eine von Freud formulierte psychoanalytische Version des bereits von Kant in seiner "Idee zu einer allgemeinen Geschichte in weltbürgerlicher Absicht" (1784) formulierten Antagonismus zwischen Individualinteressen und den Interessen einer das Recht verwaltenden, die "*Willkür*" des einzelnen begrenzenden gesellschaftlichen/kulturellen Ordnung (vgl. Henkel, 1977, S. 13). Dabei richtete Freud mit seinem kulturkritischen Ansatz unser Augenmerk vor allem auf jenes mit der kulturellen Einschränkung von Triebforderungen verbundene "Unbehagen an der Kultur", auf das dem einzelnen auferlegte Maß an Verzicht, Unglück und Leiden. Es handelt sich somit um eine kulturkritische Perspektive, die in ihrer dialektischen Betrachtung von Subjekt und Gesellschaft nicht die Kultur als solche, nicht eine bestimmte Organisation gesellschaftlicher Verhältnisse oder ein bestimmtes theoretisches Prinzip von Vergesellschaftung, sondern den vergesellschafteten Menschen selbst und den Prozeß der Vergesellschaftung seiner Natur zum Referenzpunkt nimmt und von diesem her die Kultur kritisch befragt. In seiner Untersuchung kultureller und gesellschaftlicher Phänomene schien für Freud

"der Gegensatz von Individual- und Sozial- oder Massenpsychologie, der uns auf den ersten Blick als sehr bedeutsam erscheinen mag, ... bei eingehender Betrachtung sehr viel von seiner Schärfe (zu verlieren). Die Individualpsychologie ist zwar auf den einzelnen Menschen eingestellt und verfolgt, auf welchen Wegen derselbe die Befriedigung seiner Triebregungen zu erreichen sucht, allein sie kommt dabei nur selten, unter bestimmten Ausnahmsbedingungen, in die Lage, von den Beziehungen dieses Einzelnen zu anderen Individuen abzusehen. Im Seelenleben des einzelnen kommt ganz regelmäßig der andere als Vorbild, als Objekt, als Helfer und als Gegner in Betracht, *und die Individualpsychologie ist daher von Anfang an auch gleichzeitig Sozialpsychologie in diesem erweiterten, aber durchaus berechtigten Sinne.*" (1921c, S. 73, Hervorhebungen L.H.).

Damit ist zwangsläufig die Perspektive auf die gesellschaftliche Dimension der Psychologie, auf die psychologische Dimension der Gesellschaft, auf die Sozialpsychologie und auf die Gesellschaft selbst eröffnet. Allerdings könnte die Feststellung Freuds, daß der auf den ersten Blick bedeutsam erscheinende Gegensatz zwischen Individual- und Sozialpsychologie bei eingehender Betrachtung sehr viel an Schärfe verliere, zu einem individualistischen Gesellschaftsverständnis verleiten, das die besondere eigengesetzliche Dynamik gesellschaftlicher Prozesse aus dem Auge verliert und Gesellschaft nur noch *psychologistisch*, aus der psychischen Dynamik der Individuen zu denken tendiert. Damit geht aber die Perspektive auf die besondere Dialektik zwischen Subjekt und Gesellschaft verloren. Wenn individuelle Dynamik dann lediglich noch als eine der "Menschennatur", also gleichsam bloß anthropologisch begriffen wird, muß eine auf einem solchen Verständnis gründende psychoanalytische Gesellschaftstheorie ihren kritischen Kern verlieren. Politische Psychologie wird dann von "daher zunächst und immer wieder psychologische Anthropologie. Sie ist das nach Erfahrung in ihrer Theorie wie praktischen Konsequenz", wie Wolfgang Hochheimer dies in seinem Aufsatz über "Probleme einer politischen Psychologie" (1962, S. 5) verstand. Hier entsteht dann ein Ansatz, der in politischer Praxis letztlich nur noch ontogenetisch und phylogenetisch begründete Psychodynamik verkörpert sieht und die spezifische Eigenart, Eigengesetzlichkeit und Dynamik gesellschaftlicher Prozesse, deren Vermittlung in der Historie wie auch deren jeweils spezifische gestaltende Rückwirkung auf die Individuen mehr oder weniger aus dem Auge verliert.

Umgekehrt würde aber auch eine ausschließliche Betrachtung der Subjekte aus der Perspektive der gesellschaftlichen, d.h. der politisch-ökonomischen und historischen Bedingungen zu einer *soziologistischen* Betrachtung der Individuen führen, deren Bewußtsein ausschließlich vom gesellschaftlichen Sein bestimmt ist, womit die spezifische, in biologischen Bedingungen gründende Triebnatur des Menschen und die von dieser her bestimmte unbewußte Dimension menschlicher Erfahrung verlorengehen müßte.

Alfred Lorenzer hat in seiner Studie über "Die Wahrheit der psychoanalytischen Erkenntnis" (1974) für die Analyse kultureller Phänomene drei Ebenen differenziert, die dem jeweils von der Subjektdimension, aus der psychologischen Perspektive, und dem von der gesellschaftlichen Dimension, aus der soziologischen Perspektive, operierenden Ansatz nicht gleichermaßen zugänglich sind. Lorenzer unterscheidet die Ebene des Subjekts von der Ebene der Sozialisation der Subjekte sowie schließlich die Ebene der objektiven, historisch zu begründenden politisch-ökonomischen Bedingungen der Sozialisation. Nach seiner Auffassung ist der psychoanalytischen Methode nur die Ebene des Subjektes und seiner Sozialisation zugänglich, nicht aber die der objektiven, politisch-ökonomischen und historischen Bedingungen, während umgekehrt sozialwissenschaftliche, gesellschaftsanalytische Methoden nur die Ebene der objektiven, politisch-ökonomischen und historischen Bedingungen und der Sozialisation, nicht aber die Ebene des Subjekts zu erreichen vermögen. Methodische Grenzüberschreitungen führen deshalb zwangsläufig jeweils zum reduktionistischen Psychologismus und zum Soziologismus. Auf der Ebene der Sozialisation treffen sich aber beide Ansätze, denn die Sozialisation läßt sich sowohl aus der psychologischen, psychoanalytischen Perspektive wie auch aus der Perspektive der gesellschaftlichen, politisch-ökonomischen und historischen Prozesse analysieren.

Subjektanalyse und Gesellschaftsanalyse treffen im Prozeß der Sozialisation aufeinander, innerhalb dessen dem Subjekt die gesellschaftlichen, kulturellen Wertordnungen vermittelt werden, an dem zugleich die mit dieser Vermittlung von der Gesellschaft beauftragten Subjekte aus der subjektiven Dimension auf die Vermittlung dieser gesellschaftlich-kulturellen Wertordnung und damit letztlich auch auf diese mehr oder weniger gestaltend Einfluß nehmen, ohne daß das eine in dem anderen aufgeht, ohne daß die dialektische Bezogenheit beider aufeinander aufgehoben werden kann (vgl. Jacoby, 1975). In diesem Sinne schrieb Klaus Horn in seinem Aufsatz über "Fragen einer psychoanalytischen Sozialpsychologie" (1968, S. 903):

"Aber wie eine Soziologie und Politologie ohne eine solche (psychoanalytische, L. H.) Psychologie in ihren emanzipatorischen Bemühungen bloß im Bereich des Institutionellen bleiben (müßte), wäre eine auch auf Emanzipation bedachte Psychologie ohne das Einbeziehen gesellschaftlicher Argumentation hilflos. Sie fiele hinter Marx' Erkenntnis zurück, daß die politischen Formen der ökonomischen Reproduktion die Lebensumstände bestimmen, wo sie zu dieser Erkenntnis doch kritisch hinzutreten muß, um jenen objektivistischen Rationalismus (des Marxismus, L. H.) vor Illusionen im Sinne falscher Hoffnungen zu bewahren, ohne ihm die Vernunft abzusprechen. Der psychologische Niederschlag gesellschaftlicher Verhältnisse ist aufzuspüren in den kollektiven Auswirkungen individueller Psychopathologie, die durch diese Verhältnisse selbst vermittelt ist. Jede gesellschaftskritische Analyse muß ihrerseits psychologische Argumente berücksichtigen. Denn keine Kritik der gesellschaftlichen Institutionen kann sich der Tatsache entziehen, daß (hier zitiert Klaus Horn M. Horkheimer, L. H.) ´sowohl jede Form der Gesellschaft ... einen bestimmten Entwicklungsgrad der menschlichen Kräfte voraussetzt und daher psychisch mit bedingt ist, als auch vor allem das Funktionieren einer schon bestehenden und auch die Aufrechterhaltung bereits versagender Organisationsformen unter anderem auf psychischen Faktoren beruhen´".

In diesem kritisch-dialektischen Sinne haben wir Freuds Feststellung, daß die Individualpsychologie von Anfang an auch gleichzeitig Sozialpsychologie sei, zu verstehen und zu bedenken.

Jede Veränderung gesellschaftlicher Verhältnisse, Werte und Ordnungen im historischen Prozeß zieht zwangsläufig auch eine Veränderung ihrer Vermittlung in der Sozialisation nach sich. Dies gilt in ganz besonderer Weise dann, wenn sich mit diesen Veränderungen gesellschaftlicher Ordnung zugleich eine grundsätzlichere Veränderung der Struktur und Organisation der Agenturen verbindet, in denen Sozialisation stattfindet. So stand zu Freuds Lebzeiten noch die Familie als zentrale Sozialisationsagentur ganz im Mittelpunkt, so daß Freud ohne weiteres aus den Verhältnissen des einzelnen zu seinen Eltern und Geschwistern, aus den daraus erwachsenden Strukturen auf gesellschaftliche Strukturen rückzuschließen vermochte. Von daher konnte er auch eine Massenpsychologie kritisieren, die den dialektischen Zusammenhang zwischen Massenphänomenen und dem Individuum zerriß und Massenphänomene letztlich als Äußerungen eines besonderen, weiter nicht zurückführbaren sozialen Triebes, eines herd instinct oder group mind anzusehen suchte, der in anderen Situationen und Umständen nicht zum

Ausdruck komme. Und so konnte er auch entdecken, "daß der soziale Trieb kein ursprünglicher und unzerlegbarer" sei und "daß die Anfänge seiner Bildung in einem engeren Kreis, wie etwa in dem der Familie, gefunden werden können" (Freud 1921c, S. 74).

Von daher konnte er auch sein Massenkonzept gleichsam familial strukturiert auf die Figur eines Führers als eine die Masse vereinigende Kraft, auf eine das Ich-Ideal als Vaterimago repräsentierende Instanz hin denken, eine Vorstellung vom Führer ganz im Sinne des von Kant in seiner "Idee zu einer allgemeinen Geschichte in weltbürgerlicher Absicht" formulierten Gedankens, daß "der Mensch ... ein Tier (ist), das, wenn es unter anderen seiner Gattung lebt, einen Herrn nötig hat".

Im Zuge der Entwicklung der modernen Industriegesellschaften hat sich aber die Struktur der Familie sowie insbesondere auch ihre bisher zentrale Rolle als Sozialisationsagentur grundlegend gewandelt. So hat sich die früher sehr viel stärker bestimmende Großfamilie mit ihrer vielfältig Halt gebenden und Orientierung vermittelnden Funktion in Richtung auf die isolierte Kleinfamilie verändert, in der vor allem auch die Positionen der Mutter und des Vaters sowie Aufgaben und Funktionen der Familie als gesellschaftliche Sozialisationsagentur einen anderen Stellenwert erhalten haben. Zugleich sind anderen Institutionen in der Gesellschaft relevante Sozialisationsaufgaben zugefallen, was seinerseits die Stellung und das Gewicht der Elternpersonen sowie der familialen Struktur insgesamt geschwächt hat. Auf der anderen Seite hat sich in den modernen Industriegesellschaften auf gesellschaftlicher Seite eine Veränderung vollzogen, die an die Stelle der in Führerfiguren personalisierten Vaterimago eher einen depersonalisierten, von Sachzwängen regierten anonymen Produktions- und Verwaltungsapparat hat treten lassen, innerhalb dessen die Individuen, mehr und mehr diesem ausgeliefert, anonymisiert und über maschinenlesbare Identitätsausweise als Strich-Code-Nummer geführt und verwaltet, zu funktionieren haben. Insofern hat der wissenschaftlich-technische Fortschritt in der modernen Industriegesellschaft ein bisher nie geahntes Ausmaß an anonymer Organisation und Verplanung gebracht, die völlig neue und veränderte Anforderungen an die Individuen hinsichtlich ihrer von der Gesellschaft eingeforderten Triebeinschränkungen richtet. Dies schlägt sich aber auch in einer Veränderung der Triebbewältigungsmöglichkeiten nieder, sowohl der individuellen, etwa hinsichtlich gewandelter Formen psychoneurotischer Symptombildung, als auch der kollektiven, zum Beispiel in Gestalt von bisher nicht gekannten Formen der Aggressionsbildung und Aggressionsfreisetzung, des Zuwachses an unorganisierter und organisierter gesellschaftlicher Destruktivität. Die in besonderer Weise gesellschaftlich organisierte Destruktivität wird im Zusammenhang mit der Diskussion des Faschismus als destruktivem Phänomen moderner Industriegesellschaften im nächsten Kapitel noch näher zu untersuchen sein.

Die Veränderung der Triebbewältigungsmöglichkeiten hat auch neue Formen ihrer Entgleisung, d.h., der Erscheinungsformen psychoneurotischer Symptomatologie nach sich gezogen, denn das Individuum sucht bei der Symptombildung auf Konfliktlösungsmöglichkeiten zurückzugreifen, die von einer Gesellschaft zwar als "krank" angesehen werden, jedoch ungeachtet dessen noch mehr oder weniger akzeptiert, ja oftmals geradezu von ihr bereitgehalten und bereitgestellt werden können. Von daher mag es sich erklären, daß es bei bestimmten psychoneurotischen Symptomen in bestimmten Zeiten zu geradezu epidemischen Tendenzen psychoneurotischer Symptombildung einer bestimmten Art kommen konnte, wie etwa zu jener geradezu epidemischen Hysterie-Welle, die die bürgerlichen Schichten der europäischen Gesellschaften um die Jahrhundertwende erfaßte. Dabei dürfte seinerzeit die besondere Sexualfeindlichkeit und Sexualunterdrückung in Verbindung mit der damals herrschenden doppelten Sexualmoral umwegige Ausdrucksformen des Sexuellen, etwa in Gestalt konversionsneurotischer Konfliktlösungen begünstigt haben, die sexuell Phantasiertes nicht direkt, sondern lediglich noch vermittels nicht genitaler Körperbereiche und Körperteile, aber dennoch vermittels des Körpers als einem in seiner Funktion spezifisch veränderten Apparat darzustellen erlaubte.

Die Inzidenz von konversionshysterischen Störungen hat bis heute ganz erheblich abgenommen, so daß echte Konversionshysterien heutzutage geradezu rar geworden sind. Dies heißt aber nicht, daß damit zugleich die Inzidenz psychoneurotischer Störungen abgenommen hätte, eher im Gegenteil. Dieses Phänomen dürfte mit der hier diskutierten Veränderung der gesellschaftlichen Bedingungen, der gesellschaftlich akzeptierten Bedingungen psychoneurotischer Ausdrucksformen zusammenhängen. Ein bekanntes Beispiel in diesem Zusammenhang ist der Wandel der Symptomatik von Kriegsneurosen. Während im ersten Weltkrieg das von der nosologischen Klassifikation her dem Erscheinungsbild nach eher als "hysterisch" zu verstehende Symptom der sogenannten "Kriegszitterer" vorherrschte, traten im zweiten Weltkrieg an deren Stelle in erster Linie psychosomatische Störungen des Magen-Darm-Traktes, vor allem gastro-duodenale Ulcera. Aber auch jenseits aller Kriegsbedingungen scheinen sich die psychoneurotischen Abwehrformen und mit ihnen die Art und das Spektrum psychoneurotischer Symptombildung mit dem gesellschaftlichen Wandel verändert zu haben. So finden sich heute in den psychoanalytischen Sprechzimmern sehr viel weniger klassische Symptomneurosen, wie etwa Konversionshysterie, Phobie und Zwangsneurose, sondern sehr viel häufiger vielartig diffusere Identitäts- und Charakterstörungen, die oft mit einer ausgeprägten "narzißtisch" gefärbten Störung zwischenmenschlicher Verständigungsmöglichkeiten einhergehen.

Sicher ist bei dieser Beobachtung die Frage berechtigt, ob wir als Psychoanalytiker nicht aufgrund unserer heute sehr viel differenzierteren und verfeinerten diagnostischen Möglichkeiten auch entsprechend anders sehen, so daß sich bei dem Wandel psychopathologischer Phänomenologie im historischen Wandel von einem gesellschaftlich begründeten Symptomwandel eigentlich nicht sprechen läßt. Manche Fallberichte aus der Frühzeit psychoanalytischer Behandlung, gerade auch einige Berichte Freuds über Fälle, die dieser noch einer jener von unserem heutigen Symptomverständnis her als "klassische" Symptomneurose geltenden Neurosenformen zuordnete, zeigen bei genauerer Betrachtung Aspekte einer sehr viel komplexeren Psychopathologie, die den damaligen Untersuchern und Behandlern vom Stand ihrer seinerzeit gegebenen diagnostischen und theoretischen Möglichkeiten her noch entgehen mußten. Selbst wenn man solche kritischen Einwände berücksichtigt, scheint sich aber dennoch der Eindruck aufzudrängen, daß es in den letzten Jahrzehnten zu einer Veränderung psychoneurotischer Phänomenologie gekommen ist. Dabei dürften sich die gefühlsmäßige Verflachung, die Anonymisierung menschlicher Beziehungen und die allgemeine "Verapparatung" des einzelnen in der modernen Industriegesellschaft in einem Schwinden zwischenmenschlicher Verständigungsbereitschaft, in einer gefühlsmäßigen Verflachung, in einer Angst vor Intimität und vor allem in einer eigentümlichen Sehnsucht nach antiemanzipatorisch und dann auch antipsychoanalytisch sich auswirkenden Techniken eines schnellen und reibungslosen seelischen Managements niedergeschlagen haben, wie sich dies etwa in Selbstverständnis und Politik gesundheitspolitischer Institutionen, aber auch am deutschen "Psycho-Markt" ablesen läßt, auf dem, wenn man dem einschlägigen Kursbuch (Nr. 82, 1985) in dieser Sache folgt, mehr als 250 verschiedene Gruppierungen mit entsprechenden psychotechnischen Angeboten konkurrieren.

Ein besonderes Problem erwächst dort, wo die kompromißhafte Konfliktlösung, die eigentlich von der menschlichen Verständigung mehr oder weniger abschneidet und ausgrenzt, ihrerseits funktionalisiert und in der Auseinandersetzung der Individuen in und mit der Gesellschaft in den Dienst des Überlebens in einer Art "Ersatzkommunikation" gestellt wird. Hierzu gehören etwa die besonderen Belohnungen, die von narzißtisch organisierten Tendenzen der Distanzierung aus zwischenmenschlichen Beziehungen und der Affektisolierung ausgehen. Dies kann unter Umständen in Haltungen der schließlich nicht mehr als problematisch erlebten Beziehungs- und Bindungslosigkeit und der zwischenmenschlichen Isolierung führen und zugleich Fähigkeiten zur gefühlsarmen oder gar gefühlskalten technisierten Handhabung menschlicher und beruflicher Vollzüge fördern, wie sie etwa für das Management moderner Großfirmen und Großkonzerne vorteilhaft sind. Ein von solchen Persönlichkeitstendenzen vermittelter beruflicher und materieller Erfolg kann unter Umständen den mit dieser in psychischen Konfliktlösung herbeigeführten Schmerz der zwischenmenschlichen Isolierung mehr als kompensieren und die so gefundenen Konfliktlösungen im Sinne eines *sekundären Krankheitsgewinnes* von gesellschaftlicher Seite geradezu affirmieren und fixieren. Die Problematisierung dieser Konfliktlösungsmuster in einer psychoanalytischen Begegnung, die ja die Förderung der Möglichkeiten zur zwischenmenschlichen Verständigung zum wesentlichen Inhalt und Ziel hat, kann dann erhebliche Schwierigkeiten bereiten.

Jede Symptombildung erfährt, wenn sie nur lange genug andauert, in dem Bemühen, die anfänglich als "Störung" erscheinende umwegige, kompromißhafte Konfliktlösung akzeptabler zu machen und zu integrieren, eine spezifische sekundäre Bearbeitung. Insofern hierbei gesellschaftlich bereitliegende Muster gewinnenbringend genutzt werden, kann es neben dem *primären Krankheitsgewinn*, neben der Entlastung von konflikthaftem Triebdruck, auch zu einem sekundären

Krankheitsgewinn kommen, in dem die primären Konfliktlösungsmöglichkeiten sekundär belohnt werden. Somit kann es zu einer zunehmenden Einpassung eines psychoneurotischen Konfliktgeschehens in die familialen und insbesondere gesellschaftlichen, gesellschaftlich angebotenen Möglichkeiten kommen, die die gefundenen Konfliktlösungen sekundär fixieren und verfestigen. In dieser Weise können dann gesellschaftlich vorgegebene Muster nicht nur die Symptomwahl, sondern auch das Krankheitsverhalten, den Umgang mit dem Symptom beeinflussen oder gar bestimmen, womit sich die subjektive Dimension mit jener der Gesellschaft in spezifischer Weise verschränkt und damit einer Relativierung und Aufhebung von menschlichen Beziehungsmöglichkeiten einschränkenden Konfliktlösungsmodi, etwa in einer psychoanalytisch orientierten Selbsterfahrung und Behandlung, mehr oder weniger Grenzen setzt. Dies ist in besonderer Weise bei vielen Patienten mit auch psychosomatische Störungen einschließenden Konfliktlösungsformen der Fall, die ihr Krankheitsverhalten in die allgemeinen, gesellschaftlich gegebenen, das Arzt-Patient-Verhältnis traditionell bestimmenden Rollenerwartungen gleichsam einzubauen und das Aufsuchen von ärztlicher Hilfe, den Gang zum Arzt und das Verhandeln ihrer als körperlich erlebten Krankheit selbst zu einem Modus, zur Möglichkeit der Verhandlung und Lösung ihrer innerseelischen Konflikte zu machen tendieren. Von daher setzten sie dann oft jedem ärztlichen Bemühen, ein Reflektieren der seelischen Dimension ihres Leidens anzuregen, heftigsten Widerstand entgegen, weil dieses Reflektieren eine gefundene, durch spezifische gesellschaftliche "Bestätigung" Sicherheit vermittelnde Kompromißlösung innerseelischer Konflikte in Frage stellen könnte. Jedes auf "Therapie" zielende Bemühen eines Behandlers wird dann zur Bedrohung, so daß wirksame Hilfe nur dann möglich und wirksam werden kann, wenn psychoanalytisch-psychotherapeutische Hilfe zu allererst und vordringlich auf die Dimension der "Einpassung" der gefundenen Konfliktlösungsformen in gesellschaftlich vorgegebene Erwartungen und wie diese sich in der jeweils spezifischen Dynamik von Übertragung und Gegenübertragung in der psychoanalytischen Begegnung abbilden, fokussiert und auf diese Weise i.e.S. psychoanalytisch die das Hier und Jetzt der therapeutischen Begegnung beherrschenden Schwierigkeiten und Störungen der Verständigung in den Mittelpunkt rückt. Mit diesen Überlegungen zur Dialektik individueller und kollektiver psychischen Prozesse sind wir wieder beim Individuum, bei seinen Schwierigkeiten der Auseinandersetzung mit gesellschaftlich gebotenen Forderungen, Verzichten und Versagungen und seinen individuellen Konfliktlösungen gelandet.

26. Psychoanalytische Überlegungen zur Struktur und Dynamik faschistischer Gruppen- und Massenphänomene

Der Begriff *Faschismus* stammt aus dem italienischen *fascismo*, von dem lateinischen Wort *fascio*, das im antiken Rom als "Liktorenbündel" in Prozessionen des Staates den hohen Amtsträgern als Zeichen ihrer Gewalt über Leben und Tod vorausgetragen wurde. Mit diesem Begriff benannte sich jene nach dem Ende des Ersten Weltkriegs in Italien aufgekommene national- und sozialrevolutionäre politische Bewegung, die mit streng hierarchisch gegliedertem und autoritär durchgehaltenem Aufbau, antidemokratischen, antiparlamentarischen und antiliberalen Tendenzen und mit ausgesprochen totalitären Zielsetzungen auf die Begründung und Behauptung eines Ein-Parteien-Staates gerichtet war, jeden Andersdenkenden als absoluten Gegner auf das schärfste verfolgte und diesen mit dem Anspruch auf Herrschaft über dessen Leben und Tod in seiner Andersheit zu vernichten trachtete. Dem italienischen Vorbild analog wurden in der politischen Theorie schließlich alle politischen Strömungen und Regime, die eine gleichartige oder vergleichbare Struktur und Zielsetzung aufwiesen, als *faschistisch* bezeichnet, so etwa der *Falangismus* in Spanien, die *Eiserne Garde* in Rumänien, die *Ustascha*-Bewegung in Kroatien, die *Pfeilkreuzler* in Ungarn, die faschistisch organisierte *Miliz* im Frankreich des zweiten Weltkrieges, auch der *Peronismus* in Argentinien, die Diktatur Strößners in Paraguay und Pinochets in Chile etc., vor allem aber der aus dieser Aufzählung faschistischer Bewegungen aufgrund seiner spezifischen irrationalen Begründungen als Sonderform des Faschismus herausfallende Nationalsozialismus in Deutschland. Die übergeordneten, faschistische Bewegungen charakterisierenden Gemeinsamkeiten hinsichtlich deren nationalistischen, antidemokratischen und totalitären Zielsetzungen verführten und verführen allerdings in der politischen Diskussion immer wieder dazu, die Differenzen zwischen den einzelnen faschistischen Bewegungen zu verwischen, so daß der Begriff *faschistisch* oder *faschistoid* fast zu einer Art sinnentleerter Worthülse geworden ist, die etwa mit der verhängnisvollen Gleichsetzung des *Nationalsozialismus* mit dem Begriff des *Faschismus* zum Beispiel mit der italienischen Ursprungsbewegung oder der spanischen *Falange*-Bewegung den geradezu kategorialen Unterschied einebnet, der den deutschen Nationalsozialismus von den anderen faschistischen Bewegungen trennt.

Faschistische Bewegungen sind in der Massengesellschaft des industriellen Zeitalters aufgekommen und haben diese industrielle Massengesellschaft mit ihren komplexen Bedingungen zur unbedingten Voraussetzung. Es sind dynamische Massenbewegungen, die der irrationalen, destruktiven, mit Spaltungsprozessen und projektiven Entledigungsmechanismen einhergehenden Bewältigung von ökonomischen und Wertekrisen in modernen Industriegesellschaften dienen. Das ideologische Repertoire aller faschistischer Bewegungen zeigt fast durchgängig gleichgeartete Elemente. Zum einen die Idee des Nationalismus, der eine meist gewaltsam erfolgende Abgrenzung der nationalen Mehrheit in Verbindung mit einer destruktiven Ausgrenzung und Verfolgung von Minderheiten zur Grundlage hat, zum anderen imperialistische Tendenzen, die auf eine Expansion des eigenen Machtanspruchs, oftmals mit der Bereitschaft zu kriegerischen Auseinandersetzungen mit als minderwertig erklärten und zu unterwerfenden oder gar in deren Individualität auszulöschenden Nachbarn einhergeht, schließlich ein ausgesprochener Etatismus, der den Staat als den wesentlichen, alle und alles verbindenden Wert auffaßt, für den alles zwingend und dem alles in letzter Konsequenz auch gewaltätig durchzusetzen und nachzuordnen sei. Der im Nationalsozialismus vorherrschende, in erster Linie antisemitische Rassismus gehörte anfänglich, in der italienischen faschistischen Bewegung, nicht zum Repertoire und trat erst im Zuge der zunehmenden Zusammenarbeit des italienischen Faschismus mit dem deutschen Nationalsozialismus, mit der Etablierung der Achse Berlin-Rom als eine Art Import zum italienischen Faschismus hinzu. Dies führte dann zwar auch in Italien zu einer zunehmenden Ausgrenzung der Juden aus dem Staatsleben, aus dem Unterrichtswesen und aus der Wirtschaft, aber von italienischer Seite nie zu jenen Verfolgungs- und schließlich Vernichtungsaktionen, wie sie in Deutschland stattfanden.

Der Faschismus hat in der Regel zum Ziel, ökonomische und Wertekrisen gleichsam gewaltsam und gewaltätig zu überwinden, wobei er sich spezifischer psychischer Mechanismen, vor allem der Spaltung und Projektion auf dem Boden kollektiver, destruktiv narzißtischer Tendenzen bedient, mit Hilfe derer eine Minderheitengruppe oder ein anderer Staat mit seinen Interessen, mit seiner Andersheit, zum Sündenbock für allen aktuellen Mangel, für alles Übel gemacht werden und dann radikal "faschistisch" bekämpft werden kann. Die vielfältigen, unüberschaubar komplexen und oftmals krisenhaft in Erscheinung tretenden ökonomischen und organisatorischen Probleme moderner Massengesellschaften, der Verlust an Halt und Möglichkeiten der Orientierung des einzelnen und von Gruppen an tradierten Bindungen und Werten führt in der Massengesellschaft immer wieder zu krisenhaften Situationen, die von faschistischen Bewegungen dahingehend ausgenutzt werden, die verunsicherten Massen mit simplifizierenden Heilsversprechungen zu gewinnen und in die typischen faschistischen Strukturen der Macht einzubinden. Dabei werden komplexe, widersprüchliche Sachverhalte dadurch aufgelöst, daß die eigene Gruppe im Sinne der bestimmenden faschistischen Idee in zwanghafter Harmonisierung vereinheitlicht wird, mit dem Ziel, alle Widersprüche und alle die angestrebte Harmonisierung innerhalb der Bewegung störenden Elemente abzuspalten und dem als Projektionsschirm dienenden "Anderen" und Feind zuzuschlagen, der dann zum Urheber aller Not und allen Übels erklärt und bekämpft wird. Diese Vereinheitlichung der eigenen Gruppe und des Feindbildes ist mit einem Verlust des kritischen, abwägenden Denkens verbunden, so daß in der projektiven Verfolgung des Anderen, des Andersdenkenden, das eigene destruktive Verfolgertum nicht mehr erkannt wird und schließlich auch nicht mehr erkannt werden kann.

Voraussetzung für faschistische Entwicklungen sind immer kollektive ökonomische und Wertekrisen, die den einzelnen in eine Situation existentieller Verunsicherung, Bedrohung und Entwertung treiben, so daß das Angebot der faschistischen Bewegung, mit Hilfe einer apokalyptischen Technik der Spaltung und Projektion die Situation der eigenen Not und Entwertung aufzuheben, auf fruchtbaren Boden fällt. So sind für den Faschismus Tendenzen zur narzißtischen Aufwertung der der Bewegung Angehörenden in Richtung einer Omnipotenz, die aus Abspaltung der eigenen Entwertung und Projektion auf den "Anderen" gewonnen wird, geradezu typisch. In diesem Sinne ist auch die immer mehr oder weniger ausgeprägte Hochschätzung der eigenen Position und der diese verteidigen sollenden Gewalt des Militärs, die besondere Aufwertung des Militärs und seiner gewaltigen Hierarchie zu verstehen. Dies geht darüber hinaus mit einer Idealisierung von Führerfiguren zur Überwindung der eigenen Ohnmachtserfahrung sowie mit einer mehr oder weniger ausgeprägten Tendenz zu autoritärer Aggression einher. In solcher Tendenz vermag der Faschismus auch überkommene konservative Werte- und Ordnungsvorstellungen in sein System zu integrieren und seinen Anhängern wie auch den ihm nicht oder noch nicht Angehörenden aber Nahestehenden eine Art Tradition und Kontinuität zu suggerieren. Faschistische Bewegungen verstehen sich in der Regel als "revolutionär". Sie geben dabei meist vor, das Verbrauchte, überkommene Alte und Schwache abzustoßen und durch die Ideologie der neuen Bewegung zu ersetzen und zugleich dennoch in der Tradition der Altvorderen zu stehen. Viele Spielfilme aus der Zeit des Nationalsozialismus sind nach diesem Muster aufgebaut, zum Beispiel in klassischer Weise der Film "Heimat".

Friedrich Hacker, der einen Großteil seiner Forschung über die menschliche Aggression dem Phänomen des Faschismus gewidmet hat, hat in seiner 1990 erschienenen Studie "Das Faschismussyndrom. Psychoanalyse eines aktuellen Phänomens" zehn Kategorien zusammengetragen, die das von ihm so bezeichnete *Faschismussyndrom* kennzeichnen und die hier zusammenfassend vorgestellt und kommentiert werden sollen.

1. An erster Stelle nennt Hacker die *Maximierung von Ungleichheit.* Mit dieser ist die Tendenz verbunden, bestehende tatsächliche oder auch eingebildete völkische, sprachliche, kulturelle und geschlechtliche Ungleichheiten für quasi natürliche, unüberbrückbare und unveränderliche Unterschiede zu erklären, die nicht nur quantitativer Natur sind, sondern in einem wertenden und moralischen Sinne zur Begründung der eigenen Höherwertigkeit gegenüber der Minderwertigkeit der anderen herangezogen werden. Hierzu werden bestehende Unterscheidungen akzentuiert, übertrieben und verschärft und zu unverbrüchlichen, "ehernen" Wertkategorien überhöht. So werden die "anderen" zu "Fremdkörpern", die man nicht mehr, ohne sich selbst zu schaden, integrieren könne, die man aus dem eigenen Volkskörper "ausmerzen" müsse, um das hochwertige Eigene zu reinigen und zu retten.

2. Als weitere Kategorie führt Hacker *das Recht des Stärkeren* auf, das aus der Formulierung eigener Überlegenheit, aus der hierarchischen Strukturierung aller gesellschaftlichen Beziehungen unter Berufung auf meist krude sozialdarwinisti-

sche Vorstellungen dem Stärkeren, Besseren, Reineren, und das heißt schließlich der der Führerclique anhängenden Masse das Faustrecht des Stärkeren zuspricht. Dies geschieht oft genug unter einer nachdrücklichen Hervorhebung und Verherrlichung männlicher Gewaltansprüche, so, als ob man die regressive Zuflucht zu archaischen Verschmelzungs- und Auflösungsphantasien in der Masse als einer letztlich bedrohlichen Repräsentanz der archaischen Mutter-Imago durch eine verstärkte Orientierung durch eine Idealisierung des Männlichen kompensieren müßte. Klaus Theweleit (1977) hat in seiner umfangreichen Studie über faschistische Männerphantasien diese Zusammenhänge aufgezeigt, wobei er vor allem eine Furcht vor Verströmen, Versiegen und Kraftverlust als besonders typisch beschreibt, was zwangsläufig mit Ängsten vor Verohnmächtigung und Beherrschtwerden verbunden ist und dann abgespalten und projektiv entledigt werden muß. Die bösen anderen werden dann zu denen, die dem eigenen Volkskörper Kraft, Wohlstand und Stärke entziehen und nicht die faschistische Bewegung selbst, die ihren Anhängern diesen Verlust an autonomer Potenz als Opfer abverlangt. Dieses Befürchtete und tatsächlich Erlittene, schließlich Abgespaltene und auf den Gegner projektiv Entledigte, das dem einzelnen in der Masse droht und ihm schließlich auch geschieht, macht es schließlich zur Selbststabilisierung notwendig, die kollektive Beängstigung mit Hilfe der Ideologie der Macht des Stärkeren, mit Hilfe des Appells an männliche Kraft, Macht und Stärke, mit Hilfe von Phantasien der als "männlich" verherrlichten Eroberung, Überwältigung, Besitzergreifung und Vernichtung der anderen und damit auch mit einer Idolisierung des Militärs zu kompensieren und dies schließlich auch aggressiv in die Tat umzusetzen.

3. Das *Führerprinzip* ist ein zentrales, den Faschismus charakterisierendes Prinzip, wobei nicht nur der oberste Führer, sondern innerhalb der Hierarchie jeder Nachgeordnete als Führer von ihm wiederum Nachgeordneten nach dem Prinzip des "Radfahrens" (nach oben buckeln, nach unten treten) mit Manipulation, Einschüchterung und Drohung gegen Andersdenkende, Abtrünnige oder Verräter die Herrschaft sichert. Dabei dient der oberste Führer als Identifikationsfigur, an der die herrschaftssichernden, straff organisierten militärischen und paramilitärischen Verbände in blindem Gehorsam, in unverbrüchlicher Treue und eiserner Disziplin gebunden werden.

4. *Irrationalität* als Mittel faschistischer Massenmanipulation und -kontrolle ist nach Hacker ein weiteres, faschistische Strukturen kennzeichnendes Moment. Probleme werden nicht mehr kritisch, in polyperspektivischer Betrachtung diskutiert, sondern im Sinne eines "gesunden Volksempfindens" gemäß der faschistischen Ideologie unter Auflösung komplexer Zuzsammenhänge vereinseitigend gelöst, wobei, wie wir dies am Nationalsozialismus sehen können, zur Propaganda geeignete Trivialmythen, dämonisierende Beschwörungen und schlagwortartig eingängige Vereinfachungen verwendet werden, aber auch, wie dies bereits angedeutet wurde, traditionelle Werte und Überlieferungen klitternd in die Propaganda eingebaut werden können - wie etwa bei der nicht lange nach der nationalso-

zialistischen Machtergreifung in der traditionsreichen Potsdamer Garnisonkirche durchgeführten Staatsveranstaltung, die Hitler und Hindenburg in einer symbolträchtigen Veranstaltung öffentlich zusammenführt. Mit dieser Inszenierung sollte die Ankopplung der Hitlerbewegung an die seinerzeit im Volk hochgeschätzten preußischen Traditionen und Werte suggeriert werden.

5. Die *Dauermobilisierung*, die immer wieder deklarierten Notstandsaktionen in Verbindung mit der Prophezeiung von Katastrophen, die die Einheit und den Schulterschluß aller fordere, ist als ein weiteres Kriterium zu nennen. Sie dient zur immer wieder geforderten Bestätigung und Festigung der faschistischen Herrschaft, der Kontrolle über den einzelnen, wie auch zur Erprobung der Funktionsfähigkeit der hierarchischen Führungsstrukturen, wobei der Masse Gefühle des Aufbruchs und der Befreiung in einer alles einigenden permanenten "Bewegung" suggeriert wird.

6. Diese Dauermobilisierung dient auch der *Vereinheitlichung* der völkischen Gemeinschaft bis zur gleichgeschalteten Uniformität aller in einem lückenlos durchorganisierten Volksganzen. Adolf Hitler hat in diesem Sinne in einer seiner Reden den Lebensweg eines Individuums durch die Institutionen des nationalsozialistischen Staates beschrieben, vom Pimpf zur Hitlerjugend, von dieser zum Reichsarbeitsdienst, von diesem zur Wehrmacht und von dieser zum Mitglied einer der vielfältigen nationalsozialistischen Staats- oder Parteiorganisationen, eine lückenlose Erfassung und Organisierung des Lebens jedes einzelnen Bürgers von der Wiege bis zur Bahre im völkischen Staat, die jegliche Andersheit - wie paradigmatisch den Erzfeind, den Juden - brechen, auslöschen und vernichten sollte, um die apokalyptische Herrschaft des "Tausendjährigen Reiches", jener säkularisierten Version des "Himmlischen Jerusalem vor dem Weltende" aus der Offenbarung des Johannes des Neuen Testaments herbeizuführen und zu sichern.

7. Wer sich diesem lückenlosen Vereinheitlichen, dieser erzwungenen *organischen Ganzheit*, wie Hacker das siebte Kriterium des Faschismussyndroms nennt, nicht unterzuordnen bereit war, sich nicht in die Totalität des Ganzen, der in Blut und Boden begründeten völkischen Gemeinschaft, wie sie sich im Führerwillen ausdrückte, fügte, wurde zum Verräter an der Volksgemeinschaft erklärt, aus der er auszugrenzen und, was schließlich Praxis des nationalsozialistischen Staates wurde, im Programm der "Vernichtung durch Arbeit" auszumerzen sei. So wurden politisch Andersdenkende, Kriminelle, Emigranten, Bibelforscher, psychisch Kranke und Behinderte, Homosexuelle, "asoziale Elemente", Zigeuner und Juden sowie "Rassenschänder", schließlich die Angehörigen ganzer Völker, wie die Polen, Tschechen und Russen, in Konzentrationslager und Arbeitslager verbracht, wo sie, wenn sie nicht sogleich industriell vernichtet, dann dem Programm "Vernichtung durch Arbeit" ausgeliefert wurden.

8. Die Vereinheitlichung und Gleichschaltung aller Mitglieder der faschistischen

Masse zur organischen Ganzheit ist mit dem *Totaleinsatz* aller für das gemeinsame Ganze verbunden. In totaler Politisierung wird die Gesamtpersönlichkeit in totaler Loyalität eingebunden, der jede andere Loyalität - wie die eigene Familie, die Loyalität gegenüber der eigenen Religion, die Loyalität gegenüber dem Gewissen - nachgeordnet wird, wenn sie nicht gar ausgeschaltet werden muß. So kommt es dazu, daß vor allem die Kinder im Dienste des faschistischen Staates zum Verrat der eigenen Familie angehalten werden, religiöse Bindung als gegen den Staat, gegen die Gemeinschaft gerichtet verstanden wird und die totale Auslieferung des eigenen Gewissens an die gewalttätige und oftmals kriminelle Ordnung des Staates zur Tugend erklärt wird. Solche Art Tendenzen konnte man auch bei dem sozialistischen deutschen Stasi-Staat beobachten, der in vielem ausgesprochen faschistische Züge trug, selbst wenn er sich als antifaschistisch und antireaktionär ausgab. Allerdings geht die Härte, Rücksichtslosigkeit und Unduldsamkeit, die der nationalsozialistische Staat forderte, um vor allem seinen Plan der "Endlösung der Judenfrage", der Judenvernichtung umzusetzen, über alles hinaus, was faschistische Regime sonst je von den durch sie organisierten Menschen eingefordert haben. In diesem Sinne konnte zum Beispiel Heinrich Himmler vor SS-Angehörigen sagen: "Von euch werden die meisten wissen, was es heißt, wenn 100 Leichen beisammenliegen, wenn 500 daliegen und wenn 1000 daliegen. Das durchgehalten zu haben und dabei - abgesehen von Ausnahmen menschlicher Schwächen - anständig geblieben zu sein, das hat uns hart gemacht. Dies ist ein niemals geschriebenes und nie zu schreibendes Ruhmesblatt unserer Geschichte" (zit. nach Broszat, 1963, S. 16).

9. Schließlich gehören *Gewalt und Terror von oben* zum charakteristischen Instrumentarium faschistischer Massen- und Staatsorganisation. Gewalt wird als legitimes Mittel des Austragens von Konflikten mit den Andersdenkenden und mit jenen verstanden, die sich der faschistischen Bewegung, seinem nationalistischen, imperialistischen und expansionistischen Drang entgegenstellen. Dabei werden oft unter Einsatz von Projektionen die Angegriffenen zu Angreifern erklärt, gegen die man sich legitimerweise zur Wehr zu setzen habe. Dies geschieht nicht selten auch mit Hilfe des Einsatzes wahrheitswidriger Propaganda. Man braucht sich nur des angeblichen Angriffs polnischer Soldaten auf den Sender Gleiwitz zu erinnern, bei dem Gefangene des NS-Regimes in polnische Uniformen gesteckt und dann niedergeschossen worden waren, eine Inszenierung des NS-Regimes, die zur Rechtfertigung des Überfalls auf Polen im September 1939 zu dienen hatte, so daß Hitler in seiner ersten Kriegsrede dann davon sprechen konnte, daß seit 5.45 Uhr *zurückgeschossen*, und von nun an Bombe mit Bombe *vergolten* werde.

10. Als letztes Kriterium nennt Hacker die Verbindung des *Uralten mit dem ganz Neuen.* Archaische Vorstellungen werden, oft genug unter organisiertem, inszeniertem Rückgriff auf mythische Elemente mit modernen propagandistischen Mitteln und mit entsprechender Medientechnik durchgesetzt. Mit dem Appell an

die für die faschistischen Ziele nutzbar gemachten mythischen Elemente der Vergangenheit werden Motive und Handlungen in Gegenwart und Zukunft begründet und gerechtfertigt. Die Jugend wird faschistisch idolisiert, sie hat an die Stelle des Alten und Schwachen als erwachendes neues Leben zu treten, das das faschistisch stilisierte Uralte in Gestalt des Modernen, Neuen in Gegenwart und Zukunft sichern soll. Der Rückgriff auf dieses Uralte hat zugleich die Funktion, die in das faschistische Regime führende ökonomische und Wertekrise, die aus der Komplexität der aktuellen Probleme erwachsende Verwirrung im Phantasma uralter mythischer Verbundenheit aufzuheben. Dieser Rückgriff auf den verherrlichten, idealisierten alten Zustand ist vielfach verbunden mit einer Denunziation der Moderne, die die Ursprünge und Ursachen der aktuellen Krise in deren wirklicher Komplexität zu benennen sucht, was der Faschismus als "zersetzend", traditions- und wertfeindlich, als "entartet", wie im Nationalsozialismus vor allem auch die moderne Kunst, denunzieren und verfolgen muß.

Das Eintauchen und Aufgehen des einzelnen in der faschistischen Masse und die lustvolle Verbindung mit der faschistischen Partei und Staatsmaschinerie unter Aufhebung kritischer Gewissensfunktion und kritischen Denkens, das ist ein kollektiver Prozeß der Aufkündigung und Auflösung von Positionen des "dritten Objekts", die eine rauschhafte Affirmation der apokalyptisch gestalteten Welt erlaubt, eine perverse Apokalypse tausendjähriger Herrschaft, die, wie Mortimer Ostow in seiner Untersuchung über die apokalyptischen Strukturen des Nationalsozialismus formulierte, für die von der apokalyptischen Erlösung durch Spaltung ausgegrenzten anderen zum Holocaust werden muß. Im Hinblick auf den regressiven Verlust an kritischem Denken und des von einer kritischen Gewissensfunktion geleiteten Handelns in der Identifizierung des einzelnen mit dem faschistischen System und seiner Ziele sprach Hacker in Umkehrung des bekannten Begriffs der "Regression im Dienste des Ich", wie dieser von Ernst Kris in Ichpsychologischer Tradition als relevanter Aspekt schöpferischer Ich-Funktion formuliert wurde, von einem Ich, das sich zunehmend in den Dienst der Regression stellt. In diesem Prozeß haben naturgemäß narzißtische Phänomene, die Dynamik des Narzißmus eine zentrale Funktion, vor allem jene Verbindung phantasierter narzißtischer Omnipotenz mit der Destruktivität, durch die die Destruktivität im Sinne des *destruktiven Narzißmus* hemmungslos und ganz in den Dienst der narzißtischen Allmachtsstrebungen gestellt wird. In diesem Sinne hat Herbert Rosenfeld (1974) den Nationalsozialismus als eine Manifestation, als eine kollektive Realisierung des destruktiven Narzißmus in der deutschen Gesellschaft beschrieben.

Die Ursprünge dieser Entwicklung zum destruktiv narzißtischen Nationalsozialismus dürften in der tiefen Erschütterung, Demütigung und in der grundlegenden ökonomischen und Wertekrise liegen, die mit der Niederlage und dem Zusammenbruch des sich als grandios und berufen zu einer Führungsrolle in der Welt verstehenden deutschen Kaiserreiches unter Wilhelm II. verbunden war, in Verbindung mit den aus diesem Zusammenbruch hervorgehenden nachhaltig lastenden ökonomischen und politischen Auswirkungen des Versailler Vertrages. Niederlage, Verohnmächtigung und Entwertung wurden schließlich projektiv an die zu Untermenschen erklärten Juden abgetreten und kompensatorisch grandios-narzißtische Überschätzung des eigenen Selbst im Herrenmenschentum gesucht. Das Führerprinzip, die narzißtische Identifizierung mit dem Führer, wie Freud diese in seiner "Massenpsychologie" beschrieben hat, magischer Allmachtsglauben und Realitätsschwund in einer Art "apokalyptischen Denkens" vermochte ein Gefühl des Haltes in einer sich als revolutionär ausgebenden neuen Ordnung zu vermitteln, das aber zugleich mit der mehr oder weniger kritiklosen Hinnahme der Relativierung und Aufhebung naturrechtlicher Wertordnung durch das zur Macht gelangte nationalsozialistische Regime verbunden war. Von daher vermochte der nationalsozialistische Staat Schritt für Schritt die apokalyptische Idee der Ausmerzung "minderwertigen" und den "Volkskörper schädigenden und vergiftenden Lebens", der Ausgrenzung, Entwertung, Enteignung, Deportation und Ermordung der Hilflosen, Andersdenkenden und schließlich der bloß Andersseienden in Gang setzen, ohne daß es nennenswerten Widerstand von seiten der Bevölkerung gab. Vor allem in den ersten Jahren der nationalsozialistischen Herrschaft läßt sich dieser Mangel an Widerstand gegen das offenkundige, schreiende Unrecht nicht auf eine Einschüchterung durch Gewalt von oben zurückführen. Die Gleichschaltung mit den nationalsozialistischen Zielen, der Anschluß an diese faschistische Massenbewegung erfolgte massenhaft entschieden und sogar überwiegend freiwillig, wobei hiervon alle Bevölkerungsteile durch alle Schichten hindurch, Nicht-Intellektuelle wie Intellektuelle und Rechte wie Linke, gleichermaßen betroffen waren.

Der nationalsozialistische Staat war zweifelsohne ein Staat, der die von Hacker aufgeführten Kriterien des Faschismus vollauf erfüllte. Aber er war weitaus mehr als bloß ein faschistischer Staat. Denn keines der uns bekannten faschistischen Regime, mit Ausnahme vielleicht des kambodschanischen Pol-Pot-Regimes, das einen Genozid am eigenen Volk in einer an den Nationalsozialismus anklingenden Radikalität verübt hat, hat in dieser Weise unter Legalisierung der Rechtlosigkeit und des Verbrechens ein ganzes Volk aufgrund seiner bloßen Existenz, eine ganze Kultur zum Feind des eigenen Volkes erklärt, den es unbedingt und bis zuletzt und unter geradezu irrationaler Aufbietung aller staatlichen Macht, Kräfte und Möglichkeiten zu verfolgen, zu vernichten und auszulöschen gelte. Diese irrationale Judenverfolgung und -vernichtung, für Herrmann Beland (1989) der eigentliche hermeneutische Schlüssel zum Verständnis des deutschen Nationalsozialismus, hebt den deutschen Nationalsozialismus als einen Faschismus besonderer Art gegenüber allen anderen uns bekannten faschistischen Systemen ab, so daß man im Zusammenhang mit dem deutschen Nationalsozialismus nicht einfach nur von "Faschismus" reden kann und darf.

Die Anfälligkeit gegenüber faschistischen Tendenzen ist, wie die Nachkriegsentwicklung dieser Welt und leider auch unseres Landes gezeigt hat, nicht geschwunden. Ökonomische und Wertekrisen, die Einengung persönlicher Freiheit durch existentielle Belastung und Bedrohung, die Unlösbarkeit von gesellschaftlichen Krisen hat noch immer faschistischen Tendenzen Vorschub geleistet, die sich in Zeiten der Not mit ihrer kruden Vereinfachung komplizierter Zusammenhänge und damit einer Sicherung der bisher geltenden vertrauten, aber bedrohten Selbst- und Weltsicht als schnelle, einfache Lösungen anzubieten vermochten. Hier sind die demokratisch verfaßten, in demokratischer Tradition verankerten Gruppierungen der Gesellschaft immer wieder aufgefordert, den politischen Weg in irrational simplifizierende Massenbewegungen abzuschneiden. Hierbei dürften die psychoanalytischen Erkenntnise über Gruppen-, Großgruppen- und Massenphänomene in besonderer Weise Gewicht haben und hilfreich sein.

27. Kollektive Prozesse der Auseinandersetzung mit den nationalsozialistischen Verbrechen im Nachkriegsdeutschland

Die vom Nationalsozialismus organisierten Verbrechen haben die deutsche Nation, die deutsche Sprach- und Kulturgemeinschaft mit einer historischen Realität belastet, deren unvorstellbare Dimension eine angemessene Auseinandersetzung mit dem Ziel, diesen Teil der deutschen Geschichte als eigene Geschichte wirklich anzuerkennen und seine dauerhaft nachwirkenden Folgen zu integrieren, zunächst unmöglich gemacht hat und bis heute noch immer wieder erheblich erschwert. Es ist ein bis heute schwieriger, schmerzlicher und vielfältig umwegiger Prozeß, der, bedingt durch seinen Gegenstand, wohl kaum je zu einem endgültigen Abschluß kommen wird und kommen kann. Es ist kein Prozeß der "Vergangenheitsbewältigung"; denn, wie Hanna Arendt deutlich gemacht hat, man kann "wahrscheinlich überhaupt keine Vergangenheit »bewältigen«, sicher aber nicht (...) diese. *Das Höchste, was man erreichen kann, ist zu wissen und auszuhalten, daß es so und nicht anders gewesen ist* (...)", (1960, S. 33, Hervorhebung L.H.).

Dieser Prozeß hat einen Anfang, eine Stunde Null, 1945, die mit dem Zusammenbruch des Dritten Reiches gegeben war, und er hat bis heute, wie wir wissen, zweitweise recht verschlungene Wege genommen, die von vielfältigen individuellen wie kollektiven Formen psychischer Abwehr gegenüber einer horrenden historischen Realität bestimmt worden sind. Die Ausgangssituation dieses Prozesses zum Zeitpunkt der Stunde Null unmittelbar nach dem Zusammenbruch hat Karl Jaspers in seiner 1946 in Heidelberg gehaltenen Vorlesungreihe über "Die Schuldfrage" (1987) als eine charakterisiert, die

"vielleicht nur Negatives" enthielt: "Die Zugehörigkeit zu einem restlos besiegten Staatsvolk, ausgeliefert der Gnade und der Ungnade der Sieger; der Mangel eines gemeinsamen, uns alle verbindenden Bodens; die Zerstreutheit: Jeder ist im wesentlichen auf sich gestellt; und doch ist jeder als einzelner hilflos. Gemeinsam ist die Nichtgemeinsamkeit" (S. 11).

Dieser Prozeß der Auseinandersetzung mit der geschichtlichen Realität des Nationalsozialismus in Deutschland, mit ihren Ursachen und ihren komplexen Folgen hatte und hat eine politisch-moralische Perspektive, deren Realisierung von der Erfüllung jener grundsätzlichen Voraussetzungen abhängig ist, wie sie Karl Jaspers damals beispielhaft formuliert hat:

"... es darf keine Schranken geben durch schonende Zurückhaltung, keine Milde durch Verschweigen, keinen Trost durch Täuschung. Es gibt keine Frage, die nicht gestellt werden dürfte, ... kein Gefühl, keine Lebenslüge, die zu schützen wäre. Aber erst recht darf es nicht erlaubt sein, sich frech ins Gesicht zu schlagen durch herausfordernde, unbegründete, leichthin gefällte Urteile. Wir gehören zusammen; wir müssen unsere gemeinsame Sache fühlen, wenn wir miteinander reden" (S. 8f.).

Diese von Karl Jaspers kurz nach Kriegsende formulierten Gedanken haben heute, nach der Wiedervereinigung Deutschlands, die uns zusätzlich mit der Auseinandersetzung um die staatlich organisierten Verbrechen der untergegangenen

DDR konfrontiert hat, eine ebenso brennende Aktualität wie damals in der Zeit der Stunde Null.

1945 war eine Stunde Null. Aber zugleich war sie dies auch nicht. Denn es gab bei allem Aufbruch, bei allen Versuchen der Besinnung, bei aller Neu- und Wiederbegründung aus Zerstörung und Verwerfung zugleich auch ein Moment von Kontinuität, anfänglich allein schon um des Überlebens willen. So wurden Institutionen in personeller und vielfach auch geistiger Kontinuität wiederbegründet, in einer Kontinuität, die faktisch oft ungebrochen staatliche und andere institutionalisierte Strukturen übernahm, wobei das dieser Kontinuität zugrundeliegende Selbstverständnis auf ein tradiertes Staats- und Gesellschaftsverständnis vor dem Nationalsozialismus zurückzugreifen suchte. Nach diesem die kritische Auseinandersetzung ausblendenden Selbstverständnis galten der Nationalsozialismus und seine fürchterlichen Konsequenzen eher nur als "Unglück der Geschichte" denn als aus ihm selbst hervorgegangen.

Dieses Bemühen um eine wie auch immer geartete Wiederanknüpfung an eine so erlebte schuldfreie Zeit vor der Machtergreifung hatte für die im Krieg und unmittelbar nach dem Krieg verantwortliche Generation eine essentielle individuelle wie kollektive Abwehrfunktion, mit Hilfe derer zugleich die Realität der unmittelbar zurückliegenden Jahre der Diktatur affektiv mehr oder weniger ausgeblendet werden konnte. Eine umfassende, auch affektiv getragene Realisierung der Schrecken der NS-Zeit und deren Bedeutung und Konsequenzen für die Deutschen damals erscheint auch aus heutiger Sicht unmöglich. Eine solche Realisierung hätte, wie Alexander und Margarete Mitscherlich wohl zutreffend meinten, den psychischen Zusammenbruch vieler, eine massenweise Melancholie hervorgebracht. So konnte man sich dem, was geschehen ist, wenn überhaupt, nur unter affektivem Besetzungsentzug und unter Zuhilfenahme von apologetischen Tendenzen nähern. Daß man allerdings ab 1933 massenweise zugestimmt und bei der nachfolgenden zunehmenden Entrechtung der Juden zumindest beiseite gestanden oder gar halb zustimmend weggeguckt hatte, blieb eine Tatsache, die in den Diskussionen jener Zeit unmittelbar nach 1945 kaum auftauchte. In diesem Sinne entspricht das Fehlen jeglicher Erwähnung der Judenvernichtung in dem später oft als Erweis der Vergangenheitsbewältigung zitierten "Stuttgarter Schuldbekenntnis" der Evangelischen Kirche (1946) ganz dem Geiste dieser Zeit.

Dieser defensive Geist schlug sich auch in der zum Teil heftig geführten Debatte um die "Emigranten" nieder, die sich eigentümliche Beschuldigungen und entwertende Bemerkungen gefallen lassen mußten, etwa, daß sie das Vaterland verlassen, gegen das Vaterland in seiner Not gestanden hätten und deshalb kein Recht hätten, in der Diskussion um den Nationalsozialismus im Nachkriegsdeutschland mitzureden. Auch Thomas Mann, den man aus Deutschland vertrieben und ausgebürgert hatte, wurde in diesem Sinne angegriffen, so daß er meinte, sich 1949 in seiner zum Goethejahr in Frankfurt/Main und in Weimar gehaltenen Rede gegen solche Vorwürfe zur Wehr setzen und seine Haltung Deutschland gegenüber rechtfertigen zu müssen. Viele kritische Beiträge der Literaturkritik aus dieser Zeit über sein Werk scheinen mit ihren zum Teil außerordentlich abschätzigen Beurteilungen weniger die ästhetische Dimension des Werkes als vielmehr, mit Hilfe der ästhetischen Herabsetzung, die spezifische politische Funktion Thomas Manns gemeint zu haben, die er als moralisches Gewissen, als Mahner gegen das verbrecherische Nazi-Deutschland, etwa in seinen Rundfunkreden während des Krieges, eingenommen hatte. Insofern dürfte sich in der herabsetzenden Kritik des schriftstellerischen Werkes nicht zuletzt auch ein defensiver Aspekt der Auseinandersetzung mit der Schuld um die Vergangenheit im Sinne einer Verschiebung durchgesetzt haben (vgl. Brunet, 1992).

Jenseits der apologetischen Tendenzen das, was geschehen war, anzuerkennen und anzunehmen, hätte für die Generation von 1945 bedeutet, anerkennen zu müssen, daß zumindest in den Jahren der Etablierung der Nazi-Herrschaft und bis weit in den Zweiten Weltkrieg hinein eine überwältigende Mehrheit der Deutschen der Faszination des Nationalsozialismus erlegen war. Es hätte bedeutet, anerkennen zu müssen, daß man dem Führer zugejubelt und ihm trotz des Entsetzens, das sich zunehmend mit seiner Herrschaft verbreitete, oftmals mit begeistertem Gehorsam bis in den Untergang gefolgt war und durch aktive oder passive Mittäterschaft, durch Mitwissen, Mitdulden oder auch nur schweigendes Hinnehmen sich mit bis dahin unvorstellbarem Unrecht belastet hatte und auf diese Weise, wie es Thomas Mann im "Dr. Faustus" formuliert hat, zu einem Volk geworden war, "das sich nicht sehen lassen kann" (Kap. 46, S. 481):

"Wie wird es sein, einem Volke anzugehören, dessen Geschichte dies gräßliche Mißlingen in sich trug, einem an sich selbst irre gewordenen, seelisch abgebrannten Volk, das mit sich selbst eingeschlossen wird leben müssen, wie die Juden des Ghetto, weil ein ringsum furchtbar aufgelaufener Haß ihm nicht erlauben wird, aus seinen Grenzen hervorzukommen, - ein Volk, das sich nicht sehen lassen kann?".

Angesichts dieser Realitäten, angesichts des Zusammenbruchs der aus der deutschen Geschichte und Kultur gewachsenen Ideale, angesichts der zu überwältigender Schuld hinzukommenden vernichtenden Scham um das eigene Versagen und um das Zerbrechen der eigenen Ideale und angesichts der eigenen Verantwortung scheint mir für diese erste Generation unmittelbar nach dem Krieg ein wirkliches Anerkennen der Realität im Sinne einer irgendwie gearteten "Trauer", wie sie Sigmund Freud 1917 in seiner Arbeit über "Trauer und Melancholie" zur Charakterisierung der Vorgänge beim Verlust eines geliebten Menschen geprägt hat, kaum vorstellbar und wohl unmöglich gewesen zu sein.

"Trauer" ist allerdings ein für dieses Geschehen, für diese Realitäten der NS-Zeit wie auch für die Beziehung der Menschen zu den NS-Führern und zu den von diesen veranlaßten und organisierten ungeheuerlichen Verbrechen völlig unangemessener Begriff bzw. eine unreflektierte Anwendung des Begriffs, die zu dessen inflationierender Aushöhlung und zu Mißverständnissen führen mußte. "Trauer" bezeichnet einen inneren Vorgang im Individuum nach dem Verlust eines geliebten Menschen, in dessen Verlauf sich die schmerzlich erschütternde Beziehung zum soeben Verlorenen zu einer Art erträglicher Erinnerung wandelt. Die Geschichte der zwölf NS-Jahre und die an sie gebundene Zerstörung läßt sich aber nicht "betrauern", wie man den Verlust eines geliebten Menschen betrauern kann, ebensowenig, wie sich diese Vergangenheit "bewältigen" ließe. In ihren Auswirkungen läßt sich dieser Teil der Geschichte auch kaum als eine Realität wie jede andere ohne weiteres annehmen: Man gerät, wenn man sich diesen Geschehnissen nähert und was sie an menschlicher Wirklichkeit bedeuten - was heißt, sich mit den Opfern, ihren Schicksalen, aber auch mit den Tätern, ihrer inneren Struktur und ihren Motiven identifizieren, sich in sie hineinversetzen zu müssen - unausweichlich in Gefühle einer tiefen Beunruhigung und Bedrohung, die von der nationalsozialistischen Realisierung einer Welt pervers-psychotischer Dimension ausgeht. Dies mobilisiert vielfältige Formen der Abwehr zum Selbstschutz, was sowohl für Opfer wie Täter gilt. Von daher konnte es grundsätzlich keine ausreichenden Möglichkeiten eines schrittweise erfolgenden Prozesses des Einstellens auf Aspekte des Verlorenen, des schrittweisen Anerkennens und Annehmens einer schmerzlichen Wirklichkeit mit dem Ziel der Transformation der schmerzlichen Vergegenwärtigung zur erträglichen Erinnerung geben, wie Freud diesen als charakteristisch für den Trauerprozeß beschrieben hat. Deshalb führte die Abwehr drohender Überwältigung gegenüber diesen kaum begreiflichen Realitäten dazu, daß jeglicher Prozeß des Trauerns schon im Ansatz abgebrochen wurde. So ist der von Alexander und Margarete Mitscherlich geprägte Begriff der "Unfähigkeit zu trauern", weil er implizit eine "Fähigkeit zu trauern" um diese nationalsozialistischen Realitäten suggeriert, zur Beschreibung der inneren Vorgänge um die Auseinandersetzung mit dem Nationalsozialismus und mit der damit verbundenen Wertekatastrophe und deren Konsequenzen letztlich unzutreffend, mindestens aber mißverständlich und irreführend. Seine zunehmend unreflektierte, inflationäre Verwendung in der deutschen Öffentlichkeit, seine Aushöhlung und die Mißverständnisse, die sich damit verbinden, etwa, wenn öffentlich lärmend 'Trauerarbeit' eingefordert wird, wie dies in den vergangenen Jahren bis heute immer wieder auch und gerade im Rahmen politischer Polemik geschehen ist und geschieht, macht dies mehr als deutlich. Man kann diese Geschehnisse nicht betrauern: "Das Höchste, was man erreichen kann, ist zu wissen und auszuhalten, daß es so und nicht anders gewesen ist", um noch einmal Hannah Arendt in diesem Zusammenhang zu zitieren.

Darüber hinaus ist zu bedenken, daß ein Verständnis des "Zusammenbruchs" von 1945 und die Vernichtung der Nazi-Herrschaft als eines zu betrauernden Verlustes nur für die "erste" Generation von 1945 Geltung haben konnte. Die nachgeborenen Generationen haben einen Verlust dieser Art, wie ihn die erste Generation anzunehmen hatte und den sie "betrauern" könnten, unmittelbar nicht erlitten. Vielmehr wachsen sie in eine Nation hinein, in der sie diesen Verlust, die weitreichenden Zerstörungen und Belastungen durch die nationalsozialistische Vergangenheit als einen untrennbaren Teil ihrer Sprach- und Kulturgemeinschaft *vorfinden* und sich diese Vergangenheit als Teil der eigenen Geschichte, als unausweichlich zu sich gehörig erst noch *anzueignen* haben. Für diese nachgeborenen Generationen geht es also nicht wie bei der eigentlichen Trauer um die Bewältigung eines schmerzlichen Objekt*verlustes*, sondern um den geradezu entgegengesetzten Vorgang, um den Prozeß einer unabweisbaren und schmerzlichen Objekt*aneignung.*

Affektiver Besetzungsentzug, apologetische Tendenzen sowie das charakteristische Phänomen einer kollektiven Ich-Spaltung bestimmten in den ersten Jahren die Auseinandersetzung mit dem Nationalsozialismus im Nachkriegsdeutschland, die zudem von der Not des Augenblicks, von Hunger, Kälte und Zerstörung sowie von ersten Anstrengungen des Wieder-in-Gang-Bringens überlagert war. Der affektive Besetzungsentzug zielte auf Entlastung durch Relativieren und Beschönigen. Die apologetischen Tendenzen zielten auf Schuldentlastung, indem man die Unmöglichkeit beschwor, angesichts der Vergeltungsdrohungen des Terrorregimes Widerstand zu leisten. Die projektive Schuldentlastung schließlich versuchte "die anderen" zu "Ebenfalls-Schuldigen", zu einer Art Komplizen zu machen (etwa, wenn man davon sprach, daß ja die Engländer eigentlich im Burenkrieg die Konzentrationslager erfunden hätten, oder indem man vom "traditionellen Antisemitismus der andern" sprach). So suchte man "die anderen" zu "Auch-Tätern" und sich selbst zugleich, wo es ging, zum "Auch-Opfer" zu machen. In diesem Sinne wurde die Bombardierung deutscher Städte mit der großen Zahl ziviler Opfer, insbesondere aber auch die Vertreibung aus den früheren Ostgebieten des Deutschen Reiches immer wieder zur eigenen Entlastung argumentativ herangezogen. Vor allem das Phänomen der kollektiven Ich-Spaltung im Umgang mit der Wirklichkeit des Vergangenen verdient im Zusammenhang mit defensiv-protektiven Formen der kollektiven Auseinandersetzung mit dem Nationalsozialismus und seiner Verbrechen besondere Beachtung als ein kollektives Abwehrphänomen, das Freud (1927) als ein Abwehrphänomen des Individuums beschrieben hat: Ein Teil der Persönlichkeit erkennt eine widrige, ängstigende oder schmerzliche äußere Wirklichkeit an, während der andere die Anerkennung dieser Wirklichkeit abweist und verweigert und statt dessen sich eine private, erträglichere Wirklichkeit gegen die bedrängende und bedrohliche äußere Wirklichkeit zurechtlegt. Für die deutsche Nachkriegsgesellschaft nahm sich das über viele Jahre dergestalt aus, daß man wohl über die Vergangenheit Bescheid wußte, auch mehr oder weniger explizit darüber redete. Und es gab eigentlich auch in den Jahren nach der Plakatkampagne der Alliierten, mit der diese unmittelbar nach dem Krieg die deutsche Bevölkerung z.B. mit den Leichenbergen von Bergen-Belsen konfrontierten, immer sehr viele mehr oder weniger verläßliche Informationen über die NS-Verbrechen in der Öffentlichkeit. Zugleich aber wurde unter Hinzunahme von apologetischen Tendenzen und projektiven Mechanismen die affektiv überwältigende Wirklichkeit der beispiellosen Verbrechen und ihrer Folgen nicht wirklich anerkannt und angenommen, sondern eher weggeredet - Hermann Lübbe sprach von kommunikativem Beschweigen - ein kollektives Nebeneinander von die Realität anerkennender und die Realität abweisender Einstellungen, wie es für die von Freud beschriebene fetischistische Abwehr typisch ist.

Wie wir wissen, ist die uns von einem Patienten präsentierte Abwehr diejenige, die ihm im gegebenen Augenblick zu seinem Schutz und zu seiner Stabilisierung am besten dient. Wir wissen aber auch, daß eine solche Abwehr sich verfestigen und zementiert werden kann, wenn diese im weiteren über die aktuelle Stabilisierung hinaus zusätzlich Gratifikationen vermitteln kann und vermittelt. Dies wurde bereits an anderer Stelle unter dem Begriff des sekundären Krankheitsgewinnes diskutiert (vgl. Kapitel 25). Mindestens drei Faktoren scheinen in der westdeutschen Gesellschaft im Nachkriegsdeutschland diese anfänglich essentielle Abwehr gegen die Realisierung und Auseinandersetzung mit der nationalsozialistischen Vergangenheit im Sinne des sekundären Krankheitsgewinnes gefördert und zementiert zu haben: Auf politischer Ebene 1. der Ost-West-Konflikt, 2. die daraus erwachsene Spaltung Deutschlands und die mit dem Kalten Krieg notwendig werdende schnelle internationale Akzeptanz und Einbindung des westlichen Teils Deutschlands in die westliche Staatengemeinschaft und schließlich 3. auf wirtschaftlicher Ebene das enorme Wirtschaftswunder im Westen Deutschlands, das mit Marshall-Plan, DM-Einführung und der wirtschaftlichen Stabilisierung einsetzte.

Der Ost-West-Konflikt, der sich verschärfende Kalte Krieg und mit ihm die Ost-West-Spaltung und die Spaltung Deutschlands erlaubten es der bundesrepublikanischen Gesellschaft, die Auseinandersetzung um das Gewesene projektiv weitgehend auf den politischen Gegner zu verschieben. Dabei wurde die begriffliche Einebnung von Nazi-Herrschaft und stalinistisch-kommunistischer Herrschaft unter dem Begriff des Totalitarismus hilfreich. Beide wurden schließlich als gleichermaßen, als vergleichbar schrecklich gehandelt, das "Böse" der nationalsozialistischen Vergangenheit wurde so nach "drüben", auf "die anderen", auf den Bolschewismus verschoben, dem man nun der bruchlosen Übernahme der braunen Herrschaftsinstrumente bezichtigte. So wurde etwa der Vorwurf gehegt, daß die Russen/Kommunisten die Konzentrationslager der Nazis bruchlos übernommen und gegen den politischen Gegner im gleichen Sinne weiterbetrieben hätten, was so undifferenziert kaum der Wahrheit, eher der eigenen projektiven Schuldentlastung dienen konnte. Denn diese Lager, die im übrigen nicht wie Treblinka oder Auschwitz unmittelbar der industriellen Massenvernichtung diente, wurden zwar in sowjetisch-kommunistischer Regie unter zum Teil unmenschlichen Umständen weitergeführt, allerdings in keinem Fall mit jener Politik der "Vernichtung durch Arbeit" und Ausrottung, die vom nationalsozialistischen Staat in diesen Lagern betrieben worden war. Eine solche Verwischung der historischen Realitäten stand offensichtlich eher im Dienste der Verleugnung und Entlastung, ebenso wie die noch Anfang der fünfziger Jahre weit verbreitete Legende von einer angeblichen Bemerkung oder gar Absicht Winston Churchills, die Deutsche Wehrmacht nach 1945 ursprünglich nicht entwaffnen zu wollen, sondern deren Gewehre gen Osten umzudrehen, um vereint mit den westlichen Mächten von neuem gegen die Bolschewisten im Osten zu marschieren. Später wurden so jeweils die "anderen" zum "Bösen". Man sah die DDR in bruchloser "totalitärer" Tradition des Nationalsozialismus und seiner Massenorganisationen, Massenaufmärsche und seiner Massenbegeisterung, und man denunzierte jene als "kommunistisch" oder dem Kommunismus nahestehend, die für die Bundesrepublik eine radikalere Besinnung auf die Vergangenheit und den defensiven Umgang mit ihr forderten.

Von der DDR aus gesehen, für die der Antifaschismus zum konstitutiven Staatsselbstverständnis erhoben worden war, wurde die Bundesrepublik als alleiniger Traditionsverwalter des Nationalsozialismus betrachtet, während sie selbst in ihrem "antifaschistisch-sozialistischen" Selbstverständnis den Nationalsozialismus gleichsam per Dekret für sich als überwunden erklärte. Aufkommende neonazistische Tendenzen, die in der DDR noch vor deren Zusammenbruch auch den damals noch Regierenden ernsthafte Sorgen bereiteten, konnten aber bereits damals deutlich machen, was hier an kollektiver Auseinandersetzung durch das dekretierte antifaschistische Selbstverständnis abgespalten und projektiv entledigt worden war. Diese von Staats wegen gleichsam verordnete Art der Erledigung der "faschistischen" Vergangenheit machte es dem, der sich ernsthaft mit dieser Vergangenheit zu befassen bereit war, schwer, dies zu tun, ohne sich zugleich dem Verdacht der Kollusion mit dem Regime und seiner verordneten antifaschistischen Ideologie auszusetzen. Das antifaschistische Selbstverständnis des 'Arbeiter- und Bauernstaates' war aber zugleich auch jener Punkt, den eine radikal aufbegehrende Jugend durch Besetzung und Identifizierung mit den radikalsten Gegenpositionen dieses Staates am empfindlichsten zu treffen suchte. So wurde der autoritäre antifaschistische Staat in der DDR von seiten dieser zunehmend aufbegehrenden Jugend immer wieder subversiv mit radikalen faschistischen Parolen irritiert, deren eigentliche Bedeutung und historische Realität denjenigen, die sie führten, aufgrund der unzulänglichen Auseinandersetzung kaum wirklich zugänglich gewesen sein dürfte. Und somit kehrte die abgespaltene, tabuisierte und auf die andere Seite projizierte Vergangenheit auch im antifaschistischen Staat als eine nicht zu verleugnende Realität wieder. Dies dürfte im übrigen auch als ein Aspekt unter anderen des sich in rechtsradikalen Formen darstellenden radikalen Aufbegehrens zukunftsloser Jugendlicher in der westlichen Bundesrepublik zu verstehen sein.

In den fünfziger Jahren erfolgte die Auseinandersetzung mit dem Nationalsozialismus in der westdeutschen Bundesrepublik nach einer ersten, vor allem apologetisch bestimmten Phase aufgrund der politischen und wirtschaftlichen Entwicklung vor allem auf solche projektiven Wegen. Diese projektive Art des Umgangs mit der Vergangenheit zeigte sich zum Beispiel auch in Filmen dieser Zeit, die sich mit NS-Themen befaßten, etwa in den Filmen "Rosen für den Staatsanwalt" und "Wir Wunderkinder", in denen ein "böser Nazi" als negative Identifikationsfigur vorgestellt wird, während diese Filme zugleich ausgeprägte Identifizierungsangebote mit "guten" Nicht-Nazis als Opfer der "bösen" Nazi-Täter machen, so daß auf diese Weise einer projektiven Entledigung der Auseinandersetzung mit der Vergangenheit Vorschub geleistet wurde.

Der zunehmend in Gang kommende Wiederaufbau, das Wirtschaftswunder und die zunehmende Integration des Westteils Deutschlands in die westliche Welt wirkte als ein weiteres gewichtiges Moment des "sekundären Krankheitsgewinnes", das kollektive Abwehrstrukturen zusätzlich befestigte. Man war wieder wer, man wurde wieder zu einem mehr oder weniger respektierten Partner, glaubte sich auf dem richtigen Wege und konnte deshalb erwarten, daß Gras über die nationalsozialistische Vergangenheit wachsen werde, über die man andererseits im Sinne des bereits erwähnten, von Hermann Lübbe geprägten Begriffs des "kommunikativen Beschweigens", den ich aus psychoanalytischer Perspektive als kollektive fetischistische Abwehr bezeichnet habe, zugleich durchaus öffentlich redete. In diesem Sinne waren die fünfziger und sechziger Jahre vom kommunikativen Beschweigen, vom Hineinstürzen in den Lärm und die Emsigkeit des Wiederaufbaus, von restaurativen Tendenzen, zugleich aber auch von einer vielseitig beklagten, wachsenden kulturellen Leere gekennzeichnet, die in der Gesellschaft zunehmend irritierte.

Während für die Menschen der früheren DDR erst der Zusammenbruch des Regimes mit der "Wende" 1989 den Weg freimachte, sich - ohne in Kollusion mit dem staatssozialistischen Regime und seiner verordneten antifaschistischen Ideologie zu geraten - sich mit der nationalsozialistischen Vergangenheit auf eine neue Weise auseinanderzusetzen und die vom Staat verordnete Klitterung des Geschichtsbildes zu überwinden, kam es in der westlichen Bundesrepublik bereits in den sechziger Jahren zum Aufbrechen der mit Wirtschaftswunder, mit Westintegration und mit wachsender allgemeiner internationaler Wiederakzeptanz zunehmend stabilisierten kollektiven Abwehrformen gegenüber der nationalsozialistischen Vergangenheit. Dies wurde vor allem durch die sich zunehmend gegen den restaurativen Staat und seine Institutionen formierende Studentenbewegung gefördert, in besonderer Weise im Gefolge der Studentenunruhen, die sich 1968 anläßlich der mit allem institutionellen Pomp des restaurativen Staates gefeierten kaiserlichen Staatsvisite des Schahs von Persien entzündeten. Der restaurative "Muff von Tausend Jahren" wurde von den Studenten öffentlich angegriffen und verhöhnt und eine neue Diskussion, eine neue Dimension der Diskussion um die Vergangenheit erzwungen, was dem Prozeß der Auseinandersetzung hin zu jenem "wissen und auszuhalten, daß es so und nicht anders gewesen ist" eine neue Qualität verliehen hat und zu einer ungleich radikaleren Annäherung an die Vergangenheit als bisher führen konnte.

In den folgenden Jahren wurde dann allerdings auf vielfältige Weise deutlich, daß ohne eine kritische Auseinandersetzung auch mit den eigenen Festlegungen die über unbewußte Identifizierungsvorgänge mit der Elterngeneration vermittelte Beziehung zur Vergangenheit nicht einfach abzuschütteln und die Verantwortung darum in Gegenwart und Zukunft "den anderen", der Generation der Väter und Mütter nicht allein aufzubürden sei. Denn bei näherer Betrachtung läßt sich zeigen, wie in den folgenden Jahren die zunehmend offenere Diskussion über die Vergangenheit auch bei dieser Studentengeneration von spezifischen kollektiven Abwehrphänomenen bestimmt wurde, in denen sich jene widerspiegelten, die in dem Bemühen um kritischere Sichtweisen kritisch angegriffen worden waren. Die junge Generation der nicht mehr unmittelbar Involvierten, der im Krieg und in der Nachkriegszeit Geborenen, entwickelte für sich den Mythos, daß erst die 68er Studentenbewegung kritische Anfragen an die nationalsozialistische Vorgeschichte der Bundesrepublik und an die Vätergeneration gestellt habe. Man predigte die Abkehr von den vergangenheitsbelasteten Autoritäten, legte sich eine antiautoritäre Gesinnung zu und entwickelte für sich den Mythos einer kritischen Generation, die sich der Vergangenheit und deren Lasten und Folgen für diese Generation in projektiver Weise meinte entledigen zu können, indem man sich gegen die geschlagenen und verstrickten Väter wendete und anklagte, oftmals im Sinne dessen, was Karl Jaspers als das "sich frech ins Gesicht zu schlagen durch herausfordernde, unbegründete, leichthin gefällte Urteile" (1987, S. 8-9) kritisch angesprochen hatte. Diese Anklage richtete sich gegen Väter, die aus eigenen Gründen der Abwehr des Vergangenen anfänglich nicht reden konnten, später dann nicht mehr reden wollten und dazu tendierten, an den tradierten, in der Adenauer-Ära restaurativ verfestigten Autoritäts- und Gesellschaftsvorstellungen festzuhalten. So kehrten im politischen Selbstverständnis dieser sich als kritisch verstehenden Generation Aspekte des Abgespaltenen, des bei der Vätergeneration projektiv Angeklagten, Aspekte unbewußter Identifizierung wieder: in einer von tiefem Mißtrauen geprägten Haltung gegenüber dem demokratischen Staat und seinen Institutionen, nicht zuletzt auch in einer Tendenz, die Institutionen des demokratischen Staates vorschnell zu verdächtigen, lediglich in der Kontinuität nationalsozialistischer Traditionen zu stehen, so daß man diese bekämpfen müsse. Man predigte "Basisdemokratie" und formierte sich in der außerparlamentarischen Bewegung (APO) zu einer eigentlich antiliberalen, radikal und militant gesinnungsethische Positionen vertretenden antiparlamentarischen Bewegung, deren Glaubensinnigkeit, Parolen- und Spruchbandglaube vielen zu signalisieren schien, daß unkritische Begeisterung, politische Traditionen des deutschen realitätsfernen Idealismus, und ein Mangel an "praktischer Gesittung" (Thomas Mann) Ausdruck aktualisierter, unaufgelöster, an die Nachkriegsgeneration unbewußt weitergereichter Identifizierungen mit deutschem Erbe sei. Und mancher Remigrant, mit dem ich sprach, hatte in dieser Zeit das Gefühl, angesichts der unter roten Fahnen und Führeridolen marschierenden Studenten sich in die Zeit unmittelbar vor 1933 zurückversetzt zu sehen.

Es nimmt nicht wunder, daß die mit den Studentenunruhen 1968 zum offenen Ausdruck kommenden Auseinandersetzungen um autoritäre versus antiautoritäre Strukturen mit allen ihren auch irrationalen, vor allem auf das konflikthafte faschistische Autoritätsverständnis der nationalsozialistischen Vergangenheit verweisenden unbewußten Tendenzen, der Struktur nach früher oder später in so gut wie allen gesellschaftlichen Gruppierungen der Bundesrepublik ausgetragen wurde. Dieser Prozeß, der mit seinen Folgen als ein Abschnitt des historischen Prozesses der Auseinandersetzung mit dem Nationalsozialismus, des schwierigen Prozesses von der Schuld zur Verantwortung hat letztlich bis heute angedauert und mit der Wiedervereinigung bzw. Neuvereinigung des über vierzig Jahre geteilten Landes eine neue Aktualität erhalten .

Die mit der Überwindung der Teilung verbundene Aufhebung der Spaltung der Nation, die Aufhebung der wechselseitigen Projektionen, die Auflösung des Ost-West Konflikts, die Erschütterung und Auflösung der alten Feindbilder zwingen zu einer Rückbesinnung auf die deutsche Sprach- und Kulturgemeinschaft, auf die deutsche Nation und ihre Geschichte, die die zwölf Jahre nationalsozialistischer Herrschaft hervorgebracht hat und der diese zwölf Jahre für alle Zukunft einen alles Deutsche bestimmenden Stempel aufgeprägt haben. Es gilt, in der weiteren Auseinandersetzung mit dem Ziel, "zu wissen und auszuhalten, daß es so und nicht anders gewesen ist", die zwangsläufig immer wieder defensiv bestimmte Auseinandersetzung mit dieser Vergangenheit immer wieder kritisch zu befragen mit dem Ziel, in dem Prozeß der Anerkennung und Aneignung dieses Teils der deutschen Geschichte als eigener Geschichte dessen nachhaltige Folgen für uns jetzt und in der Zukunft nach innen wie nach außen in bekennender und handelnder menschlicher Solidarität zu verantworten. Dies ist eine Herausforderung, die letztlich über die weitere Zukunft der deutschen Gesellschaft, vor allem aber über das Gelingen einer konstruktiven Verständigung zwischen den Deutschen und ihren Nachbarn jetzt und in der Zukunft entscheiden wird.

Literaturverzeichnis:

Aarne, A. (1913): Ursprung der Märchen. In: Karlinger, F. (Hg.): Wege der Märchenforschung, 1985, Darmstadt, (Wissenschaftliche Buchgesellschaft).

Abraham, K. (1909): Traum und Mythus. Eine Studie zur Völkerpsychologie. In: Cremerius, J. (Hg.): Karl Abraham. Psychoanalytische Studien. 2 Bde., 1969/1971, Frankfurt, (S. Fischer).

Adorno, Th. W. (1928): Schubert. In: Moments musicaux, S. 18-36. Frankfurt/M., 1964, (Suhrkamp).

- (1937): Spätstil Beethovens. In: Moments musicaux, S. 13-17. Frankfurt/M., 1964, (Suhrkamp).

- (1951): Minima Moralia. Reflexionen aus einem beschädigten Leben. Frankfurt/M., 1970, (Suhrkamp).

- (1956): Fragment über Musik und Sprache. In: Ges. Schriften, Bd. 16, Frankfurt/M., (Suhrkamp).

- (1970): Ästhetische Theorie. Ges. Schriften. Bd. 7. Frankfurt/M., 1978, (Suhrkamp).

Aldrich, V. C. (1968): Visuelle Metapher. In: Haverkamp, A. (Hg.): Theorie der Metapher, Darmstadt,1983, (Wissenschaftliche Buchgesellschaft).

Arendt, H. (1960): Von der Menschlichkeit in finsteren Zeiten. Rede über Lessing. München, (Piper).

Arlow, J. A. (1969): Fantasy, Memory and Reality Testing. Psychoanal.Quarterly , 38, S. 28-51.

- (1985): The Concept of Psychic Reality and Related Problems. J.Am.Psa.Assn., 33, S. 521-536.

Austin, J. L. (1962): Zur Theorie der Sprechakte. Stuttgart, 1979, (Reclam).

Baudelaire, Ch. (1858/60): Die künstlichen Paradiese. Reinbek, 1964, (Rowohlt).

Baum, G., (1967): Schubert-Müllers »Winterreise« - neu gesehen. Neue Zschr.f.Musik, 128, S. 78-80.

Beland, H., (1988): Der abgefangene Untergang. Tristram Shandys Traumen. Psyche, 42, S. 709-752.

- (1989): Überlegungen und Fragen zu den religiösen Wurzeln des Antisemitismus. Vortrag auf der Arbeitstagung der Deutschen Psychoanalytischen Vereinigung (DPV), Wiesbaden, 1989. In: Luft, H., Maass, G. (Hg.): Das Erbe Sigmund Freuds in Deutschland - 50 Jahre nach seiner Vertreibung, abgedruckt in: Psyche, 45, (1991), S. 448-480.

Bertaux, P. (1977): Hölderlin und die Französische Revolution. Frankfurt/M., (Suhrkamp).

Bettelheim, B. (1986): Kinder brauchen Märchen. Stuttgart, 1990, (DVA).

Bion, W. R. (1962): Learning from Experience. London, 1984, (Maresfield Reprints).
- (1987): Clinical Seminars and Four Papers. Abingdon. (Fleetwood Press).
Bloch, E. (1959): Das Prinzip Hoffnung. Frankfurt/M., (Suhrkamp).
Blumenberg, H. (1979): Arbeit am Mythos. Frankfurt/M., (Suhrkamp).
Bonaparte, M. (1954): The Fault of Orpheus in Reverse. Int.J.Psycho-Anal., 35, S. 109-112.
Bowlby, J. (1969): Attachment and Loss. Bd. 1, New York, (Basic Books).
- (1973) Bd. 2, New York, (Basic Books).
Brenner, C. (1982): Mind in Conflict. New York, (Int.Univ.Press).
Broszat, M. (1963): Kommandant in Auschwitz. München, (Piper).
Brunet, D., (1992): Die Rezeption Thomas Manns in der deutschprachigen Presse von 1945 bis 1955. Mémoire de Maîtrise. Université Paris IV (masch).
Carveth, D. L. (1984): The Analyst's Metaphors: A Deconstructionist Perspective. Psychoanal. and Contemp.Thought, 7, S. 491-560.
Chasseguet-Smirgel, J. (1988): Zwei Bäume im Garten. Zur psychischen Bedeutung der Vater- und Mutterbilder. Psychoanalytische Studien. München/Wien, (Verlag Internationale Psychoanalyse).
Cheshire, N., Thomä, H. (1991): Freud's *Nachträglichkeit* and Strachey's 'deferred action': Trauma, constructions and the direction of causality. Int.Ref.Psycho-Anal., 18, S. 407-427.
Chomsky, N. (1970): Sprache und Geist. Frankfurt/M., [4]1988, (Suhrkamp).
Cremerius, J. (Hg.) (1974): Psychoanalytische Textinterpretation. Hamburg, (Hoffmann und Campe).
Dettmering, P. (1974): Psychoanalyse als Instrument der Literaturwissenschaft. In: Cremerius. J. (Hg.): Psychoanalytische Textinterpretation. Hamburg, (Hoffmann und Campe).
Doderer, H. v. (1951): Die Strudlhofstiege. München, 1967, (dtv).
Eichendorff, J. v.: Werke. Berlin und Weimar, 1967 (Aufbau Verlag).
Eiffermann, R. (1987a): Varieties of denial: the case of a fairy tale.- In:Edelstein (Hg.): Denial. New York, (Plenum).
- (1987b): Märchen - eine Via Regia zum Kind im Erwachsenen. In: Storck, J. (Hg.): Das Märchen - ein Märchen? Stuttgart, (Frommann-Holzboog).
Eigen, M., Winkler, R. (1975): Das Spiel. Naturgesetze steuern den Zufall. München/Zürich, (Piper).
Eissler, K. R. (1971): Discourse on Hamlet and *Hamlet*. A Psychoanalytic Inquiry. New York, (Int.Univ.Press).
- (1983): Goethe. Eine psychoanalytische Studie. 2 Bde., Basel/Frankfurt/M, (Stroemfeld/Roter Stern).
Eliade, M. (1956): Wissenschaft und Märchen. In: Karlinger, F. (Hg.): Wege der Märchenforschung, Darmstadt, 1985, (Wissenschaftliche Buchgesellschaft).
Emde, R., (1988): Development terminable and interminable. I. Innate and motivational factors from infancy. II. Recent psychoanalytic theory and therapeutic considerations. Int.J. Psycho-Anal., 69, S. 23-42 und S. 283-296.
Frenzel, E. (1966): Stoff - und Motivgeschichte. Berlin (E. Schmidt).

Freud, S. (1871-1881): Sigmund Freud. Jugendbriefe an Eduard Silberstein. W. Boehlich (Hg.). Frankfurt/M., 1989, (S. Fischer).
- (1899a): Über Deckerinnerungen. G. W., Bd. 1, S. 529-554.
- (1900a): Die Traumdeutung. G. W., Bd. 2/3.
- (1901b): Zur Psychopathologie des Alltagslebens. G. W., Bd. 4.
- (1905c): Der Witz und seine Beziehung zum Unbewußten. G. W., Bd. 6.
- (1905d): Drei Abhandlungen zur Sexualtheorie. G. W., Bd. 5, S. 27-145.
- (1907): Der Wahn und die Träume in W. Jensens »Gradiva«. G. W., Bd. 7, S. 29-125.
- (1908d): Die »kulturelle« Sexualmoral und die moderne Nervosität. G. W., Bd. 7, S. 141-167.
- (1908e): Der Dichter und das Phantasieren. G. W., Bd. 7, S. 211-223.
- (1910c): Eine Kindheitserinnerung des Leonardo da Vinci. G. W., Bd. 8, S. 127-211.
- (1910k): Über »wilde« Psychoanalyse. G. W., Bd. 8, S. 117-125.
- (1911c): Psychoanalytische Bemerkungen über einen autobiographisch beschriebenen Fall von Paranoia (Dementia paranoides). G. W., Bd. 8, S. 239-320.
- (1912e): Ratschläge für den Arzt bei der psychoanalytischen Behandlung. G. W., Bd. 8, S. 375-387.
- (1912-13): Totem und Tabu. Über einige Übereinstimmungen im Seelenleben der Wilden und der Neurotiker. G.W., Bd. 9.
- (1914b): Der Moses des Michelangelo. G. W., Bd. 10, S. 171.
- (1915b): Zeitgemäßes über Krieg und Tod. G. W., Bd. 10, S. 323-355.
- (1915c): Triebe und Triebschicksale. G. W., Bd. 10, S. 209-232.
- (1915e): Das Unbewußte. G. W., Bd. 10, S. 263 - 303.
- (1916-17): Vorlesungen zur Einführung in die Psychoanalyse. G. W., Bd. 11.
- (1917e): Trauer und Melancholie. G. W., Bd. 10, S. 427-446.
(1918b): Aus der Geschichte einer infantilen Neurose. G. W., Bd. 12, S. 27-157.
- (1920g): Jenseits des Lustprinzips. G. W., Bd. 13, S.1-69.
- (1921c): Massenpsychologie und Ich-Analyse. G. W., Bd. 13, S. 71-161.
- (1923b): Das Ich und das Es. G. W., Bd. 13, S. 235-289.
- (1924b): Neurose und Psychose. G. W., Bd. 13, S. 385-391.
- (1925d): Selbstdarstellung. G. W., Bd. 14, S. 31-96.
- (1926e): Die Frage der Laienanalyse. G. W., Bd. 14, S. 207-296.
- (1927c): Die Zukunft einer Illusion. G. W., Bd. 14, S. 323-380.
- (1927e): Fetischismus. G. W., Bd. 14, S. 309-317.
- (1928b): Dostojewski und die Vatertötung. G. W., Bd. 14, S. 397-418.
- (1930a) Das Unbehagen in der Kultur. G. W., Bd. 14, S. 419-506.
- (1933a): Neue Folge der Vorlesungen zur Einführung in die Psychoanalyse. G.W., Bd. 15.
- (1933b): Warum Krieg? G. W., Bd. 16, S. 11-27.
- (1937d): Konstruktionen in der Analyse. G. W., Bd. 16, S. 41-56.
- (1939a): Der Mann Moses und die monotheistische Religion. G. W., Bd. 16, S. 101-246.

- Sigmund Freud. Studienausgabe in zehn Bänden und einem Ergänzungsband. Frankfurt/M., (S.Fischer).

Friedmann, S.M. (1960): One aspect of the structure of music. A study of regressive transformations of musical themes. J.Am.Psa.Assn., 8, S. 427-449.

Frier, I. (1989): Objektbeziehungen im literarischen Prozeß. Ein psychoanalytischer Beitrag zu Literatur und Kreativität. Jahrbuch d.Psychoanalyse, 24, S. 214-245.

Fromm, E. (1951): The Forgotten Language. New York, (Holt).

Gadamer, H.-G. (1977): Die Aktualität des Schönen, Stuttgart, (Reclam).

Gay, P. (1988): Freud. A Life for Our Time. London, (J. M. Dent & Sons).

Georgiades, Th. (1974): Musik und Sprache. Das Werden der abendländischen Musik. Berlin/Heidelberg/New York, (Springer).

Gedo, J. (1970): The Psychoanalyst and the Literary Hero. Comprehensive Psychiatry, 11, S. 174-181.

Goethe, J. W.: Werke. Hamburger Ausgabe in 14 Bänden. Herausgegeben von E. Trunz. München, [12]1981, (C. H. Beck).

Grant Duff, J. F. (1934): Schneewittchen. Versuch einer psychoanalytischen Deutung. In: Laiblin, W., (Hg.): Märchenforschung und Tiefenpsychologie. Darmstadt, 1991, (Wissenschaftliche Buchgesellschaft) S. 88-99.

Green, A. (1979): Psychoanalytische Theorien über den Affekt. Psyche, 33, S. 681-732.

Greenacre, P. (1957): The childhood of the artist, libidinal phase development and giftedness. Psychoanal. Study Child, 12, S. 47-72.

- (1958) The family romance of the artist. Psychoanal.Study Child, 13, S. 9-43.

Groddeck, G. (1922): Der Symbolisierungszwang. Imago, 8, S. 67-81.

Haas, E. (1990): Orpheus und Eurydike. Vom Ursprungsmythos des Trauerprozesses. Jahrbuch d.Psychoanalyse, 26, S. 230-252.

Hacker, F. (1990): Das Faschismus-Syndrom. Psychoanalyse eines aktuellen Phänomens. Düsseldorf/Wien/New York., (Econ).

Hadank, O. H. W. (1936): Bilder deutscher Geschichte. Hamburg Bahrnfeldt.

Haeckel, E. (1899): Die Welträthsel. Stuttgart, (Kröner).

Haesler, L. (1982): Sprachvertonung in Robert Schumanns Liederzyklus »Dichterliebe« (1840). Ein Beitrag zur Psychoanalyse der musikalischen Kreativität. Psyche, 36, S. 908-950.

- (1985): Zur Psychodynamik der Anniversary Reactions. Jahrbuch d.Psychoanalyse, 17, S. 211-266).

- (1987): Strukturen der Konfliktverarbeitung und psychoanalytischer Prozess: Die Übertragung als Metapher. In: Luft, H. und Maass, G. (Hg.): Arbeitsgruppenbericht, Tagungsband, Arbeitstagung der DPV, Nov. 1987, Wiesbaden, S. 113-118.

- (1989a): Rusalka oder die Vergeblichkeit irdischer Liebe. Programmheft Städt. Bühnen Frankfurt/M., Programmheft Staatstheater Oldenburg (1990).

- (1989b): Zur transgenerationalen Transmission von Trauma und Schuld: Freuds Position im "Mann Moses". In: Luft, H. und Maass, G. (Hg.): Das Erbe Sigmund Freuds in Deutschland - 50 Jahre nach seiner Vertreibung. Tagungsband der Arbeitstagung der DPV in Wiesbaden, November 1989.

- (1990a): Othello oder die Vernichtung des Helden. Zschr.f.psychoanal.Theorie und Praxis V, S. 250-261.
- (1990c): Zur Problematik des psychoanalytischen Zugangs zur Musik. In: Grünzweig, W., Schröder, G., Supper, M. (Hg.): Schnebel 60. (Festschrift f. Dieter Schnebel), S. 178-208. Hofheim, (Wolke).
- (1991): Metapher, metaphorische Struktur und psychoanalytischer Prozeß. Zschr.f.psychoanal.Theorie und Praxis, VI, S. 79-105.
- (1993a): Franz Schuberts Winterreise: Zur Dynamik der psychologischen Entwicklung und deren musikalischer Realisierung. Festschrift f. Herrmann Beland. Tübingen, (edition diskord).
- (1993b): Zur Perversifizierung des Ästhetischen in Thomas Manns Novelle Der Tod in Venedig. Zschr.f.psychoanal.Theorie und Praxis, VIII, S. 158-175.

Häussermann, U. (1961): Friedrich Hölderlin in Selbstzeugnissen und Bilddokumenten. Reinbek, (Rowohlt).

Haith, M. M., Bergmann, T. und Moore, M. J. (1977): Eye contact and face scanning in early infancy. Science, 198, S. 853-855.

Hanslick, E. (1854): Vom musikalisch Schönen. Darmstadt, 1991, (Wissenschaftliche Buchgesellschaft). (Nachdruck).

Hawking, S. W. (1988): Eine kurze Geschichte der Zeit. Die Suche nach der Urkraft des Universums. Reinbek bei Hamburg, (Rowohlt).

Hegel, G. W. F. (1807): Phänomenologie des Geistes, Frankfurt/M., 1973, (Suhrkamp).
- (1835): Vorlesungen über die Ästhetik. Theorie-Werkausgabe in 20 Bänden, Bd. 13-15., Frankfurt/M., 1970, (Suhrkamp).

Heine, H. (1840): Der Rabbi von Bacharach. Ein Fragment. In: Briegleb, K. (Hg.): Heinrich Heine. Sämtliche Schriften in zwölf Bänden. Bd. 1, S. 459-501. München/Wien, 1976, (Hanser).

Held, J. (1990): Monument und Volk. Vorrevolutionäre Wahrnehmung in Bildern des ausgehenden Ancien régime. Köln/Wien, (Böhlau).

Henkel, H. (1977): Einführung in die Rechtsphilosophie. München, (C. H. Beck).

Hildesheimer, W. (1977): Mozart, Frankfurt/M., (Suhrkamp).

Hindemith, P. (1952): A Composer's World. Cambridge, (Harvard Univ.Press).

Hochheimer, W. (1962): Probleme einer politischen Psychologie. Psyche, 16, S. 1-33.

Hölderlin, F. (1970): Sämtliche Werke und Briefe. München, (Hanser).

Holenstein, E. (1975): Roman Jakobsons phänomenologischer Strukturalismus. Frankfurt/M., (Suhrkamp).

Horkheimer, M, Adorno, Th. W. (1947): Dialektik der Aufklärung. Amsterdam, (Querido).

Horn, K. (1968): Fragen einer psychoanalytischen Sozialpsychologie. Psyche, 22, S. 896-911.

Hübner, K. (1985): Die Wahrheit des Mythos. München, (C. H. Beck).
- (1989): Aufstieg vom Mythos zum Logos? Eine wissenschaftstheoretische Frage. In: Kemper, P. (Hg.): Macht des Mythos - Ohnmacht der Vernunft? S. 33-52. Frankfurt/M., (Fischer).

Humboldt, W. v.: Werke in fünf Bänden. Darmstadt, 1963, (Wissenschaftliche Buchgesellschaft).
Hussy, W. (1993): Denken und Problemlösen. Stuttgart, (Kohlhammer).
Jacoby, R. (1985): Negative Psychoanalyse und Marxismus. Psyche, 29, S. 961-990.
Jakobson, R. (1956): Der Doppelcharakter der Sprache und die Polarität zwischen Metaphorik und Metonymik. In: Haverkamp, A. (Hg.): Theorie der Metapher. Darmstadt, 1983, (Wissenschaftliche Buchgemeinschaft).
Jaspers, K. (1913): Allgemeine Psychopathologie. Berlin/Heidelberg/NewYork, 1965 (Springer).
- (1946): Die Schuldfrage. Von der politischen Haftung Deutschlands. München, 1987, (Piper).
Kafka, F.: Hochzeitsvorbereitungen auf dem Lande und andere Prosa aus dem Nachlaß. In: Brod, M. (Hg.): Franz Kafka. Gesammelte Werke. 8 Bde., Frankfurt/M., 1983, (Fischer).
Kant, I. (1784): Idee zu einer allgemeinen Geschichte in weltbürgerlicher Absicht. In: Zehbe, J. (Hg.): I. Kant. Was ist Aufklärung? Göttingen, [3]1985, (Vandenhoeck & Ruprecht)
Karbusitzky, V. (1986): Grundriß der musikalischen Semantik. Darmstadt, (Wissenschaftliche Buchgesellschaft).
- (1990): Sinn und Bedeutung der Musik. Darmstadt, (Wissenschaftliche Buchgesellschaft).
Kerényi, K. (1951/1958): Die Mythologie der Griechen. 2 Bde. 1966, München, (dtv).
Kernberg, O. (1991): Sexual Excitement and Rage: Building Blocks of the Drives. Sigmund Freud House Bulletin, 15, S. 3-39.
Klibansky, R., Panofsky, E., Saxl, F. (1964): Saturn und Melancholie. Studien zur Geschichte der Naturphilosophie und Medizin, der Religion und der Kunst. Frankfurt/M., 1992, (Suhrkamp).
Klausmeier, R.-G. (1986): Der Mythos von Orpheus. Jahrbuch d. Psychoanalyse, 18, S. 177-194.
Kreisig, M. (Hg.)(1914): Robert Schumann: Gesammelte Schriften über Musik und Musiker, Leipzig (Breitkopf und Härtel).
Kris, E. (1956): The personal myth. A problem in psychoanalytic technique. J.Am.Psa.Assn., 4, S. 653-681.
Kuhn, Th. S. (1967): Die Struktur wissenschaftlicher Revolutionen. Frankfurt/M., (Suhrkamp).
Kursbuch 82: s.u. Michel und Spengler, T. (Hg.).
Kurz, G. (1982): Metapher, Allegorie, Symbol. Göttingen, (Vandenhoeck & Ruprecht).
Lämmert, E. (1955): Bauformen des Erzählens, [8]1991, Stuttgart, (J. B. Metzler).
Laiblin, W. (Hg.) (1969): Märchenforschung und Tiefenpsychologie. Darmstadt, 1991, (Wissenschaftliche Buchgesellschaft).
Laplanche, J. (1975): Hölderlin und die Suche nach dem Vater. problemata frommann holzboog, 38, Stuttgart, (Frommann-Holzboog).
Laufer, M. und M. E. (1984): Adolescence and Developmental Breakdown. New Haven and London, (Yale Univ.Press).

Levi, P. (1988): Ist das ein Mensch? Die Atempause. München/Wien, (Hanser).
- (1990) Die Untergegangenen und die Geretteten. München/Wien, (Hanser).
Leyen, F. v. d. (1904): Zur Entstehung des Märchens. In: Karlinger, F. (Hg.): Wege der Märchenforschung. 1985, Darmstadt (Wissenschaftlich Buchgesellschaft).
Lichtenberg, G. C. (1800-1806): Gedankenbücher. Frankfurt/M. und Hamburg, 1963, (Fischer).
Lichtenberg, J. D., (1987): Infant Studies and Clinical Work with Adults. Psa.Inquiry, 7, S. 311-330. deutsch: Zschr.f.Psa.Theorie und Praxis, II, S. 123-147.
- (1991): Psychoanalyse und Säuglingsforschung. Berlin/Heidelberg/New York/London/Paris/Tokyo/Hong Kong/Barcelona, (Springer).
Linder, M. (1959). Die Psychose von Robert Schumann und ihr Einfluß auf seine musikalische Komposition. Schweiz.Arch.Neurol.Psych., 83, S. 83-129.
Loch, W. (Hg.), (1971): Die Krankheitslehre der Psychoanalyse. Stuttgart, 1971, (S. Hirzel).
Loch, W. (1976): Psychoanalyse und Wahrheit. Psyche, 30, S. 865-898.
- (1988): Rekonstruktionen, Konstruktionen, Interpretationen: Vom "Selbst-Ich" zum "Ich-Selbst". Jahrbuch d.Psychoanalyse, 23, S. 37-81.
- (1989): Über einige Zusammenhänge zwischen Psychoanalyse und Philosophie. Jahrbuch d.Psychoanalyse, 25, S. 57-123.
Lobeck, Ch. A. (1829): Graecia Mendax. In: Kerényi, K. (Hg.): Die Eröffnung des Zugangs zum Mythos. 1989, S. 290/291. Darmstadt, (Wissenschaftliche Buchgesellschaft).
Loewenstein, R. M. (1968): Psychoanalyse des Antisemitismus. Frankfurt/M. (Suhrkamp).
Lorenzer, A. (1972): Sprachzerstörung und Rekonstruktion. Vorarbeiten zu einer Metatheorie der Psychoanalyse. Frankfurt/M., (Suhrkamp).
- (1974): Die Wahrheit der psychoanalytischen Erkenntnis. Frankfurt/M., (Suhrkamp).
Lübbe, H. (1983): Reichstagsrede. Zit. in: Realitätsferne und deswegen zerrüttende Demokratie-Ideale. Hermann Lübbe im Gespräch mit Claus Leggewie. Frankfurter Rundschau v. 13.8.1988, S. ZB 2.
Mahler, M. S. (1968): Symbiose und Individuation. Stuttgart, 1972, (Klett).
Mahler, M. S., Pine, F., Bergmann, A. (1975): Die psychische Geburt des Menschen. Symbiose und Individuation. Frankfurt/M., 1978, (S. Fischer).
Mahony, P. (1987): Psychoanalysis and Discourse. London/New York, (Tavistock Publications).
Mann, Th.: Buddenbrooks. Frankfurt/M. und Hamburg, 1960, (Fischer).
- (1929): Die Stellung Freuds in der modernen Geistesgeschichte. In: Bürgin, H. (Hg.). Thomas Mann. Das essayistische Werk, 8 Bde., Bd.1, Schriften und Reden zur Literatur, Kunst und Philosophie, S. 367-385.
- (1930/1955): Lebenslauf. In: Bürgin, H. (Hg.): a.a.O., Bd. 8, Autobiographisches, S. 217-255. Frankfurt/M. und Hamburg, 1968 (Fischer).
- (1933-1943): Joseph und seine Brüder. Frankfurt/M, (S. Fischer).
- (1936): Freud und die Zukunft. In: Bürgin, H. (Hg.): a.a.O., Bd. 2, Schriften und Reden zur Literatur, Kunst und Philosophie, S. 213-231.

- (1942): Joseph und seine Brüder. Ein Vortrag. In: Bürgin, H. (Hg.): a.a.O., Bd. 2, Schriften und Reden zur Literatur, Kunst und Philosophie, S. 380-392.
- (1945). Deutschland und die Deutschen. In: Bürgin, H. (Hg.): a.a.O., Bd. 3, Politische Reden und Schriften. S. 161-178.
- (1947): Doktor Faustus. Thomas Mann Werke.Taschenbuchausgabe in zwölf Bänden, Frankfurt/M. und Hamburg, 1967 (Fischer).
- (1949a): Die Entstehung des Doktor Faustus. Roman eines Romans. In: Bürgin, H. (Hg.): a.a.O., Bd. 3, Schriften und Reden zur Literatur, Kunst und Philosophie, S. 88- 204.
- (1949b): Ansprache im Goethejahr. In: Bürgin, H. (Hg.): a.a.O., Bd. 3, Politische Reden und Schriften. S. 307-319.
- (1955): Versuch über Schiller. Zum 150. Todestag des Dichters - seinem Andenken in Liebe gewidmet. In: Bürgin, H. (Hg.): a.a.O., Bd. 3., Schriften und Reden zur Literatur, Kunst und Philosophie, S. 312-374. Frankfurt/M. und Hamburg, 1968, (Fischer).

Matt, P. v. (1974): Anwendung psychoanalytischer Erkenntnisse in der Interpretation: das psychodramatische Substrat. In: Cremerius, J. (Hg.): Psychoanalytische Textinterpretation. Hamburg (Hoffmann und Campe).

Meissner, B. (1991): "Las Meninas" von Velázquez. Zur Funktion der Illusionsbildung. Ein Aspekt der Interpretation eines Bildes. Jahrbuch d.Psychoanalyse, 28, S. 220-246.

Meltzoff, A. N. und Borton, W. (1979): Intermodal matching by human neonates. Nature, 282, S. 403-404.

Metzger, H.-K., Riehn, R. (Hg.) (1978): Mozart. Ist die Zauberflöte ein Machwerk? Musik-Konzepte 3., München, (edition text und kritik).

Michel, K. M., Spengler, T. (Hg.) (1985): Die Therapie-Gesellschaft. Kursbuch 82, Berlin, 1985, (Kursbuch Verlag).

Milgram, St. (1966): Einige Bedingungen von Autoritätsgehorsam und seiner Verweigerung. Zschr.f.angew.Psychol., 13, S. 433-463.

Mitscherlich, A. und M. (1967): Die Unfähigkeit zu Trauern. München, (Piper).

Morgenthaler, F. (1974): Die Stellung der Perversionen in Metapsychologie und Technik. Psyche, 28, S. 1077-1098.

Moser, H.-J. (1968): Das deutsche Lied seit Mozart. Tutzing, (Schneider).

Müller-Braunschweig, (1974): Psychopathologie und Kreativität. Psyche, 28, S. 600-634.
- (1977): Aspekte einer psychoanalytischen Kreativitätstheorie. Psyche, 31, S. 823-843.

Musäus, J. K. A.: Märchen der Deutschen. München, 1961, (Winkler). (Original 1782-86).

Nass, M. L.(1971): Some considerations of a psychoanalytic interpretation of music. Psychoanal.Quart., 40, S. 303-316.
- (1975) On hearing and inspiration in the composition of music. Psychoanal.Quart., 44, S. 431-449.

Naumann, H. (1922): Sage und Märchen. In: Karlinger, F. (Hg.): Wege der Märchenforschung. Darmstadt, 1985, (Wissenschaftliche Buchgesellschaft).
Nietzsche, F. (1872): Die Geburt der Tragödie aus dem Geiste der Musik. Studienausgabe in 4 Bänden, Bd. 1, S. 30. Frankfurt/M. und Hamburg, (Fischer).
- (1873): Über Wahrheit und Lüge im außermoralischen Sinn. In: K. Schlechta, (Hg.): Friedrich Nietzsche. Werke in drei Bänden, Bd. 3, S. 309-322. Darmstadt, (Wissenschaftliche Buchgesellschaft)..
- (1874): Vom Nutzen und Nachteil der Historie für das Leben. Studienausgabe in 4 Bänden, Band 1, S. 188-251, Frankfurt/M. und Hamburg, 1968, (Fischer).
Olds, D. D. (1992): Consciousness: A Brain-Centered, Informational Approach. Psa.Inquiry, 12, S. 419-444.
Ostleitner, E. (1989): Verhaltensmanipulation durch funktionelle Musik mit besonderer Berücksichtigung von Hintergrundmusik und Kennmelodien. Vortrag a. d. Symposium über Psychoanalyse und Musik, 1989, Wien. (unveröffentlicht).
Ostow, M. (1986): The psychodynamics of apocalyptic: Discussion of papers on identification and the Nazi-phenomenon. Int.J.Psycho-Anal., 67, S. 277-286.
Otto, W. F. (1956): Theophania. Der Geist der altgriechischen Religion. Hamburg, (Rowohlt).
- (1963): Die Wirklichkeit der Götter. Von der Unzerstörbarkeit griechischer Weltsicht. Hamburg, (Rowohlt).
Ovid (Publius Ovidius Naso) (1986): Metamorphosen. Universal-Bibliothek Nr. 356 (8), Stuttgart, (Reclam).
Pauly, A. (1905): Darwinismus und Lamarckismus. Entwurf einer psychophysischen Teleologie. München, (E. Reinhardt).
Pauly, Der kleine. Lexikon der Antike. s. unter Sontheimer und Ziegler (Hg.).
Peirce, C. S. (1983): Phänomen und Logik der Zeichen. Frankfurt/M., (Suhrkamp).
Pennington, B. F., Markowitz, P., Fein, D. (1986): The neuropsychological basis of autism and related disorders: a review. J.Amer.Acad.Child Psychiatry, 25, S. 198-212.
Platon (1959): Sämtliche Werke in sechs Bänden. Hamburg, (Rowohlt).
Plomin,R. (1986): Development, Genetics and Psychology. Hillsdale, New Jersey, (Erlbaum).
Pongratz, L. J., (1967): Problemgeschichte der Psychologie. Bern, (Francke).
Popper, K. (1979): Objektive Erkenntnis. Hamburg, (Hoffmann und Campe).
Pousseur H. (1982): Schumann ist der Dichter. In: Metzger, H.-K. und Riehn, R. (Hg.): Musikkonzepte. Sonderband Robert Schumann II, München, (edition + kritik).
Raguse, H. (1990): Leserlenkung und Übertragungsentwicklung - hermeneutische Erwägungen zur psychoanalytischen Interpretation von Texten. Zschr.f.psychoanal.Theorie und Praxis, VI, S. 106-120.
- (1993): Psychoanalyse und biblische Interpretation. Eine Auseinandersetzung mit Eugen Drewermanns Auslegung der Johannes-Apokalypse. Stuttgart, (Kohlhammer).
Rank, O. (1909): Der Mythos von der Geburt des Helden. Leipzig/Wien, (Deuticke).
Ranke-Graves, R. (1955): Griechische Mythologie. Quellen und Deutung. 2 Bde., 1961, Reinbek bei Hamburg, (Rowohlt).

Rauchfleisch, U. (1990): Psychoanalytische Betrachtungen zur musikalischen Kreativität. Psyche, 44, S. 1113-1140.

Reiners, L. (1955): Der Ewige Brunnen. München, (C. H. Beck).

Reuschel K. (1903): Entstehung und Verbreitung der Volksmärchen. In: Karlinger, F. (Hg.): Wege der Märchenforschung. S. 1-15, Darmstadt, 1985, (Wissenschaftliche Buchgesellschaft).

Richards, I. A. (1936): Die Metapher. In: Haverkamp, A. (Hg.): Theorie der Metapher. Darmstadt, 1983, (Wissenschaftliche Buchgesellschaft).

Ricoeur, P. (1966): Der Atheismus der Psychoanalyse Freuds. In: Nase, E., Scharfenberg, J. (Hg.): Psychoanalyse und Religion. Darmstadt, 1977, (Wissenschaftliche Buchgesellschaft).

Rilke, R. M.: Sämtliche Werke. Frankfurt/M., 1976, (Insel).

Rosenfeld, H. (1984): Narzißmus und Aggression - Klinische und theoretische Betrachtungen. Vortrag auf der Arbeitstagung der Deutschen Psychoanalytischen Vereinigung (DPV), Wiesbaden,1984. In: Luft, H., Maass, G. (Hg.): Narzißmus und Aggression. Tagungsband, S. 65-81.

Rosolato, G. (1978): Symbol Formation. Int.J.Psycho-Anal., 59, S. 303-313.

Sandler, J.(1961): Sicherheitsgefühl und Wahrnehmungsvorgang. Psyche, 15, S. 124-131.

- (1982): Unbewußte Wünsche und menschliche Beziehungen. Psyche, 36, S. 59-74.

Schmid Noerr, G. (1982): Mythologie des Imaginären oder imaginäre Mythologie? Zur Geschichte und Kritik der psychoanalytischen Mythendeutung. Psyche, 36, S. 577-608.

Schulte, W., Tölle, R. (1971): Psychiatrie. Berlin/Heidelberg/New York, (Springer).

Schumann, R.: Gesammelte Schriften über Musik und Musiker, 2 Bde., (Hg.) von M. Kreisig. Leipzig, 1914, (Breitkopf und Härtel).

Saussure, F. de (1916): Grundfragen der allgemeinen Sprachwissenschaft. Berlin [2]1967, (de Gruyter).

Schiller, F. (1789): Was heißt und zu welchem Ende studiert man Universalgeschichte. (Eine akademische Antrittsrede). In: Friedrich Schiller. Sämtliche Werke in 4 Bänden, Bd. 4, S. 213. Stuttgart, 1871, (Cotta).

Schnebel, D. (1981): Rückungen - Ver-rückungen. In: Metzger, H.-K., Riehn, R. (Hg.): Musik-Konzepte. Sonderband Robert Schumann I, S. 4-89. München, (edition text und kritik).

- (1988): »Unkörperliche Klänge - körperliche Musik - hörbare Klänge - sichtbare Musik«, Vortragsmanuskript.

Segal, H. (1986): The Work of Hanna Segal: Delusion and Artistic Creativity & Other Psychoanalytic Essays. Free Associations Books. London, (Maresfield Library).

Sontheimer, W. und Ziegler, K. (1979) (Hg.): Der Kleine Pauly. Lexikon der Antike in fünf Bänden. München, (dtv).

Spence, D. (1987): The Freudian Metaphor. New York/London, (W. W. Norton).

- (1989): Deutungen als Pseudo-Erklärungen. Psyche, 43, S. 289-306.

Sterba, R. (1946): Toward the problem of the musical process. Psa.Rev., 33, S. 32-43.

- (1965): Psychoanalysis and music. Am.Imago, 22, S. 96-111.

- In: C. Kligerman: Panel on »creativity«. Int.J.Psychoanal., 53, S. 21-30.
Stern, D. (1985): The Interpersonal World of the Infant. New York, (Basic Books).
Stein, H. F. (1977): The Binding of the Son: Psychoanalytic Reflections on the Symbiosis of Anti-Semitism and Anti-Gentilism. Psychoanal.Quart., 46, S. 650-683.
Strauß, H. A., Kampe, N. (Hg.) (1985): Antisemitismus. Frankfurt/New York, (Campus).
Sulloway, F. J.(1979): Freud. Biologe der Seele. Jenseits der psychoanalytischen Legende. Köln-Lövenich, 1982, (Hohenheim).
Theweleit, K. (^{2}1980): Männer-Phantasien. 2 Bde., Reinbek bei Hamburg, (Rowohlt).
Thomas, D. (1954): Under Milkwood. London, 1991, (J. M. Dent&Sons).
Tolstoi, L. (1899): Auferstehung. Frankfurt/M., 1984, (Insel).
Trabant, J. (1990): Traditionen Humboldts. Frankfurt/M., (Suhrkamp).
Valéry, P. (1959): Über Kunst. Essays. Berlin und Frankfurt/M., (Suhrkamp).
Vegh, C. (1979): Ich habe ihnen nicht Auf Wiedersehen gesagt. München, 1983, (dtv).
Vogt, R. (1989): Psychoanalyse zwischen Mythos und Aufklärung oder Das Rätsel der Sphinx. 1989, Frankfurt/M., (Fischer).
Voltaire, (François-Marie Arouet) (1759): Candide. Hamburg, 1957, (Rowohlt).
Wangh, M. (1959): Othello: The tragedy of Jago. Psychoanal.Quart., 19, S. 202-212.
Warburg, A. (1923/88): Schlangenritual. Ein Reisebericht. Berlin, 1988, (Wagenbach).
Wilckens, U. (1974): Das neue Testament und die Juden. Evangelische Theologie, 34, S. 602-611.
Wittgenstein, L.(1929-1948): »Zettel«. L. Wittgenstein, Werkausgabe Bd. 8, Frankfurt/M., (Suhrkamp).
- (1921): Tractatus logico-philosophicus. Frankfurt/M., 1969, (Suhrkamp).
Wuketits, F. M. (1984): Evolution, Erkenntnis, Ethik. Darmstadt, (Wissenschaftliche Buchgesellschaft).
Wulf, J. (1983): Musik im Dritten Reich. Frankfurt, Berlin, Wien, (Ullstein).